全国普通高等教育"十三五"规划教

大学语文

主　编　陈　静　董现莹　丁　晓

副主编　周虹云　游云琳　易　虹　周颖斌

吉林大学出版社

图书在版编目（CIP）数据

　　大学语文 / 陈静，董现莹，丁晓主编. -- 长春：
吉林大学出版社，2017.1
　　ISBN 978-7-5677-8813-8

　　Ⅰ．①大… Ⅱ．①陈… ②董… ③丁… Ⅲ．①大学语
文课－高等学校－教材 Ⅳ．①H19

　　中国版本图书馆 CIP 数据核字（2017）第 024357 号

书　　名：大学语文
作　　者：陈静　董现莹　丁晓　主编

责任编辑：张宏亮　责任校对：孙静頔　　　　　　　封面设计：赵俊红
吉林大学出版社出版、发行　　　　　　　　三河市悦鑫印务有限公司　印刷
开本：787×1092　毫米　1/16　　　　　　　2017 年 01 月　第 1 版
印张：24　　　字数：624 千字　　　　　　2023 年 8 月　第 2 次印刷
ISBN：978-7-5677-8813-8　　　　　　　　　定价：45.00 元

社址：长春市明德路 501 号　邮编：130021
发行部电话：0431-89580028/29
网址：http://www.jlup.com.cn
E-mail：jlup@mail.jlu.edu.cn

编者的话

《大学语文》是一门具有人文性和工具性特点的课程，属于高等院校人文通识课程教材，其功用在于培养学生的人文素养和语言综合运用能力。人文素养表现为健康的人格和理性的思辨力，给学生提供生存和发展的内在动力。语言综合运用能力表现为信息处理、逻辑思维、口语表达和书面表达能力，这些能力都是学生日常生活和未来职场生涯的必备能力。大学语文课程的学习对大学生来说，是非常重要的。

本书的作者都是长期工作在大学语文课堂的一线教师，熟悉语文课程的特点和功用，具有成熟的教学思路和丰富的教学经验。因此，本书具有以下几个鲜明的特点。

1. 目的明确

本书以培养和提高学生的人文素养和语言运用能力为目的，兼具人文性和工具性的内容。本书分为两个部分。前半部分体现人文性，后半部分体现工具性。本书前半部分选编了富有人文内涵的文学作品，引导学生成为有思想和高尚情操的人。本书后半部分设置了口头表达和书面表达的学习内容，带领学生提高语言运用能力。

2. 选材经典、新鲜

本书的编者本着实现"人文教育"的目的，在众多优秀的文学作品中精选了既经典又有现代意义的名家名篇。比如，两千多年前的百家争鸣中产生的儒、道、法三家思想对中华民族的历史和文化产生了重要影响，对现代社会仍富有重要的意义，仍然影响着现代人的思维方式和处理分析问题的方式。因此，本书的选文大多是蕴涵传统文化思想精髓的作品。

3. 本着"适用"原则

本书的编者利用互联网搜集了大量时新的材料进入本书，摆脱了同类图书范例陈旧影响的困境。比如，在"演讲"部分，编者关注了近年来反响热烈的演讲类选秀节目、社会知名人士的演讲，选编了大量有内涵有艺术性的演讲范例进入本书，为教学提供了新鲜有趣的内容。

4. 思路清晰

本书在内容的编排上有清晰的思路。在文学作品的编排方面，各类型作品的篇目、各时代作品的篇目、各种风格作品的篇目均以满足学生的人文教育为目的按照一定比例进行编排。在表达部分，以"适用、有效"为目的进行编排。口头表达以单向性的演讲和双向性的社交口才为主要内容，书面表达以公文和常用的计划类文书、报告书文书为主要内容，达到以点带面的教学效果，也使本书容量适度，满足大部分学校大学语文课的课时现状。

本书由福建商学院的陈静、长垣烹饪职业技术学院的董现莹、河南工业和信息化职业学院的丁晓担任主编，由福建商学院的周虹云、游云琳、易虹和周颖斌担任副主编。在编写本书的过程中，我们借鉴了一些专家、学者的观点，参阅了大量的书籍、报刊杂志和网站，在此对相关作者表示衷心的感谢。

本书可作为普通高等教育、职业院校教育的基础学科教材，也可作为高等教育函授和自考课程的教材，还可供广大文学爱好者自学鉴赏之用。本书的相关资料和售后服务可扫本书封底的微信二维码或登录 www.bjzzwh.com 下载获得。

尽管我们在编写本教材时尽了最大的努力，但由于水平有限，加之编写时间仓促，疏漏之处在所难免，恳请广大读者和专家提出宝贵意见，以使我们在修订时完善。

编 者

目 录

第一章 诗 歌

采 薇[1]

《诗经》

【作家作品简介】

《诗经》是我国最早的诗歌总集，收集的多是西周至春秋中期的作品。春秋末期，经孔子整理删订，共收诗 311 篇，其中 6 篇为有题目而无文辞的"笙诗"，实际收录诗歌 305 篇。先秦时通称"诗"或"诗三百"，到了汉代被儒家奉为经典之一，才称作《诗经》。这些诗歌根据音乐的不同，分为风、雅、颂三部分。"风"是带有地方色彩的乐歌，含周南、召南、邶、鄘、卫、王、郑、齐、魏、唐、秦、陈、桧、曹、豳等十五国风，共 160 篇；"雅"用的是周朝王畿的乐调，根据音节律吕分为大雅、小雅，共 105 篇；"颂"多采用庙堂祭祀舞曲，含商颂、周颂、鲁颂，共 40 篇。这些诗歌从多方面具体、深刻地反映了当时的社会生活、社会各阶层的精神风貌，充满着浓郁的乡土气息，洋溢着真、善、美的情感，具有讽喻的精神，奠定了我国现实主义诗歌的传统。

《诗经》也是富有艺术表现力的诗歌典范著作，给中国诗歌留下了辉煌的开端。"赋、比、兴"三种艺术表现手法，给后代诗歌以巨大的影响。另外，其句式多以四言为主，和谐明快，多用双声叠韵词，优美动人，还运用了对比、烘托、反衬等多种修辞手法，使诗歌更富有魅力。

采薇采薇[2]，薇亦作止[3]。曰归曰归[4]，岁亦莫止[5]。靡室靡家[6]，猃狁之故[7]。不遑启居[8]，猃狁之故。

采薇采薇，薇亦柔止。曰归曰归，心亦忧止。忧心烈烈[9]，载饥载渴[10]。我戍未定[11]，靡使归聘[12]。

采薇采薇，薇亦刚止[13]。曰归曰归，岁亦阳止[14]。王事靡盬[15]，不遑启处[16]。忧心孔疚[17]，我行不来[18]。

彼尔维何[19]？维常之华[20]。彼路斯何[21]？君子之车[22]。戎车既驾[23]，四牡业业[24]。岂敢定居，一月三捷[25]。

驾彼四牡，四牡骙骙[26]。君子所依[27]，小人所腓[28]。四牡翼翼[29]，象弭鱼服[30]。岂不日戒[31]，猃狁孔棘[32]！

昔我往矣，杨柳依依[33]；今我来思[34]，雨雪霏霏[35]。行道迟迟[36]，载渴载饥。我心伤悲，莫知我哀！

【注释】

[1] 本篇选自《诗经•小雅》。

[2] 薇：豆科植物，今俗名称大巢菜，嫩茎叶与种子可食用。

[3] 亦：语助词，无义。作：起，兴起。这里指生长。止：语助词，无义。

[4] 曰：说。一说为语助词，无实义。

[5] 莫："暮"的本字。

[6] 靡：无，没有。室：家室。

[7] 猃狁（xiǎnyǔn）：古代北方少数民族。春秋时称为狄，战国、秦、汉称匈奴。

[8] 遑：闲暇。不遑：没空。启：跪坐。居：安居。全句意为因连年奔波，无暇安居。

[9] 烈烈：猛、盛，炽烈。这里形容忧心如焚。

[10] 载：语助词。

[11] 戍：驻守。定：固定地点。

[12] 使：使者。聘：探问。此句意为没有人替戍边战士探问家讯。

[13] 刚：坚硬。指薇菜由嫩而老，变得粗硬。

[14] 阳：阳月，指农历十月。

[15] 盬（gǔ）：止息。

[16] 启处：意同"启居"。

[17] 孔：很，甚。疚：痛苦。

[18] 行：指离家出征。来：归来。一说，作"抚慰、慰问"解。

[19] 尔："薾"的假借，花盛开的样子。维：是。维何：是什么？

[20] 常：常棣，即棠棣，树名。华：花。

[21] 路："辂"的假借，大车。斯何：意同"维何"，是什么？

[22] 君子：周代贵族的通称，这里指将领。

[23] 戎车：战车。

[24] 牡：公马。业业：壮健高大的样子。

[25] 三：泛指多数。捷："接"的假借，接战。

[26] 骙（kuí）：马强壮的样子。

[27] 依：凭借依靠，这里指君子依仗战车。

[28] 腓（féi）：庇护，掩护。

[29] 翼翼：行列整齐的样子。

[30] 象弭（mǐ）：用象牙装饰的弓。弭本指弓的两端系弦处，后亦借指弓。鱼服：鱼皮制成的箭袋。

[31] 日戒：天天戒备。

[32] 棘："亟"，急，紧急。

[33] 依依：柳枝随风飘拂的样子。

[34] 思：语助词。

[35] 雨（yù）：动词，下。雨雪：下雪。霏霏：大雪纷飞的样子。

[36] 迟迟：步履缓慢的样子。

【作品赏析】

这首诗的《小序》说："文王之时，西有昆夷之患，北有猃狁之难，以天子之命，命将率，遣戍役，以守卫中国。"由此可见，这首诗大概是周文王时的作品。全诗写了一位饱受久戍思乡之苦的戍卒在归途中的回顾和自述，反映了远征生活的艰苦，表达了思家之情的凄楚。

全诗共分六章，共分三层。前三章为一层，以倒叙手法写起。首章写了岁暮不能归家的原因。第二章写驻地流动不定，无法给家人音信。第三章写征战劳苦紧张，没有休止，很难回乡。三章中同时交织着恋家思亲的个人情感和为国赴难的责任感，这是两种互相矛盾又真实的思想感情，构成了全诗的情感基调。

四、五两章笔锋陡转，由前面忧伤的思归之情转为激昂的战斗之情。诗人先自问自答，进而描写了在战车的掩护和将帅的指挥下，士卒们冲锋陷阵的场面，最后，又写到将士的装备。这两章流露出诗人欣喜自豪的感情。可以看出，尽管远离家乡亲人，内心非常痛苦，但主人公出于深切的爱国之情自愿并勇敢地投入了戍边的战斗。

末章写还家途中追今抚昔的哀伤心情。以"昔"与"今"的风光景物两相对照，感时伤事，"以乐景写哀，以哀景写乐，一倍增其哀乐"（王夫之《姜斋诗话》）。

全诗有很强的艺术表现力。以"采薇"起兴，用薇之出芽，又由嫩而老的变化过程，暗示了戍边之久，也烘托了戍卒的思乡愁绪之深；还以棠棣盛开象征军容之壮、军威之严；还用迭字和重章迭句的表现手法，细致深刻地展现了人物的心理活动，感情强烈，也加强了音乐节奏感。末章"昔我"四句，言浅意深，情景交融，婉转生动，是历来传诵的名句。

橘 颂[1]

屈原

【作家作品简介】

屈原（约前340～前278年），名平，字原，战国后期楚国丹阳（今湖南秭归）人。出身贵族，"博闻强记，明于治乱，娴于辞令"，曾深受楚怀王信任，任左徒、三闾大夫等职。他有远大的政治抱负，对内举贤任能，修明法度，对外主张联齐抗秦。但他的政治主张触犯了贵族保守势力的利益，因而遭到诬陷和排斥，先后被怀王流放于汉北，顷襄王放逐于沅湘一带。公元前278年，楚国郢都被秦兵攻破，屈原满怀悲愤，自投汨罗江而死，以身殉国。

屈原是"书楚语，作楚声，纪楚地，名楚物"的诗体"楚辞"的创作者。其作品大部分写于两次被放逐期间，包括《九章》九篇，《九歌》十一篇，加上《离骚》、《天问》、《招魂》，共计二十三篇。他的作品表现了热爱楚国的真挚感情，追求理想的执着精神，不同流合污的高洁品质。

屈原是我国文学史上第一位伟大的浪漫主义诗人，他的作品想象丰富，感情强烈，辞采瑰丽，具有浓郁的浪漫主义气息。

后皇嘉树[2]，橘徕服兮[3]。受命不迁[4]，生南国兮。深固难徙，更壹志兮[5]。绿叶素荣[6]，纷其可喜兮[7]。曾枝剡棘[8]，圆果抟兮[9]。青黄杂糅[10]，文章烂兮[11]。精色内白[12]，类可任兮[13]。纷缊宜修[14]，姱而不丑兮[15]。

嗟尔幼志[16]，有以异兮[17]。独立不迁[18]，岂不可喜兮？深固难徙，廓其无求兮[19]。苏世独立[20]，横而不流兮[21]。闭心自慎[22]，终不失过兮[23]。秉德无私[24]，参天地兮[25]。愿岁并谢[26]，与长友兮[27]。 淑离不淫[28]，梗其有理兮[29]。年岁虽少，可师长兮[30]。行比伯夷[31]，置以为像兮[32]。

【注释】

[1] 选自《楚辞·九章》。

[2] 后皇：后土皇天，指天地。嘉树：优良的树种。

[3] 徕：同"来"。服：习惯。这句是说：橘树一来到南方就适应这里的水土气候。

[4] 受命：禀受天地之气而生，即禀性。迁：迁徙。王逸《楚辞章句》："言橘受天命生于江南，不可移徙，种于北地则化而为枳也。屈原自比志节如橘，亦不可移徙。"

[5] 壹志：志向专一。

[6] 素荣：白花。

[7] 纷：繁茂的样子。可喜：惹人喜爱。

[8] 曾：通"层"，重叠。剡（yǎn）：锐利。棘：刺。这句是说：橘树层叠的枝条上长着利刺。

[9] 抟（tuán）：同"团"，用人力使物成圆形。这句是说：圆圆的果实个个饱满。

[10] 糅：通"揉"。杂糅：杂错相间。

[11] 文章：花纹色彩。烂：色彩鲜明艳丽的样子。"青黄"二句是说果实或青或黄杂错相间，色彩鲜明又艳丽。

[12] 精色：鲜明的颜色，指橘子表皮。一说，指果肉。内白：洁白的果肉。

[13] 类：似。可任：可以承担重任。"精色"二句是说：橘子不但有色彩鲜明的外表，而且有洁白甘美的内瓤，好像一个可以担任重任的君子。

[14] 纷缊（yūn）：同"纷纭"，繁盛众多的样子。宜修：修饰得恰如其分。一说，美好。

[15] 姱（kuā）：美好。丑：通"俦"，同类。不丑：与众不同，出类拔萃。

[16] 嗟（jiē）：赞叹词。尔：指橘。幼志：幼年时的志向。

[17] 异：不同凡俗。

[18] 独立：特立独行，卓然不凡。

[19] 廓：空寂，这里是孤寂超脱而不合于世俗的意思。

[20] 苏：醒。

[21] 横：横绝，指特立独行的品格。"苏世"二句是说：独自清醒地立于世上，我行我素，决不随波逐流。

[22] 闭心：关闭心灵，意思是摒弃欲念，不为外物所动。慎：谨慎，小心。

[23] 失过：过失。

[24] 秉：持。

[25] 参：比，配合。"秉德"二句是说：怀着高尚的道德，没有自私之心，就可以与天地相匹配。

[26] 岁：岁月，年岁。并谢：一起凋谢，这里是生死与共的意思。

[27] 长友：长久为朋友。"友"用作动词。

[28] 淑：善。离：通"丽"，美好。一说，犹"离丽"，孤独特立。一说，淑离：犹"寂历"，凋疏的样子。淫：邪，偏斜。

[29] 梗：坚硬挺直。理：纹理。"淑离"二句是说：橘树繁茂美好而不可动摇，是因其枝干坚硬挺拔，纹理清楚。

[30] 师长：作动词用，作为师长，即效法，学习。

[31] 伯夷：殷末孤竹君之长子，因辞让君位逃至周。曾谏阻周武王伐纣。周灭殷后，耻食周粟，逃至首阳山饿死在山里。古人把伯夷看作清高守节的高士。

[32] 置：犹"植"，树立。象：榜样。

【作品赏析】

《橘颂》选自《九章》第八章，是一首咏物诗。

诗歌第一节，开笔"后皇嘉树，橘徕服兮"等三句就不同凡响：一树坚挺的绿橘，突然升立在广袤的天地之间，它深深扎根于"南国"之土，任凭什么力量也无法使之迁徙。那凌空而立的意气，"受命不迁"的坚毅神采，顿令读者升起无限敬意！诗人接着以精工的笔致，勾勒它充满生机的纷披"绿叶"，晕染它雪花般蓬勃开放的"素荣"；它的层层枝叶间虽也长有"剡棘"，但那只是为了防范外来的侵害；它所贡献给世人的，却有"精色内白"，光彩照人的无数"圆果"！屈原笔下的南国之橘，正是如此"纷缊宜修"如此堪托大任！字里行间，人们可强烈地感受到，诗人对祖国"嘉树"的一派自豪、赞美之情。

诗歌第二节，即从对橘树的外美描绘，转入对它内在精神的热情讴歌。橘树年岁虽少，即已抱定了"独立不迁"的坚定志向；它长成以后，更是"横而不流"、"淑离不淫"，表现出梗然坚挺的高风亮节；纵然面临百花"并谢"的岁暮，它也依然郁郁葱葱，决不肯向凛寒屈服。诗中的"愿岁并谢，与长友兮"一句，乃是沟通"物我"的神来之笔：它在颂橘中突然揽入诗人自己，并愿与橘树长相为友，面对严峻的岁月，这便顿使傲霜斗雪的橘树形象，与遭谗被废、不改操守的屈原自己叠印在了一起。而后思接千载，以"行比伯夷，置以为像兮"收结，全诗境界就一下得到了升华，身处逆境、不改操守的伟大精神顿时彰显了出来！

屈原巧妙地抓住橘树的生态和习性，运用类比联想，将它与人的精神、品格联系起来，给予热烈的赞美。借物抒志，以物写人，既沟通物我，又融汇古今，由此造出了清人林云铭所赞扬的"看来两段中句句是颂橘，句句不是颂橘，但见（屈）原与橘分不得是一是二，彼此互映，有镜花水月之妙"（《楚辞灯》）的奇特境界。从此以后，南国之橘便蕴含了志士仁人"独立不迁"、热爱祖国的丰富文化内涵，而永远为人们所歌咏和效法了。

东 门 行[1]

汉乐府

【作家作品简介】

乐府原指汉武帝时设立的采诗制乐的官署。乐府采诗的主要目的是把广泛搜集的民间丰富多彩的歌谣，进行加工，创造新声，以供宫廷娱乐。另外，统治者也可以从民歌中"观风俗，知薄厚"，了解一点社会情况。由于乐府的采诗，不少民歌才得以流传下来。

后来乐府逐渐演变为一种诗体的名称。汉代乐府诗既有来自民间的歌谣，也有文人创作的作品。现在保存下来的汉乐府只有四十多首，大都收藏在宋人郭茂倩所编的《乐府诗集》里。

汉乐府继承《诗经》现实主义创作传统，"感于哀乐，缘事而发"，广泛而真实地反映汉代下层人民的生活、情感、愿望，较深刻地反映当时社会的面貌。汉乐府诗中以叙事诗的成就最突出。汉乐府诗的出现，标志中国古代叙事诗的成熟。汉乐府叙事诗多数具有完整的故事情节，通过人物的对话和行动来展开故事。人物塑造运用个性化的对话，注意细节描写，善于利用环境或景物作衬托。汉乐府的句式，西汉多杂言，东汉基本是五言。汉乐府的语言朴素、精练而又生动活泼，很少用华丽的语句。

出东门，不顾归[2]；来入门，怅欲悲[3]。盎[4]中无斗米储，还视架上无悬衣[5]。拔剑东门去，舍中儿母牵衣啼："他家[6]但愿富贵，贱妾与君共哺糜[7]。上用仓浪天故[8]，下当用此黄口儿[9]。今非[10]！""咄[11]！行！吾去为迟！白发时下难久居[12]。"

【注释】

[1] 东门行：乐府古辞，选自《乐府诗集·相和歌辞·瑟调曲》。东门：主人公所住城市的东门。

[2] 顾：念。不顾归：不考虑回来了。

[3] 怅：惆怅失意。

[4] 盎：一种小口大腹的瓦制盛器。

[5] 还视：回头看。悬衣：挂着的衣服。

[6] 他家：别人家。

[7] 哺糜：吃粥。

[8] 用：因，为了。仓浪天：青天，苍天。

[9] 黄口儿：指幼儿。

[10] 今非：现在的做法不对头。

[11] 咄（duō）：拒绝妻子劝告而发出的呵斥声。

[12] 下：脱落。居：安于现状。这句是说我的头发都白掉了了，这苦日子再也无法忍受下去了。

【作品赏析】

这首汉乐府民歌，通过一对夫妻的对话，形象地反映了当时下层人民的苦难生活：年轻的男子看到家里无衣无食，犹豫再三，决心铤而走险。他的妻子淳朴善良，委婉地劝阻丈夫，宁愿夫妻厮守着贫困的生活，而不愿丈夫冒险。"咄！行！吾去为迟！"表现了贫苦人民为生活所迫的自发反抗和斗争精神。

诗歌句式是杂言，语言简洁朴素，真挚生动，显示了民歌的特色。

行行重行行[1]

《古诗十九首》

【作家作品简介】

《古诗十九首》是一组由东汉文人创作的五言诗。作者姓名已无从考证，但不是一人一时之作。南朝梁太子萧统把风格相近的作品，合编收入《文选》，题为《古诗十九首》，后世就沿用这一名称。《古诗十九首》代表了汉代五言诗的最高成就，刘勰《文心雕龙》中称它为"五言之冠冕"。

《古诗十九首》的基本内容是抒写游子的羁旅情怀和思妇的闺愁。游子之歌多是写漂泊在外的游子的相思之情、别离之苦，或仕途失意、追求富贵、及时行乐的伤感和无奈，如《涉江采芙蓉》、《明月何皎皎》、《驱车上东门》等。思妇之词无一例外都是盼望游子早归，表现思妇独处的精神苦闷和难言的寂寞孤独，如《孟冬寒气至》、《行行重行行》、《青青河畔草》、《迢迢牵牛星》等。

《古诗十九首》艺术上的特点是长于抒情。但很少一开始就抒情明理，而是运用比兴手法，以写景叙事发端，由景由物生情，自然地转入抒情。诗中情景交融，以写景来衬托和渲染真挚的感情，又在叙述中刻画主人公的形象，构成浑然一体、水乳交融的艺术境界。作品语言朴素精练，简洁生动，有高度的概括性和丰富的表现力。钟嵘在《诗品》中称它"惊心动魄，可谓几乎一字千金"。诗中有不少警句，哲理深而诗意浓；善于化用典故，新颖而不晦涩；巧妙运用叠字和双关语，又具有汉乐府民歌的神韵。

行行重行行， 与君生别离[2]。

相去万余里， 各在天一涯。

道路阻[3]且长， 会面安可知？

胡马依北风， 越鸟巢南枝[4]。

相去日已远[5]， 衣带日已缓[6]。

浮云蔽白日[7]， 游子不顾[8]返。

思君令人老， 岁月忽已晚。

弃捐勿复道， 努力加餐饭[9]。

【注释】

[1] 这首诗选自《古诗十九首》。重：又。叠用"行行"以加强语气，渲染远别气氛。这首诗用第一句作题目。

[2] 生别离：活生生地分开。

[3] 阻：艰险。

[4] 胡马：指北方所产的马。依：依恋。这句意思是：胡马南来后仍依恋北风。越鸟：指南方的鸟。巢：筑巢，当动词用。这句的意思是：越鸟北飞后仍在向南的树枝上筑巢。这两句比喻不忘故土。

[5] 日已远：一天比一天远。已，同"以"。

[6] 缓：宽松。这句意思是：因相思而日渐消瘦，衣带越来越宽松。

[7] 浮云蔽白日：这里用来比喻游子在外心有所惑。

[8] 顾：念。

[9] 弃捐：丢弃。道：谈论。这两句的意思是：别再提思念人的事了，还是多吃饭保重身体。这是思妇无可奈何、自我宽慰的话。

【作品赏析】

这首诗写的是思妇对离家日久的游子的思念，抒发了"生别离"的无限痛苦。前四句叙写夫妻分别，天涯各一方。中间八句写相思之苦，并点明游子不归的原因。最后四句以自我安慰的话作结，应多保重身体，以待他日重逢。

全诗哀怨缠绵。首句叠用"行行"，中间加一"重"字，创造出一种永无止境的悠远意境，刻画了背井离乡的游子在漫漫征途上漂泊的形象，渲染出一种离愁。"生别离"道出了夫妻远隔天涯、不能相见的痛苦。"胡马依北风，越鸟巢南枝"，在这里运用民歌中常用的比兴手法，希望游子不要忘记故乡，不要忘记亲人。这是思妇推想游子，思念亲人，实际也是思妇的自我安慰。这和"弃捐勿复道"一样，都是自我安慰、自我调节的话，表明思妇内心的苦闷之深。

诗歌语言自然洗练。在艺术上受民歌影响，出现不少复沓的句子，反复吟咏一个意思，但有所变化，如"相去日已远"、"衣带日已缓"、"思君令人老"等，回环婉转，具有浓烈的抒情意味。

蒿 里 行[1]

曹操

【作家作品简介】

曹操（155 年～220 年），字孟德，字阿瞒，豫州刺史部谯（今安徽亳州）人。东汉末年杰出的政治家、军事家、文学家、书法家，三国中曹魏政权的奠基人。

东汉末年，天下大乱，曹操以汉天子的名义征讨四方，对内消灭二袁、吕布、刘表、马超、韩遂等割据势力，对外降服南匈奴、乌桓、鲜卑等，统一了中国北方，并实行一系列政策恢复经济生产和社会秩序，奠定了曹魏立国的基础。曹操在世时，担任东汉丞相，后为魏王，去世后谥号为武王。其子曹丕称帝后，追尊为武皇帝，庙号太祖。

曹操对文学、书法、音乐等都有深厚的修养。他的文学成就主要表现在诗歌上。曹操的一生大半是在战乱中度过的，因而他的作品也突出地反映了当时的社会动乱，表现了他统一天下的雄心，如《薤露行》《蒿里行》《苦寒行》《步出夏门行》《观沧海》等。其诗歌抒发了自己的政治抱负，并反映东汉末年人民的苦难生活，气魄雄伟，慷慨悲凉，代表了"建安诗歌"的风格。他的诗今存二十余首，都是采用的乐府古题，明显地表现了对汉代乐府的继承关系。曹操的乐府诗并不照搬汉乐府成规，而是有所发展。他运用旧题抒写了全新的内容，开创了以乐府写时事的传统，影响深远。鲁迅先生曾称他是一个"改造文章的祖师"。曹操的著作今有辑本《曹操集》。

关东有义士，兴兵讨群凶[2]。初期会盟津[3]，乃心在咸阳[4]。军合力不齐，踌躇而雁行[5]。势利使人争，嗣还自相戕[6]。淮南弟称号，刻玺於北方[7]。铠甲生虮虱，万姓以死亡[8]。白骨露于野，千里无鸡鸣。生民百遗一[9]，念之断人肠。

【注释】

[1]《蒿里行》：古乐府旧题之一。原是古代送葬时唱的挽歌，这里作者借古题来写时事。

[2]关东：指函谷关（今河南灵宝）以东广大地区。义士：指起兵讨伐董卓的各路将士。汉献帝初平元年（公元190年），关东各州郡推渤海太守袁绍为盟主，联合讨伐董卓。群凶：指董卓及其爪牙。

[3]期：希望。盟津：即孟津（今河南孟州市南）。相传周武王伐纣时与诸侯会盟之地。这里是用典，指本来期望群雄能够会合，齐心消灭董卓。

[4]乃心：其心，他们的心。咸阳：秦的都城。

[5]踌躇：徘徊，犹豫不决。雁行：指军队列队前行，如飞雁的行列。形容诸军列阵不前，徘徊观望。

[6]嗣还（xuán）：其后不久。还，同旋。戕（qiāng）：杀害。当时袁绍、公孙瓒等发生了内讧。

[7]淮南弟称号：指盘踞在淮南的袁术于建安二年（公元197年）在寿春（今安徽寿县）称帝。弟：指袁绍的异母弟袁术。玺（xǐ）：皇帝所用的印。刻玺于北方：指初平二年（公元191年）袁绍阴谋拥立刘虞为帝，为之刻印。

[8]虮（jǐ）：虱子的卵。这句的意思是：由于连年混战，战士因不能解下铠甲而生了虮虱。

[9]生民：百姓。百遗一：百人中能活下来的只有一人。

【作品赏析】

这首《蒿里行》可以说是《薤露行》的姐妹篇，清人方东树的《昭昧詹言》中说："此用乐府题，叙汉末时事。所以然者，以所咏丧亡之哀，足当哀歌也。《薤露》哀君，《蒿里》哀臣，亦有次第。"就说明了此诗与《薤露行》既有联系，又各有侧重不同。

　　《蒿里行》是借旧题写时事，内容记述了汉末军阀混战的现实，描述了义军由聚而散的情形，揭露了袁绍等诸将自私、畏惧的心态，真实、深刻地揭示了人民的苦难。

　　此诗前十句勾勒了这样的历史画卷：关东各郡的将领，公推势大兵强的渤海太守袁绍为盟主，准备兴兵讨伐焚宫、毁庙、挟持献帝、迁都长安、荒淫无耻、祸国殃民的董卓。当时各郡虽然大军云集，但却互相观望，裹足不前，甚至各怀鬼胎，为了争夺霸权，图谋私利，竟至互相残杀起来。诚之不成便加之笔伐，诗人对袁绍兄弟阴谋称帝、铸印刻玺、借讨董卓匡扶汉室之名，行争霸天下称孤道寡之实给予了无情的揭露，并对因此造成的战乱感到悲愤。诗中用极凝练的语言将关东之师从聚合到离散的过程原原本本地说出来，成为历史的真实记录。然而，曹操此诗的成功与价值还不仅在此，自"铠甲生虮虱"以下，后六句诗人将笔墨从记录军阀纷争的事实转向描写战争带给人民的灾难，在揭露军阀祸国殃民的同时，表现出对人民的无限同情和对国事的关注和担忧，这就令诗意超越了一般的记事，而反映了诗人的忧国忧民之心。全诗气度雄阔，笔力雄健。由于它真实深刻地反映了当时的社会现实，被后人称为"汉末实录"。

燕 歌 行[1]

曹丕

【作家作品简介】

　　曹丕（187 年～226 年），即魏文帝，魏文学家。字子桓，他是曹操之妻卞氏所生长子。少有逸才，广泛阅读古今经传、诸子百家之书，年仅 8 岁，即能为文，又善骑射、好击剑。建安十六年（211），为五官中郎将、副丞相，二十二年，立为魏太子。二十五年正月，曹操卒，曹丕嗣位为丞相、魏王。同年十月，以"禅让"方式代汉自立，改元黄初。登基以后，在黄初三年（222）、六年曾两次亲征孙吴，皆未能过江，不果而还。七年五月病卒于洛阳。

　　曹丕的文学成就，以诗歌和文学批评最为突出。曹丕今存诗歌，较完整的约 40 首，可以分两大类。一类是本人生活的写照，一类是拟作的征夫思妇词。前一类作品，如《芙蓉池作》《于玄武陂作》《夏日诗》等，描写了在邺城诗酒流连、优游宴乐的生活。后一类作品，如《燕歌行》二首，《清河见挽船士新婚与妻别作》《杂诗》二首等，以征夫或思妇的口气，写出了他们内心的苦楚。曹丕诗歌的特色是笔致比较细腻，特别是那些思妇、弃妇、寡妇题材的作品，一般都写得凄婉动人，对她们的心理活动有较好的刻画。其次是语言不尚繁缛，比较流畅，民歌风味相当浓，显得格调清新，即刘勰所说："洋洋清绮"。他的《钓竿行》《临高台》《艳歌何尝行》《上留田行》等篇，与汉乐府民歌风格很接近；《杂诗》《清河作》等篇，则与"古诗"颇相类似，这些都表明他在向乐府民歌学习方面是做了很大努力的。曹丕诗歌的体裁，多数是五言，也有些四言、七言、杂言。七言以《燕歌行》为代表，它是中国诗歌史上较早出现的完整、成熟的七言作品。《典论·论文》是一篇文学批评风气开端的重要论文。曹丕的作品集有《魏文帝集》。

秋风萧瑟天气凉，草木摇落露为霜，群燕辞归雁南翔。念君客游思断肠，慊慊思归恋故乡[2]，君何淹留寄他方[3]？贱妾茕茕守空房[4]，忧来思君不敢忘，不觉泪下沾衣裳。援琴鸣弦发清商[5]，短歌微吟不能长。明月皎皎照我床，星汉西流夜未央[6]。牵牛织女遥相望，尔独何辜限河梁[7]？

【注释】

[1] 燕歌行：乐府诗题。乐府诗题目上冠以地名，是表示乐曲的地方特点。燕是北方边地（今北京、河北省北部一带）。因当地征战不断，所以《燕歌行》大多用来写离别之情。

[2] 慊慊（qiàn）：空虚的样子。

[3] 淹留：久留。

[4] 茕茕（qióng）：孤独的样子。

[5] 援：取。清商：乐曲名。

[6] 星汉西流：银河转向西，表示夜已很深。夜未央：夜已深而未尽之时。

[7] 尔：指银河两边的牵牛、织女星。辜：罪。河梁：河上的桥，这里指银河。限河梁：指为银河所阻隔，不能会面。

【作品赏析】

这是曹丕《燕歌行》二首中的第一首。《燕歌行》不见古辞，这个曲调可能就创始于曹丕。这篇作品描写了一个少妇在不眠的秋夜深深思念客居异乡的丈夫的情景，诗歌反映的是秦汉以来四百年间的历史现象，同时也是他所亲处的建安时期的社会现实，表现了作者对下层人民疾苦的关心与同情。

"秋风萧瑟天气凉，草木摇落露为霜，群燕辞归雁南翔。"开头三句写出了一片深秋的肃杀情景，这里的形象有视觉的，有听觉的，有感觉的，它给人一种空旷、寂寞、衰落的感受。这是借写秋景以抒发离别与怀远之情。

"念君客游思断肠，慊慊思归恋故乡，君何淹留寄他方？"女主人公在想象她的丈夫在外面思念故乡的情景。这里有期待，有疑虑，同时也包含着无限的悬心。这种写法是巧妙的，也是具体、细致的。这是借写被思念人的活动以突出思念者感情急切深沉的方法。

"贱妾茕茕守空房，忧来思君不敢忘，不觉泪下沾衣裳。"这三句描写了女主人公在家中的生活情景。这一方面表现了她生活上的孤苦无依和精神上的寂寞无聊；另一方面又表现了女主人公对她丈夫的无限忠诚与热爱。她的生活尽管这样凄凉孤苦，但是她除了想念丈夫，除了盼望着他的早日回归外，别无任何要求。

"援琴鸣弦发清商，短歌微吟不能长。"汉乐府有长歌行、短歌行，是根据"歌声有长短"（《乐府诗集》语）来区分的，大概是长歌多表现慷慨激昂的情怀，短歌多表现低回哀伤的思绪。女主人公在这秋月秋风的夜晚，愁怀难释，她取过瑶琴想弹一支清商曲，以遥寄自己难以言表的衷情，但是口中吟出的都是急促哀怨的短调，总也唱不成一曲柔曼动听的长歌。女主人公寂寞忧伤到了极点，即使她想弹别样的曲调，又怎么能弹得成呢？

"明月皎皎照我床，星汉西流夜未央。牵牛织女遥相望，尔独何辜限河梁？""夜未央"，在这里有两层含意，一层是说夜正深沉，女主人公何时才能捱过这凄凉的漫漫长夜啊！另一层是象征的，是说战争和徭役无穷无尽，主人公的这种人生苦难，就如同这漫漫黑夜，还长得很，还看不到个尽头呢！女主人公对牵牛织女所说的这两句如愤如怨、如惑如痴的话，既是对天上双星说的，也是对自己说的，同时也是对和自己命运相同的千百万被迫分离、不能团聚的男男女女们说的。这个声音是一种强烈的呼吁，是一种悲凉的控诉，是一种愤怒的抗议，它仿佛是响彻了当时的苍穹，而且在以后近两千年的封建社会里年年月月、时时刻刻都还可以听到它的响亮的回声。这样语涉双关，言有尽而余味无穷，低回而又响亮的结尾，是十分精彩的。

在艺术上曹丕把抒情女主人公的感情、心理描绘得淋漓尽致，她雍容而又矜持，炽烈而又含蓄，急切而又端庄。作品把写景抒情、写人叙事和女主人公的自言自语，巧妙地融为一体，构成了一种千回百转、凄凉哀怨的风格。它的辞藻华美，抒情委婉细腻，音节和谐流畅。前人对这两诗的评价是很高的。清代吴淇说："风调极其苍凉，百十二字，首尾一笔不断，中间却具千曲百折，真杰构也。"（《六朝选诗定论》）。王夫之说："倾情倾度，倾色倾声，古今无两。"（《姜斋诗话》）。

《燕歌行》二首在七言诗的发展史上有重要地位，它使诗歌真正摆脱了楚歌形式的羁绊。《燕歌行》句句押韵，而且都是平声，格调清丽宛转，这是七言古诗发展的一个阶段。到唐代卢照邻、骆宾王那种隔句用韵、平仄相押的鸿篇巨制出现的时候，那时七言古诗就又进入一个更新的发展阶段了。

饮 酒[1]（其五）

陶渊明

【作家作品简介】

陶渊明（约 365 年～427 年）名潜字元亮，世称靖节先生。浔阳柴桑（今江西省九江市）人。东晋末至南朝宋初期伟大的诗人、辞赋家。曾任江州祭酒、建威参军、镇军参军、彭泽县令等职，最末一次出仕为彭泽县令，八十多天便弃职而去，从此归隐田园。他是中国第一位田园诗人，被称为"古今隐逸诗人之宗"。

陶渊明现存诗歌 120 多首，多为五言诗，内容上主要可分为田园诗、咏怀诗、咏史诗、行役诗、赠答诗等。陶诗继承了汉魏以来古诗的艺术传统，质朴精炼，意境淡远淳厚，风格平淡自然，对唐以后的诗歌影响极大。他的《饮酒》20 首以"醉人"的语态或指责是非颠倒、毁誉雷同的上流社会，或揭露世俗的腐朽黑暗，或反映仕途的险恶，或表现诗人退出官场后怡然陶醉的心情，或表现诗人在困顿中的牢骚不平。数量最多、成就最高的是他描写田园生活的诗篇。如《归去来兮辞》《归园田居》《桃花源诗并记》。这些诗描写了田园风光的恬美，生活的简朴，躬耕的甘苦。辞赋如《归去来兮辞》，散文如《桃花源记》、《五柳先生传》等，都是历来传诵的佳作。陶渊明的辞赋、散文同他的诗一样，都善于以平淡质朴的语言描写自然景物，以寄托作者的个性和情操。有《陶渊明集》。

> 结庐在人境， 而无车马喧[2]。
> 问君何能尔[3]？ 心远地自偏[4]。
> 采菊东篱下， 悠然见南山[5]。
> 山气日夕佳[6]， 飞鸟相与还[7]。
> 此中有真意， 欲辩已忘言[8]。

【注释】

[1] 陶渊明的《饮酒》诗共二十首，本篇为第五首，写于归隐后不久。因这组诗都写于饮酒酒醉之后，所以取名叫《饮酒》，实际上是借以述怀，取其漫然不受拘束之意。

[2] 结庐：建造住宅，这里是居住的意思。人境：人间，世间。车马喧：指世俗交往的喧扰。

[3] 君：指作者自己。尔：如此。

[4] 心远地自偏：只要存心远离尘世，尽管住的地方很喧闹，也能像在偏僻安静之处一样。

[5] 悠然：闲适自得的样子。南山：泛指山，也有说是庐山。

[6] 山气：山中景象。日夕：黄昏的时候。

[7] 相与还：结伴而归。

[8] 此中有真意，欲辩已忘言：这两句的意思是说，从大自然得到启发，领会到人生的真谛，但这是无法用言语表达，也无须用言语表达的。此：既指山中景象，也指作者的隐逸生活。

【作品赏析】

诗的开头四句是以问答形式出现的："结庐在人境，而无车马喧。问君何能尔，心远地自偏"。生活在人世间，而没有俗世的烦恼，这本是很难做到的，但经作者解答以后，却又显得合情合理，这就是"心远地自偏"。只要"心"远离俗世的种种欲念，则虽处闹市而无名利纷争之感。接下来，作者借写景具体地解答了"心远"的内涵：自由自在怡然自得地采菊东篱下，无意间与南山之景相遇，暮色苍茫中，一群飞鸟相伴归林……这一画面将作者的悠然自得的生活情趣非常传神地传达出来，使"心远"有了非常具体的内涵。最后两句 "此中有真意，欲辩已忘言"体现了作者与自然融为一体，已顿悟了生活的真谛，达到了物我两忘的境界，"妙处难与君说"，这正应了庄子所说的"大辩不言 ""得意而忘言"，虽不能言表却余味无穷。

议论、写景、抒情的有机融合是本诗的一大特色。前四句着重议论，阐述"心远地自偏"的道理。而"采菊东篱下，悠然见南山。山气日夕佳，飞鸟相与还"在表面上是写景，实际上是写景抒情兼而有之。"见"字的妙用，体现了作者的一种生活理想，是对"心远"的一种形象化的说明和阐释。"见"和"望"不同，"望"是一种有着主体内趋力的动作，表明了动作主体的一种主观意愿，而"见"则是诗人在无意中和景物的相会。诗中的"飞鸟"也不尽是一种 "景"，而更大程度上是一种"情"；从飞鸟投林自然会联想到对混浊的世道的厌倦和对宁静的田园生活的向往。这种情景共生的特色使本诗含蕴丰富而又朴实无华。

西洲曲[1]

南朝民歌

【作家作品简介】

南北朝时期，南朝民歌清丽缠绵，内容多是反映人民热烈真挚的爱情生活。和汉朝乐府民歌一样，南朝民歌也是由乐府机构采集而保存下来的。汉朝统治者采集民歌有"观风俗，知薄厚"的目的，而南朝统治者采集民歌则完全是为了满足其纵情声色享乐的需要。那些来自民间，有关男女恋情的歌唱，更适合统治者的生活情调。南朝民歌产生于长江中下游地区，与江南幽美的环境和富裕的经济条件有直接的联系。这些民歌多半出自商贾、妓女、船户和一般市民之口，主要反映城市中下层人民的生活和思想。

南朝民歌大部分保存在郭茂倩所编《乐府诗集》里。主要有吴歌和西曲两类。吴歌326首，西曲142首。吴歌是长江下游以建业（今南京）为中心的民歌，主要有《子夜歌》、《读曲歌》、《华山畿》等。西曲是长江中游和汉水一带以湖北江陵为中心的民歌，主要有《石城乐》、《莫愁乐》、《那呵滩》等。南朝民歌的形式特点是体制小巧，大多为五言四句。语言清新自然，精巧活泼，且大量运用双关语，在表情达意上更加含蓄委婉。

忆梅下西洲，折梅寄江北[2]。

单衫杏子红，双鬓鸦雏色[3]。

西洲在何处？两桨桥头渡。

日暮伯劳飞，风吹乌臼树[4]。

树下即门前，门中露翠钿[5]。

开门郎不至，出门采红莲。

采莲南塘秋，莲花过人头。

低头弄莲子，莲子清如水[6]。

置莲怀袖中，莲心彻底红。

忆郎郎不至，仰首望飞鸿[7]。

鸿飞满西洲，望郎上青楼[8]。

楼高望不见，尽日栏杆头[9]。

栏杆十二曲，垂手明如玉[10]。

卷帘天自高，海水摇空绿[11]。

海水梦悠悠，君愁我亦愁[12]。

南风知我意，吹梦到西洲[13]。

【注释】

[1]《西洲曲》是南朝民歌，收入郭茂倩所编的《乐府诗集》中，是经过文人加工润饰的南朝后期民歌。

[2] 下：往。西洲：在诗中女子住所附近。江北：指男子所在之地。

[3] 杏子红：指单衫的颜色是杏黄色。鸦雏色：像幼小的乌鸦一样的颜色，指两鬓乌黑发亮。

[4] 伯劳：鸟名，仲夏始鸣，好单栖。在此既表示仲夏季节，也暗喻女子孤单的处境。乌臼树：落叶乔木，高二丈，夏季开花。

[5] 翠钿：用翠玉镶嵌的首饰。

[6] 莲子：谐音"怜子"（爱你）。清如水：比喻爱情的纯洁。

[7] 望飞鸿：双关语，这里是盼望书信的意思。古代有鸿雁传书的故事。

[8] 鸿飞：暗指深秋。青楼：以青色涂饰之楼，为古代女子居处的通称。唐以后称妓院。

[9] 尽日：终日。

[10] 曲：曲折。十二曲：言栏杆曲折多。

[11] 卷帘二句：写卷起帘子只看见天是那么高，江水摇荡着透亮的绿色。海水即江水。

[12] 海水梦悠悠：相思之梦如江水悠悠无尽。

[13] 南风二句：南风若是有情意，请把我梦中思念的人儿吹到西洲，让我在梦中与情郎相会。

【作品赏析】

这首民歌是南朝乐府民歌中篇幅最长的一首，标志着南朝民歌在艺术发展上的最高成就。全篇按春到秋季节的变换，描写一个美丽多情少女对情郎的真挚、热烈、深长的相思之情。

全诗分三层。第一层，开头四句，写女子回忆曾同情郎相会，欲折梅相赠。第二层从"西洲在何处"到"海水摇空绿"，委婉地描述女子自春至秋思念情人的情景。第三层，最后四句，女子直述相思之苦。

这首诗语言委婉含蓄，感情缠绵悱恻，体现了南方乐府民歌的特色。风光旖旎的江南水乡是少女的生活背景，诗中仅用"单衫""双鬓""翠钿"数语，随意点染，勾勒出一位纯情美丽少女的形象。诗中人与物、情与景结合在一起，既暗示不同的季节，又通过她一系列行动，来表现其内心活动，深情的相思，写得很含蓄。如"折梅寄江北""日暮伯劳飞""出门采红莲""仰首望飞鸿""望郎上青楼"等，在富于动态的描写中，少女执着的情爱贯穿始终。与缠绵缱绻的情思相适应，诗中多用双关语，主要是谐音双关，如"采莲""弄莲子""莲子清如水""怀莲"等。用谐音双关来表达少女对情郎坚贞不渝的爱情，含蓄而缠绵。还使用顶针手法，如"风吹乌桕树，树下即门前""低头弄莲子，莲子清如水"。顶针使诗歌结构紧密，增加诗歌的节奏感，形成回环往复，余味不尽的情韵。诗歌注意了用韵，全诗基本上是四句一换韵，使音节和谐、婉转动人。

春江花月夜[1]

【作家作品简介】

张若虚（约647年～约730年），是初、盛唐之交的一位诗人，大致与陈子昂等人同时登上诗坛。由于历史无确载，其生平事迹不详，只知他是扬州人，做过兖州兵曹，以吴越名士扬名京都，与贺知章、张旭和包融齐名，被称为"吴中四士"，均以"文辞俊秀"著名。他的诗作亦多散佚，仅《全唐诗》录存《代答闺梦还》、《春江花月夜》二首。但《春江花月夜》历来受到称颂，奠定了他在唐诗史上的大家地位。

《春江花月夜》是一首七言长篇歌行，沿用的是乐府旧题，但作者脱出六朝宫体诗浮艳的窠臼，以不同凡响的艺术构思，开拓新的意境，表现新的情趣，"以孤篇压倒全唐"。

春江潮水连海平，海上明月共潮生[2]。
滟滟随波千万里，何处春江无月明[3]！
江流宛转绕芳甸，月照花林皆似霰[4]。
空里流霜不觉飞，汀上白沙看不见[5]。
江天一色无纤尘，皎皎空中孤月轮[6]。
江畔何人初见月，江月何年初照人[7]？
人生代代无穷已，江月年年望相似[8]。
不知江月待何人，但见长江送流水[9]。
白云一片去悠悠，青枫浦上不胜愁[10]。
谁家今夜扁舟子？何处相思明月楼[11]？
可怜楼上月徘徊，应照离人妆镜台[12]。
玉户帘中卷不去，捣衣砧上拂还来[13]。
此时相望不相闻，愿逐月华流照君[14]。
鸿雁长飞光不度，鱼龙潜跃水成文[15]。
昨夜闲潭梦落花，可怜春半不还家[16]。
江水流春去欲尽，江潭落月复西斜[17]。
斜月沉沉藏海雾，碣石潇湘无限路[18]。
不知乘月几人归，落月摇情满江树[19]。

【注释】

[1] 《春江花月夜》：乐府旧题，属《清商曲辞·吴声歌》。

[2] 首二句写江潮与大海连成一片，一轮明月随着海潮涌升的壮观景象。连海平：江潮滚滚，与大海连成一片。共潮生：一轮明月从海上升起，好像是从海潮中涌动而出。

[3] 这两句说，月光照耀千里春江，千里江面一片波光闪烁。滟滟（yàn）：水波闪烁发光的样子。

[4] 这两句写江流环绕芳甸、月光笼罩花林的景象。芳甸（diàn）：花草丛生的原野。霰（xiàn）：细密的雪珠。

[5] 这两句说，月光像流霜下泻，月色与江畔白沙浑然一片。流霜：比喻月光自上而下地照射。古人以为霜与雪一样是从空中飘落的，故有此喻。汀（tīng）：水中或水边的平地，这里指江畔沙滩。白沙看不见：白色的月光与白沙连成一片，分不清彼此，故云。

[6] 这两句说，江天一色，澄明净洁，只有那一轮孤月高悬中天。纤尘：细小的尘埃。皎皎：明亮的样子。孤月轮：一轮孤月。

[7] 这两句是遥想人与月的最初因缘：不知是谁最早见到月光，不知月光何时开始照临人间。

[8] 这两句是说，人生短暂，却代代无穷，江月永恒，却年年相似。穷：尽。已：止。

[9] 这两句的大意是说，明月永照人间，不知它究竟是在期待什么，而年复一年，见到的只是那日夜奔腾的长江，送走了流水，也送走了光阴。但：只，只是。

[10] 这两句写离别情景：游子像天上的白云一样，渐渐远去，只留下思妇在离别地方不胜忧愁。去：离去。悠悠：白云缓缓飘行而去的样子。青枫浦：一名双枫浦，在今湖南浏阳市南浏水中。这里是泛指离别地点。不胜（shēng）：禁不起，受不了。

[11] 这两句的大意是说，人间处处有游子，处处有思妇，处处有两地相思。"谁家"、"何处"互文见义。 扁（piān）舟子：乘小船在江湖上飘零的人，指游子。扁舟：小船。明月楼：明月照耀下的闺楼，泛指思妇住处。

[12] 这两句以月影移动，光照梳妆台，暗示思妇望月思人、对镜伤怀。徘徊：指月影移动。妆镜台：妇女梳妆台。

[13] 这两句写月光帘卷不去，手拂还来，暗示相思之情难以排遣。玉户帘：思妇居室的窗帘、门帘。开启户帘，意在望月思人，放下户帘，意在排解思念，但无论怎样，都卷不去思妇心头的离愁。捣衣砧（zhēn）：捣衣用的垫石。捣制衣服是为了寄给游子征夫，故历来诗人多以捣衣寓写离别相思之情。

[14] 这两句说，思妇不得游子音信，痴想追逐着月光一起流到游子身边。月华：月光。君：指游子。

[15] 这两句写相思之情无法传送。鸿雁：此指信使。《汉书·苏武传》记有鸿雁传递书信之事。长飞光不度：鸿雁可以传书，能够飞得很远，但也无法飞渡月光到达你的身边。光不度：不能飞渡月光。一说不能随月光飞渡。度：通"渡"，飞渡。鱼龙：此指鲤鱼。《古诗·饮马长城窟行》："客从远方来，遗我双鲤鱼。呼儿烹鲤鱼，中有尺素书。"说鲤鱼可以传递书信。潜跃水成文：鲤鱼可以传书，能够潜游到远处，但也无法游到你的身边，而只能在水面激起阵阵波纹。潜跃：潜游跃动。文：通"纹"，波纹。

[16] 这两句说，春花已开始凋谢，游子仍不得还家。闲潭梦落花：梦见花落闲潭，暗示春将归去。闲潭：幽静的潭水。可怜：可惜。

[17] 这两句是说，江水天天流走春光，落月夜夜空自西斜。江水流春：春光随江水流逝。落月：将要西沉的残月。复西斜：又西斜。月西斜，谓夜将尽。

[18] 这两句以斜月渐渐沉入迷濛的海雾，暗示希望渺茫，团圆无望。以碣石、潇湘相距遥远，暗示离人远隔，相见极难。藏海雾：斜月在西，海雾在东，说斜月沉入海雾中，当为虚拟象征之词。碣石：山名，在今河北昌黎县。潇湘：水名，在今湖南。碣石潇湘：泛指天南地北。无限路：言离人相距之远。

[19] 这两句说，游子浪迹天涯，有几人能乘着月光回家？江边树林洒满那落月的余晖，浸透着离情，轻轻摇曳着离情别绪。乘月：乘着月光。

【作品赏析】

　　这首七言古诗，是一首脍炙人口的长篇抒情诗。诗作细致地描绘了江南春江花月之夜清幽宁静的自然美景，抒写了人间缠绵悱恻的离情别绪，表现出诗人对人情难圆的感叹和对宇宙永恒、人生短暂的思索。

　　全诗可分为四部分。开首八句展现春江花月夜的自然景色，主要是描绘从海上月出到明月当空照亮整个江天的绚丽景观。接下来八句由写景转向观照人生，主要是以明月长存对照人生短暂，抒写诗人心中对人生的迷惘和感叹。再接下来十二句由感叹人生进而抒写人间离情别绪，主要是渲染高楼思妇难以排解的相思之情。最后八句又由写思妇转向写游子，主要是抒发江湖游子辗转反侧的思归之情。景物、人生、思妇、游子，这四者依次就是四个部分的基本着眼点。

　　此诗的最大特点，是全篇借景抒情，处处情景交融，创造出玲珑透彻的诗境；而且各部分的情景交融又有不同的方式和作用。第一部分描绘自然景观，以明月的渐渐升起为中心，紧扣诗题中春、江、花、月、夜五字逐步展开，构成一幅天地一体、色彩绚丽的完整图画；从总体上为下文的人情抒写营造引人遐思的氛围。后面三部分都是合写景物和人情。二、三两部分主要是用江月永照，引发生命短暂；用明月常圆，引发人间离别；用月光倾泻，引发思妇绵绵不尽的相思。在这里，情景交融的基本特征是相反相成的：通过景与情的对比反衬，鲜明地表现出月圆人不圆的旨意。最后一部分，主要是用春归、花落、雾漫、月残来引发游子的思归之情。景物的色调与人情的色调完全一致，情景交融的特点是同步相生：通过景与情的相互渲染，离别相思之苦就显得更加伤感、动人。

　　诗中许多写景之句，实际上是通过暗示手法在抒写人情。"白云一片去悠悠"，暗示游子远去；"月徘徊"，暗示思妇徘徊楼台、望月相思；"妆镜台"，暗示思妇对镜伤怀；"卷不去"、"拂还来"暗示相思之情缠绵悱恻、难以排遣；"光不度"，暗示情不度；"梦落花"，暗示春将尽等，使人与物、情与景达到了水乳交融的境界。

　　哲理美增强了这首诗的艺术生命力。"人生代代无穷已，江月年年只相似"不仅是诗人从大自然美景中得到了欣慰，更是对宇宙奥秘和人生哲理的体察，是对人生有限、宇宙无穷这一传统主题的深化和超越。从这包含辩证思想的慨叹中，我们听到了初盛唐之交时，有识之士对青春生命的歌唱与追求。

　　音韵声律之美也是此诗得以流传的重要因素。全诗三十六句，四句一转韵，每韵正好构成一幅感情色彩鲜明的形象画面，九个画面组成一个完整的艺术境界。诗人还使用了排比、对偶和顶针等手法，反复咏唱，清词丽句，婉转悠扬。虽用乐府旧题，但在思想和艺术上都超越了前人，闻一多誉之为"诗中的诗，顶峰上的顶峰"。

渭川田家[1]

王维

【作家作品简介】

王维（701年～761年，另有一说699年～761年），字摩诘，祖籍太原祁（今山西祁县），其父徙居蒲州（今山西永济）。开元九年（721）进士，授大乐丞，不久因事贬济州司库参军。张九龄执政，擢为右拾遗。开元二十五年（737）秋，以监察御史出使凉州，后迁殿中侍御史。开元二十九年（740）春，辞官归隐终南。安史乱中被俘，迫受伪职，官给事中。乱平后降为太子中允，后官至尚书右丞，世称"王右丞"。王维多才多艺，精于诗文、书画、音乐。其诗诸体兼善，尤擅长山水田园诗。诗风清新秀雅，诗中有画，气韵生动，熔诗情、画意、禅理于一炉。有《王右丞集》。

斜光照墟落[2]，穷巷牛羊归[3]。野老念牧童，倚杖候荆扉[4]。雉雊麦苗秀[5]，蚕眠桑叶稀。田夫荷锄至，相见语依依[6]。即此羡闲逸，怅然吟式微[7]。

【注释】

[1] 渭川：渭水。

[2] 斜光：指夕阳。 墟落：村庄。

[3] 穷巷：深僻的里巷。

[4] 荆扉：柴门。

[5] 雉雊（zhì gòu）：野鸡鸣叫。 秀：指庄稼吐穗开花。

[6] 依依：形容恋恋不舍地样子。

[7] 吟式微：用《诗经·邶风·式微》中"式微，式微，胡不归"的意思。

【作品赏析】

这是王维田园诗的名篇。抒写诗人对闲逸的田家生活的向往，表达了自己急欲弃官归隐的意愿。

全篇以"归"为主旨，以"闲逸"为基调，把初夏傍晚农村中的各种寻常景象贯串起来，构成一幅乡村晚景图。诗一开篇，描写夕阳斜照村落，渲染暮色苍茫的气氛。接着，诗人就点出一个"归"字，描写牛羊徐徐归村的情景。"穷"虽是修饰"巷"字，但却暗示：诗人正站在村口，深情地望着牛羊在夕阳和暮色中从田野结群归来，并一直目送它们没入深深的村巷之中。接着，诗中又写一位慈祥老人，挂着拐杖，倚在柴门边，正迎候放牧归来的小孩。诗人对着暮色笼罩的田野沉思，忽然听到野鸡的欢鸣声。麦子吐穗了，野鸡大概也在呼唤配偶吧？放眼桑林，桑叶稀少，蚕儿已吐丝作茧，进入了休眠状态，它们都找到了自己的归宿了。农人们扛着锄头下地归来，在田间小道相遇，亲切交谈，简直是乐而忘返呢。这些画面看似散漫无序，其实无不紧扣着一个"归"字，无不洋溢着一种宁静闲逸的情调。这自然要触动仍浮沉于宦海极度苦闷与失意的诗人，使他一方面由衷地羡慕起这种闲适安逸的田园生活；另一方面，更为自己仍彷徨中路、未能找到人生归宿而惆怅感慨。诗的结尾，诗人怅然吟起《式微》，借"式微，式微，胡不归"的诗句，表达自己急欲归隐的心情。妙的是这"式微，胡不归"的诗句又扣紧了黄昏和归家的意蕴，与首联前后映照，从而使全篇写景与抒情，开头、篇中和结尾紧密交融，契合无间，意境浑然一体。

诗中描写的各种意象和画面，如牛、羊、雉、蚕、麦苗、桑叶，是农村中常见的禽畜和作物；墟落、穷巷、荆扉，是农村的普通景物环境；而野老倚仗，牧童晚归，田夫荷锄，村头絮语，又都是农村平常的人事活动。诗人运用白描手法，以自然而精炼、朴质面清新的语言将这些意象画面平实地一一展现出来，从而荡漾着亲切的人情味，散发出浓郁的乡土气息，充满了诗情画意。

白雪歌送武判官归京[1]

【作家作品简介】

岑参（约 715 年～770 年），祖籍南阳，出生于江陵（今湖北江陵）。他的曾祖父、伯祖父、伯父都官至宰相，父亲也两任州刺史，但这些都是往日的光荣。他幼年丧父，家道衰落，全靠自己刻苦学习，于天宝三载登进士第，授兵曹参军。天宝八载（749 年），他弃官从戎，首次出塞，充安西四镇节度使高仙芝幕府书记。两年后回长安，与高适、杜甫等结交唱和。天宝十三载（754 年），又作安西北庭节度使封常清的判官，再度出塞。安史之乱后，至德二载（757 年）回朝后，由杜甫等人推荐任右补阙，后任起居舍人等官职。大历元年（766 年）任嘉州刺史，以后罢官，欲归故乡时，客死成都旅舍，史称"岑嘉州"。

岑参是盛唐时代边塞诗的代表诗人，与高适齐名，并称为"高岑"。他不愿以文章换取功名，正如他在《送李副使赴碛西官军》中所写的"功名只向马上取，真是英雄一丈夫"，向往到边塞去建功立业。他在边塞度过了六年艰苦的军旅生涯，许多优秀诗篇就是这时创作的。他的边塞诗歌颂了边防将士英勇献身的精神，描绘了雄奇壮阔的边塞风光，气势雄伟，想象丰富，色彩瑰丽，格调激越高昂。从一个方面显示了盛唐社会蓬勃向上的时代精神。有《岑嘉州集》传世。

北风卷地白草折，胡天八月即飞雪[2]。
忽如一夜春风来，千树万树梨花开[3]。
散入珠帘湿罗幕，狐裘不暖锦衾薄[4]。
将军角弓不得控，都护铁衣冷难着[5]。
瀚海阑干百丈冰，愁云惨淡万里凝[6]。

中军置酒饮归客，胡琴琵琶与羌笛[7]。

纷纷暮雪下辕门，风掣红旗冻不翻[8]。

轮台东门送君去，去时雪满天山路[9]。

山回路转不见君，雪上空留马行处。

【注释】

[1] 天宝十三载（754）岑参任安西北庭节度判官。这首诗是他送一位姓武的同僚归京之作。"白雪歌"：作者自拟的乐府诗题。

[2] 白草：西域草名，其干熟时色白，冬枯而不萎，性至坚韧。胡天：西域的天气。胡：中国古代对北方和西方各族的泛称。

[3] 忽如二句：这二句以梨花比雪。

[4] 衾：被子。

[5] 控：引弓。都护：当时边疆重镇都护府的长官。铁衣：指铠甲。着（zhuó）：穿。

[6] 瀚海：沙漠。阑干：纵横的样子。凝：凝聚。

[7] 中军：古代多分兵为左、中、右三军。中军为主帅发号施令之所。这里指节度使幕府。饮归客：为归京的人设宴饯行。

[8] 辕门：军营的门。 掣（chè）：牵引，拽。这里指狂风劲吹。

[9] 轮台：在今新疆维吾尔自治区米泉区境内，唐时属庭州，隶属北庭都护府。

【作品赏析】

这是一首白雪歌，也是一首送别诗。写的是军幕中的和平生活。前面十句歌咏雪景，描绘了西北边陲的大风大雪、奇寒奇冷；后面八句写雪中送客，抒发了与朋友分离时的真挚别情。

此诗对边塞风光的描绘尤为杰出。作者选取"北风卷地白草折""千树万树梨花开""风掣红旗冻不翻"等边塞地区特有的景象进行描写，比喻新颖，联想奇妙，以奇思奇语，写出了边域的奇丽景观。这些独特的感觉印象，不仅体现了戍边将士不畏严寒的乐观精神，也使边地的风光更显神奇壮丽。诗中抒写送别情景也颇有特色，作者描绘送别场景，紧扣当时当地的节气风物，且将离情含蓄于叙事写景之中委婉传达。尤其是末两句，写归骑在雪满天山的路上渐行渐远地留下蹄印，交织着诗人惜别和思乡的心情。把依依送别的诗写得这样奇丽豪放、色彩瑰丽，正是岑参边塞诗独显奇情异彩的艺术魅力所在。

将 进 酒[1]

【作家作品简介】

李白（701 年～762 年），字太白，号青莲居士，祖籍陇西成纪（今甘肃天水秦安县），他的家世和出生至今是个谜。幼时随父迁居绵州昌隆（今四川江油）青莲乡。大约 18 岁时，隐居大匡山读书，从赵蕤学纵横术。25 岁辞亲远游，寓居安陆（今属湖北）。天宝元年（742），因道士吴筠的推荐，被召至长安，供奉翰林。文章风采，名动一时，颇为玄宗所赏识。后因不能见容于权贵，在京仅三年，就被迫离京，仍然继续他那飘荡四方的生活。安史之乱发生的第二年，他应永王李璘之聘，入佐幕府。不幸，永王与肃宗发生了争夺帝位的斗争，兵败之后，李白受牵累，流放夜郎（今贵州境内），途中遇赦。晚年漂泊东南一带，寓居当涂县李阳冰家。不久即病卒，年仅 62 岁。

李白的诗以抒情为主，带有强烈的主观色彩，是继屈原之后我国又一伟大的浪漫主义诗人，素有"诗仙"之称。他经历坎坷，思想复杂，儒家、道家和游侠三种思想在他身上都有体现。李白的诗歌内容丰富，有对国事现实的强烈关注，对豪门权贵的大胆抨击，对祖国山川的纵情描绘，对真挚友情的热情歌颂，最突出地反映了封建社会上升时期知识分子追求功业、追求自由、追求人生价值的理想。在艺术上，他善于从民歌及神话传说中汲取营养，诗风雄奇豪放，想象丰富，意境独特。一切可惊可喜、令人兴奋、发人深思的现象，无不尽归笔底。杜甫评之"笔落惊风雨，诗成泣鬼神"。他才华横溢，兼善各体，以七言古体诗与七绝成就最高。今存诗九百余首，有《李太白集》。

君不见黄河之水天上来[2]，奔流到海不复回。

君不见高堂明镜悲白发，朝如青丝暮成雪[3]。

人生得意须尽欢[4]，莫使金樽空对月[5]。

天生我材必有用[6]，千金散尽还复来[7]。

烹羊宰牛且为乐[8]，会须一饮三百杯[9]。

岑夫子，丹丘生[10]，将进酒，杯莫停[11]。

与君歌一曲[12]，请君为我侧耳听[13]。

钟鼓馔玉不足贵[14]，但愿长醉不复醒[15]。

古来圣贤皆寂寞，惟有饮者留其名。

陈王昔时宴平乐[16]，斗酒十千恣欢谑[17]。

主人何为言少钱，径须沽取对君酌[18]。

五花马[19]，千金裘[20]，

呼儿将出换美酒[21]，与尔同销万古愁[22]。

【注释】

[1] 这首诗是天宝十一年（752）李白在嵩山友人元丹丘处所作。将（qiāng）进酒：汉乐府诗题，属《鼓吹曲辞·铙歌》。将：请。

[2] 君不见：乐府体诗中提倡的常用语。君：此为泛指。天上来：黄河发源于青藏高原之巴颜喀拉山，以其地极高，故云。

[3] 朝（zhāo）：早晨。青丝：乌黑的头发。

[4] 尽欢：纵情欢乐。

[5] 莫使句意谓：切莫空着酒杯，辜负这月夜美景。

[6] 天生句：一作"天生我身必有财"。

[7] 千金：指大量钱财。还复来：还会再来的。

[8] 且为乐：姑且作乐。

[9] 会须：应该。

[10] 岑夫子、丹丘生：李白友人。岑夫子：即岑勋，南阳人。丹丘生：即元丹丘。

[11] 将进酒，杯莫停：一作"进酒君莫停"。

[12] 与君：给你们，为你们。

[13] 侧：一作"倾"。

[14] 钟鼓馔（zhuàn）玉：指富贵生活。钟鼓：古代富贵人家鸣钟而食。馔玉：形容饮食精美。馔：吃喝。

[15] 但愿：只希望。

[16] 陈王：三国魏曹植，曹操第三子。曾被封为陈思王，故称"陈王"。平乐：观名，故址在今河南省洛阳市附近。曹植《名都篇》："归来宴平乐，美酒斗十千。"

[17] 恣：任性，尽情。欢谑（xuè）：嬉笑作乐。谑：开玩笑。

[18] 径须沽取：只管打酒来。沽：买。对君酌：和你们对饮。

[19] 五花马：指名贵的马。或说马毛色作五花纹者，或说把马鬣剪成五瓣花形者。

[20] 千金裘：价值千金的皮衣。《史记·孟尝君列传》："孟尝君有一狐白裘。值千金。"裘：皮衣。

[21] 将出：拿出。

[22] 尔：你们。万古愁：无穷无尽的愁闷。

【作品赏析】

此诗题为《将进酒》，却不是一首劝人饮酒的泛泛之作。诗人豪饮高歌，借酒消愁，抒发了忧愤深广的人生感慨。诗中交织着失望与自信、悲愤与抗争的情怀，体现出强烈的豪纵狂放的个性。

本诗情感饱满，无论喜怒哀乐，其奔涌迸发均如江河流泻，不可遏止，且起伏跌宕，变化剧烈。发端以"君不见"提唱，两个句式如天风海雨，表露出诗人对蹉跎岁月的深沉忧虑。五、六两句起诗情陡然逆折，由悲转乐，且渐趋狂放。但至"钟鼓"以下八句，却又在酣饮纵乐中见出埋没于时的愤激。末四句再作跌宕，以借酒消愁呼应开篇，揭明题旨。本诗情感色彩的强烈、情绪变化的剧烈及其结构上的大开大阖，充分展现了李白七言歌行的特色。他把自己的个性气质融入诗中，形成行云流水的抒情方式，有一种奔腾回旋的动感。这种动感，见之于字句音节时，常表现为句式的参差错落和韵律的跌宕舒展。同时诗中多用夸张手法，往往以巨大的数量词进行修饰，如"千金"、"三百杯"、"万古愁"、"千金裘"等，既使诗作本身显得笔墨酣畅、激情澎湃，又充分表现出诗人狂放自信、豪迈洒脱的人格风采。

兵 车 行[1]

【作家作品简介】

　　杜甫（712年～770年），字子美，本襄阳人，后徙迁巩县（今属河南巩义市），出身于一个世代"奉儒守官"的封建官僚家庭。祖父是初唐著名诗人杜审言。开元中，年轻的杜甫曾漫游吴、越、齐、赵一带。天宝三载（744）在洛阳与李白相识，结下了深厚友谊。天宝五载（746）赴长安应试落第，困顿京城十年。天宝十四载（755）四十四岁时，才被授予右卫率府胄曹参军的微职。安史之乱起，在颠沛流离中被叛军所俘，后从长安只身逃奔凤翔，受任左拾遗。不久，因疏救房琯，被贬为华州司功参军。乾元二年（759），弃官西行，经关陇、秦州、同谷入蜀，定居成都浣花溪草堂。西川节度使严武荐举杜甫为节度参谋、检校工部员外郎，故世称杜工部。永泰元年（765），离蜀东下，滞留夔州二年。大历三年（768），携家出峡，漂泊于江陵、公安、岳州、衡阳一带。大历五年（770），病逝于湘水上的舟中，年59岁。

　　杜甫生活在唐王朝由盛转衰、祸乱迭起的时代。在政局日趋腐败的形势下，他那"致君尧舜上，再使风俗淳"的理想彻底破灭，饱经忧患的不幸遭遇使他对人民大众的苦难有了亲身的感受。他的诗歌相当真实、深刻地反映了广阔的社会生活，充满着强烈的忧国忧民感情，被誉为"诗史"。他是我国古代最伟大的现实主义诗人。

　　杜甫善于从一切优秀文学传统中汲取营养并加以发扬光大，形成了"沉郁顿挫"的创作风格。他兼长各体，尤其对七律的发展作出了杰出贡献。他的许多反映民生苦难的诗歌，继承了《诗经》和汉乐府的传统，又有自己的开拓和艺术创造，是白居易倡导的新乐府运动的先声。今存诗一千四百余首，有《杜少陵集》。

　　　　　　　车辚辚，马萧萧[2]，行人弓箭各在腰[3]。
　　　　　　　爷娘妻子走相送[4]，尘埃不见咸阳桥。
　　　　　　　牵衣顿足拦道哭，哭声直上干云霄[5]。
　　　　　　　道旁过者问行人，行人但云点行频[6]。
　　　　　　　或从十五北防河，便至四十西营田[7]。
　　　　　　　去时里正与裹头[8]，归来头白还戍边。
　　　　　　　边庭流血成海水[9]，武皇开边意未已[10]。
　　　　　　　君不闻汉家山东二百州[11]，千村万落生荆杞[12]。
　　　　　　　纵有健妇把锄犁[13]，禾生陇亩无东西。
　　　　　　　况复秦兵耐苦战[14]，被驱不异犬与鸡。
　　　　　　　长者虽有问，役夫敢申恨[15]？
　　　　　　　且如今年冬，未休关西卒[16]。
　　　　　　　县官急索租，租税从何出？

信知生男恶[17]，反是生女好。

生女犹得嫁比邻[18]，生男埋没随百草。

君不见青海头[19]，古来白骨无人收。

新鬼烦冤旧鬼哭，天阴雨湿声啾啾[20]。

【注释】

[1] 兵车行："行"即歌行体，是乐府歌曲的体裁之一。"兵车行"是杜甫自拟的新题。

[2] 辚辚：车轮轧地声。萧萧：这里指马嘶声。

[3] 行人：这里指从军出征的人。

[4] 走：奔跑。

[5] 云霄：指哭声很大，震天动地。干：冲向。

[6] 但云：只说。征调频繁。点行：按名册顺序抽丁入伍。频：频繁。

[7] 或：有的人。十五、四十：均指年龄。 北防河：在黄河以北戍守。唐时因西北吐蕃侵扰，常于每年秋冬在甘肃临洮一带设防。营田：士卒平时种田，战时作战，称营田，也称屯田。西营田：在西部边界上平时种田，战时打战。

[8] 里正：地方小吏。唐制，百户为一里，设里正一人，掌管户口、纳税等事务。裹头：古代以黑绸或布包扎作头巾。这里说应征者因年幼，自己不能裹头，还需里正帮扎头巾。

[9] 边庭：即边境。

[10] 武皇：本指汉武帝刘彻，这里借指唐玄宗李隆基。开边：开拓疆土。未之已：念头还没有停止。

[11] 汉家：承前文以汉代借指唐朝。山东：指华山以东，与今义不同。二百州：唐代潼关以东设二百二十一州，这里泛指华山以东关中地区。

[12] 荆杞（qǐ）：荆棘和枸杞，都是野生灌木。

[13] 纵有：纵然有。健妇：年轻的妇女。把锄犁：指从事田间劳动。古时妇女主要从事家务与纺织，一般不下地劳动。这里说妇女从事田间劳动，表明男子全被征调去从军。无东西：指农作物荒芜杂乱的样子。

[14] 秦兵：指关中一带的士兵。因关中一带原是秦地，故称。驱：驱使。不异：和……没有区别。

[15] 役夫：应征者自称。敢伸恨：怎敢申述自己心头的怨恨。

[16] 休：罢。这里指遣还乡里。关西卒：潼关以西的士兵。即上文之"秦兵"。

[17] 信知：确实知道。恶：不好。

[18] 比邻：近邻。

[19] 青海头：青海边，是与吐蕃作战的地带。古来白骨：从古以来战死士兵的尸骨。

[20] 啾啾（jiū）：这里形容凄惨的鬼哭声。

【作品赏析】

这是一首直接批判社会现实的叙事诗。据《资治通鉴》记载，天宝十年，唐出兵讨南诏大败，六万人战死，杨国忠为掩盖败绩，又强行征兵再战，给人民带来了深重的灾难。杜甫于困顿长安期间，耳闻目睹了战争给广大人民带来的深重灾难，以写《兵车行》一诗，表明了对朝廷穷兵黩武开边政策的强烈谴责。

这首叙事诗，在叙述次序和手法的安排运用上十分高明。诗人将本属事件展开过程中的咸阳道旁送别"行人"的场面，置于篇首，既使悲剧气氛笼罩全诗，又为下面役夫伸恨作了有力铺垫。接着以问答方式转出一位役夫对亲身经历的叙述，揭示了造成"边庭流血成海水"的悲剧根源就在于"武皇开边意未已"的好大喜功，题旨十分醒豁。最后四句，又以白骨遍地、鬼哭啾啾的虚幻场景与开头的写实场景相映照，以凄凉衬喧闹，以鬼哭衬人哭，大大增强了对开边政策的谴责力量。

诗人了解和把握生活现实的深刻之处还在于，他不仅揭露了朝廷强行征兵给农业生产造成的巨大破坏，还夹写地方官吏催租逼税，竭泽而渔，造成了民生凋敝；而且进一步把笔触伸向对社会心理现实的描写："信知生男恶，反是生女好；生女犹得嫁比邻，生男埋没随百草"。这就使统治者开边政策的残酷无情，在更深层次上得到了揭示。由此可见诗人为民呐喊、为民请命的胆量与魄力。

这是一首用民歌形式写成的叙事诗，运用通俗的口语和顶针格的民歌手法，语言清新自然、明白如话。同时，诗人还继承了汉乐府缘事而发的传统，把矛盾集中的生活横断面展示给读者，寓情于叙事中，虽没有诗人感情的直接抒发，但我们从对那画面的陈述中依然可以强烈地感受到诗人怒不可遏的悲愤之情。

上阳白发人[1]

白居易

【作家作品简介】

白居易（772 年～846 年），字乐天，晚年又号香山居士，河南新郑（今郑州新郑）人，一生以 44 岁被贬江州司马为界，可分为前后两期。前期是兼济天下时期，后期是独善其身时期。白居易贞元二十六年（800）29 岁时中进士，先后任秘书省校书郎、盩至尉、翰林学士。元和年间任左拾遗，写了大量讽喻诗，代表作是《秦中吟》十首、《新乐府》五十首，这些诗使权贵切齿、扼腕、变色。白居易的叙事诗如《长恨歌》、《琵琶行》，描写细腻，生动感人，具有独特的艺术风格，影响极为广泛。

白居易是新乐府运动的倡导者，主张"文章合为时而著，歌诗合为事而作。"白居易与元稹合称"元白"，在《与元九书》中，他明确说："仆志在兼济，行在独善。奉而始终之则为道，言而发明之则为诗。谓之讽谕诗，兼济之志也；谓之闲适诗，独善之义也。"由此可以看出，在白居易自己所分的讽喻、闲适、感伤、杂律四类诗中，前二类体现着他"奉而始终之"的兼济、独善之道，所以最受重视。而他的诗歌主张，也主要是就早期的讽喻诗的创作而发的。

上阳人，上阳人，红颜暗老白发新。

绿衣监使守宫门，一闭上阳[2]多少春。

玄宗末岁初选入，入时十六今六十。

同时采择百余人，零落年深残此身。

忆昔吞悲别亲族，扶入车中不教哭。

皆云入内便承恩[3]，脸似芙蓉胸似玉。

未容君王得见面，已被杨妃[4]遥侧目。

妒令潜配上阳宫，一生遂向空房宿。

宿空房，秋夜长，夜长无寐天不明。

耿耿[5]残灯背壁影，萧萧暗雨打窗声。

春日迟，日迟独坐天难暮。

宫莺百啭[6]愁厌闻，梁燕双栖老休妒。

莺归燕去长悄然，春往秋来不记年。

唯向深宫望明月，东西四五百回圆。

今日宫中年最老，大家遥赐尚书[7]号。

小头鞋履[8]窄衣裳，青黛点眉眉细长。

外人不见见应笑，天宝末年时世妆。

上阳人，苦最多。

少亦苦，老亦苦，少苦老苦两如何！

君不见昔时吕向《美人赋》[9]，

又不见今日上阳白发歌！

【注释】

[1] 上阳：即上阳宫，在洛阳皇宫内苑的东面；白发人：诗中所描绘的那位老年宫女。

[2] 绿衣监使：太监。唐制中太监着深绿或淡绿衣。

[3] 承恩：蒙受恩泽。

[4] 杨妃：杨贵妃；遥侧目：远远地用斜眼看，表嫉妒。

[5] 耿耿：微微的光明；萧萧：风声。

[6] 啭（zhuàn）：鸣叫。

[7] 尚书：官职名。

[8] 鞋（xié）、履（lǚ）：都是指鞋。

[9] 美人赋：作者自注为"天宝末，有密采艳色者，当时号花鸟使，吕向献《美人赋》以讽之。"

【作品赏析】

这首诗是白居易《新乐府》五十首中的第七首，是一首著名的政治讽喻诗。诗的标题下，作者自注云："愍怨旷也。"古时，称成年无夫之女为怨女，成年无妻之男为旷夫。

这里"怨旷"并举，实际上写的是被幽禁在宫廷中的可怜女子。小序又云："天宝五载以后，杨贵妃专宠，后宫人无复进幸矣。六宫有美色者，辄置别所，上阳是其一也。贞元中尚存焉。""上阳"，指当时东都洛阳的皇帝行宫上阳宫。唐天子自开元二十四年十月以后，即不再到东都，上阳宫自然冷落下来。

全诗描写上阳白发人长期幽闭宫中虚度年华的痛苦生活，揭露了封建社会采择制度违背人性天理及其残酷性，讽谏封建统治者必须改变这种制度。

这是一首别开生面的宫怨诗。全诗共四十四句，二百七十多字。诗中没有一般化地罗列后宫女子的种种遭遇，而是选取一个幽闭宫中的老宫女为典型。不写她的青年和中年，而是写她的垂暮之年。写她十六岁进宫，一进宫就被遣配上阳宫，日日夜夜过着空房独宿、秋灯对影、萧萧听雨，独坐无眠的单调、孤寂、无聊的生活。愁闻莺啭，妒燕双栖，连过了多少年月也记不清。时过六十年，依然与世隔绝，一身天宝妆饰。作者通过这个典型形象的刻画，反映了千千万万宫女的不幸，表现了自己的无限同情，揭露了采择制度的残酷性，从而为讽谏统治者改变这种制度提供了典型有力的例证。

这首诗语言通俗浅易，具有民歌的风调。它采用"三三七"的句式和顶针、对比等修辞手法，音韵转换灵活，长短句式错落有致。诗歌融叙事、抒情、写景、议论于一体，描述生动形象，富有感染力，在唐代以宫女为题材的诗歌中，堪称少有的佳作。

马嵬（其二）

李商隐

【作家作品简介】

李商隐（约813年~约858年），字义山，号玉谿生，又号樊南生，怀州河内（今河南沁阳市）人。唐文宗开成二年（837）进士，授秘书省校书郎，补弘农尉。当时牛（僧孺）李（德裕）的党争激烈，由于李商隐十七岁时以文采受到牛党令狐楚的赏识，任幕府巡官，后又娶李党王茂元之女为妻，被牛党视为背恩。李商隐虽素有济世雄心，但由于个性孤介和深受朋党倾轧的牵累，长期受到压抑，"一生襟抱未曾开"，未满五十即抑郁而逝。

李商隐是晚唐著名诗人。其诗内容丰富，各体皆工，成就斐然，尤以七律最为突出。他用七律写成的爱情诗、无题诗，辞采华美，属对精工，擅用比兴、象征、暗示、典故等手法，深情绵邈、兴寄深微，对心灵世界做出了前人未曾有过的深入开拓与细腻传神的展示，开拓了诗歌创作的新境界，对后世有深远影响。但某些无题篇章或因顾虑太多，旨意过于朦胧而流于晦涩，使人不易解索。今存诗约六百首，有《李义山诗集》和《樊南文集》。

> 海外徒闻更九州[1]，　他生未卜此生休。
> 空闻虎旅[2]传宵柝[3]，　无复鸡人[4]报晓筹[5]。
> 此日六军[6]同驻马，　当时七夕笑牵牛[7]。
> 如何四纪[8]为天子，　不及卢家有莫愁[9]！

【注释】

[1] 海外、九州：指传说中的仙境。他生未卜：指唐、杨二人曾订立的"愿世世为夫妇"的盟誓。

[2] 虎旅：指禁军。

[3] 宵柝（tuò）：夜间巡逻报警的梆子。

[4] 鸡人：皇宫中负责夜呼晓唱报告时间的人。

[5] 晓筹：（竹签）报晓。

[6] 六军：禁军。

[7] 笑牵牛：嘲笑牛郎织女一年只能相会一次。

[8] 四纪：古代以十二年为一纪，唐玄宗在位四十五年，将近四纪。

[9] 莫愁：古代女子名，洛阳人，后嫁卢家为妇。此句讽刺唐玄宗身为帝王，反而不如民间夫妇能够白头相守。

【作品赏析】

李商隐的《马嵬》是唐代自杜甫以来咏马嵬之变之诗中的杰作，也是李商隐咏史诗中，借历史上荒淫腐败而招致祸乱败亡之君昭示历史教训、讽刺现实政治的以古鉴今之作。作品中，诗人不是在劝诫惋惜，而是在挖苦与讽刺。

首联："海外徒闻更九州，他生未卜此生休"，从杨贵妃死后唐玄宗令人寻其魂魄写起，暗示唐玄宗的无奈。"海外"，指杨玉环死后，唐玄宗曾令方士去海外寻其魂魄，有方士回说在海外仙山即（蓬莱山）见到了杨玉环，并且杨玉环授之以钿合金钗，并承诺坚守生前之他生誓约。然而，这只不过是"徒闻"的传说而已，唐玄宗、杨贵妃二人他生永为夫妇的愿望显然是渺然"未卜"的，而现实中杨贵妃倒是真的一命长"休"了。

颔联："空闻虎旅传宵柝，无复鸡人报晓筹"，紧接首联次句，追述出逃的情景，暗指杨玉环被缢于马嵬事。夜间只能听见禁军中报更的刁斗声，哪里还能像平时在宫中那样听到宫廷卫士传唱的报晓鸡鸣呢！这两句将出逃生活与宫内生活放在一起加以对照，又用"空闻"二字写出了唐玄宗失去往日宫中沉迷美色、高枕无忧生活的寂寞与失落和失去杨贵妃之后品尝自酿苦酒的孤独滋味。

颈联："此日六军同驻马，当时七夕笑牵牛"，从对比的角度继续写李、杨的爱情悲剧。那一天，禁军不起程，终于逼迫唐玄宗赐死杨贵妃。而此前唐玄宗和杨贵妃还山盟海誓，愿世世为夫妇，并曾嘲笑过牛郎、织女一年只能相会一次呢！写法上有很大的跳跃性，但在内容上却有因果的联系。正因为唐玄宗昔日的沉溺女色、废政误国，才带来"六军驻马"逼迫其赐贵妃自缢，才有后来的悲剧结果。"此日""当时"的强烈对比，使唐玄宗的始乱终弃受到了无情的鞭挞。"六军"，《周礼》说天子有"六军"，后来诗人用它泛指皇帝的军队。事实上那时候只有左、右龙武，左、右羽林四军。

尾联："如何四纪为天子，不及卢家有莫愁"，以对比手法和反诘语气作结，寄托感慨，点明题旨，警醒后世，把批判的锋芒直接指向唐玄宗。唐玄宗贵为天子却不得不赐死宠妃，而平民百姓卢家夫婿，却能与莫愁女白头偕老，这到底是为什么呢？语言虽直白了些，表达出来的情至深至痛，鞭挞有力。

在写作艺术技巧上，作品首先采用了倒叙的手法，使作品一波三折，曲折幽深，令人读之心痛。同时又运用了对比手法，使作品暗含讽刺，读后回味无穷。

赤 壁[1]

【作家作品简介】

杜牧（803年~852年），字牧之，京兆万年（今陕西西安）人，是宰相杜佑之孙，大和二年（828年）进士。先后出任黄州（今湖北黄冈）、池州（今安徽贵池）、滕州（今浙江建德）、湖州（今浙江湖州）等地刺史，最后擢考功郎中、中书舍人等官职。

杜牧受家学的涵溶，从小留意"治乱兴亡之迹，财赋兵甲之事，地形之险易远近，古人之长短得失"（《上李中丞书》），一生怀有经世大志，但唐后期内外多事，国势日衰，使其壮志不遂，时有才能不能施展的嗟叹。他的诗、赋、古文都很有名，以诗的成就为最高，其诗具有英俊爽拔、清丽含蓄、情韵深远的特点，与李商隐齐名，并称"小李杜"。其诗的题材触及时事，关心政治，反映了安史之乱后衰败的社会状况。尤其是他的感怀诗，继承了杜甫的现实主义传统；他的咏史诗精辟独到，包含着史论成分，并能把议论融入生动的形象刻画之中，从而赋予了揭露和讽刺的深刻意义。他的各体诗中以七绝和七律最为精彩，著有《樊川文集》。

折戟沉沙铁未销[2]，自将磨洗认前朝[3]。
东风不与周郎便[4]，铜雀春深锁二乔[5]。

【注释】

[1] 赤壁：有多处，此诗所咏在黄州（今湖北黄冈）。相传三国鏖战之地在今湖北蒲圻。武宗会昌二年（842）杜牧官黄州刺史，四年九月转池州刺史。此诗即作于这一时期。

[2] 折戟（jǐ）：断戟。戟是古代的一种兵器。沉沙，沉埋在沙中。销，熔化。此处意为朽烂。

[3] 将：拿起，持。前朝：前几个朝代。指三国时代的吴国。

[4] 东风：火烧赤壁中，周瑜用黄盖之计，以火攻焚烧曹操用铁链连在一起的战船，正好东南风起，大破曹军。与：给。周郎：即周瑜，字公瑾，周瑜24岁即为将，吴中皆呼为周郎。便：方便。

[5] 铜雀：台名，即铜雀台，原为曹操所建，故址在今河北临漳县，上居姬妾歌妓，为曹操晚年行乐之处。锁：关住。二乔：当作"二桥"，桥与乔二字可通。东吴桥玄有两个美丽的女儿。大桥为孙策之妻，小桥为周瑜之妻。此处以二乔被掳代指东吴灭亡。

【作品赏析】

杜牧于会昌二年（842）出任黄州刺史，任职期间，尝游黄州赤壁矶。诗人站在滔滔东去的大江之滨，抚今追昔，由"赤壁"联想到三国时代吴蜀联军大败曹兵的"赤壁之战"，兴之所至，挥笔写下了这首流传千古的咏史佳作，寄托了时世兴亡之感及自己壮志难酬的心怀。

用一首绝句来再现那段威武雄壮的历史，并非易事，诗人把江边淤沙中一枝断戟残骸的形象置于诗端，把它与历史上著名的赤壁之战联系起来，磨洗去时间的斑斑锈迹，引起人们对那段历史的追忆。后两句史论，是全诗的精义所在。杜牧认为周瑜的获胜是偶然的机遇所致，假若不是天公作美，东风骤起，蜀军相助，使周瑜的火攻之计大显神威，那么，周瑜恐怕连自己的老婆和妻姐都要丢与曹操。这两句诗见解独到，令人耳目一新。诗人并未用逻辑推理的方法正面阐发自己的观点，而是寓庄于谐，把议论附丽在具体的诗歌形象中。宋人许彦周冒失地批评此诗"孙氏霸业系此一战，社稷存亡、生灵涂炭都不问，只恐捉了二乔，可见措大（穷书生）不识好恶"。殊不知诗句之意实在此不再彼，特蕴藉言之，增人感慨。其好处一在以形象代抽象，一在见微知著。诗人避而不提如果赤壁失利会导致东吴"国亡"的政治"大"局，而是形象地虚拟一旦东吴失败就会导致孙策、周瑜"家破"的个人"小"事，让读者小中见大，通过小的具体形象而显诗歌之大主题。诗人在对周瑜的谐谑揶揄之中包含了对曹操的肯定，就个人才略而言，曹操不在周郎之下，岂能以一战成败论英雄？不以成败论英雄，机遇十分重要，这是杜牧进步历史观的具体反映，也是他对自身遭遇的体会，"十年一觉扬州梦，赢得青楼薄幸名"的他，深知"东风不与周郎便"是什么滋味。

此诗为历史人物翻案，内容的深曲严肃与形式的风流妩媚结合得天衣无缝，体现了杜诗独特峭拗、雄姿英发的风格。

浪 淘 沙[1]

【作家作品简介】

李煜（937年～978年），字重光，初名从嘉，号钟隐，又号莲蓬居士，徐州人。他是五代南唐中主李璟第六子，961年继任，是南唐的最后一个君主，世称李后主。他嗣位时，南唐已对宋称臣，他苟安于江南一隅，过了十五年纵情享乐的腐朽生活，是一个昏庸无能的皇帝。975年，宋灭南唐，后主肉袒出降，被俘至汴京，封违命侯，过着"日夕只以泪洗面"的阶下囚生活。978年七夕是他四十二岁生日，宋太宗赵光义恨他有"故国不堪回首月明中"之词，命人在宴会上将他毒死。追封为吴王，葬洛阳邙山。

李煜少有才华，除擅长经籍文学外，书画音律，无所不通。前期的词多写宫廷享乐生活，风格柔靡；后期的词反映亡国之痛，题材扩大，意境深远，感情真挚，语言清新，极富艺术感染力。其词在题材内容上前后期虽有所不同，但有其一贯的特点，那就是"真"。他在词中一任真实情感倾泻，而较少有理性的节制。后期写亡国之痛，血泪至情；前期写宫廷享乐生活，对自己的沉迷与陶醉，也不加掩饰。他的词为五代之冠，对词的发展有较大的影响。后人将他与其父李璟的作品合辑为《南唐二主词》。

帘外雨潺潺[2]，春意阑珊[3]。罗衾不耐五更寒[4]。梦里不知身是客[5]，一晌贪欢^[6]。

　　独自莫凭栏，无限江山，别时容易见时难。流水落花春去也^[7]，天上人间^[8]。

【注释】

　　[1] 此词原为唐教坊曲，又名《浪淘沙令》。唐人多用七言绝句入曲，南唐李煜始演为长短句，分上下片。双调，五十四字（宋人有稍作增减者），平韵，此调又由柳永、周邦彦演为长调《浪淘沙漫》，是别格。

　　[2] 潺潺：形容雨声。

　　[3] 阑珊：衰残，将尽。一作"将阑"。

　　[4] 罗衾（qīn）：绸被子。不耐：受不了。一作"不暖"。

　　[5] 身是客：指被拘汴京，形同囚徒。

　　[6] 一晌（shǎng）：一会儿，片刻。贪欢：指贪恋梦境中的欢乐。

　　[7] 流水句：谓胜景难再。

　　[8] 天上句：谓如天上人间的间隔遥远，永无见期。

【作品赏析】

　　李煜在南唐做皇帝时生活极端奢华，投降入宋后，过着屈辱的囚徒般的生活。这首词是他思念故国，追忆往事，抒发亡国别恨的伤痛之作。

　　这首词本色而不加雕琢，不用典故，多用口语和白描，词篇虽美，却是丽质天成，不靠容饰。词的上片用倒叙手法，帘外雨，五更寒，是梦后事；忘却身份，一晌贪欢，是梦中事。潺潺春雨和阵阵春寒，惊醒残梦，使他又回到了真实人生的凄凉景况中来。梦中梦后，实际上是今昔之比。他的《菩萨蛮》中有句："故国梦重归，觉来双泪垂"，所写情事与此相同。但《菩萨蛮》写得较直率，此词则婉转曲折，词中的自然环境和身心感受，更多象征性，也更有典型性。下片首句"独自莫凭栏"的"莫"字，有入声与去声两种读法。作"莫凭栏"，是因凭栏而见故国江山，将引起无限伤感；作"暮凭栏"，是晚眺江山遥远，深感"别时容易见时难"。两种说法都可通。"流水落花春去也"，与上片"春意阑珊"相呼应，美好的东西总是不能长久，水流花落，春去人逝，暗示自己来日无多，一生也即将结束。

　　李煜善于把自己的生活感受同高度的艺术概括力结合起来。身为亡国之君，他诉说着自己无限的故国之思，"别时容易见时难"，而这样的不幸和哀苦便是常人在生活中也会通常经历到，与其说它是帝王的伤别体验，毋宁说它概括了离别中人们的普遍遭遇，因而能引起人们感情上的普遍共鸣。他在亡国之后不曾冷静地自省，而是直悟人生苦难无常之悲哀："无奈朝来寒雨晚来风"、"自是人生常恨水常东"、"问君能有几多愁，恰是一江春水向东流"，把自身国破家亡的惨痛泛化，使得深刻而又广泛的人世之悲通向了对于人生悲剧性的体验与审视。王国维先生在《人间词话》里对他赞美道："词至李后主，而眼界始大，感慨遂深，遂变伶工之词而为士大夫之词。"

登 快 阁[1]

黄庭坚

【作家作品简介】

黄庭坚（1045 年～1105 年），字鲁直，自号山谷道人，晚号涪翁，又称豫章黄先生，洪州分宁（今江西修水）人。北宋诗人、词人、书法家，为盛极一时的江西诗派开山之祖。英宗治平四年（1067）进士。历官叶县尉、北京国子监教授等职。后来新党复用，他一再被贬，最后死于宜州（今属广西）。

黄庭坚擅文章、诗词，尤工书法。是"苏门四学士"之一，诗多是思亲怀友、感时抒怀、描摹山水、题咏书画。在艺术上，其诗讲究修辞造句，善于出奇制胜，诗风奇崛瘦硬，力摈轻俗之气，开一代风气，书法精妙，与苏、米、蔡并称"宋四家"。词与秦观齐名。晚年近苏轼，词风疏宕，深于感慨，豪放秀逸，时有高妙。有《山谷词》。

痴儿[2]了却公家事，快阁东西[3]倚[4]晚晴。
落木[5]千山天远大，澄江一道月分明。
朱弦已为佳人绝[6]，青眼聊因美酒横[7]。
万里归船弄[8]长笛，此心吾与白鸥盟[9]。

【注释】

[1] 快阁在吉州太和县（今属江西）东澄江（赣江）之上，以江山广远、景物清华著称。此诗作于元丰五年（1082），作者任太和令时。

[2] 痴儿：作者自指。《晋书·傅咸传》载杨济与傅咸书云："天下大器，非可稍了，而相观每事欲了。生子痴，了官事，官事未易了也，了事正作痴，复为快耳。"这是当时的清谈家崇尚清谈，反对务实的观点，认为一心想把官事办好的人是"痴"，黄庭坚这里反用其意，以"痴儿"自许。

[3] 东西：东边和西边。指在阁中四处周览。

[4] 倚：倚靠。

[5] 落木：落叶。

[6] "朱弦"句：《吕氏春秋·本味》："钟子期死，伯牙破琴绝弦，终身不复鼓琴，以为世无足复为鼓琴者。"朱弦：这里指琴。佳人：美人，引申为知己、知音。

[7] "青眼"句：《晋书·阮籍传》："（阮）籍又能为青白眼，见礼俗之士，以白眼对之。及嵇喜来吊，籍作白眼，喜不怿而退。喜弟康闻之，乃赍酒挟琴造焉，籍大悦，乃见青眼。"青眼：黑色的眼珠在眼眶中间，青眼看人则是表示对人的喜爱或重视、尊重，指正眼看人。白眼指露出眼白，表示轻蔑。聊：姑且。

[8] 弄：演奏。

[9] 与白鸥盟：据《列子·黄帝》："海上之人有好沤（鸥）鸟者，每旦之海上从沤鸟游，沤鸟之至者，百住而不止。其父曰：'吾闻沤鸟皆从汝游，汝取来吾玩之。'明日之海上，沤鸟舞而不下也。"

后人以与鸥鸟盟誓表示毫无机心，这里是指无利禄之心，借指归隐。

【作品赏析】

宋神宗元丰五年（1082 年），黄庭坚当时在吉州泰和县（今江西泰和县）知县任上，公事之余，常到"澄江之上，以江山广远，景物清华得名"（《清一统治·吉安府》）的快阁览胜。这一首著名的七律就是写登临时的所见所感。它集中体现了诗人的审美趣味和艺术主张，因而，常被评论家们作为黄庭坚的代表作。

起首句"痴儿了却官家事"，透露出对官场生涯的厌倦和对登快阁亭欣赏自然景色的渴望；接着诗人陶醉在落木千山，澄江月明的美景之中，与起首处"了却""公家事"形成鲜明对照；五、六句诗人心内的忧烦无端而来，感受到自己的抱负无法实现、自己的胸怀无人理解的痛苦，怎样解脱这种痛苦呢？这就很自然地引出了诗人的"归船"、"白鸥"之想。这一结尾，呼应了起首，顺势作结，给人以"一气盘旋而下之感"（潘伯鹰评语）。

黄庭坚的这首代表作，历来在文学史上评价很高，极受后人称赏。黄庭坚作诗以学杜甫为宗旨，专意学其"拗句"；提倡"无一字无来处"而"点铁成金"、"夺胎换骨"，从而形成独具风格的"山谷体"。这首诗最能代表黄庭坚"山谷体"特点，即善于"拗句"、巧用典故且能翻出新意。具体看，首联前句是用《晋书·傅咸传》所载夏侯济之语，后句用杜甫"转目寒江倚山阁"及李商隐"万古贞魂倚暮霞"之句。然"倚晚晴"却又有翻新出奇之妙。颔联用的是杜甫"无边落木萧萧下，不尽长江滚滚来"和谢朓"余霞散成绮，澄江静如练"之句，但黄诗又锻炼熔造出新的境界：千山叶落，天空方显辽远阔大，新月映照，澄江更显空明澄澈。后人曾评此联道："其意境天开，则实能辟古今未泄之奥妙。"颈联是用伯牙摔琴谢知音和阮籍青白眼之事。最后一句虽为常典，然用来呼应起首、顺势作结，用得恰到好处，意味隽永。全诗无一句无来处，无一字不锤炼，然黄庭坚又翻出新意，却了然无痕。可见黄庭坚作诗"点铁成金"、"夺胎换骨"之功力。此外，此诗意境创设很成功，正如前人评价"其意境天开，则实能劈古今未泄之奥妙"（张宗泰《鲁斋所学集》）。

明 妃 曲[1]

王安石

【作家作品简介】

王安石（1021 年～1086 年），字介甫，晚号半山，小字獾郎，封荆国公，世人又称王荆公。抚州临川人（现为抚州东乡县上池里洋村），北宋杰出的政治家、思想家、文学家、改革家。庆历二年（1042）登杨镇榜进士第四名，先后任淮南判官、鄞县知县、舒州通判、常州知州、提点江东刑狱等地方官吏。治平四年（1067）神宗初即位，诏安石知江宁府，旋召为翰林学士。熙宁二年（1069）提为参知政事，从熙宁三年起，两度任同中书门下平章事，推行新法。熙宁九年罢相后，隐居，病死于江宁（今江苏南京市）钟山，谥文。王安石是著名的文学家，是唐宋八大家之一，他在诗、词、散文等方面都有独特的成就，他主张为文应"有补于世"，"以适用为本"。著有《临川先生文集》、《王荆公诗文集》。

王安石的诗歌，大致可以罢相（1074 年左右）划界而分为前、后期，在内容和风格上有较明显的区别。前期的诗歌，长于说理，倾向性十分鲜明，涉及许多重大而尖锐的社会问题，关注下层人民的痛苦，发不平之声。后期的隐居生活，流连、陶醉于山水田园中，使他诗歌创作发生很大变化。写出大量的写景诗、咏物诗，抒发闲恬情趣，艺术成就很高，臻于圆熟。

（其一）

明妃[2]初出汉宫时，泪湿春风[3]鬓脚垂。

低徊[4]顾影无颜色[5]，尚得君王不自持[6]。

归来却怪丹青手[7]，入眼平生几曾有。

意态由来画不成，当时枉杀毛延寿[8]。

一去心知更不归，可怜着尽汉宫衣[9]。

寄声[10]欲问塞南[11]事，只有年年鸿雁飞。

家人万里传消息，好在毡城[12]莫相忆。

君不见咫尺长门闭阿娇[13]，人生失意无南北。

（其二）

明妃初嫁与胡儿，毡车百辆[14]皆胡姬。

含情欲语独无处，传与琵琶心自知。

黄金杆拨[15]春风手，弹看飞鸿劝胡酒。

汉宫侍女[16]暗垂泪，沙上行人却回首。

汉恩自浅胡恩深，人生乐在相知心。

可怜青冢[17]已芜没，尚有哀弦留至今。

【注释】

[1] 这首诗作于嘉祐四年（1059），原作二首。

[2] 明妃：即王昭君。

[3] 春风：比喻面容之美。

[4] 低徊：流连，依恋。徘徊不前。

[5] 颜色：面色，气色。

[6] 不自持：不能控制自己，指禁不住心动。

[7] 丹青手：指画师毛延寿。

[8] 毛延寿：宫廷画师。《西京杂记》载，王昭君入宫后，因不愿送钱，毛延寿在给她画像时就做了手脚，所以没有得到元帝召见。昭君临行，元帝才发现了她的美貌，气恼之余，将毛延寿杀了。

[9] 着尽汉宫衣：指昭君仍全身穿着汉服。

[10] 寄声：带口信。

[11] 塞南：指中原，汉王朝。

[12] 毡城：匈奴人住的帐篷。

[13] 长门闭阿娇：西汉武帝曾将陈皇后幽禁长门宫。阿娇：汉武帝陈皇后，小字阿娇。后因失宠，被安置在长门宫。长门宫后来专指为冷宫。

[14] 百辆：《诗经·召南·鹊巢》："之子于归，百两御之。"写贵族女子出嫁，陪从很多。这里写匈奴派了大队胡姬来接昭君。

[15] 杆拨：弹。

[16] 汉宫侍女：指陪昭君远嫁的汉宫女。

[17] 青冢：杜甫诗中有"独留青冢向黄昏"及"千载琵琶作胡语，分明怨恨曲中论"诸句，此用其意。相传昭君墓上的草常青，故名青冢，在今呼和浩特市南。

【作品赏析】

这两首诗是王安石于嘉祐四年（1059），任提点江东刑狱时所作。王安石的《明妃曲》别出新意："人生失意无南北"、"人生乐在相知心"，抛开汉、胡和南北的偏见，从"失意"和"知心"角度，赋予昭君形象以新的意义，同时也含蓄委婉地表达了王安石内心深处怀才不遇的感触。

《明妃曲》充分体现宋诗长于议论的特点，且议论深刻，揭示了人生哲理。第一首中"君不见咫尺长门闭阿娇，人生失意无南北"句，第二首中"汉恩自浅胡自深，人生乐在相知心"句，与前述"意态由来画不成，当时枉杀毛延寿"二句共同构成了二诗的议论成分，三个经过提炼的警句不仅揭示出诗的主旨，也高度概括凝练地揭示出人生的哲理。"君不见"二句借昭君家人之口道出了作者的感慨，他以汉武帝的陈皇后失宠幽居长门宫与出塞的昭君相比，意在传达失意之人无分南北的思索。"汉恩"二句又借路人之口道出作者的憧憬，他以昭君自身的遭际为喻，重在表现人对知己的渴求。精警的议论，极大扩充了诗的内涵。因此，二诗之妙在于与昭君故事的离合之间，借题发挥，宣泄出作者对人生的思考。不同时代的人都可以从三个警句中找到自己感情共鸣之处，这也许正是此诗千百年来脍炙人口的原因。此诗一出，欧阳修、司马光、梅尧臣等人皆有和作，也说明了二诗在艺术上的巨大成功。

《明妃曲》艺术特点还表现在以下几方面：首先，作者突破一般写人物外貌的方法，不正面描绘昭君的美，而是从昭君动静相宜的气质、风度突出她的美；从汉元帝的反应来反衬昭君的美，给读者留下了驰骋想象的余地，而这样的描写又为"意态由来画不成"的议论做了很好的铺垫。其次，描写昭君形象始终围绕昭君思乡的悲怨凄凉心态，且描写细致入微，目的是为议论做铺垫。如第一首描写昭君形象重在突出昭君辞汉的悲怨上，第二首是通过细节、神情的描写来渲染昭君出塞后的凄凉心态，"可怜着尽汉宫衣"是从细节上刻画昭君时刻思念着家乡的悲怨心态。"弹看飞鸿劝胡酒"是从昭君神情恍惚、若有所思的神态上突出昭君思乡的凄凉心态。作者是以对昭君形象、神态、心态等这些细节描绘为依托，揭示出人生的哲理，因此对昭君这些方面描写得越丰满动人，就越能突出昭君眷恋祖国的悲怨之情。此外，作者笔下的昭君形象于楚楚动人中弥漫着悲凉色彩，也可以说是作者怀才求遇潜意识的表露。二诗作于嘉祐四年，当时王安石 39 岁，此前曾写有著名的《上仁宗皇帝言事书》，指出"万今之急，在于人才而已"，这些建议未被当政采纳，作者内心苦闷，因此含蓄委婉地表达了内心深处怀才不遇的感触。

八声甘州[1]

柳永

【作家作品简介】

柳永（约 987 年～约 1053 年），北宋著名词人，婉约派代表词人。崇安（今福建武夷山）人，原名三变，字景庄，后改名永，字耆卿，排行第七，又称柳七。宋仁宗朝进士，官至屯田员外郎，故世称柳屯田。他自称"奉旨填词柳三变"，以毕生精力作词，并以"白衣卿相"自诩。其词多描绘城市风光和歌妓生活，尤长于抒写羁旅行役之情，创作慢词最多。铺叙刻画，情景交融，语言通俗，音律谐婉，柳永词在当时流传极其广泛，人称"凡有井水饮处，皆能歌柳词"，对宋词的发展有重大影响。著有《乐章集》。

对潇潇[2]暮雨洒江天，一番洗清秋。渐霜风凄紧[3]，关河冷落，残照当楼。是处红衰翠减[4]，苒苒物华[5]休。唯有长江水，无语东流。

不忍登高临远，望故乡渺邈[6]，归思难收。叹年来踪迹，何事苦淹留[7]？想佳人、妆楼颙望[8]，误几回、天际识归舟[9]。争知我[10]，倚阑干处，正恁[11]凝愁[12]。

【注释】

[1] 唐教坊大曲有《甘州》，杂曲有《甘州子》。因属边地乐曲，故以甘州为名。《八声甘州》是从大曲《甘州》截取一段而成的慢词。因全词前后共八韵，故名八声。又名《潇潇雨》、《宴瑶沁池》等。《词谱》以柳永为正体。九十七字，平韵。

[2] 潇潇：形容雨声急骤。

[3] 凄紧：一作"凄惨"。

[4] 是处：到处，处处。红衰翠减：红花绿叶，凋残零落。李商隐《赠荷花》："翠减红衰愁煞人"。翠：一作"绿"。

[5] 苒苒：茂盛的样子。一说，同"冉冉"，犹言"渐渐"。物华：美好的景物。

[6] 渺邈：遥远。

[7] 淹留：久留。

[8] 颙望：凝望。一作"长望"。

[9] 天际识归舟：语出谢朓《之宣城郡出林浦向板桥》"天际识归舟，云中辨江树"。

[10] 争：怎。

[11] 恁：如此，这般。

[12] 凝愁：凝结不解的深愁。

【作品赏析】

这是柳永抒写羁旅行役之苦的名作。此词通过登高远望所见，抒发了漂泊江湖的离愁别绪。

借景抒情、情景相生，是这首词的一大艺术特色；而词中"登高临远"四字，则是打通上片写景、下片抒情的线索。

词的上片，以层层铺叙的手法，描绘登高所见之景。开头两句以"对"字领起，写登临所见暮雨潇潇，洒遍江天，清澈如洗，写出了清秋之寂寥。接着以"渐"字领起"霜风凄紧，关河冷落，残照当楼"三句，一场秋雨过后，秋风更加寒冷、强劲，关塞河流显得冷落，雨后残阳照射着游子所登临目送的高楼，以霜风、关河、残照之景渲染出悲秋之气，尤其"当楼"二字，悲秋之气更加浓烈。"是处红衰翠减，苒苒物毕休"的词意由苍莽悲壮，转而细致沉思，"红衰翠减"处处皆是一片凋落之景象。接下来"唯有长江水，无语东流"，"无语"二字乃"无情"之意，在感叹时光的消逝中，包含有对宇宙人生变与不变的哲理认识，寄托了词人时光流逝、青春不再、人生如寄的感伤。上片写景，写景中无不浸染了词人浓重的离愁，情寓景中。

下片以委婉曲折的笔法，抒写临远思归之情。"不忍"句点明背景是登高临远，"不忍登高临远"数句，直接抒发了羁旅之苦、思乡之切，云"不忍"，又多一番曲折、多一番情致。登高本为望乡，然有家难回，更添一重乡愁，遂"不忍登高临远"，"叹年来"自叹自悲，"想佳人"以下，转换角度，驰骋想象，从对方落笔，由己之思彼转写彼之思己，反衬游子思乡之切，结句篇末点题。"倚阑干"，与"对"、"当楼"、"登高临远"、"望"、"叹"、"想"都相关联、相辉映。词中登高远眺之景，皆为"倚阑"时所见；思归之情又是从"凝愁"中生发；而"争知我"三字化实为虚，使思归之苦、怀人之情表达得更为曲折动人。

这首词章法结构细密，写景抒情融为一体，以铺叙见长。词中思乡怀人之情，展衍尽致。而白描手法，通俗的语言，将这复杂的意绪表达得明白如话，这些手法使柳永的《八声甘州》成为词史上的丰碑，得以传颂千古。

临 江 仙

苏轼

【作家作品简介】

苏轼（1037 年~1101 年）著名文学家。字子瞻，又字和仲，号东坡居士。北宋眉州眉山（今四川眉山）人。公元 1057 年（宋仁宗嘉祐二年）与弟苏辙同登进士，授福昌县主簿、大理评事、签书凤翔府节度判官，召直史馆。公元 1079 年（神宗元丰二年）知湖州时，以讪谤系御史台狱，次年贬黄州团练使，筑室于东坡，自号东坡居士。公元 1086 年（哲宗元祐元年）还朝，为中书舍人，翰林学士，知制诰。公元 1094 年（绍圣元年），又被劾奏讥斥先朝，远贬惠州、儋州。公元 1100 年（元符三年），始被召北归，次年卒于常州。

苏轼诗、词、文、书、画皆工，是继欧阳修之后北宋文坛的领袖人物。词存三百四十多首，具有广阔的社会内容，将北宋诗文革新运动的精神，扩大到词的领域，扫除了晚唐五代以来的传统词风，开创了与婉约派并立的豪放派，扩大了词的题材，丰富了词的意境，冲破了诗庄词媚的界限，对词的革新和发展做出了重大贡献。作品今存《东坡全集》一百十五卷。词有《东坡乐府》等。

夜饮东坡[1]醒复醉，归来仿佛三更。家童鼻息已雷鸣。敲门都不应，倚杖听江声[2]。

长恨此身非我有，何时忘却营营[3]？夜阑[4]风静縠纹[5]平。小舟从此逝，江海寄余生。

【注释】

[1] 东坡：在湖北黄冈市东。苏轼谪贬黄州时，友人马正卿助其垦辟的游息之所，筑雪堂五间。

[2] 听江声：苏轼寓居临皋，在湖北黄县南长江边，故能听长江涛声。

[3] 营营：周旋、忙碌，内心躁急状，形容为利禄竞逐钻营。

[4] 夜阑：夜尽。

[5] 縠纹：比喻水波细纹。縠，绉纱。

【作品赏析】

这首词作于宋神宗元丰五年，也是苏轼因"乌台诗案"被贬官到黄州的第三年。当时词人内心十分愤懑、痛苦，常常借酒消愁。这首词就是写作者深秋之夜在东坡雪堂开怀畅饮，醉后返归临皋住所的所见所感，可贵的是苏轼并没有因这次打击而消沉，相反表现出一种旷达和恬淡，一种对自由和宁静的向往，一种磊落豁达的襟怀。全词风格清旷而飘逸，上片记事，着意渲染其醉态；下片抒怀，抒写酒醒后的所思所想。

上片首句"夜饮东坡醒复醉"，点明了夜饮的地点和醉酒的程度。当苏东坡回到临皋寓所时，已经是醉而复醒，醒而复醉。"归来仿佛三更"，"仿佛"二字，传神地画出了词人酒醉的情态。"醒复醉""仿佛"，传神地写出了他酣畅淋漓地纵饮豪情，接着，写词人在家门口的情景："家童鼻息已雷鸣。敲门都不应，倚杖听江声。"展现在我们眼前的是这样一幅画面：一位潇洒而旷达的"幽人"在万籁俱寂的深夜，拄杖临江，细听涛声。在他身上我们感受到的是一种达观的人生态度，一种超旷的精神，一种独特的个性和真情。家僮鼻息如雷和作者谛听江声，以动衬静，营造了一个极其安静和恬淡的境界，因此在这个静谧的夜晚，在敲门不应的时候，能够悠悠然"倚杖听江声"。使人遐思联翩，从而为下片作者对人生的反思做好了铺垫。

下片一开始，词人便慨然长叹道："长恨此身非我有，何时忘却营营？"这里化用庄子"汝身非汝有也"、"全汝形，抱汝生，无使汝思虑营营"之言，词人以老庄思想来安慰自己，以一种透彻了悟的哲理思辨，发出了对整个宇宙、人生、社会的怀疑、厌倦、无所寄托的深沉喟叹，表达出一种无法解脱而又不得不解脱的人生困惑与感伤，充满哲理。词人静夜沉思，顾盼眼前江上景致，是"夜阑风静縠纹平"，心与景，神与物融为一体，词人被如此静谧美好的大自然深深陶醉了。于是，他情不自禁地产生脱离现实社会的浪漫遐想："小舟从此逝，江海寄余生。"他要趁此良辰美景，驾一叶扁舟，随波流逝，任意东西，他要将自己的有限生命融化在无限的大自然之中，这是词人主观世界和客观世界相契合的产物，体现了词人追求宁静安谧的理想境界。"小舟从此逝，江海寄余生"这也恰恰是苏轼在政治上遭受沉重打击，思想上发生了几度变化，由入世转向消极低沉，又转而追求一种精神自由的、合乎自然的人生理想。由于苏轼的人生观，受老庄思想影响，因而在痛苦的逆境中形成了旷达不羁的性格和潇洒、旷达的胸怀以及不满世俗、向往自由的追求。

全词叙事、议论、写景、抒情相结合；语言舒展自如，简练生动；词中飘逸旷达与悲凉忧伤的情感交织在一起，正是词人谪居黄州时期复杂心境的真实体现。

凤凰台上忆吹箫

李清照

【作家作品简介】

李清照（1084 年～约 1155 年），号易安居士，济南（今山东济南市）人，婉约派著名的代表词人。李清照 18 岁嫁宋代著名的金石学家赵明诚，婚后生活平静美满，与丈夫一起研究金石书画，并致力于文学创作。宋室南渡不久，赵明诚病死。高宗建炎三年（1129）金兵南下，遭国难之忧和丧夫之痛的李清照又在浙东亲历变乱，生活颠沛流离，此后即在孤寂中度过晚年。

李清照的词善用白描手法，状物抒情，细腻精致，曲折尽意，风格上清新天然，淡雅脱俗而情韵深厚，语言上清新自然，音律上和谐优美。早期词作以亲身感受和内心体验写闺情相思，真挚动人，音韵优美；南渡后，遭受国破家亡的痛苦，漂泊的身世和悲凉的心情融入词中，风格凄黯深婉。有《漱玉词》。

香冷金猊[1]，被翻红浪[2]，起来慵自梳头。任宝奁尘满[3]，日上帘钩。生怕离怀别苦，多少事，欲说还休。新来瘦，非干病酒[4]，不是悲秋。

休休，这回去也，千万遍《阳关》，也则难留。念武陵[5]人远，烟锁秦楼[6]。惟有楼前流水，应念我、终日凝眸。凝眸处，从今又添，一段新愁。

【注释】

[1] 金猊：狻猊形状的铜香炉。狻猊：传说中的一种野兽。

[2] 红浪：红锦被乱翻在床上。

[3] 宝奁：华贵的镜匣。尘满，一作闲掩。

[4] 病酒：酒醉如病。

[5] 武陵：武陵源，即桃花源，武陵人指远在异乡的爱人。

[6] 秦楼：原指秦穆公女弄玉与其夫萧史共同居住的楼，又称凤台。此指自己所住妆楼。

【作品赏析】

李清照与赵明诚婚姻美满，感情深厚，即使是一次短暂的分别，也会使词人感到沉重而痛苦。李清照这首词作于赵明诚离家远游之际，写出了她与丈夫分别时的痛苦心情，表达出对丈夫的深情和刻骨的思念。词的上片写离别前的情景，着意刻画慵懒的情态，体现不忍丈夫离去的复杂矛盾的心理以及茫然若失的情绪。上片开头五句处处突出一个"慵"字。香冷了也不去换；被乱摊在床上也不去叠；起床后连头也不愿梳；梳妆匣上落满了灰尘；日上帘钩人才起床。这一切都因"生怕离怀别苦"。此句点明题旨。"多少事，欲说还休"。因不忍给丈夫增添烦恼，宁可把痛苦埋藏心底，"新来瘦，非干病酒，不是悲秋"本来因怕分别才容颜瘦损，但作者偏不直接说出，体现出对丈夫的体贴与深爱，表达了女性特有的深婉细腻的感情。下片写别后的情景，着重写思念和痴情，笔触细腻生动，抒情极凄婉。"这回去也"以下五句直接写别后的痛苦。"惟有楼前流水"以下三句，用一"念"字领起，楼前的流水本是无情物，因可以映出她凝眸的神情，所以可证明、也可体验她的痴情，突出词人的孤独与痴情，写出了终日在楼前凝眸远眺，盼信望归的离愁。结尾三句用顶针格更加深化离愁。全词心理刻画十分细腻精致，上片写别绪，下片写离愁，以景寓情，情景交融，真切感人，反映了深厚的夫妻之情，表达了女性特有的深婉细腻的感情，体现了李清照早期作品的特色。

水龙吟·登建康赏心亭

辛弃疾

【作家作品简介】

辛弃疾（1140年～1207年），南宋爱国词人。原字坦夫，改字幼安，别号稼轩，历城（今山东济南）人。出生时，中原已为金兵所占。21岁参加抗金义军，不久归南宋。历任湖北、江西、湖南、福建、浙东安抚使等职。一生力主抗金。由于与当政的主和派政见不合，后被弹劾落职，退隐，1207年秋，辛弃疾逝世，享年68岁。

辛弃疾艺术风格多样，以豪放为主，曾上《美芹十论》与《九议》，现存词600多首，条陈战守之策。其词抒写力图恢复国家统一的爱国热情，倾诉壮志难酬的悲愤，对当时执政者的屈辱求和颇多谴责；也有不少吟咏祖国河山的作品。题材广阔又善化用前人典故入词，风格沉雄豪迈又不乏细腻柔媚之处。《破阵子·为陈同甫赋壮词以寄之》《永遇乐·京口北固亭怀古》《水龙吟·登建康赏心亭》《菩萨蛮·书江西造口壁》等均有名，但部分作品也流露出抱负不能实现而产生的消极情绪，有《稼轩长短句》，今人辑有《辛稼轩诗文钞存》。

楚天千里清秋，水随天去秋无际。遥岑[1]远目、献愁供恨，玉簪螺髻。落日楼头，断鸿声里，江南游子。把吴钩[2]看了，栏杆拍遍，无人会、登临意。

休说鲈鱼堪脍[3]、尽西风、季鹰归未？求田问舍[4]，怕应羞见、刘郎才气。可惜流年，忧愁风雨[5]，树犹如此[6]！倩[7]何人唤取，盈盈翠袖，揾英雄泪。

【注释】

[1] 遥岑（cén）：远山。

[2] 吴钩：唐李贺《南园》："男儿何不带吴钩，收取关山五十州。"吴钩，古代吴地制造的一种宝刀。这里应该是以吴钩自喻，空有一身才华，但是得不到重用。

[3] "鲈鱼堪脍"三句：用西晋张翰典，见《晋书·张翰传》。另外，《世说新语·识鉴篇》："张季鹰辟齐王东曹掾，在洛，见秋风起，因思吴中菰菜、莼羹、鲈鱼脍，曰：'人生贵得适意尔，何能羁宦数千里以要名爵？'遂命驾便归。俄而齐王败，时人皆谓见机。"后来的文人将思念家乡称为莼鲈之思。季鹰：张翰，字季鹰。

[4] "求田问舍"三句：典出《三国志·魏书·陈登传》："后许汜与刘备共在荆州牧刘表坐，表与备共论天下人，汜曰：'元龙湖海之士，豪气不除。'备谓表曰：'许君论是非？'表曰：'欲言非，此君为善士，不宜虚言；欲言是，元龙名重天下。'备问汜：'君言豪，宁有事邪？'汜曰：'昔遭乱过下邳，见元龙。元龙无客主之意，久不相与语，自上大床卧，使客卧下床。'备曰：'君有国士之名，今天下大乱，帝主失所，望君忧国忘家，有救世之意，而君求田问舍，言无可采，是元龙所讳也，何缘当与君语？如小人，欲卧百尺楼上，卧君於地，何但上下床之间邪？'"求田问舍：置地买房。刘郎：刘备。才气：胸怀、气魄。

[5] 忧愁风雨：风雨，比喻飘摇的国势。化用宋苏轼《满庭芳》："百年里，浑教是醉，三万六千场。思量，能几许，忧愁风雨，一半相妨"。

[6] 树犹如此：出自北周诗人庾信《枯树赋》："树犹如此，人何以堪！"又典出《世说新语·言语》："桓公北征经金城，见前为琅邪时种柳，皆已十围，慨然曰：'木犹如此，人何以堪！'攀枝执条，泫然流泪。"此处以"树"代"木"，抒发自己不能抗击敌人、收复失地，虚度时光的感慨。

[7] 倩（qìng）：请托。

【作品赏析】

这首词是辛弃疾 30 岁时任建康通判时作。其时辛弃疾到南宋已六七年，做过几次小官，得不到朝廷重视，更谈不上抗敌报国。现在登楼远望，想起北方沦陷的国土，不禁激动万分，热泪滚滚，深感报国无门，于是写下了这首千古之作。

词一开头即写登上建康城楼上的赏心亭仰观长天的美景："楚天千里青秋，水随天去秋无际。"南国的天空是如此辽阔，江水向着天边流去，真是水天一色，无边无际，气势何等壮阔。"清秋"一词，是说这秋天已有些冷落凄凉之意，这给美景染上了一层凄清的色彩，渲染了一点悲凉气氛。接着写平望远山之景："遥岑远目，献愁供恨，玉簪螺髻。""玉簪螺髻"一句应是"远目"的宾语，"献愁供恨"的倒翻句。这句是说，极目遥望远山，那一座座的远山真像女人头上的玉簪子和螺形的发髻，而这些山岭只能引起我无限的忧愁和愤恨。为什么这些远山会"献愁供恨"?因为这些山岭让词人想起了沦陷在金人统治下的中原地区,至今尚未收复,所以看到这些山岭,只能增添作者心中的"愁""恨"。这是因景抒情。接着写近景:"落日"照耀的"楼头""断鸿声里"还有我这个为抗金来南方而又失意的"江南游子"。"断鸿",就是离群的孤雁,作者以"断鸿"来类比"江南游子",一种孤单漂泊、寂寥悲痛之处境正是作者当时境况的绝妙类比。本为抗金南来的"游子",现在却不能去抗金,只能看着身上佩的杀敌宝刀而又不能去杀敌,心里该是多么的憋闷,所以只能用"栏杆拍遍"来发泄心中的悲愤,可"无人会、登临意",没有人来领会我现在登楼的心意。这个心意就是作者的壮志难酬,报国无门。至此才揭出登楼的真正心意。上阕从仰观天空,遥望远山,写到落日照楼、悲愤的激情,由远而近,层层写来,充分抒发了作者怀念中原故土、壮志难酬、报国无门、压抑悲愤的心情。

下阕展开联想,借历史人物来抒写自己抑郁的情怀和失意的悲痛。时值秋天,秋风又起,于是想起同是宦游的西晋张季鹰弃官返乡的事。"休说鲈鱼堪脍,尽西风,季鹰归未?"这是对张季鹰因秋风起而弃官回乡做法的否定,是反用张季鹰之典,意思是说,张季鹰会思乡弃官,而我却不会,不能置国事于不顾。这表明了作者的爱国之心。接着又联想到许汜的事。"求田问舍,怕应羞见,刘郎才气。"在三国纷争之时,徒有国士之名的许汜却一心只顾"求田问舍",而无一点救世之心,难怪刘备要嘲笑他,"怕应羞见"就是对许汜的批评。最后以"倩何人、唤取红巾翠袖,揾英雄泪!"意思是说,叫谁去请歌女来擦掉我这英雄失意的眼泪呢?这是一个胸怀大志而沦为幕僚的英雄人物面临着国家艰危而又深感报国无路的慨叹,这悲叹又是和国家命运连在一起,因此给读者的印象更多的是激动而不是伤感。

全词通过写景和联想抒写了作者恢复中原国土,统一祖国的抱负和愿望无法实现的失意的感慨,深刻揭示了英雄志士有志难酬、报国无门、抑郁悲愤的苦闷心情,极大地表现了词人诚挚无私的爱国情怀。

关 山 月[1]

陆游

【作家作品简介】

陆游(1125年~1210年),字务观,号放翁,越州山阴(今浙江绍兴)人。生于北宋灭亡之际,他出生于仕宦家庭,自幼受到良好教育,十二岁就能诗善文。孝宗时赐进士出身,历任镇江、隆兴通判,不久因支持张浚北伐而落职。46岁任夔州通判,48岁在王炎幕府任职,曾赴南郑最前线,65岁被劾去职,回故里,闲居20余年后去世。

陆游是南宋伟大的爱国诗人,作品颇丰,存诗近万首,为中国文学史上所罕见。与尤袤、杨万里、范成大并称"南宋四大家"。陆游的诗篇大都抒写抗金杀敌的豪情,壮志难酬的悲愤,揭露投降派的罪行,表现他的抗战救国之志,风格雄奇奔放,沉郁悲壮。一些反映民生疾苦及日常生活的小诗，则清新自然、真挚质朴。陆游词兼有豪放和婉约之长，数量不如诗，但同样贯穿强烈的爱国主义精神。著有《剑南诗稿》、《放翁词》、《渭南文集》、《老学庵笔记》。

和戎诏[2]下十五年，将军不战空临边[3]。朱门沉沉按歌舞[4]，厩马肥死弓断弦。戍楼刁斗催落月，三十从军今白发。笛里谁知壮士心，沙头空照征人骨。中原干戈古亦闻，岂有逆胡传子孙[5]，遗民[6]忍死望恢复，几处今宵垂泪痕。

【注释】

[1] 关山月：乐府旧题，属汉乐府《横吹曲辞》。横吹曲原为西域军乐。

[2] 和戎诏：宋孝宗隆兴元年（1163年）与金议和，定金、宋为叔侄之国，到陆游作此诗历时十五年。和戎：与敌人妥协媾和。

[3] 空临边：枉自戍守边关。临：到。

[4] 朱门：指豪家贵傺的府第。沉沉：屋宇深邃的样子。按歌舞：指歌舞演奏。按：依着音乐的节拍。

[5] 逆胡传子孙：金朝自太祖阿骨打建国，其后侵灭北宋，盘踞中原，至南宋孝宗时已传国五世。逆胡：指女真族统治者。此句谓将讨逆、收复失地的任务传给子孙去完成。

[6] 遗民：金兵占领区的汉族百姓。

作品赏析】

《关山月》是以乐府旧题写时事。宋金议和十五年来，宋室文恬武嬉，苟且偷安，闲居在家的陆游仍为国事而担忧，他痛恨当权者们所奉行的妥协投降政策，遂以无比愤激慷慨的心情写下了这首沉郁悲壮的爱国诗。

这首诗叙写同一个月光之下，关山（边境）内外三种人（将军、士兵、遗民）的境遇和心态。开首以"和戎诏下十五年"一句统领全篇，全诗十二句，每四句一转韵构成一个场面，共描绘了三个场面，前四句写将军不修战备、沉湎歌舞的情景，体现了统治者苟且偷安、麻木不仁的心态，次四句写戍边战士岁月虚度，老死疆场，壮志难酬的情景，进一步反衬出统治者的卑劣无耻。后四句写遗民渴望恢复，对月流泪，忍死等待的情景，表达了作者对遗民同情和渴望统一的信念。这些可悲情景都是因为"和戎诏"，即统治者奉行的投降妥协的国策所造成的。作者又用"月亮"来串联这三个场面，体现三个场面在同一时间（今夜），因此今夜月下的三种不眠之人，他们各不相同的欢乐悲苦共同构成了一幅关山月夜图，这实际上是当时南宋社会的一个缩影。

诗中诗人选取了一些典型事物，如朱门、厩马、断弓、白发、征人骨、遗民泪等，同时还描绘了狂歌酗舞、沙场怨笛、万民望月等典型场面来抒情言志，具有强烈的艺术感染力。本诗语言凝练，一字褒贬，具有很强的表现力。如"将军不战空临边"和"沙头空照征人骨"中的两个"空"字，前一"空"描绘出将军们临边不战，沉湎声色，弛废战备、浑浑噩噩的丑态，表达了诗人对他们的鄙视与愤恨，后一个"空"字，则刻画出戍边战士空怀报国之志、报国无门的怨愤，表达了诗人对他们的深切同情和对统治者投降误国的强烈控诉。"厩马肥死弓断弦"中一"肥"一"断"，沉痛揭露了南宋朝廷边防松弛、不恤国难的腐朽，体现了诗人极大的愤慨和深沉的忧虑。"遗民忍死望恢复"中的"忍"反映了中原人民忍死的悲惨处境，饱含了作者对朝廷妥协投降政策的谴责。

南吕[1]·一枝花

不伏老[2]

关汉卿

【作家作品简介】

关汉卿（约 1220 年～1300 年），我国古代杰出戏曲家和元代著名散曲家，是元杂剧的奠基人，号已斋、已斋叟。汉族，解州（今山西省运城）人，大约生于金代末年（约 1220 前后），卒于元成宗大德初年（约 1300 年前后）。与马致远、郑光祖、白朴并称为"元曲四大家"，关汉卿位于"元曲四大家"之首。所作杂剧六十余种，今存十八种。题材多样，曲词亦俗亦雅，他的剧作被译为英文、法文、德文、日文等，在世界各地广泛传播。代表作品有《窦娥冤》《救风尘》《望江亭》《拜月亭》《调风月》《单刀会》等。关汉卿的剧作深刻地再现了社会现实，充满着浓郁的时代气息和战斗精神，他的剧作反映的生活面十分广阔，既有对官场黑暗的无情揭露，又有对人民反抗精神的热情讴歌。慷慨悲歌，乐观奋争，构成关汉卿剧作的基调。关汉卿同时又是一位著名的散曲作家，现存的散曲包括小令57 首，套数 14 首，内容丰富，风格泼辣，语言自然，雅俗相并。

【一枝花】攀出墙朵朵花，折临路枝枝柳。花攀红蕊嫩，柳折翠条柔。浪子风流。凭着我折柳攀花手，直煞[3]得花残柳败休。半生来折柳攀花，一世里眠花卧柳。

【梁州】我是个普天下郎君[4]领袖，盖世界浪子班头[5]。愿朱颜不改常依旧，花中消遣，酒内忘忧。分茶攧竹[6]，打马藏阄[7]，通五音六律滑熟[8]，甚闲愁到我心头！伴的是银筝女，银台前，理银筝，笑倚银屏；伴的是玉天仙，携玉手，并玉肩，同登玉楼；伴的是金钗客，歌金缕，捧金樽，满泛金瓯[9]。你道我老也，暂休？占排场风月功名首[10]，更玲珑又剔透[11]。我是个锦阵花营都帅头[12]，曾玩府游州。

【隔尾】子弟每是个茅草冈，沙土窝，初生的兔羔儿[13]，乍向围场上走[14]，我是个经笼罩，受索网，苍翎毛老野鸡[15]，蹅踏的阵马儿熟[16]。经了些窝弓冷箭蜡枪头[17]，不曾落人后。恰[18]不道人到中年万事休，我怎肯虚度了春秋？

【尾】我是个蒸不烂、煮不熟、捶不匾、炒不爆、响当当的一粒铜豌豆[19]，恁子弟每谁教你钻入他锄不断、斫不下、解不开、顿不脱、慢腾腾千层锦套[20]头。我玩的是梁园月[21]，饮的是东京酒[22]，赏的是洛阳花，攀的是章台柳[23]。我也会围棋、会蹴鞠、会打围、会插科、会歌舞、会吹弹、会咽作、会吟诗、会双陆[24]。你便是落了我牙、歪了我嘴、瘸了我腿、折了我手，天赐与我这几般儿歹症候[25]，尚兀自[26]不肯休。则除是阎王亲自唤，神鬼自来勾，三魂归地府，七魄丧冥幽，天哪，那其间才不向烟花[27]路儿上走！

【注释】

[1] 南吕·一枝花：这是南吕宫常用的套数。通常由，一枝花、梁州第七、尾声三曲组成。南吕，宫调名。一枝花，曲牌。

[2] 不伏老：本散曲的题目。

[3] 煞：俗"杀"字，这里指摧残。

[4] 郎君：丈夫，借指为妇女所恋的男人，元曲中常用以指爱冶游的花花公子。

[5] 盖：压倒，盖世界，用如"盖世"。浪子：不务正业的浪荡子弟。班头：一班人的头领。

[6] 分茶：分茶又称茶百戏、汤戏、茶戏。它是在沏茶时，运用手上功夫使茶汤的纹脉形成不同物象，从中获得趣味的技艺游戏，大约开始于北宋初期。撅竹：博戏名。大约游戏时颠动竹筒使筒中某支竹签首先跌出，视签上标志以决胜负。撅，投、掷。

[7] 打马：古代的一种博戏，在圆牌上刻良马名，掷骰子以决胜负。藏阄（旧）：即藏钩，古代猜拳的一种游戏。饮酒时手握小物件，使人探猜，输者饮酒。

[8] 五音：宫、商、角、徵、羽。六律：十二律中单数为律，双数为吕，统称律吕，因此六律也就是黄钟、太蔟、姑洗、蕤宾、夷则、无射六种音调。这里泛指音乐。滑熟：十分圆熟、惯熟。

[9] 银筝女、玉天仙、金钗客：此处均指妓女。金缕：曲调名，即《金缕衣》，又作《金缕曲》。唐无名氏诗有"劝君莫惜金缕衣，劝君须惜少年时。"苏轼诗亦有"入夜更歌金缕曲，他时莫忘角弓篇。"樽、瓯都是古代对酒杯的叫法。

[10] "占排场"句：在风月排场中占得首位。风月，亦即男女情爱。

[11] 玲珑又剔透：即在风月场所左右逢源、八面玲珑，元曲中这样的人又称"水晶球"，和"铜豌豆"同一意思。

[12] 锦城花营：都是指风月玩乐场所。都帅头：总头目。元人《析津志》说关汉卿"生而倜傥，博学能文，滑稽多智，蕴藉风流，为一时之冠"。《录鬼簿》亦引时人言称其为"驱梨园领袖，总编修师首，捻杂剧班头"。可见并非自诩。

[13] 子弟每：子弟们，此指风流子弟。每：人称代词的复数"们"。兔羔儿：比喻未经世故年轻人。

[14] 乍：刚，才。围场：帝王、贵族打猎之所，这里喻指妓院。

[15] 苍翎毛：就是长出老翎，翅膀够硬。老野鸡：作者自比。这个比喻和后面的"铜豌豆"相类。

[16] 蹅（chǎ）踏：践踏、糟蹋，此指踏阵冲突。阵马儿，阵势。阵马儿熟，即什么阵势没有见过。

[17] 窝弓：伏弩的一种，猎人藏在草丛内射杀猎物的弓弩。蜡枪头：元曲中一般都用作"银样蜡枪头"，好看不中用的意思，这里是借用熟语，也不无调侃的意思。

[18] 恰：岂，难道。

[19] 匾：同"扁"。铜豌豆：妓院中对老狎客的称呼。

[20] 恁（nín）：通"您"。又有"恁每"一词，即"你们"的意思，所以"恁子弟每"就是"您子弟们"的意思。斫（zhuó）：砍。锦套头：美丽圈套。此两句连起来的意思是：那些浮浪子弟们陷入风月场所温柔之乡不能自拔，而自己却见多识广练一身功夫，不把这些套数放在眼里，反而正好能够大展身手。

[21] 梁园：汉代梁孝王的园子，在今河南开封府附近，园内有池馆林木，梁王日与宾客游乐，因此后来以之泛指名胜游玩之所。

[22] 东京：汉代以洛阳为东京，宋代以汴州（今开封市）为东京，辽时改南京（今辽阳）为东京。此处不必实指，元曲往往混用历史地名故实。总之这几句的意思是说自己行走的都是名胜之地。

[23] 章台柳：代指妓女。章台：汉长安街名，娼妓所居。《太平广记·柳氏传》载，唐韩翊与妓女柳氏有婚约，安史之乱，两人分离，韩赋诗以表思念："章台柳，章台柳，昔日青青今在否？纵使长条似旧垂，也应攀折他人手。"

[24] 打围：打猎。蹴鞠（cù jū）：中国古代的一种足球运动。《汉书》中已有记载，唐宋时盛行，至清代渐衰。这种球外面是皮革，里面实以米糠。双陆：又名"双六"，古代的一种博戏。据说为曹植所创，至唐代演变为叶子戏（纸牌）。

[25] 歹：不好。症候：本指病，借指脾性。

[26] 尚兀自：仍然还。兀自，还。

[27] 烟花：指妓女。

【作品赏析】

著名的戏剧大师关汉卿也是著名的散曲作家。《不伏老》是一首自述心志的著名套曲，，意蕴深广，语言狂放不羁，个性鲜明突出，因而历来为人传颂，被视为关汉卿散曲代表作。

这首散曲，诗人有意识地、毫无遮掩地渲染了自己"折柳攀花""眠花卧柳"的风流浪子特点和浪漫生活方式，以及"凭着我折柳攀花手，直煞得花残柳败休"的风月手段，虽不免流露了一些市井的不良习气，但诗人反贬为褒，这恰恰体现了他对封建规范的蔑视，对世俗观念的嘲讽和对自由生活的追求。尾曲中，诗人自比"铜豌豆"，一语双关，表现了他"蒸不烂，煮不熟，捶不匾，炒不爆，响当当一粒铜豌豆"的顽强、乐观、幽默性格。

在艺术上，这首散曲，大量地添加衬字，娴熟地运用排比句、连环句和对仗形式，加强了作品的气势，具有强烈的艺术表现力，譬如〔尾〕曲中"你便是落了我牙"一句，一组组衬字引起情感上的激越，急促粗犷，铿锵有声，又比如：〔尾声〕中自"玩的是梁园月"起，至"尚兀自不肯休"止，全是排句，其中"会围棋，会蹴鞠……"一句用了一连串的排列，突出了主人公坚持"烟花路儿"的决心。其次，作者在文字上运用了散曲多样的句法和对仗形式。〔梁州第七〕"伴的是银筝女银台前理银筝笑倚银屏"以下三句，采用连环句和"鼎足对（三句对）"，整首套曲，基本上是"逢双必对"。在变化多端中又见整齐严谨，富有气势，充分抒发了作者的感情。此外，这首曲词笔调大胆而又夸张，在倾诉自己对现实不满的同时又以嬉笑怒骂的方式宣泄这种愤然之气，使作品形成一种诙谐滑稽而又辛辣的风格。

临江仙·滚滚长江东逝水

杨慎

【作家作品简介】

杨慎（1488 年～1559 年）字用修，初号月溪、升庵，又号逸史氏。后因流放滇南，故自称博南山人、金马碧鸡老兵。四川新都（今成都市新都区）人，祖籍庐陵。明代著名文学家，明代三才子之首。东阁大学士杨廷和之子。

杨慎于正德六年（1511 年）状元及第，官翰林院修撰，参与编修《武宗实录》。武宗微行出居庸关，上疏抗谏。世宗继位，复为翰林修撰，任经筵讲官。嘉靖三年（1524 年），因"大礼议"受廷杖，谪戍于云南永昌卫。曾率家奴助平寻甸安铨、武定凤朝文叛乱，此后虽往返于四川、云南等地，仍终老于永昌卫。嘉靖三十八年（1559 年），杨慎卒于戍所，年七十二。穆宗隆庆初，赠光禄寺少卿，熹宗天启时追谥文宪，故称"杨文宪"。杨慎在滇南三十年，博览群书。明代记诵之博，著述之富，推杨慎为第一。又能文、词及散曲，论古考证之作范围颇广。其诗沉酣六朝，揽采晚唐，创为渊博靡丽之词，造诣深厚，独立于当时风气之外。著作达四百余种，后人辑为《升庵集》。

滚滚长江东逝水[1]，浪花淘尽英雄[2]。

是非成败转头空[3]。

青山依旧在[4]，几度夕阳红[5]。

白发渔樵江渚上[6]，惯看秋月春风[7]。

一壶浊酒喜相逢[8]。

古今多少事[9]，都付笑谈中[10]。

【注释】

[1] 东逝水：江水向东流逝而去，这里将时光比喻为江水。

[2] 淘尽：荡涤一空。

[3] 成败：成功与失败。

[4] 青山：青葱的山岭。

[5] 几度：虚指，几次、好几次之意。

[6] 渔樵：渔翁、樵夫。渚（zhǔ）：原意为水中的小块陆地，此处意为江岸边。

[7] 秋月春风：指良辰美景。也指美好的岁月。

[8] 浊（zhuó）：不清澈；不干净。与"清"相对。浊酒：用糯米、黄米等酿制的酒，较混浊。

[9] 古今：古代和现今。

[10] 都付笑谈中：在一些古典文学及音乐作品中，也有作"尽付笑谈中"。

【作品赏析】

这是杨慎所做《廿一史弹词》第三段《说秦汉》的开场词，后清初毛宗岗父子评刻《三国演义》时将其移置于《三国演义》卷首。这是一首咏史词，借叙述历史兴亡抒发人生感慨，豪放中有含蓄，高亢中有深沉。

从全词看，基调慷慨悲壮，意味无穷，令人读来荡气回肠，不由得在心头平添万千感慨。在让读者感受苍凉悲壮的同时，这首词又营造出一种淡泊宁静的气氛，并且折射出高远的意境和深邃的人生哲理。作者试图在历史长河的奔腾与沉淀中探索永恒的价值，在成败得失之间寻找深刻的人生哲理，有历史兴衰之感，更有人生沉浮之慨，体现出一种高洁的情操、旷达的胸怀。读者在品味这首词的同时，仿佛感到那奔腾而去的不是滚滚长江之水，而是无情的历史；仿佛倾听到一声历史的叹息，于是，在叹息中寻找生命永恒的价值。

全词似怀古，似咏志。开篇从大处落笔，切入历史的洪流，在景语中预示哲理，意境深邃。下片则具体刻画了一个老渔翁的形象，在其生活环境、生活情趣中寄托自己的人生理想，从而表现出一种大彻大悟的历史观和人生观。

圆 圆 曲

吴伟业

【作家作品简介】

吴伟业（1609年～1672年）明末清初诗人。字骏公，号梅村。明崇祯四年（1631年）中进士，荣登榜眼。历任明翰林院编修、东宫讲读官、南京国子监司业、左中允、左庶子等职。清朝顺治十年（1653年）被迫赴京出仕。三年后奔母丧南归，从此隐居故里直至去世。

吴伟业诗今存1000多首，他与钱谦益、龚鼎孳并称"江左三大家"。是娄东诗派的开创者。著有《梅村家藏稿》五十八卷，《梅村诗馀》，传奇《秣陵春》，杂剧《通天台》、《临春阁》，史乘《绥寇纪略》，《春秋地理志》等。吴伟业的诗歌多写哀时伤事的题材。诗句多激楚苍凉，风骨傲然，取法唐诗，但不墨守成规，所创七言歌行自成一体，世称"梅村体"。吴伟业词作不多，但传诵颇广。其风格与诗近似，清丽哀婉。吴伟业著作有《梅村家藏稿》《梅村诗馀》等。

鼎湖当日弃人间，破敌收京下玉关[1]。

恸哭六军俱缟素，冲冠一怒为红颜[2]。

红颜流落非吾恋，逆贼天亡自荒宴。

电扫黄巾定黑山，哭罢君亲再相见[3]。

相见初经田窦家，侯门歌舞出如花[4]。

许将戚里箜篌伎，等取将军油壁车[5]。

家本姑苏浣花里，圆圆小字娇罗绮。

梦向夫差苑里游，宫娥拥入君王起。

前身合是采莲人，门前一片横塘水。

横塘双桨去如飞，何处豪家强载归？

此际岂知非薄命，此时唯有泪沾衣。

薰天意气连宫掖，明眸皓齿无人惜。

夺归永巷闭良家，教就新声倾坐客。

坐客飞觞红日暮，一曲哀弦向谁诉[6]？

白皙通侯最少年，拣取花枝屡回顾[7]。

早携娇鸟出樊笼，待得银河几时渡？

恨煞军书底死催，苦留后约将人误。

相约恩深相见难，一朝蚁贼满长安[8]。

可怜思妇楼头柳，认作天边粉絮看。

遍索绿珠围内第，强呼绛树出雕栏[9]。

若非壮士全师胜，争得娥眉匹马还？

娥眉马上传呼进，云鬟不整惊魂定。

蜡炬迎来在战场，啼妆满面残红印。

专征箫鼓向秦川，金牛道上车千乘。

斜谷云深起画楼，散关月落开妆镜[10]。

传来消息满江乡，乌桕红经十度霜[11]。

教曲伎师怜尚在，浣纱女伴忆同行。

旧巢共是衔泥燕，飞上枝头变凤凰。

长向尊前悲老大，有人夫婿擅侯王[12]。

当时只受声名累，贵戚名豪竞延致。

一斛珠连万斛愁，关山漂泊腰肢细。

错怨狂风扬落花，无边春色来天地。

尝闻倾国与倾城，翻使周郎受重名。

妻子岂应关大计，英雄无奈是多情。

全家白骨成灰土，一代红妆照汗青。

君不见，馆娃初起鸳鸯宿，越女如花看不足[13]。

香径尘生鸟自啼，屧廊人去苔空绿[14]。

换羽移宫万里愁，珠歌翠舞古梁州[15]。

为君别唱吴宫曲，汉水东南日夜流！

【注释】

[1] 这两句意为，崇祯皇帝去世那一天，吴三桂在山海关勾结清兵，打入北京城。鼎湖：相传黄帝铸鼎于荆山下，鼎成有龙垂胡须下迎黄帝，黄帝乘龙而去，后世称此处为鼎湖，后来常以"鼎湖"喻皇帝去世。这里指崇祯自缢而死。当日：那一天。玉关：玉门关，这里借指山海关。

[2] 这两句意为，明朝军队都为皇帝的自杀而悲伤得大哭，全都穿上丧服，而吴三桂却因为陈圆圆被俘而大怒。冲冠：怒发冲冠，指发怒。红颜：美女，指陈圆圆。

[3] 这两句是拟吴三桂的话。红颜流落：陈圆圆被起义军刘宗敏所俘。逆贼：这是对起义军的诬称。天亡：天意使他们灭亡。荒宴：荒淫宴乐。电扫：形容吴三桂攻击农民起义军的声势。黄巾、黑山：即汉末农民起义军黄巾军、黑山军，这里指李自成起义军。

[4] 侯门：指崇祯妃田氏的父亲田宏遇田宏遇家。如花：像花朵一样美艳。

[5] 许：应许。戚里：皇帝亲戚的住所。箜篌伎（kōng）（hóu）：弹箜篌的艺妓，指陈圆圆。

[6] 飞觞（shāng）：一杯杯不停地喝酒。形容狂饮。

[7] 白皙通侯：面色白净的通侯，指吴三桂。通侯，汉爵位名。

[8] 蚁贼：这是对农民起义军的诬称。

[9] 绿珠：晋石崇爱妾，"美而且艳"。内第：妇女所住之处。绛树：汉末著名舞妓。绿珠、绛树皆喻指陈圆圆。

[10] 散关：即大散关，在陕西宝鸡西南大散岭上。

[11] 江乡：水乡。乌桕（jiù）：树名。十度霜：十个年头。

[12] 尊前：酒杯前。老大：年纪大了。擅侯王：占有侯王的爵位。

[13] 这二句意为，吴王很宠爱西施，暗示吴三桂荒淫无耻。馆娃：西施至吴，夫差为筑馆娃宫。越女：指西施，此处喻陈圆圆。

[14] 这二句意为，后来香径生尘，屧（xiè）廊长青苔，一片荒凉，暗示吴三桂也不会有好结果。

[15] 羽、宫：古时音乐中的两个音阶名。古梁州：指云南，吴三桂后来镇守云南。

【作品赏析】

《圆圆曲》是清朝叙事诗的代表作，也是吴伟业脍炙人口的长篇歌行，诗歌描述了吴三桂和陈圆圆的悲欢离合，讥讽了吴三桂为了一己私情叛明降清，打开山海关门，让清兵入关，成为千古罪人。诗歌中述说陈圆圆的身世，吴三桂和陈圆圆的悲欢离合，并将其放在国家命运的大背景下，将个人的悲剧和国家的悲剧交织在一起，曲折地表达了自己对故国的怀想和哀痛。

《圆圆曲》的结构安排十分别致，独具匠心。诗歌先写崇祯吊死煤山，起义军向西北退却，吴三桂占领北京。这里最关键的两句是"恸哭六军俱缟素，冲冠一怒为红颜。"这是全诗的"挈领"，是千古传诵的名句，指出吴三桂表面打着复明旗号，实际上却只是为陈圆圆这个歌妓而投降清朝。这就给读者造成了一个悬念，使人迫切希望知道它的前前后后。诗歌接下去往上溯，回顾吴三桂当年在外戚田宏遇家的宴席上初见陈圆圆。但是，诗人又突然掉转笔锋，从陈圆圆的籍贯，出身写起，以时间先后为序，依次描写陈圆圆过去如何在苏州做妓女，后被田宏遇抢到北京，送进皇宫，旋又"夺归"田家，结识吴三桂，订下婚约；起义军进入北京，陈圆圆做了俘虏。吴三桂得知这一消息，愤然降清，追击李自成，重获陈圆圆。

《圆圆曲》具有的高超艺术性，全诗时而顺叙倒叙，打破时空；时而夹叙夹议，精警隽永，叙事精巧；用典频繁而贴切，引人联想，耐人寻味；辞藻华丽，蝉联转韵。此外还运用了大量的修辞手法：用"红颜""绿珠""绛树"等来比喻陈圆圆，用了小乔与周瑜的故事，夫差和西施的典故来讽喻吴三桂，此外还运用了引用、借代等修辞手法。使诗歌叙事生动，不仅重新组合了纷繁的历史事件，而且情节波澜起伏、惊心动魄，富有极强的传奇色彩。"恸哭六军俱缟素，冲冠一怒为红颜。"更成为千古名句。

木 兰 词

纳兰性德

【作家作品简介】

纳兰性德（1655 年～1685 年），叶赫那拉氏，字容若，号楞伽山人，清代最为著名的词人之一。他的诗词不但在清代词坛享有很高的声誉，在整个中国文学史上，也以"纳兰词"为词坛一说而占有光彩夺目的一席之地。他淡泊名利，善骑射，好读书，编著了大量作品。著有《通志堂集》二十卷、《渌水亭杂识》四卷，《词林正略》，《大易集义粹言》八十卷，《陈氏礼记说补正》三十八卷；编《近词初集》《名家绝句钞》《全唐诗选》等书，笔力惊人。其中以词闻名，现存 349 首，他的词全以一个"真"字取胜，写情真挚浓烈，写景逼真传神，诗词的创作呈现独特的个性特征和鲜明的艺术风格。王国维评："纳兰性德以自然之眼观物，以自然之舌言情。""北宋以来，一人而已"。

> 人生若只如初见，何事[1]秋风悲画扇。
> 等闲变却故人心，却道故人[2]心易变。
> 骊山[3]语罢清宵半，泪雨零铃终不怨。
> 何如[4]薄幸锦衣郎，比翼连枝当日愿。

【注释】

[1] "何事"句：用汉朝班婕妤好被弃的典故。班婕妤好为汉成帝妃，被赵飞燕谗害，退居冷宫，后有诗《怨歌行》，以秋扇闲置为喻抒发被弃之怨情。南北朝梁刘孝绰《班婕妤怨》诗又点明"妾身似秋扇"，后遂以秋扇见捐喻女子被弃。这里是说本应当相亲相爱，但却成了相离相弃。

[2] 故人：指情人。却道故人心易变（出自娱园本），一作"却道故心人易变"。看似白话，实为用典，出处就在南朝齐国山水诗人谢朓的《同王主簿怨情》后两句"故人心尚永，故心人不见"。

[3] "骊山"二句：用唐明皇与杨玉环的爱情典故。《太真外传》载，唐明皇与杨玉环曾于七月七日夜，在骊山华清宫长生殿里盟誓，愿世世为夫妻。白居易《长恨歌》："在天愿作比翼鸟，在地愿作连理枝。"对此作了生动的描写。后安史乱起，明皇入蜀，于马嵬坡赐死杨玉环。杨死前云："妾诚负国恩，

死无恨矣。"又，明皇此后于途中闻雨声、铃声而悲伤，遂作《雨霖铃》曲以寄哀思。这里借用此典说即使是最后作决绝之别，也不生怨。

[4] "何如"二句：化用唐李商隐《马嵬》诗中"如何四纪为天子，不及卢家有莫愁"之句意。薄幸：薄情。锦衣郎：指唐明皇。

【作品赏析】

这是一首拟古之作，其所拟之《决绝词》本是古诗中的一种，是以女子的口吻控诉男子的薄情，从而表态与之决绝。如古辞《白头吟》、唐元稹《古决绝词三首》等。纳兰性德的这首拟作是借用汉唐典故而抒发"闺怨"之情。

这首词以一个女子的口吻，抒写了被丈夫抛弃的幽怨之情。词情哀怨凄婉，屈曲缠绵。"秋风悲画扇"即是悲叹自己遭弃的命运，"骊山"之语暗指原来浓情蜜意的时刻，"夜雨霖铃"写像唐玄宗和杨贵妃那样的亲密爱人也最终肠断马嵬坡，"比翼连枝"出自《长恨歌》诗句，写曾经的爱情誓言已成为遥远的过去。而这"闺怨"的背后，似乎更有着深层的痛楚，"闺怨"只是一种假托。故有人认为此篇别有隐情，词人是用男女间的爱情为喻，说明与朋友也应该始终如一，生死不渝。

偶 然

徐志摩

【作家作品简介】

徐志摩（1897 年～1931 年），浙江海宁人，现代著名诗人、散文家。1915 年毕业于杭州一中，先后就读于上海沪江大学、天津北洋大学和北京大学。 1918 年赴美国留学，1921 年赴英国留学，入剑桥大学当特别生，研究政治经济学。在剑桥两年深受西方教育的熏陶及欧美浪漫主义和唯美派诗人的影响，奠定其浪漫主义诗风。1923 年成立新月社。1924 年任北京大学教授。1931 年 11 月 19 日因飞机失事罹难。

徐志摩倡导新诗格律，对中国新诗的发展做出了重要的贡献。徐志摩的诗字句清新，韵律谐和，比喻新奇，想象丰富，意境优美，神思飘逸，富于变化，并追求艺术形式的整饬、华美，具有鲜明的艺术个性。代表作品有《再别康桥》，《翡冷翠的一夜》，《偶然》。他的散文也自成一格，取得了不亚于诗歌的成就，其中《自剖》《想飞》《我所知道的康桥》《翡冷翠山居闲话》等都是佳作。

我是天空里的一片云，
偶尔投影在你的波心——
你不必讶异，
更无须欢喜——

在转瞬间消灭了踪影。

你我相逢在黑夜的海上，
你有你的，我有我的，方向；
你记得也好，
最好你忘掉，
在这交会时互放的光亮！

【作品赏析】

徐志摩的《偶然》这首诗作于 1926 年 5 月。诗人运用多种意像将自己的人生历程融入于此，表明诗人人生中经历了太多的偶然，将偶然形象化，不仅充满情趣意味，还给读者留下了足够的想象空间。让人不禁联想：他与张幼仪的结合是偶然，与林徽因的恋情是偶然，与陆小曼的风波也是偶然；他学习金融是偶然，倾心康桥是偶然，飞机失事更是偶然。这些偶然就像颗颗待穿线的珠子。

诗歌的全文语言生动，形式完美，情节波浪起伏，给人以无穷的想像空间。诗歌前后两节相互对应，读起来朗朗上口，耐人寻味。从表面上去看是一首爱情诗歌，仔细去品读，其中蕴涵了深层的人生哲理和人生感悟，不乏一篇经典名作。新月诗人陈梦家也认为："《偶然》等几首诗，划开了他前后两期的鸿沟，他抹去了以前的火气，用整齐柔丽清爽的诗句，来写那微妙的灵魂的秘密。"作者将平常熟悉的意象穿插于整首诗歌中给人以清新自然的感觉。诗人采用两两对的事物将其矛盾化，可谓匠心独运的写作手法将其动静结合。

雨 巷

戴望舒

【作家作品简介】

戴望舒（1905 年～1950 年），名承，字朝安，现代著名诗人、翻译家，浙江杭州人。1923 年～1924 年间开始诗歌创作，其诗大都抒发个人情怀。1925 年～1926 年学习法文，直接接触法国现代派诗歌。1932 年与施蛰存、杜衡等人创办《现代》杂志，"现代派"因此刊而得名，他成为"现代派"诗歌的主要代表。抗日战争爆发后，诗人在香港主编报纸副刊，积极宣传抗日，被日本法西斯逮捕入狱，表现了高度的民族气节。1949 年戴望舒从香港回内地工作。1950 年 2 月病逝于北京。

戴望舒的早期诗作一方面接受古典诗词的传统，一方面又受到法国象征派诗人的影响，常流露一种幻灭、感伤、沉郁的气息，风格清丽幽婉，《雨巷》被公认为他早期诗歌的代表作。抗日战争期间，他写了《狱中题壁》，揭露了敌人的暴行。出狱不久，写了《我用

残损的手掌》等诗作，表达了爱国情怀。后期的诗歌精练而纯朴，表现真切、悲痛的感情，
风格沉郁激切。主要诗集有《我的记忆》《望舒草》《望舒诗稿》《灾难的岁月》等。

撑着油纸伞，独自
彷徨在悠长，悠长
又寂寥的雨巷，
我希望逢着
一个丁香一样地
结着愁怨的姑娘。

她是有
丁香一样的颜色，
丁香一样的芬芳，
丁香一样的忧愁，
在雨中哀怨，
哀怨又彷徨；

她彷徨在这寂寥的雨巷，
撑着油纸伞
像我一样，
像我一样地
默默彳亍[1]着，
冷漠，凄清，又惆怅。

她静默地走近
走近，又投出
太息一般的眼光；
她飘过
像梦一般地，
像梦一般地凄婉迷茫。

像梦中飘过
一枝丁香地，
我身旁飘过这女郎；
她静默地远了，远了，
到了颓圮[2]的篱墙，

走尽这雨巷。

在雨的哀曲里，
消了她的颜色，
散了她的芬芳，
消散了，甚至她的
太息般的眼光，
丁香般的惆怅。

撑着油纸伞，独自
彷徨在悠长，悠长
又寂寥的雨巷，
我希望飘过
一个丁香一样地
结着愁怨的姑娘 。

【注释】

[1] 彳 亍（chì chù）：慢慢走路的样子。

[2] 颓圮：倒塌。

【作品赏析】

　　《雨巷》是戴望舒的成名作和前期的代表作，他曾因此而赢得了"雨巷诗人"的雅号。这首诗写于 1927 年夏天。当时全国处于白色恐怖之中，戴望舒因曾参加进步活动而不得不避居于松江的友人家中，在孤寂中咀嚼着大革命失败后的幻灭与痛苦，心中总充满了迷惘的情绪和朦胧的希望。

　　《雨巷》运用了象征主义的方法抒情。诗里那撑着油纸伞的诗人，那寂寥悠长的雨巷，那像梦一般地飘过有着丁香一般忧愁地姑娘，并非真实生活本身的具体写照，而是充满象征意味地抒情形象。我们不一定能够具体说出这些形象所指的全部内容，但我们可以体会这些形象所抒发但朦胧的诗意。那个社会现实的气氛，那片寂寞徘徊的心境，那种追求而不可得的希望，在《雨巷》描写的形象里，是既明白又朦胧的，既确定又飘忽地展示在读者眼前。想象创造了象征，象征扩大了想象。这样以象征方法抒情的结果，使诗人的感情心境表现得更加含蓄蕴藉，也给读者留下了驰骋想象的广阔天地，感到诗的余香和回味。朱自清先生说："戴望舒氏也取法象征派。他译过这一派的诗。他也注重整齐的音节，但不是铿锵而是轻轻的；也照一点朦胧的气氛，但让人可以看得懂。""他是要把捉那幽微的精妙的去处。"（《中国新文学大系·诗集·导言》）《雨巷》朦胧而不晦涩，低沉而不颓唐，深情而不轻佻，确实把握了象征派诗歌艺术的幽微精妙的长处。

回 答

北岛

【作家作品简介】

北岛（1949年～　），原名赵振开，生于北京，祖籍浙江湖州。中国当代诗人，朦胧诗代表人物之一。 北岛著有多部诗集，作品被译成20余种文字，先后获诺贝尔文学奖提名、瑞典笔会文学奖、美国西部笔会中心自由写作奖、古根海姆奖等，并被选为美国艺术文学院终身荣誉院士。著有诗集《北岛诗歌集》《太阳城札记》《北岛顾城诗选》《陌生的海滩》，散文集《失败之书》和小说《波动》等。

北岛的诗歌创作开始于十年动乱后期，他想"通过作品建立一个自己的世界，这是一个真诚而独特的世界，正直的世界，正义和人性的世界。"在这个世界中，北岛建立了自己的"理性法庭"，以理性和人性为准绳，重新确定人的价值，恢复人的本性；悼念烈士，审判刽子手；嘲讽怪异和异化的世界，反思历史和现实；呼唤人性的富贵，寻找"生命的湖"和"红帆船"。

卑鄙是卑鄙者的通行证，
高尚是高尚者的墓志铭，
看吧，在那镀金的天空中，
飘满了死者弯曲的倒影。

冰川纪过去了，
为什么到处都是冰凌？
好望角发现了，
为什么死海里千帆相竞？

我来到这个世界上，
只带着纸、绳索和身影，
为了在审判之前，
宣读那些被判决的声音。

告诉你吧，世界
我——不——相——信！
纵使你脚下有一千名挑战者，
那就把我算作第一千零一名。

我不相信天是蓝的，
我不相信雷的回声，

我不相信梦是假的，
我不相信死无报应。

如果海洋注定要决堤，
就让所有的苦水都注入我心中，
如果陆地注定要上升，
就让人类重新选择生存的峰顶。

新的转机和闪闪星斗，
正在缀满没有遮拦的天空。
那是五千年的象形文字，
那是未来人们凝视的眼睛。

【作品赏析】

北岛的《回答》标志着"朦胧诗"时代的开始。诗中展现了悲愤之极的冷峻，以坚定的口吻表达了对暴力世界的怀疑，诗篇揭露了黑白混淆、是非颠倒的现实，对矛盾重重、险恶丛生的社会发出了愤怒的质疑，并庄严地向世界宣告了"我不相信"的回答。

作品开篇以悖论式警句斥责了是非颠倒的荒谬时代，"镀金"揭示虚假，"弯曲的倒影"暗指冤魂，二者形成鲜明的对照。第二节中"冰凌"暗指人们心灵的阴影，情绪上顺承第一节。第三节渲染了普罗米修斯式的拯救者形象，诗人以此自居，表现了新时代诗人个体的觉悟和对自身肩负的责任毫不犹豫的担当。第四节"我——不——相——信！"的破折号加重了语气，表现了无畏的挑战者形象，末两句中作者从历史的维度来表明自己不屈的决心。第五节的排比句表现了否定和怀疑精神。第六节前两句对苦难的态度，抒发承担未来重托的英雄情怀，末两句，传达出对未来的期望。"五千年的象形文字"从历史与未来中捕捉到希望和转机，显示了具有五千年历史的民族的强大的再生力。

诗中既有直接的抒情和充满哲理的警句，又有大量语意曲折的象征、隐喻、比喻等，使诗作既明快、晓畅，又含蕴丰厚。由于心理感受的真实的外像化，诗歌染上了一层阴冷的色彩，给人以冷峻凄怆的感觉，具有强烈的震撼力。

以梦为马

海子

【作家作品简介】

海子（1964 年～1989 年），原名查海生，出生于安徽省安庆市怀宁县高河镇查湾村，当代青年诗人。海子在农村长大。1979 年 15 岁时考入北京大学法律系，1982 年大学期间开始诗歌创作。1983 年自北大毕业后分配至北京中国政法大学工作。1989 年 3 月 26 日在山海关附近卧轨自杀，年仅 25 岁。

在诗人生命里，从 1984 年的《亚洲铜》到 1989 年 3 月 14 日的最后一首诗《春天，十个海子》，海子创造了近 200 万字的诗歌、诗剧、小说、论文和札记。比较著名的有《亚洲铜》《麦地》《以梦为马》《黑夜的献诗——献给黑夜的女儿》等。

　　我要做远方的忠诚的儿子
　　和物质的短暂情人
　　和所有以梦为马的诗人一样
　　我不得不和烈士和小丑走在同一道路上

　　万人都要将火熄灭 我一人独将此火高高举起
　　此火为大 开花落英于神圣的祖国
　　和所有以梦为马的诗人一样
　　我籍此火得度一生的茫茫黑夜

　　此火为大 祖国的语言和乱石投筑的梁山城寨
　　以梦为上的敦煌——那七月也会寒冷的骨骼
　　如雪白的柴和坚硬的条条白雪 横放在众神之山
　　和所有以梦为马的诗人一样
　　我投入此火 这三者是囚禁我的灯盏吐出光辉

　　万人都要从我刀口走过 去建筑祖国的语言
　　我甘愿一切从头开始
　　和所有以梦为马的诗人一样
　　我也愿将牢底坐穿

　　众神创造物中只有我最易朽 带着不可抗拒的
　　死亡的速度
　　只有粮食是我珍爱 我将她紧紧抱住 抱住她
　　在故乡生儿育女
　　和所有以梦为马的诗人一样
　　我也愿将自己埋葬在四周高高的山上
　　守望平静的家园

　　面对大河我无限惭愧
　　我年华虚度 空有一身疲倦

和所有以梦为马的诗人一样

岁月易逝一滴不剩 水滴中有一匹马儿一命归天

千年后如若我再生于祖国的河岸

千年后我再次拥有中国的稻田 和周天子的雪山

天马踢踏

和所有以梦为马的诗人一样

我选择永恒的事业

我的事业就是要成为太阳的一生

他从古至今——"日"——他无比辉煌无比光明

和所有以梦为马的诗人一样

最后我被黄昏的众神抬入不朽的太阳

太阳是我的名字

太阳是我的一生

太阳的山顶埋葬诗歌的尸体——千年王国和我

骑着五千年凤凰和名字叫"马"的龙——

我必将失败

但诗歌本身以太阳必将胜利

【作品赏析】

　　这首抒情诗《祖国（或以梦为马）》，写于 1987 年。这时，正是海子"冲击极限"写作大诗《太阳·七部书》的中期。因此，这首诗与海子的写作状态、抱负构成被此印证关系，同时也预言了自己的命运。

　　此诗内含有三个层面。第一层面（前二节）写诗人的基本立场。诗人是追求远大宏伟目标的，"我要做远方的忠诚的儿子"，"和所有以梦为马的诗人一样"，诗人的榜样就是人类诗歌伟大共时体上隆起的那些骄子，那些怀有精神乌托邦冲功的诗歌大师们。第二层面（三、四节）是写诗人对语言的认识。对语言的理解关涉到对生存和生命的理解。在这里，海子写出了他对祖国文化深深的眷恋和自觉的归属感，"祖国的语言和乱石投筑的梁山城寨 / 以梦为上的敦煌"。这里的语言除本义外．还扩展到种族的文化氛围这一更辽阔的"语境"。第三层面（五～九节）是写诗人的伟大抱负以及对苦难命运的预感。在这里，诗人强调了自己是大地之子，面对梦萦魂牵的祖国泥土，他强烈地抒发了赤子之心。

　　这首诗体制不大，但境界却格外开阔。在强劲的感情冲击中，诗人稳健地控制着思路，三个层面，彼此应和、对话、递进，结构严饬、硬朗。在高蹈的理想与谦卑的情怀，生命的圣洁与脆弱，诗人的舛途与诗歌的大道……这些彼此纠葛的张力中，书写了一个中国诗人的赤子之情。

第二章 散 文

郑伯克段于鄢[1]

《左传》

【作家作品简介】

　　《左传》原名《左氏春秋》，全称《春秋左氏传》，是我国第一部叙事详细、记述完整的编年体史书，也是具有文学价值的散文名著。相传，《左传》作者是春秋末期的鲁国人左丘明，今人多认为它是战国初年的人根据各国史料编纂而成的。

　　《左传》约十八万字，以鲁国十二公（隐、桓、庄、闵、僖、文、宣、成、襄、昭、定、哀）的世次纪年，记载了鲁隐公元年（前722）至鲁哀公四年（前468）共254年间周王朝及各诸侯国在政治、经济、军事、外交和文化等方面的重大史实，还收纳了春秋以前的一些古史传说。

　　《左传》记载既系统又有条理，尤其擅长描写战争，将许多重大战役的起因、过程、双方的谋划、战场内外的斗争和战役的结果都叙写得清楚、详尽，笔法又多变化，还常常着眼于政治问题以揭示胜负的原因。《左传》还善于通过人物对话、行动、心理和其他细节描写来刻画人物形象。全书语言简洁生动。

　　初[2]，郑武公娶于申[3]，曰武姜[4]，生庄公及共叔段。庄公寤生[5]，惊姜氏，故名曰寤生，遂恶之[6]。爱共叔段，欲立之。亟请于武公[7]，公弗许。

　　及庄公即位，为之请制[8]。公曰："制，岩邑也[9]，虢叔死焉[10]，佗邑唯命[11]。"请京[12]，使居之，谓之京城大叔[13]。祭仲曰[14]："都城过百雉[15]，国之害也。先王之制：大都不过参国之一[16]；中五之一；小九之一。今京不度，非制也，君将不堪[17]。"公曰："姜氏欲之，焉辟害[18]？"对曰："姜氏何厌之有[19]？不如早为之所[20]，无使滋蔓。蔓，难图也[21]。蔓草犹不可除，况君之宠弟乎？"公曰："多行不义，必自毙[22]，子姑待之[23]。"

　　既而大叔命西鄙、北鄙贰于己[24]。公子吕曰[25]："国不堪贰，君将若之何[26]？欲与大叔，臣请事之[27]。若弗与，则请除之，无生民心[28]。"公曰："无庸[29]，将自及[30]。"大叔又收贰以为己邑，至于廪延[31]。子封曰："可矣。厚将得众[32]。"公曰："不义，不昵[33]，厚将崩。"大叔完聚[34]，缮甲兵[35]，具卒乘[36]，将袭郑，夫人将启之[37]。公闻其期，曰："可矣！"命子封帅车二百乘以伐京[38]。京叛大叔段。段入于鄢。公伐诸鄢[39]。五月辛丑，大叔出奔共[41]。书曰[42]："郑伯克段于鄢。"段不弟[43]，故不言弟；如二君，故曰克；称郑伯，讥失教也：谓之郑志[44]，不言出奔，难之也[45]。

遂寘姜氏于城颍[46]，而誓之曰[47]："不及黄泉[48]，无相见也！"既而悔之。颍考叔为颍谷封人[49]，闻之，有献于公。公赐之食。食舍肉[50]。公问之。对曰："小人有母，皆尝小人之食矣；未尝君之羹[51]，请以遗之[52]。"公曰："尔有母遗，繄我独无[53]！"颍考叔曰："敢问何谓也[54]？"公语之故，且告之悔。对曰："君何患焉[55]？若阙地及泉[56]，隧而相见[57]，其谁曰不然[58]？"公从之。公入而赋[59]："大隧之中，其乐也融融[60]。"姜出而赋："大隧之外，其乐也泄泄[61]。"遂为母子如初。君子曰[62]："颍考叔，纯孝也[63]，爱其母，施及庄公[64]。《诗》曰[65]：'孝子不匮，永锡尔类[66]'，其是之谓乎[67]！

【注释】

[1] 本篇选自《左传·隐公元年》。郑伯：郑庄公。春秋时天下有公、侯、伯、子、男五等爵。郑国是伯爵级的诸侯国，姬姓，在今河南新郑一带，所以称它的国君为郑伯。鄢（yān）：地名，在今河南鄢陵。

[2] 初：当初。

[3] 郑武公：郑国第二代国君，名"掘突"，"武"是其死后谥号。申：国名，姜姓，是侯爵一级的诸侯国，在今河南南阳一带。

[4] 武姜：后人对武公之妻姜氏的追称。"武"是其夫的谥号，"姜"则表示其母家之姓。

[5] 寤（wù）生：逆生，即难产。

[6] 恶（wù）：厌恶，不喜欢。

[7] 亟（qì）：屡次。

[8] 为之请制：（姜氏）为段请求封给制这个地方。制：地名，在今河南省荥阳市汜水附近的虎牢关一带。

[9] 岩：险要。

[10] 虢（guó）叔：东虢国的国君。虢：国名，分为东虢、西虢。东虢故城在今河南荥阳东北，虢叔曾仗恃地势险要，不修德政，后为郑武公所灭，死在制这个地方。焉：于是，在此。

[11] 唯命："唯命是从"的省略。

[12] 京：地名，在今河南荥阳东南，距郑国都城新郑很近。

[13] 大叔：太叔，是对段的尊称。大：通"太"。

[14] 蔡（zhài）仲：字足，郑国大夫。

[15] 雉（zhì）：古代度量单位，长三丈高一丈为一雉。当时的制度规定，侯伯一级的国都只能方五里，径三百雉，它下面所属的城市，大的不能超过的它的三分之一，就是不能超过一百雉，中的不能超过它的五分之一，小的不能超过它的九分之一。

[16] 参国之一：国都的三分之一。参：通"三"。

[17] 堪：经受得起。

[18] 焉：哪里，怎么。辟：通"避"。

[19] 何厌之有：即"有何厌"。厌：通"餍"，满足。

[20] 早为之所：早一点给他安排一个地方。所：处所。

[21] 图：图谋，谋划。

[22] 自毙：自趋灭亡。毙：原意是因病或身体受伤倒下去。

[23] 子：古时对人的尊称。姑：姑且。

[24] 既而：不久。鄙：边邑。贰于己：指共叔段让郑国西、北边邑一方面属于庄公，一方面属于自己。贰：两属。

[25] 公子吕：郑国大夫，字子封。

[26] 若之何：对它怎么办？

[27] 事：侍奉。

[28] 无生民心：使人民产生二心。无：通"毋"。

[29] 无庸：不用。指不用这么做。庸：通"用"。

[30] 自及：自己遭殃，自取灭亡。及：赶上。

[31] 廪延：郑国的邑名，在今河南延津县北。

[32] 厚：指土地扩大。众：民众。

[33] 不义不昵（nì）：对君不义，对兄不亲。昵：亲近。

[34] 完：修治，这里指修治城郭。聚：聚集，这里指聚集粮草。

[35] 缮：修理整治。甲：盔甲。兵：武器。

[36] 具：准备，备置。卒：步兵。乘（shèng）：战车。

[37] 夫人将启之：指郑武公的夫人将为共叔段打开城门做内应。启：开。

[38] 帅：通"率"。乘（shèng）：古时一车四马叫做一乘。车上站士兵三人，车后跟步兵七十二人。

[39] 诸："之于"的合音。"之"指代共叔段。

[40] 五月辛丑：古人用天干地支纪日，六十天一循环。五月辛丑，是鲁隐公元年五月二十三日。

[41] 出奔共：逃奔到共国（在今河南辉县）避难。

[42] 书：指《春秋》。

[43] 弟：通"悌"，顺从兄长。不弟：不顺从兄长。一说为不像弟弟。

[44] 郑志：指郑伯要杀弟的意图。志：意志，意图。

[45] 难：指难以下笔。一说"难"音"nàn"，责难。

[46] 寘：安置，这里有幽禁的意思。颍：郑国邑名，在今河南临颍县西北。

[47] 誓之：向她发誓。

[48] 黄泉：古人认为天玄地黄，泉在地下，人死后葬入地下墓穴，因此称人死亡为赴黄泉。

[49] 颍考叔：郑国大夫。颍谷：郑边邑名，在今河南省登封市西南。封人：管理疆界的官。

[50] 舍：舍弃，放下。这里指放下不吃。

[51] 羹：带汁的肉。

[52] 遗（wèi）：送给。

[53] 繄（yī）：语气助词，无义。

[54] 敢：表示谦敬的副词，有"冒昧"的意思。何谓：即"谓何"，说的是什么意思。

-63-

[55] 患：担心，忧虑。

[56] 阙（jué）：通"掘"，挖掘。

[57] 隧：隧道。这里用作挖隧道的意思。

[58] 其：用在句首，加强反问语气。然：这样。

[59] 赋：吟诗。

[60] 融融：融洽的样子。

[61] 泄泄（yì）：舒畅的样子。

[62] 君子曰：这是作者假托"君子"发表议论。

[63] 纯孝：笃孝。指孝心真诚、纯笃。

[64] 施（yì）：延及，扩展。

[65] 诗：指《诗经》。

[66] 孝子二句：这是《诗经·大雅·既醉》篇中的诗句，意思是说孝子的孝道没有穷尽，永久地把它赐给同类的人。匮：竭尽。锡：通"赐"。类：指同类的人。

[67] 其是句：大概就是说的这种事情。

【作品赏析】

"郑伯克段于鄢"出自《春秋》，这句简单的记载提醒人们：公元前722年，郑国发生了一件骨肉相残的事件。《左传》中的这段选文则为我们提供了更翔实更精彩的内容。

本文对人物的刻画很成功。作者通过矛盾冲突刻画人物性格。文中矛盾斗争的一方是郑庄公，另一方是共叔段和武姜。庄公的阴险狡诈、工于心计，共叔段的贪得无厌、不善智谋，姜氏的褊狭昏聩，助子为虐，在矛盾斗争中被展现得栩栩如生。本文对郑庄公的刻画尤为成功。从庄公即位到共叔段外逃，共经过二十二年的时光，在这漫长的岁月中，庄公明知姜氏的偏袒，共叔段的骄横狂妄，却没有发于一时，而是暗中蓄谋。先以"制，岩邑也，虢叔死焉、他邑唯命"拒绝姜氏为共叔段请制，再答应姜氏为共叔段请京，并以"姜氏欲之，焉辟害"避开大臣对共叔段为京城大叔的质疑与提醒。"多行不义，必自毙"则道出庄公的真实意图，表面上，郑庄公竭力容忍其弟的得寸进尺，实际上是养其骄，纵其欲，使其自取灭亡，这就使兄弟之间的战争及其结局成为必然，也使庄公的阴险、狡诈的性格特征跃然纸上。后文郑庄公对姜氏态度的起伏变化，也很形象地表现了郑庄公的冷酷和伪善。除了主要人物外，次要人物的形象也很鲜明：蔡仲老成、公子吕直率、颍考叔聪敏，这些也给人留下了印象。

全文按事件发展的自然顺序组织结构，脉络清楚。作者善于剪裁史料，详略得当。略写战争经过，详写矛盾发生、发展、激化的过程，用大量笔墨刻画人物的形象，揭示人物内心。另外，作者还择取了许多生动的生活细节与严肃的政治斗争结合起来描写，使文章盎然生趣。

邵公谏厉王弭谤[1]

《国语》

【作家作品简介】

《国语》是我国现存最早的国别体史书，因偏重于记言，故名《国语》。全书共二十一卷，记载了周穆王到周贞定王五百多年间的历史，按周、鲁、齐、晋、郑、楚、吴、越分别编排。这部书不是完整系统的历史著作，除《周语》略为连贯外，其余各国只是重点记载了个别事件。其中《晋语》九卷，占全书近半；《周语》三卷；《鲁语》、《楚语》、《越语》各二卷；《齐语》、《郑语》、《吴语》各一卷。

《国语》不仅是先秦的重要历史典籍，同时又是中国文学史上优秀的散文集。它以记言为主，通过对话、议论展现历史事件、分析史事得失，品评人物高下。文字精练简洁又生动，说理透彻充分、有条理。

《国语》相传为春秋时鲁国史官左丘明所作，又因和《左传》所记同为春秋时期史事，所以汉、唐时把《左传》叫做《春秋内传》，把《国语》叫做《春秋外传》。现在学者一般认为它成书于战国初期，根据史官的原始记录加工整理汇编而成，作者不可考见。

厉王虐[2]，国人谤王[3]。邵公告曰："民不堪命矣[4]！"王怒，得卫巫[5]，使监谤者[6]。以告[7]，则杀之。国人莫敢言，道路以目[8]。王喜，告邵公曰："吾能弭谤矣，乃不敢言。"

邵公曰："是障之也[9]。防民之口，甚于防川。川壅而溃[10]，伤人必多。民亦如之。是故为川者决之使导[11]，为民者宣之使言[12]。故天子听政，使公卿至于列士献诗[13]，瞽献曲[14]，史献书[15]，师箴[16]，瞍赋[17]，矇诵[18]，百工谏[19]，庶人传语[20]，近臣尽规[21]，亲戚补察[22]，瞽、史教诲，耆、艾修之[23]，而后王斟酌焉[24]。是以事行而不悖[25]。民之有口，犹土之有山川也，财用于是乎出[26]；犹其有原隰衍沃也[27]，衣食于是乎生。口之宣言也，善败于是乎兴[28]。行善而备败[29]，其所以阜财用、衣食者也[30]。夫民虑之于心而宣之于口，成而行之[31]，胡可壅也[32]？若壅其口，其与能几何[33]？"

王不听，于是国莫敢出言。三年，乃流王于彘[34]。

【注释】

[1] 本文选自《国语·周语上》。邵（shào）公：即邵穆公，名虎，又称邵伯虎，是周厉王的卿士。"邵"，一作"召"。厉王，即周厉王，名胡。公元前878年即位，在位37年。弭（mǐ）：消除、阻止。谤：指责别人的过失。

[2] 虐：暴虐。

[3] 国人：当时对住在国都的人的通称。一说为王畿六乡平民。

[4] 堪：经受得起。命：政令。

[5] 卫巫：卫国的巫师。巫，以装神弄鬼替人祈祷为职业的人。

[6] 使监谤者：让卫巫去监视批评厉王的人。

[7] 以告："以之告"，即以谤者告，把谤者告诉厉王。

[8] 道路以目：路上相见，以目示意，不敢交谈。

[9] 障：防止，阻挡。

[10] 壅（yōng）：堵塞。

[11] 为川者：治水的人。为：治理。决：开通水道。导：通畅。

[12] 宣：开导。

[13] 公卿：三公九卿，泛指高级官员。至于：直到，以及。士：分为上士、中士、下士三个等级，为王室公署中的一般办事官员。诗：指采自民间的讽谏性歌谣。

[14] 瞽（gǔ）：盲人。古代乐官由盲人充任，又称"太师"。

[15] 史：史官。书：古代典籍。史官献书，使君王了解古代政事，作为借鉴。

[16] 师箴（zhēn）：乐师向王进箴言，用来规谏王的过失。师：少师，是次于太师的乐官。箴：有劝戒内容的文辞。

[17] 瞍（sǒu）赋：盲人朗读讽谏的文辞。瞍：没有眸子的盲人。赋：朗诵。

[18] 矇（méng）：有眸子而看不见东西的人。这里也是乐官。

[19] 百工：从事各种技艺的人。

[20] 庶人传语：老百姓的意见间接传给国王。庶人：平民、百姓。

[21] 近臣：常在国王身边的大臣。尽：通"进"。规，规劝、规谏。

[22] 亲戚：同族的内外亲属。补：弥补、补救。察：监察。

[23] 耆（qí）：六十岁的人。艾（ài）：五十岁的人。这里指国王的师傅或朝中元老。修：劝戒、警告。

[24] 斟酌：考虑取舍。

[25] 悖（bèi）：违背情理。

[26] 于：从。是：这。乎：助词。出：产出。

[27] 其：指代土地。原：宽阔而平坦的土地。隰：低下而潮湿的土地。衍：低下而平坦的土地。沃：有河流灌溉的土地。

[28] 口之宣言也，善败于是乎兴：百姓口头发表言论，国家政事的好或坏才能显现出来。宣言：发表言论。善败：治乱。是：此。兴：显现。

[29] 行善而备败：根据百姓的意愿推行认为好的，防范坏的。行：推行、实行。备：防备。

[30] 其所以阜财用、衣食者也：这大概才是用来使财物衣食丰富起来的办法吧。所以：用来。阜：增加，丰富。

[31] 成而行之：思考成熟，自然要在言谈中表现出来。成：成熟。行：表现，流露。

[32] 胡：怎么，表疑问语气。

[33] 其与能几何：那能有什么帮助呢？其：那。与：帮助。

[34] 流王于彘（zhì）：把王放逐到彘。流：流放，放逐。彘：晋国地名，在今山西省霍县。

【作品赏析】

本文记叙了周厉王不听邵穆公的劝告，一意孤行，制止批评，最后被人民驱逐的事实，阐明了"民言不可壅"的道理，说明为政者必须体察民情，顺从民意，才能治理好国家。

文章结构谨严，文字简洁。先写厉王弭谤，引起民怨，次写邵公谏弭谤的经过，最后写厉王被放逐。前有因，后有果，层层深入。写周厉王的情态变化，由"怒"到"喜"，最后到"弗听"，丝丝入扣，波澜起伏。写百姓的态度，先写国人谤王，接着写国人莫敢言，"道路以目"，最后"流王于彘"，把国人不堪忍受压迫的情形刻画得淋漓尽致。

文章详略得当，说理透辟。本文是一篇记言文章，记述了邵公同周厉王之间围绕着"宣之使言"还是"壅民之口"所发表的言论，其中以记邵公进谏为主。对于邵公为何进谏的缘由和周厉王的暴虐行为等枝节问题，作者惜墨如金，寥寥数语，轻描淡写，而对于邵公规劝厉王不要制止谤言的论述过程，却重笔浓墨，有喻有证，写得很详细，不但阐明了止谤之害和宣言之益，而且也使论述的问题步步深入。文中形象贴切的比喻，也给人留下了深刻印象。如以"川壅而溃，伤人必多"使读者联想到河水决堤的情形，极其生动形象地说明了"民言不可壅"的道理。再如，作者把百姓有嘴，比喻为就像大地上有山川一样，"民之有口，犹土之有山川也"，增强了文章的感染力。

苏秦始将连横说秦[1]

《战国策》

【作家作品简介】

《战国策》简称《国策》。原来名称不一，或称《国策》、《国事》、《短长》、《事语》、《长书》及《修书》等名。《战国策》为当时战国策士的集体创作，其作者已不可考。今所见《战国策》是经西汉刘向（前77年～前6年）整理、编次、定名的。全书共三十三篇，分西周、东周、秦、齐、楚、赵、魏、韩、燕、宋、卫、中山十二策，记载了从春秋末期到汉以前（前454年至前209年）共二百四十五年的历史，记录了各国在政治、军事、外交等方面的一些重大事件，以及谋臣、策士、纵横家的言论和活动，保存了许多史料。

《战国策》不但是一部国别体史书，也是一部优秀的散文集。其叙事状物，铺张扬厉，夸张渲染，运笔灵活自如，文辞活泼流畅，其说理论事，纵横驰骋，指陈利害，感情充沛，气势逼人。书中还常常引用历史典故阐明历史的经验教训，同时善于运用寓言故事做比喻增强文章的生动性。全书虽不乏后人增饰、虚夸的东西，却具有较高的艺术成就和很强的感染力，对中国文学的发展产生了极其深远的影响。

苏秦始将连横说秦惠王曰[2]："大王之国，西有巴、蜀、汉中之利[3]，北有胡貉、代马之用[4]，南有巫山、黔中之限[5]，东有崤、函之固[6]。田肥美，民殷富，战车万乘，奋击百万[7]，沃野千里，蓄积饶多，地势形便[8]，此所谓天府[9]，天下之雄国也。以大王之贤，士民之众，车骑之用，兵法之教[10]，可以并诸侯，吞天下，称帝而治。愿大王少留意，臣请奏其效[11]。"

秦王曰："寡人闻之：毛羽不丰满者，不可以高飞；文章不成者[12]，不可以诛罚；道德不厚者，不可以使民；政教不顺者，不可以烦大臣[13]。今先生俨然不远千里而庭教之[14]，愿以异日[15]。"

苏秦曰："臣固疑大王之不能用也。昔者神农伐补遂[16]，黄帝伐涿鹿而禽蚩尤[17]，尧伐驩兜[18]，舜伐三苗[19]，禹伐共工[20]，汤伐有夏[21]，文王伐崇[22]，武王伐纣[23]，齐桓任战而伯天下[24]。由此观之，恶有不战者乎[25]？古者使车毂击驰[26]，言语相结[27]，天下为一；约从连横[28]，兵革不藏[29]；文士并饬[30]，诸侯乱惑；万端俱起，不可胜理；科条既备，民多伪态[31]；书策稠浊[32]，百姓不足；上下相愁，民无所聊[33]；明言章理，兵甲愈起[34]；辩言伟服，战攻不息[35]；繁称文辞，天下不治；舌弊耳聋[36]，不见成功；行义约信[37]，天下不亲。于是，乃废文任武，厚养死士，缀甲厉兵[38]，效胜于战场[39]。夫徒处而致利，安坐而广地，虽古五帝三王五伯、明主贤君[40]，常欲坐而致之。其势不能，故以战续之。宽则两军相攻，迫则杖戟相撞[41]，然后可建大功。是故兵胜于外，义强于内，威立于上，民服于下。今欲并天下，凌万乘[42]，诎敌国[43]，制海内，子元元[44]，臣诸侯，非兵不可。今之嗣主[45]，忽于至道[46]，皆惛于教[47]，乱于治，迷于言，惑于语，沉于辩，溺于辞。以此论之，王固不能行也！"

说秦王书十上，而说不行。黑貂之裘弊，黄金百镒尽[48]，资用乏绝，去秦而归。赢滕履蹻[49]，负书担橐[50]，形容枯槁，面目犁黑[51]，状有归色。归至家，妻不下纴[52]，嫂不为炊，父母不与言。苏秦喟叹曰："妻不以我为夫，嫂不以我为叔，父母不以我为子，是皆秦之罪也！"乃夜发书，陈箧数十[53]，得太公《阴符》之谋[54]，伏而诵之，简练以为揣摩[55]。读书欲睡，引锥自刺其股[56]，血流至足。曰："安有说人主不能出其金玉锦绣、取卿相之尊者乎？"期年，揣摩成，曰："此真可以说当世之君矣。"

于是乃摩燕乌集阙[57]，见说赵王于华屋之下[58]，抵掌而谈[59]。赵王大悦，封为"武安君"，受相印。革车百乘，锦绣千纯[60]，白璧百双，黄金万镒，以随其后。约从散横[61]，以抑强秦。

故苏秦相于赵而关不通[62]。当此之时，天下之大，万民之众，王侯之威，谋臣之权，皆欲决苏秦之策。不费斗粮，未烦一兵，未战一士，未绝一弦，未折一矢，诸侯相亲，贤于兄弟。夫贤人在而天下服，一人用而天下从[63]。故曰：式于政[64]，不式于勇；式于廊庙之内[65]，不式于四境之外。当秦之隆，黄金万镒为用，转毂连骑[66]，炫煌于道[67]，山东之国[68]，从风而服，使赵大重。

且夫苏秦特穷巷掘门、桑户棬枢之士耳[69]，伏轼撙衔[70]，横历天下[71]，廷说诸侯之王，杜左右之口[72]，天下莫之能伉[73]。将说楚王，路过洛阳。父母闻之，清宫除道[74]，张乐设饮[75]，郊迎三十里。妻侧目而视，倾耳而听，嫂蛇行匍匐[76]，四拜自跪而谢[77]。苏秦曰："嫂，何前倨而后卑也[78]？"嫂曰："以季子之位尊而多金。"苏秦曰："嗟乎！贫穷则父母不子，富贵则亲戚畏惧。人生世上，势位富贵，盖可忽乎哉[79]！"

【注释】

[1] 本文选自《战国策·秦策》。

[2] 苏秦：字季子，战国时洛阳人，约卒于公元前284年。相传他与张仪同从鬼谷子学纵横术。据长沙马王堆汉墓出土的帛书记载，他的主要活动年代是在战国中后期齐闵王时，稍晚于张仪，其一生主要的政治活动是谋求燕国强大，在齐国从事间谍活动，破坏齐、赵之间的关系，使齐国与燕国交好，后因间谍身份暴露，被齐闵王用车裂之刑处死。将：以，用。连横：一般称南北为"纵"，东西为"横"。战国时秦在西，六国在东，故秦与东边个别国家联合攻击其他国家称"连横"，六国联合起来共同对抗秦国则称"合纵"或"约从"。说（shuì）：游说。秦惠王：姓嬴，名驷，秦孝公之子，公元前336年至前312年在位。

[3] 巴：今四川东部及湖北省西部一带地区。蜀：今四川省西部。汉中：今陕西南部、湖北西部。巴、蜀、汉中三地均以物产丰富著称。利：利益，指物产丰富。

[4] 胡貉（hé）：北方少数民族地区所产的一种珍贵小兽，形似狐狸，皮可制裘。代：地名，在今山西省东北部和河北蔚（yù）县一带。其地盛产良马。

[5] 巫山：山名，在今重庆市巫山县东。黔中：今湖北、湖南两省西部交界处及贵州东部一带。原属楚地，此时已属秦。限：屏障，险阻。

[6] 肴（xiáo）：通"崤"，山名，在今河南省洛宁县北。函：函谷关，在今河南省灵宝市。以上两地形势极其险要，易守难攻。

[7] 奋击：奋击之士，奋勇作战之士。

[8] 形便：得形势，擅便利。指地理形势利于作战。

[9] 天府：物产丰富，就像天然的府库。府：古代财物所聚之处。

[10] 教：教习，训练。

[11] 奏：陈述。效：效验，成效。

[12] 文章：指法令制度。成：完备。

[13] 烦：劳烦。此处指对外用兵。

[14] 俨然：郑重其事的样子。庭：通"廷"。庭教：当面指教。

[15] 异日：他日，指合适的日子。

[16] 神农：即炎帝，姜姓，传说中的古代帝王，实际上是古代部落的首领。早于黄帝。补遂：又作

"辅遂"，传说中古代部落名。

[17] 黄帝：传说中的古代帝王，姓公孙，号轩辕氏，建国于有熊（今河南省新郑市），与神农俱为传说中华夏族的始祖。涿（zhuō）鹿：地名，在今河北省涿鹿县西南。蚩尤：传为黄帝时九黎部落的首领，与黄帝作战，为黄帝所擒。

[18] 尧：传说古帝名，姓姬，名放勋，国号唐，后让位于舜，曾放逐其乱臣骥兜于崇山。

[19] 舜：传说古帝名。姓姚，名重华，国号虞，后让位于禹，曾伐三苗。三苗：即古代苗族，在今湖南溪洞一带，亦称苗、有苗。

[20] 禹：传说古帝名。姓姒（sì），名文命，国号夏，治水有功，受舜禅让，曾放逐暴臣共工。

[21] 汤：商开国国君，本为夏诸侯，因夏王桀无道，攻桀建商朝。有夏：指夏王桀。

[22] 文王：即周文王，姓姬名昌，殷纣时，为西方诸侯首领，又称西伯。崇：诸侯国名，在今陕西省户县。据传崇侯虎助纣为虐，文王伐之。

[23] 武王：周文王之子，姓姬名发，起兵灭纣，建周朝。纣：商朝的末代君主，名辛，又名受，为古代著名暴君之一，被武王所灭。

[24] 齐桓：齐桓公，姓姜，名小白，春秋五霸之一，公元前685年至公元前643年在位。任战：用武装斗争。伯：通"霸"。

[25] 恶（wū）：哪，岂。

[26] 毂（gǔ）：车轮中心辐条辏集处的圆木。车毂击驰：车辆往来奔驰，车毂互相撞击。形容车辆之多，奔驰之急，外交活动频繁。

[27] 言语相结：指用外交辞令缔结盟约。

[28] 从：通"纵"。

[29] 兵：武器。革：甲、胄。

[30] 文士并饬（shì）：指各国使者和策士用巧伪之言来游说诸侯。饬：通"饰"，巧伪。

[31] 科条既备，民多伪态：指各种规章条款具备后，人民小心防范，多作虚假情态。

[32] 书策：指政令公文。稠浊：繁多而混乱。

[33] 聊：依靠。

[34] 明言章理，兵甲愈起：指道理愈讲明，战争愈接连不断。

[35] 辩言伟服，战攻不息：善辩的策士使者，穿着庄严的礼服活动，战争并不停止。

[36] 舌弊耳聋：指谋士们的舌头说破了，君主的耳朵都听聋了。

[37] 行义：讲究仁义。约信：信守盟约。

[38] 缀甲厉兵：缝制盔甲，磨砺兵器。厉：通"砺"。

[39] 效：通"较"，较量。

[40] 五帝：传说中的五位帝王，一般指黄帝、颛顼（zhuān xū）、帝喾（kù）、尧、舜。一说指伏羲、神农、黄帝、尧、舜。三王：夏启、商汤、周武王。五伯：即五霸。指齐桓公、晋文公、秦穆公、宋襄公、楚庄王。一说指齐桓公、晋文公、楚庄王、吴王阖闾、越王勾践。

[41] 戟：古兵器名。

[42] 凌万乘：凌驾万乘兵车的大国。

[43] 诎敌国：使敌国屈服。诎（qū）：通"屈"，此处为使动用法。

[44] 子：意动用法，以……为子。元元：百姓。

[45] 嗣主：继位之主，即当代君主。暗指秦惠王，因其刚继位不久。

[46] 忽：忽略。至道：重要的道理、方法。指用兵之道。

[47] 愠：通"昏"，糊涂。

[48] 黄金：战国时代黄金指铜。镒（yì）：古代重量单位。相当于二十两或二十四两。

[49] 羸（léi）：通"缧"，缠绕。滕（téng）：绑脚布。蹻（juē）：通"屩"，草鞋。

[50] 橐（tuó）：一种口袋。此处指行李。

[51] 犁黑：黑黄色，形容憔悴困顿状。犁：通"黧"。

[52] 纴（rèn）:织布帛的丝缕，代指织机。

[53] 箧（qiè）:小箱子。此指书箱。

[54] 太公：姜姓，名尚，周文王臣，佐武王伐纣有功，封于齐，传曾著作《阴符》，又称《阴符经》、《太公兵法》，为兵法书。

[55] 简：选择。练：精练。揣摩：揣量研求以领会其意。一说为苏秦截取《太公兵法》而著成之书名。

[56] 股：大腿。

[57] 摩：仿，揣摩。燕乌集阙：燕乌，乌鸦的一种。按《汉书》注，有"乍合乍离，如乌之集"说。这里即以乌集宫阙之状，比喻博喻宏辞、纵横开阖的说辩艺术。旧注，释"摩"为靠近、经过，以"燕乌集阙"为地名或宫阙名，当系注者推测之词，史籍无据可凭。

[58] 赵王：指赵惠文王（公元前 298—前 266 在位）。一说为赵武灵王（公元前 325——前 299 在位）。华屋：华丽堂皇之房屋。指宫廷。

[59] 抵掌：击掌，表示兴奋状。

[60] 纯（tún）：古代计量单位，一纯相当于二尺四寸。一说"一纯"即"一匹"。

[61] 约从：即合纵。散（sàn）横：拆散秦与东方各国的联盟。

[62] 关：指函谷关，为秦与六国的交通要道。关不通，意谓六国抗秦，不与秦来往。

[63] 从：通"纵"，合纵。

[64] 式：用，依赖。

[65] 廊庙：庙是古代君主祭祖之处，庙旁为廊。古代国家大事皆在廊庙中商讨。这里代指朝廷。

[66] 转毂连骑：指车马成队。

[67] 炫熿：通"炫煌"，光耀显赫。

[68] 山东：崤山以东。

[69] 特：只，不过。掘门：窟门，挖壁洞为门。桑户：以桑木为门板。棬（quān）枢：用弯木作门轴。以上并言其住房之简陋。

[70] 伏轼撙衔：扶住车前横木，拉着马缰绳。意为坐车乘马。伏：扶。轼：车前横木。撙：控制，勒住。衔：马嚼子。

[71] 横历：遍历。

[72] 杜：塞。

[73] 亢：通"抗"，匹敌。

[74] 清：打扫。宫：室，住室。除：治，修治。

[75] 张：设。

[76] 匍匐：爬行。

[77] 谢：致歉，请罪。

[78] 倨（jù）：傲慢。

[79] 盍（hé）：通"盇"，何。

【作品赏析】

本文记载了纵横家的代表人物苏秦发迹的经过。他最初主张连横，想帮助秦国攻打六国，秦惠王不用他，他就转而主张合纵，造成六国联合、共同抗秦的局面。全文叙事层次清晰，可分两部分。第一部分叙述了苏秦游说秦王的失败。苏秦对秦国的政治、经济、军事、地理等方面的情况作过认真的研究，也知道秦王有统一天下的雄心，因而投其所好，强调用战争统一天下。然而，由于秦国内部的矛盾，秦王认为条件不成熟，没有采纳他的意见。第二部分写苏秦在政治上获得成功的经过。苏秦游说失败以后，穷困潦倒，狼狈不堪，饱尝炎凉世态，这反而强化了追求功名富贵的决心，刻苦读书，引锥刺股，终于得到谋略，使合纵成功，以至秦国十多年不敢出兵。

文中使用对比手法来描写人物，十分形象、鲜明、生动。作者通过苏秦的几段说辞，读书时的自白，以及先颓废后得意的情态的细节描写，从正面塑造了一个坚韧不拔、刻苦好学、有胆有识、能言善辩的策士形象。但字里行间又流露了更隽永的意味。比如，文末，作者高度赞扬了苏秦的合纵使人民免于战争的流血灾难，这和文章第一部分中，苏秦在游说秦王中反复阐述用战争统一天下的理论形成了鲜明的对比。这就说明了苏秦的初衷只不过是为了个人的飞黄腾达。再如，游说秦王失败后，累计"说秦王书十上"，旷日持久，直拖到裘敝金尽，无可奈何，才"去秦而归"，心犹未死，而后回去下苦功，反复揣摩，"于是乃摩燕乌集阙，见说赵王于华屋之下"，前后文的不同表现也足以反映了其利欲熏心、投机取巧的政客本性。对比的手法不但用于塑造人物，还用于反映当时的庸俗世态。苏秦失志归家，妻目中无夫，不下织机，嫂目中无叔，不为炊，父母目中无子，不与言；而苏秦得志归家，这些至亲之人全然另一副嘴脸，父母隆重远迎，妻子不敢仰视正听，嫂子则匍匐拜谢。十分生动地刻画出了世态炎凉。

作者还善用运用夸张铺陈手法和排比错综句式来体现纵横家谈笑风生、纵论横议的风格。如开篇部分，为了迎合秦王，分别从东西南北分叙秦的农桑猎牧，山岭关塞，又合写田肥民富，车多卒众，使文章气势奔放，辞意飞扬。再如批评"今之嗣主"，连续以六个三字排比句直逼惠王，有不可当之势。另外，全文语言流畅，音调铿锵，文势起伏，声律多变，给人留下了深刻的印象。

《论语》三章

《论语》

【作家作品简介】

孔子（前551年～前479年），名丘，字仲尼，春秋末年鲁国陬邑（今山东曲阜）人，中国古代伟大的思想家、教育家、哲学家、儒家学说的创始者，世界文化名人。祖先为宋国贵族。少年时"贫且贱"，做过"委吏"、"乘田"等事。曾由鲁中都宰升任司寇，摄行相事。又曾周游宋、卫、陈、蔡、齐、楚等国，最终不受重用。晚年致力于教育，整理《诗》《书》《礼》《易》等古代文化典籍，并修订了鲁国编年史《春秋》。他开创了个人讲学的风气，相传前后有弟子三千人，著名的有七十多人。

孔子创立了以"仁"为核心的儒家伦理学思想体系，政治上强调"为政以德"，以礼治国。教育上主张"有教无类"，重视"因材施教"，提倡"学而不厌，诲人不倦"。他的思想对中国传统思想文化各个方面都产生了深远的影响。

《论语》是孔子及其弟子们言行的记录，由孔子弟子和再传弟子根据记录和传闻编辑而成，约成书于春秋战国之交。全文为语录体散文，文字简朴而隽永。本篇三章均选自《论语·微子》。

（一）

楚狂接舆歌而过孔子[1]，曰："凤兮[2]，凤兮！何德之衰[3]？往者不可谏[4]，来者犹可追。已而，已而！今之从政者殆而[5]！"

孔子下[6]，欲与之言。趋而辟之[7]，不得与之言。

（二）

长沮、桀溺耦而耕[8]。孔子过之，使子路问津焉[9]。

长沮曰："夫执舆者为谁[10]？"子路曰："为孔丘。"曰："是鲁孔丘与？"曰："是也。"曰："是知津矣[11]！"

问于桀溺。桀溺曰："子为谁？"曰："为仲由。"曰："是鲁孔丘之徒与？"对曰："然。"曰："滔滔者，天下皆是也[12]，而谁以易之[13]？且而与其从辟人之士也[14]，岂若从辟世之士哉[15]？"耰而不辍[16]。

子路行以告，夫子怃然曰[17]："鸟兽不可与同群[18]，吾非斯人之徒与而谁与？天下有道，丘不与易也[19]。"

（三）

子路从而后[20]，遇丈人[21]，以杖荷蓧[22]。

子路问曰："子见夫子乎[23]？"

丈人曰："四体不勤，五谷不分[24]，孰为夫子？"植其杖而芸[25]。

子路拱而立[26]。

止子路宿[27]，杀鸡为黍而食之[28]，见其二子焉[29]。

明日，子路行以告。子曰："隐者也！"使子路反见之[30]。至，则行矣[31]。

子路曰：“不仕无义[32]。长幼之节，不可废也；君臣之义，如之何其废之！欲洁其身而乱大伦[33]！君子之仕也，行其义也。道之不行[34]，已知之矣。”

【注释】

[1] 楚狂接舆：楚国的狂人，名为接舆。过：经过。

[2] 凤：以凤比喻孔子。

[3] 何德之衰：意为你的道德为何这样衰微。这里讥讽孔子不能隐退。

[4] 谏：挽救。

[5] 殆：危险。

[6] 下：下车。

[7] 趋：快走。辟：通"避"。

[8] 长沮、桀溺：指两位隐耕者。耦而耕：两人配合进行的一种耕作方式。

[9] 津：渡口。

[10] 舆：车。执舆：执辔，因赶车人手握马缰绳以控制车驾，所以叫执舆。执舆者：这里指孔子。本来是子路驾车，因子路下车问路，故孔子代为执舆。

[11] 是知津者：这里讥刺孔子周游列国，应该知道渡口。

[12] 滔滔：水弥漫的样子，比喻混乱的社会局面。是：这样。

[13] 以：与。易：改变。此句意为又与谁一起来改变这个社会？

[14] 而：通"尔"，你，指子路。辟：通"避"。辟人之士，指孔子。

[15] 辟世之士：完全不问世事的人，桀溺自称。

[16] 耰（yōu）：本指榔头一类击碎土块的农具，这里指播种后用耰平土盖种子。辍：停止。

[17] 怃（wǔ）然：失意的样子。

[18] 鸟兽不可与同群：人不可以与鸟兽同群。这里指人类不可脱离社会群体，避世隐居。

[19] 天下有道，丘不与易也：此二句意为如果天下政治都已走上正道，我就不必参与变革工作了。

[20] 后：动词，落在后面。此句指子路跟随孔子却落在后面。

[21] 丈人：老人，老头。

[22] 荷（hè）：担、扛、背着。蓧（tiáo）：古代锄草的农具。此句意为用拐杖背着锄草工具。

[23] 夫子：这里指孔子。

[24] 四体：四肢。此两句一般认为是丈人责备子路不事农耕。另一说认为是丈人说自己年迈眼花。

[25] 植：通"置"，安置，放下。芸：通"耘"，锄草。

[26] 拱：两手合抱表示敬意。

[27] 止：留。宿：过夜。

[28] 黍：黄米。为黍：用黍米做饭。食（sì）之：使之食。食，使动用法。

[29] 见（xiàn）：同"现"。此句意为丈人引二子拜见子路。

[30] 反：通"返"，返回。

[31] 行：出行。此句意为子路返回丈人家，丈人却出行不在。

[32] 仕：做官。

[33] 大伦：这里指重大的伦理关系，君臣之义。此句意为丈人洁身自好不出仕是违反伦常的。

[34] 道：这里指儒家的政治主张、理想、原则。行：推行。

【作品赏析】

这三章记载了孔子周游列国途中，遇到楚狂接舆、长沮、桀溺、荷蓧丈人等几位隐士并受到他们讥讽的故事，通过这些隐士与孔子及其弟子形象的鲜明对比，表现了孔子"知其不可而为之"的积极救世精神。

（一）章通过楚国隐士接舆过孔子而歌，反映了春秋末期社会的动乱和孔子"不得与之言"的冷遇。字数不多，但记叙得有头有尾。隐者通过歌辞对孔子发表政见，并把孔子比作德衰的凤凰，形象生动。

（二）章通过长沮、桀溺、孔子等人言论的记叙，反映了动乱的春秋末年人们不同的处世态度：一种是孔子的积极入世的态度；一种是长沮、桀溺等消极避世的态度。本章通过对话来表现人物的政治观点和政治态度，语言简明。本章还形象描绘了人物的神情语态，例如，用"耰而不辍"描写长沮、桀溺对孔子师生态度的冷淡，用"怃然"描绘孔子听到隐士言论后的迷惘失望的情态，给人留下深刻印象。

（三）章通过孔子弟子子路遇到荷蓧丈人的一些情况的记叙，反映了乱世中的隐士鄙弃孔子师徒周游列国、积极进取的行为。故事曲折、生动。人物的语言、动作写得简洁明快，寥寥几笔就勾画出丈人、子路两个栩栩如生的人物。

秋水[1]（节选）

《庄子》

【作家作品简介】

庄子（约前369年～前286年）名周，战国时宋国蒙（今河南商丘东北）人。出身没落贵族，做过蒙地的漆园吏，是老子以后道家学派的主要代表人物，世并称为"老庄"。在哲学思想上，主张顺应自然，反对人为，提倡无为无不为，认为一切事物对应的两个方面都是相对的，幻想一种绝对自由的主观精神世界。庄子在政治上采取消极避世的态度，蔑视权贵，不与统治者合作，鄙弃功名利禄，力图在乱世保持独立的人格，追求精神自由。

《庄子》一书今存三十三篇。其中《内篇》七篇，为庄子所作，《外篇》十五篇，《杂篇》十一篇可能为庄子后学所记。庄子是我国浪漫主义文学的鼻祖，《庄子》中的文章，多用寓言形式，思想深邃，充满哲理，又汪洋恣肆、仪态万方，具有超现实的丰富想象，并善用夸张手法，词采瑰丽。鲁迅先生曾高度评价《庄子》的艺术成就"晚周诸子之作，莫能先也。"庄子的思想和艺术成就对后世作家产生了极其深远影响。

秋水时至，百川灌河[2]。泾流之大，两涘渚崖之间[3]，不辨牛马[4]。于是焉河伯欣然自喜，以天下之美为尽在己[5]。顺流而东行，至于北海，东面而视，不见水端[6]。于是焉河伯始旋其面目[7]，望洋向若而叹曰[8]："野语有之曰'闻道百，以为莫己若者'，我之谓也[9]。且夫我尝闻少仲尼之闻[10]，而轻伯夷之义者，始吾弗信；今我睹子之难穷也[11]，吾非至于子之门则殆矣[12]，吾长见笑于大方之家[13]。"

北海若曰："井蛙不可以语于海者[14]，拘于虚也[15]；夏虫不可以语于冰者，笃于时也[16]；曲士不可以语于道者，束于教也[17]。今尔出于崖涘，观于大海，乃知尔丑[18]，尔将可与语大理矣[19]。天下之水，莫大于海；万川归之，不知何时止而不盈[20]；尾闾泄之[21]，不知何时已而不虚[22]；春秋不变，水旱不知。此其过江河之流[23]，不可为量数。而吾未尝以此自多者[24]，自以比形于天地，而受气于阴阳[25]。吾在天地之间，犹小石小木之在大山也，方存乎见少，又奚以自多[26]？计四海之在天地之间也，不似礨空之在大泽乎[27]？计中国之在海内，不似稊米之在大仓乎[28]？号物之数谓之万[29]，人处一焉[30]；人卒九州[31]，谷食之所生，舟车之所通，人处一焉[32]；此其比万物也[33]，不似毫末之在于马体乎？五帝之所连[34]，三王之所争[35]，仁人之所忧，任士之所劳[36]，尽此矣。伯夷辞之以为名，仲尼语之以为博[37]，此其自多也，不似尔向之自多于水乎[38]？"

河伯曰："然则吾大天地而小豪末，可乎？"

北海若曰："否。夫物，量无穷，时无止，分无常，终始无故[39]。是故大知观于远近，故小而不寡，大而不多，知量无穷[40]。证曏今故，故遥而不闷，掇而不跂，知时无止[41]。察乎盈虚，故得而不喜，失而不忧，知分之无常也。明乎坦涂，故生而不说，死而不祸，知终始之不可故也[42]。计人之所知，不若其所不知；其生之时，不若未生之时[43]；以其至小，求穷其至大之域，是故迷乱而不能自得也。由此观之，又何以知毫末之足以定至细之倪[44]！又何以知天地之足以穷至大之域！"

【注释】

[1] 本文节选自《庄子·秋水》。

[2] 时：按季节。灌：注入。河：黄河。

[3] 两涘（sì）：河的两岸。涘：水边。渚（zhǔ）崖：水洲岸边。渚：水中洲岛。

[4] 辩：通"辨"。

[5] 以天下之美为尽在己：以为天下的美景全集中在自己这里。

[6] 东面：脸朝东。端：边，尽头。

[7] 旋其面目：改变他（欣然自喜）的面容。 旋：转，转变。

[8] 望洋：仰视的样子。也作"望羊"、"望阳"。 若：即海若，海神。

[9] 莫己若：即莫若己（没有人比得上自己）。宾语位于动词前。 我之谓也：即谓我也。宾语位于动词前。

[10] 少仲尼之闻：小看孔子的学识（以孔子的学识为少）。闻：学识，学问。轻伯夷之义：轻视伯夷的义行（以伯夷的义行为轻）。伯夷：商代诸侯孤竹君的长子，因与弟叔齐互让君位，结果一齐逃到周。武王伐纣时，伯夷叔齐叩马谏阻，认为以臣伐君是不义的。商亡后，他们不食周粟，饿死在首阳山。封建社会把他们当作义士的典型。

[11] 睹：看。子：您。本指海神，这里借指海。难穷：难以穷尽。穷：尽。

[12] 殆：危险。

[13] 长：长久，永远。大方之家：明白大道理的人。大方：大道。

[14] 以：与。

[15] 拘于虚也：眼界受狭小居处的局限。拘：拘束，局限。于：被。虚：同"墟"，居住的地方。

[16] 笃：固，拘限。时：时令。

[17] 曲士：乡曲之士，指见识浅陋的人。束于教也：受所受教育的束缚。

[18] 乃：才。丑：鄙陋。

[19] 大理：大道理。

[20] 盈：满。

[21] 尾闾：神话中排泄海水的地方。

[22] 已：停止。虚：虚空。

[23] 此其过江河之流：海的容水量超过长江、黄河的水流。

[24] 自多：自我夸耀。多：赞美，自负。

[25] 自以二句：我自以为列身于天地之间，禀受了阴阳之气。比：并列。形：身形。

[26] 方存二句：正存有"自己所见甚少"的想法，又怎么会自我夸耀呢？奚以：何以，怎么。

[27] 礨（lěi）空：蚁穴，小孔穴。

[28] 稊（tí）：一种形似稗的草，实如小米。大（tài 太）仓：储粮的大仓库。

[29] 号物之数谓之万：称物的数量叫作"万"。号：称。

[30] 人处一焉：人只是万物中的一类。处：居，占。焉：于此（于万物之中）。

[31] 人卒九州：人尽九州，即九州都有人。一说，人卒即大众。卒：尽。九州：天下。

[32] 人处一焉：个人只是天下人中的一个。这里是以个人对天下人而说的，上文的"人处一焉"是以人类对万物而言的。

[33] 此其比万物也：指个人与万物相比。

[34] 五帝：指黄帝、颛顼（zhuān xū）、帝喾（kù）、尧、舜。一说指伏羲、神农、黄帝、尧、舜。所连：所连续统治的。

[35] 三王：夏启、商汤、周武王。所急：所争夺的。

[36] 任士：指以天下为己任的贤能之士。

[37] 伯夷二句：伯夷以辞让君位而取得名声，孔子以谈说天下而显示渊博。

[38] 此其二句：他们这样自我夸耀，不正像你刚才因河水的上涨而自我夸耀一样吗？

[39] 量：容量。分：得与失的禀分。故：通"固"，固定、静止。

[40] 观于远近：既看到远也看到近。

[41] 证曏（xiàng）今故：以今古事例证明。曏：明。故：古。今故：犹言今古。闷：厌倦。掇：拾取，这里指就近的意思，引申表示时间短暂。跂（qì）：通"企"，企求的意思。全句的意思是寿命久远不感到厌倦，生命只在近前却不会企求延寿，因为知道时间的推移是没有止境的。

[42] 明乎坦涂：明白人从生到死没有阻隔，死与生都是必然的。涂，通"途"。说（yuè）：喜悦。

[43] 其生之时，不若未生之时：人生存的时间，远远不如人不在世的时间长。

[44] 至细之倪：事物最细小的限度。倪，端倪，界限。

【作品赏析】

《秋水》由两大部分组成，第一部分写北海若与河伯的对话，共有七个片段，是全文的主体。第二部分主要写了六个寓言。本文是第一部分北海若与河伯的对话七个片段中的前两个片段。开头至"不似尔向之自多于水乎"为第一个片段，主要写河伯的小却自以为大，对比北海若的大却自以为小，说明认识事物的相对性观点，阐释的道理：在无限广阔的宇宙中，一切大小、多少都是相对的，个人的认识和作用十分有限。后面为第二个片段，以准确认识事物和判定大小是极其不易的，来说明人的认知常常受事物自身的不确定性以及事物总体的无穷性所影响。强调了认识事物的复杂性，即事物本身的相对性和认知过程的变异性。其中"齐物"思想，启示人们应以淡泊宁静的心态来对待世间一切的荣辱得失。

《秋水》想象丰富，气势磅礴，充满浪漫主义色彩。庄子善于通过生动的寓言设喻来阐明深刻哲理，将抽象的哲理具体形象化。本文虚构了河神与海神两个艺术形象，河伯代表受生活环境局限而自满自足的俗人，北海若则代表视野广阔、见解不凡者，文章是借他们二者对话中的寓言故事来体现庄子的认识论思想，这样的构思，想象新奇独特，充满浓厚的浪漫情调。本篇文学色彩浓厚，文章开篇"秋水时至……不辨牛马"的描绘，十分生动形象，写出了黄河的气魄雄伟，奔腾澎湃；北海的渺茫空旷，无边无际；对涨水时气象万千、汹涌澎湃、浩淼无边的壮阔景象，写得生动形象，震撼人心。文章善于用对比手法，突出主题。如河伯在自己的领域之内看到"百川灌河，径流之大，两涘渚涯之间，不辨牛马"，"于是焉，欣然自喜，以天下之美为尽在己"，"天下"，"尽"的用词，十分传神，把河伯那种踌躇满志、飘飘然的神态刻画得淋漓尽致，但当他来到大海边，见到的却是"不见水端"的广阔，认识到了自己的渺小与不足，向海神发出了由衷的感叹："以为莫若己者，我之谓也。"为自己的孤陋寡闻、大海的广阔无垠而感叹。文章在修辞上不仅大量使用了比喻手法，使读者易于明白作者阐述的道理，而且采用大量的排比句和反诘句且配合使用，形成了文章雄辩的气势，极大地增强了文章的说服力。

和　氏[1]

韩非子

【作家作品简介】

韩非（约前279年～前233年），战国末韩国公子。口吃不善言谈，却擅长著书。与李斯同为荀况的学生，喜好黄老刑名法术之学。曾屡次上书进谏韩王变法图强，不被采纳，于是发愤著书十余万言阐述治国之道。其文章流入秦国，秦王读后大为欣赏，发兵攻韩欲得到韩非。韩王于是派韩非出使秦国。后遭李斯嫉才陷害，被迫自杀于狱中。

　　韩非是先秦法家集大成者，融合申不害的"术"、商鞅的"法"、慎到的"势"的思想，建立了一套完整的法家思想体系，为中央集权的封建统治奠定了思想基础。他主张应当因时制宜、严刑峻法和君主集权，主张适应历史的变化，反对仁义礼乐和世卿世禄制度，反对因循守旧，复古倒退。

　　《韩非子》全书共五十五篇，二十卷。以论说文为主，有立论、驳难、解说等形式。文章观点鲜明、分析透彻、逻辑严密、言辞犀利、锋芒逼人。书中《说林》上下、内外《储说》保存了大量历史传说和民间故事。

　　楚人和氏得玉璞楚山中[2]，奉而献之厉王[3]。厉王使玉人相之[4]。玉人曰："石也。"王以和为诳[5]，而刖其左足[6]。及厉王薨[7]，武王即位[8]。和又奉其璞而献之武王。武王使玉人相之，又曰："石也。"王又以和为诳，而刖其右足。武王薨，文王即位[9]，和乃抱其璞而哭于楚山之下，三日三夜，泣尽而继之以血。王闻之，使人问其故，曰："天下之刖者多矣，子奚哭之悲也？"和曰："吾非悲刖也，悲夫宝玉而题之以石[10]，贞士而名之以诳[11]，此吾所以悲也。"王乃使玉人理其璞而得宝焉[12]，遂命曰："和氏之璧。"

　　夫珠玉，人主之所急也，和虽献璞而未美[13]，未为主之害也，然犹两足斩而宝乃论，论宝若此其难也[14]。今人主之于法术也[15]，未必和璧之急也，而禁群臣士民之私邪[16]，然则有道者之不僇也[17]，特帝王之璞未献耳[18]。主用术，则大臣不得擅断[19]，近习不敢卖重[20]；官行法，则浮萌趋于耕农[21]，而游士危于战陈[22]；则法术者乃群臣士民之所祸也。人主非能倍大臣之议[23]，越民萌之诽[24]，独周乎道言也[25]，则法术之士虽至死亡，道必不论矣。

　　昔者吴起教楚悼王以楚国之俗曰[26]："大臣太重[27]，封君太众[28]。若此则上偪主而下虐民[29]，此贫国弱兵之道也。不如使封君之子孙三世而收爵禄，裁减百吏之禄秩[30]，损不急之枝官[31]，以奉选练之士[32]。"悼王行之期年而薨矣[33]，吴起枝解于楚[34]。商君教秦孝公以连什伍[35]，设告坐之过[36]，燔诗书而明法令[37]，塞私门之请而遂公家之劳[38]，禁游宦之民而显耕战之士[39]。孝公行之，主以尊安，国以富强，八年而薨，商君车裂于秦[40]。楚不用吴起而削乱[41]，秦行商君法而富强。二子之言也已当矣[42]，然而枝解吴起而车裂商君者何也？大臣苦法而细民恶治也[43]。当今之世，大臣贪重[44]，细民安乱[45]，甚于秦、楚之俗，而人主无悼王、孝公之听[46]，则法术之士安能蒙二子之危也而明己之法术哉[47]！此世所以乱无霸王也。

【注释】

　　[1] 选自《韩非子·卷四》。

　　[2] 和氏：一作卞和，春秋时期楚国人。璞（pú）：蕴藏有玉的石头。楚山：即荆山，在今湖北省南

漳县西。

  [3] 奉：捧。厉王：《史记·楚世家》并无厉王的记载，可能指楚武王之兄（名蚡冒），他在楚武王之前任楚国国君。

  [4] 玉人：玉匠，雕琢玉器的工人。相（xiàng）：察看，鉴别。

  [5] 诳（kuáng）：欺骗。

  [6] 刖（yuè）：古代一种把脚砍掉的酷刑。

  [7] 薨（hōng）：古代诸侯或有爵位的高官死去叫薨。

  [8] 武王：姓熊，名通。

  [9] 文王：名赀，武王之子。

  [10] 题：名，称作。

  [11] 贞士：正直的人。贞：正。

  [12] 理：治玉，即雕琢、加工的意思。

  [13] 未美：尚未雕琢成美玉。美：这里作动词用。

  [14] 论：评定，论定。

  [15] 法术：法家的政治主张。法：指成文法典及刑罚制度。术：指君主驾驭臣民的权术。

  [16] 私邪：自私邪恶的行为。

  [17] 有道者：指法术之士。僇（lù）：同"戮"，杀戮。

  [18] 特：只是。帝王之璞：帝王的珍宝，这里喻指法术。

  [19] 擅断：专断，独断独行。

  [20] 近习：君主左右亲近的人。卖重：卖弄权势。

  [21] 萌：通"氓"，民。浮萌：游民。

  [22] 游士：游说之士。危：危险，这里是冒着危险的意思。陈："阵"的古字。

  [23] 倍：同"背"，违背。

  [24] 越：越过，引申为摆脱。诽：毁谤。

  [25] 周：合。道言：指法术之言。

  [26] 吴起：战国时期卫国人，早期法家的代表人物，著名的军事家。楚悼王时任楚国令尹，明法审令，严厉打击旧贵族势力，使楚国强大起来。楚悼王：名疑。

  [27] 重：指权势重。

  [28] 封君：受有封邑的贵族。

  [29] 偪：同"逼"。虐：残害。

  [30] 秩：官职的品级。

  [31] 损：减少。枝官：闲散多余的官员。

  [32] 奉：供养。选练之士：经过选拔训练的士兵。

  [33] 期（jī）年：一周年。

  [34] 枝：同"肢"。枝解：古代分解四肢的酷刑。

  [35] 商君：战国时卫国的公子，著名的法家代表人物，姓公孙名鞅，又称卫鞅。因秦封他于商，故又号称商君，或商鞅。他辅佐秦孝公，任秦相十年，先后两次变法，奠定了秦统一六国的基础。秦孝公：姓嬴，名渠梁。连：组合。什伍：指编制户籍的办法，以五家组成一伍，二伍组成一什，各家互相监督。

  [36] 告：告发。坐：连坐，牵连入罪。过：责。告坐之过：指什伍之内互相监督，一家犯法，九家

都要告发，如果不举报，十家有连坐的责任。

[37] 燔（fán）：烧。诗书：指儒家的《诗经》、《尚书》等典籍。

[38] 塞：堵塞，杜绝。私门：对"公家"而言，指权贵大臣之家。请：请托。遂：进，进用。公家之劳：对国家有功劳的人。

[39] 游宦之民：指不守本业，到处钻营求官的人。显耕战之士：显扬努力耕战的人。

[40] 车裂：古代用车拖裂人体的酷刑。

[41] 削乱：指疆土缩小，国政昏乱。

[42] 二子：二人，指吴起、商鞅。当（dàng）：正确。

[43] 苦法：以实行法治为苦。细民：小民。恶（wù）：憎恶。

[44] 贪重：贪权。

[45] 安乱：安于混乱的局面。

[46] 听：听从，指善于听取正确的意见。

[47] 蒙：冒着。

【作品赏析】

本文通过"和氏献璞"的故事和秦、楚变法的史实论述了法治的艰巨性和重大意义，表达了希望国君能重用法术之士，以求富国强兵的愿望，反映了推崇法术思想、积极进取的精神。

本文立意新颖，用寓言故事为喻来说理，生动明晰。作者用"和氏"比喻"法术之士"；用"刖足"比喻法术之士的不幸"遭遇"；用"玉璞"比喻"法术"。作者明确指出"法术"是"帝王之璞"，直接点名"法术"是帝王的"治国之宝"，极为形象、生动、深刻。

本文用"玉璞"引出"帝王之璞"，并就此说明法术之士献"帝王之璞"，实行变法，直接触犯了大臣和游士等人的利益，必定会遇到更大的阻力和迫害。文中以吴起、商鞅变法的遭遇说明变法者处境的危困，用"楚不用吴起而削乱，秦用商君法而富强"的史实证明法治的重大意义，并且在分析当时社会现实的基础上，指出变法的关键在于有悼王、孝公那样敢于起用法术之士的国君。全文逻辑严密，有很强的说服力和感染力。

文章结构谨严，先用寓言故事说理，接着援引秦、楚变法的史实作论据，反复论证法治的艰巨性及其重大意义，最后得出"世所以乱"的原因是没有实行法治的结果。

谏逐客书[1]

李斯

【作家作品简介】

李斯（约公元前 284 年～公元前 208 年），战国末时楚国上蔡（今河南上蔡西南）人。秦代著名政治家、文学家、书法家。初为郡小吏，曾与韩非子一起受业于儒学大师荀子。战国末去楚入秦，为相国吕不韦舍人，后得秦王政的器重，拜为客卿。秦统一六国后，官至丞相。秦始皇死后，李斯被胁迫参与赵高矫诏谋杀太子扶苏，拥立二世的阴谋，最终受赵高诬陷，被腰斩于咸阳，夷灭三族。

李斯以卓越的政治才能和远见，辅佐秦王统一了中国。统一后，他建议秦始皇废除分封制，实行郡县制，统一文字和度量衡，在巩固秦朝政权，维护国家统一，促进经济和文化的发展等方面作出了很多贡献。但是，李斯的"焚书坑儒"的主张，给秦以前的文化典籍带来了极其严重的破坏。

李斯是秦代散文作家中的代表人物。鲁迅先生在《汉文学史纲要》中说："秦之文章，李斯一人而已。"他的文章散见于《史记》及《古文苑》中。其传世作品除了《谏逐客书》外，还有《泰山刻石文》、《琅琊台刻石文》等颂德铭文，这些铭文对后代的碑志铭文很有影响。李斯的文章说理透辟、文辞华丽、气势奔放。

臣闻吏议逐客，窃以为过矣[2]。

昔缪公求士[3]，西取由余于戎[4]，东得百里奚于宛[5]，迎蹇叔于宋[6]，来丕豹、公孙支于晋[7]。此五子者，不产于秦，而缪公用之，并国二十[8]，遂霸西戎。孝公用商鞅之法[9]，移风易俗，民以殷盛，国以富强，百姓乐用[10]，诸侯亲服，获楚、魏之师[11]，举地千里[12]，至今治强[13]。惠王用张仪之计[14]，拔三川之地[15]，西并巴、蜀[16]，北收上郡[17]，南取汉中[18]，包九夷[19]，制鄢、郢[20]，东据成皋之险[21]，割膏腴之壤，遂散六国之从[22]，使之西面事秦，功施到今[23]。昭王得范雎[24]，废穰侯[25]，逐华阳[26]，强公室[27]，杜私门[28]，蚕食诸侯，使秦成帝业。此四君者，皆以客之功。由此观之，客何负于秦哉？向使四君却客而不内[29]，疏士而不用，是使国无富利之实，而秦无强大之名也。

今陛下致昆山之玉[30]，有随、和之宝[31]，垂明月之珠[32]，服太阿之剑[33]，乘纤离之马[34]，建翠凤之旗[35]，树灵鼍之鼓[36]。此数宝者，秦不生一焉，而陛下悦之，何也？必秦国之所生而然后可，则是夜光之璧不饰朝廷；犀、象之器不为玩好[37]；郑、卫之女不充后宫[38]；而骏良駃騠不实外厩[39]；江南金锡不为用，西蜀丹青不为采[40]。所以饰后宫、充下陈、娱心意、说耳目者[41]，必出于秦然后可，则是宛珠之簪、傅玑之珥、阿缟之衣、锦绣之饰不进于前[42]；而随俗雅化、佳冶窈窕赵女不立于侧也[43]。夫击瓮叩缶[44]，弹筝搏髀[45]，而歌呼呜呜快耳者，真秦之声也。《郑》、《卫》、《桑间》、《韶虞》、《武象》者[46]，异国之乐也。今弃击瓮叩缶而就《郑》、《卫》，退弹筝而取《韶虞》，若是者何也？快意当前，适观而已矣[47]。今取人则不然，不问可否，不论曲直[48]，非秦者去，为客者逐。然则是所重者，在乎色乐珠玉，而所轻者，在乎民人也。此非所以跨海内、制诸侯之术也。

臣闻地广者粟多，国大者人众，兵强则士勇。是以泰山不让土壤，故能成其大；河海不择细流，故能就其深；王者不却众庶，故能明其德。是以地无四方，民无异国，四时充美，鬼神降福，此五帝、三王之所以无敌也[49]。今乃弃黔首以资敌国，却宾客以业诸侯[50]，使天下之士退而不敢西向，裹足不入秦，此所谓"藉寇兵而赍盗粮"者也[51]。

夫物不产于秦，可宝者多；士不产于秦，而愿忠者众。今逐客以资敌国，损民以益仇，内自虚而外树怨于诸侯，求国无危，不可得也。

【注释】

[1] 本篇选自《史记·李斯列传》，写于秦王政十年（前 237 年）。当时，韩人郑国为秦修筑水利工程，消耗了秦国的财力，使秦无暇东征。秦国宗室大臣以此为借口，提出"诸侯人来事秦者，大抵为其主游间于秦耳，请一切逐客"的建议。于是秦王下令逐客，李斯因此上书劝谏。他抓住秦王急于统一天下的心理，陈述了逐客同统一天下的矛盾，有力地批驳了逐客的错误，最终使秦王撤销了逐客令。谏：规劝君王或尊长，使改正错误。客：客卿，指客籍官员。书：上书，是古代臣子向君主陈述意见的一种文体。

[2] 窃：私下，自谦之辞。过：错误。

[3] 缪（mù）公：秦穆公（前 659 年～前 621 年在位），名任好，春秋时五霸之一。缪：通"穆"。

[4] 由余：春秋时晋国人，流亡于戎，后奉戎王命出使秦国。秦穆公用计收他为谋臣，遂灭十二戎国，扩疆千里，称霸西戎。戎：古代对西部少数民族的统称。

[5] 百里奚：楚国宛（今河南南阳）人，曾任虞国大夫。晋灭虞后，成为晋俘，又作晋献公女儿的陪嫁奴仆入秦，中途逃到楚国，被楚兵抓获。穆公听说其贤能，设计用五张黑羊皮赎回，并任为相。

[6] 蹇（jiǎn）叔：歧（今陕西境内）人，客居于宋，是百里奚的好友。经百里奚推荐，穆公用重金聘为上大夫。

[7] 丕豹：晋大夫丕郑之子。因其父被杀，豹逃到秦国，穆公任他为大将，率兵攻晋，攻破八城，生擒晋君。公孙支：字子桑，歧人，居于晋，后入秦，穆公任其为大夫。

[8] 并：吞并。

[9] 孝公：秦孝公（前 361 年～前 338 年在位），即嬴渠梁。他任用商鞅，实行变法，使秦富强。商鞅：战国时卫人，姓公孙，名鞅，又称卫鞅。因封地在商，故名商鞅。任秦相十年，先后两次变法，改革制度，发展经济，奠定了秦统一六国的基础。

[10] 乐用：乐于为国效力。

[11] 获楚、魏之师：秦孝公二十二年（前 340 年），商鞅大破魏军，俘魏公子卬（áng），魏割河西之地（今陕西澄城以东一带）予秦。同年又南侵战胜楚国。

[12] 举：攻取。

[13] 治强：安定强盛。

[14] 惠王：秦惠王，也称惠文王，孝公之子，名驷。张仪：魏国人，惠文王时为秦相，用连横之计破六国合纵之盟，使秦国各个击破六国。

[15] 拔：攻取。三川：指黄河、洛水、伊水。

[16] 巴、蜀：当时的两个小国，巴国在今四川省东部巴县一带，蜀国在今四川省西部成都一带。秦惠文王更元九年（前 316 年），派司马错伐蜀，并吞巴、蜀后，设置巴郡、蜀郡。

[17] 上郡：魏地，在今陕西省北部和宁夏，内蒙古部分地区。惠文王十年（前 328 年），派公子华

和张仪攻魏，魏献上郡十五县求和。

[18] 汉中：楚地，在今陕西省西南部。公元前312年，秦大破楚军于丹阳，斩首八万，后又攻占楚汉中六百里地，设置汉中郡。

[19] 包：吞并。九夷：指当时楚国境内的少数民族。

[20] 制：控制。鄢（yān）：楚地名，在今湖北宜城市。郢（yǐng）：当时楚国的都城，在今湖北江陵县。

[21] 成皋：又名虎牢，今河南荥阳氾水镇，为古代军事要地。

[22] 散：解散、瓦解。从（zòng）：通"纵"，即合纵，指南北六国联合抗秦。

[23] 施（yì）：延续。

[24] 昭王：秦昭襄王，（前307年～前251年在位），名则，又名稷，惠文王子，武王异母弟。范雎（jū）：战国时魏人，因受魏相魏齐迫害而事秦，昭王时为秦相，封应侯，他提出远交近攻的策略，使秦逐个征服邻国。

[25] 穰（rǎng）侯：即魏冉，昭王母宣太后异父弟，曾为秦相，擅权三十余年，封于穰，故称穰侯。

[26] 华阳：即华阳君，名芈（mǐ）戎，宣太后的同父弟，封于华阳。华阳与穰侯二人，因宣太后的关系而擅权，昭王用范雎计，废太后并逐穰侯、华阳于关外。

[27] 公室：王室。

[28] 私门：指豪门贵族。

[29] 向使：当初假使。却：拒绝。内：通"纳"。

[30] 昆山：即昆仑山，古代传说昆山北麓和田产美玉。

[31] 随、和之宝：指随侯珠、和氏璧。随：周初小国，在今湖北境内。传说随侯用药敷治了一条受伤的大蛇，后来此蛇于夜间衔一珠来报恩，故称随侯珠。和：春秋时楚人卞和。传说他曾于山中得一璞玉，献给楚王，琢成美玉，因称和氏之璧。

[32] 明月之珠：即夜光珠。一说指随侯之珠。

[33] 服：佩带。太阿（ē）：古代宝剑名，相传是春秋时吴国名匠干将和欧冶子所铸。

[34] 纤离：古骏马名。

[35] 建：树立。翠凤之旗：用翠羽编成凤鸟形状所装饰的旗帜。

[36] 树：设置。灵鼍（tuó）：鳄鱼类，产于长江下游，也称"扬子鳄"，皮可制鼓。

[37] 犀：犀牛角。象：象牙。玩好：供赏玩的东西。

[38] 郑、卫之女：郑、卫均为东周时国名，郑、卫的女子以善歌舞著称。

[39] 駃騠（juétí）：骏马名。厩（jiù）：马棚。

[40] 丹青：两种绘画颜料，丹砂和青膴hù）。

[41] 下陈：后列，指站在后列侍奉皇帝的宫女。

[42] 宛珠：宛（今河南省南阳市）地出产的珍珠。傅玑之珥：附有玑珠的耳饰。傅：通"附"。玑：不圆的珠子。珥：耳饰。阿：齐国东阿（今山东阳谷东北阿城镇）。缟：白色的丝绸。锦：织锦。绣：刺绣。

[43] 随俗雅化：随着时尚打扮得时髦漂亮。佳冶窈窕：美好艳丽、体态优美。赵女：赵国的女子。传说赵国一带多美女。

[44] 瓮、缶（fǒu）：都是瓦器，秦人作为打击乐器。

[45] 筝：古秦地的一种弦乐器。搏：拍击。髀（bì）：大腿。

[46]《郑》、《卫》：指郑卫两国的乐曲。《桑间》：指卫国濮水之滨（今河南濮阳地区）的音乐。《韶虞》：相传是舜时的乐曲。《武象》：周武王时的乐舞曲。

[47] 适观：适合观赏。

[48] 曲直：邪正。

[49] 五帝：指黄帝、颛顼（zhuān xū）、帝喾（kù）、尧、舜。一说指伏羲、神农、黄帝、尧、舜。三王：夏启、商汤、周武王。

[50] 业诸侯：使诸侯成就功业。业：动词。

[51] 藉：借。赍（jī）：给予，赠送。

【作品赏析】

本文叙述了历代客卿对秦国历史发展的重要贡献，指出当时秦王所爱之物多非秦国所产的事实，具体分析了纳贤与逐客的是非得失，从而阐述了广集贤才必成帝业，"非秦者去，为客者逐"必致国危的道理。

文章论点鲜明，论据充分，反复采用正反对比的论证方法。一开头，作者就明确提出自己的观点：逐客是错误的。紧接着，作者从秦国兴旺发展的历史进程中，举出了穆公、孝公、惠王、昭王由于重用客卿而使秦国"民以殷盛，国以富强"，"至今治强"的大量事实，说明客卿的巨大功绩，得出客卿无负于秦的结论。在此基础上，又从反面提出假设："向使四君却客而不内，疏士而不用，是使国无富利之实，而秦无强大之名也。"这样正反两方面的论述，周密而雄辩地否定了逐客的做法。接着，作者又从现实生活中提出新的论据，指出秦王所喜爱之物多非产于秦国，进而推论到用人问题上，并再从正反两方面加以论述，加以对比，非常有说服力地否定了"不论可否，不论曲直，非秦者去，为客者逐"的做法，进一步论述了不应逐客的论点。在后面，作者又进一步从正面提出了广揽贤才的主张，肯定了这是"五帝三王之所以无敌"于天下的根本原因，而且又从反面说明逐客的严重后果。作者就这样从古到今，由远到近，从正到反，由物及人，用大量事实反复论述中心思想，使其层层深入，分析透辟，无懈可击，有很强的说服力。

作者广引史实，博涉时事，雄辩有力，颇有战国纵横家游说人主的气魄。作者在行文中常采用夸张比喻的手法和排比的句式，增强文章的气势和感染力。全文语言生动，文辞华丽。全文的语言不但讲求整齐的形式美，而且也追求和谐的节奏美，不但注重语言的准确性，也注意语言的形象美。

项羽本纪[1]（节选）

司马迁

【作家作品简介】

司马迁（前 145 年~？），字子长，夏阳龙门（今陕西韩城）人，西汉史学家、文学家。司马迁 10 岁开始学习古文书传，博览群书。20 岁时，从京师长安南下漫游，足迹遍及江淮流域和中原地区，所到之处考察风俗，采集传说。不久仕为郎中，成为汉武帝的侍卫和扈从，多次随驾西巡，曾出使巴蜀。元封三年（前108），司马迁继承其父司马谈之职，任太史令，掌管天文历法及皇家图籍，因而得读史官所藏图书。太初元年（前104年），与唐都、落下闳等共订《太初历》，以代替由秦沿袭下来的《颛顼历》，新历适应了当时社会的需要。司马迁继承其父编写一部史书的遗志，开始撰写《史记》。后因替投降匈奴的李陵辩护，获罪下狱，受腐刑。出狱后任中书令，忍辱含垢，继续发愤著书，终于在征和初年（前92年）左右完成了《史记》的撰写。

《史记》代表了古代历史散文的最高成就。鲁迅称它是"史家之绝唱，无韵之离骚"。《史记》原名《太史公书》，是我国历史上第一部纪传体通史。《史记》开创了写史以人物为中心的编写体例，通过展示人物的活动来再现多彩的历史画面。全书记载了上自传说中的黄帝，下至汉武帝太初年间共三千多年的历史。全书共130篇，52万余字，分五个体例，其中"本纪"12篇，"表"10篇，"书"8篇，"世家"30篇，"列传"70篇。书中所记载的人物，上自帝王将相，下至市井细民，三教九流，应有尽有，共有四千多人，重要人物数百人。《史记》也是优秀的文学作品，语言生动，人物形象鲜明，个性突出，栩栩如生。作者善于从多角度来刻画人物，展示人物的多重性格。司马迁还撰有《报任安书》，记述了他下狱受刑的经过和著书的抱负，为历代传颂。

项籍者，下相人也[2]，字羽。初起时[3]，年二十四。其季父项梁[4]。梁父即楚将项燕，为秦将王翦所戮者也[5]。项氏世世为楚将，封于项，故姓项氏[6]。

项籍少时，学书不成，去[7]；学剑，又不成。项梁怒之。籍曰："书，足以记名姓而已[8]。剑，一人敌，不足学。学万人敌[9]。"于是项梁乃教籍兵法。籍大喜，略知其意，又不肯竟[10]学。项梁尝有栎阳逮，乃请蕲狱掾曹咎书，抵栎阳狱掾司马欣，以故事得已[11]。项梁杀人，与籍避仇于吴中[12]，吴中贤士大夫皆出项梁下[13]，每吴中有大徭役及丧，项梁常为主办，阴以兵法部勒宾客及子弟，以是知其能[14]。秦始皇帝游会稽，渡浙江[15]。梁与籍俱观。籍曰："彼可取而代也！"梁掩其口，曰："毋妄言，族矣[16]！"梁以此奇籍[17]。籍长八尺余，力能扛鼎，才气过人，虽吴中子弟，皆已惮籍矣。

……

项王军壁垓下[18]，兵少食尽，汉军及诸侯兵围之数重[19]。夜闻汉军四面皆楚歌，项王乃大惊，曰："汉皆已得楚乎？是何楚人之多也！"项王则夜起，饮帐中。有美人名虞，常幸从[20]；骏马名骓[21]，常骑之。于是项王乃悲歌慷慨[22]，自为诗曰："力拔山兮气盖世，时不利兮骓不逝[23]。骓不逝兮可奈何，虞兮虞兮奈若何[24]！"歌数阕，美人和之[25]。项王泣数行下，左右皆泣，莫能仰视。

于是项王乃上马骑，麾下壮士骑从者八百余人，直夜溃围南出[26]，驰走。平明[27]，汉军乃觉之，令骑将灌婴以五千骑追之[28]。项王渡淮，骑能属者百余人耳[29]。项王至阴陵[30]，迷失道，问一田父，田父绐[31]曰："左[32]。"左，乃陷大泽中，以故汉追及之。项王乃复引兵而东，至东城[33]，乃有二十八骑。汉骑追者数千人。项王自度不得脱，谓其骑曰："吾起兵至今八岁矣，身七十余战，所当者破，所击者服，未尝败北，遂霸有天下[34]。然今卒[35]困于此，此天之亡我，非战之罪也。今日固决死，愿为诸君快战，必三胜之，为诸君溃围，斩将，刈旗[36]，令诸君知天亡我，非战之罪也。"乃分其骑以为四队，四向[37]。汉军围之数重。项王谓其骑曰："吾为公取彼一将。"令四面骑驰下，期山东为三处[38]。于是项王大呼驰下，汉军皆披靡[39]，遂斩汉一将。是时，赤泉侯为骑将，追项王，项王瞋目而叱之，赤泉侯人马俱惊，辟易数里[40]。与其骑会为三处。汉军不知项王所在，乃分军为三，复围之。项王乃驰，复斩汉一都尉，杀数十百人，复聚其骑，亡其两骑耳。乃谓其骑曰："何如？"骑皆伏[41]曰："如大王言！"

于是项王乃欲东渡乌江[42]。乌江亭长檥船待[43]，谓项王曰："江东虽小，地方千里，众数十万人，亦足王也[44]。愿大王急渡！今独臣有船，汉军至，无以渡。"项王笑曰："天之亡我，我何渡为[45]？且籍与江东子弟八千人渡江而西，今无一人还，纵江东父兄怜而王我[46]，我何面目见之？纵彼不言，籍独不愧于心乎？"乃谓亭长曰："吾知公长者。吾骑此马五岁，所当无敌，尝一日行千里，不忍杀之，以赐公。"乃令骑皆下马步行，持短兵接战[47]。独籍所杀汉军数百人。项王身亦被十余创[48]。顾见汉骑司马吕马童[49]，曰："若非吾故人乎？"马童面之[50]，指[51]王翳曰："此项王也。"项王乃曰："吾闻汉购我头千金，邑万户，吾为若德[52]。"乃自刎而死。

太史公[53]曰：吾闻之周生曰"舜目盖重瞳子"[54]，又闻项羽亦重瞳子，羽岂其苗裔邪？何兴之暴也[55]！夫秦失其政，陈涉首难[56]，豪杰蜂起，相与并争，不可胜数。然羽非有尺寸，乘势起陇亩之中[57]，三年，遂将五诸侯灭秦，分裂天下，而封王侯，政由羽出，号为"霸王"；位虽不终[58]，近古以来，未尝有也。及羽背关怀楚，放逐义帝而自立，怨王侯叛己，难矣[59]。自矜功伐，奋其私智而不师古，谓霸王之业，欲以力征经营天下，五年卒亡其国，身死东城，尚不觉寤而不自责，过矣[60]。乃引"天亡我，非用兵之罪也"，岂不谬哉[61]！

【注释】

[1] 本纪：《史记》的一种体制，按帝王的顺序记载其言行政绩，以及当时的重大事件。

[2] 下相：地名，今江苏省宿迁市西。

[3] 初起时：指初起兵时，在秦二世元年（公元前 209 年）。

[4] 季父：叔父。

[5] 王翦：秦始皇时名将。公元前 224 年，王翦击破楚军，虏楚王。楚将项燕立昌平君为王，驻兵淮南反秦。第二年，王翦等破楚军，昌平王死，将军项燕自杀。

[6] 项：地名，今河南省项城市东北。古代有以封国或封地为姓氏的，这里是以封地为姓氏。

[7] 书：文字。学书：学习认字、写字。去：丢开，抛开。

[8] 足：足够。

[9] 一人敌：抵挡一个人。不足学：不值得学习。学万人敌：学习能够抵挡万人的本领，即学习兵法。

[10] 竟：完毕。竟学：学到底。

[11] 栎（yuè）阳：秦县名，今陕西临潼县东北。逮：及，有罪到，这里是受人连累被官吏追捕的意思。蕲：秦县名，今安徽宿县东南。狱掾（yuàn）：古代掌管狱讼的小官吏。曹咎：人名，后为项羽的大司马。司马欣：人名，后为秦长史，从章邯降楚。已：止，了结。

[12] 吴中：地名，今江苏苏州市。秦时是会稽的郡治。

[13] 皆出项梁下：都在项梁之下，即都比不过项梁。

[14] 阴：暗中。部勒：组织，调度。宾客：指依附于项梁手下的客籍人士。子弟：指本地的青壮年人。以是：因此。

[15] 会（kuài）稽：山名，今浙江绍兴县东南。公元前 201 年，秦始皇巡行东南，上会稽山，祭大禹，望于东海，立石刻，歌颂秦德。浙江：即钱塘江。

[16] 族：杀尽全族人，作动词用。

[17] 奇籍：认为项羽不平凡。奇：奇特，不平凡，这里是意动用法，以……为奇。

[18] 壁：安营扎寨，作动词用。垓下：地名，今安徽灵璧县东南。

[19] 诸侯兵：指当时站在刘邦一边的韩信、彭越等率领的几支反秦部队。

[20] 常幸从：经常受到项羽的宠幸，跟在项羽身边。

[21] 骓（zhuī）：毛色青白相间的马。

[22] 慷慨：悲愤激昂。

[23] 逝：向前跑。

[24] 奈若何：你将怎么办。

[25] 阕：曲终。数阕：数遍。和（hè）：应和。这两句的意思是：唱了好几遍，虞姬应和着一起唱。

[26] 直夜：当夜。直夜溃围：当夜突破重围。

[27] 平明：天刚亮。

[28] 骑将：统帅骑兵的将领。灌婴：少年时以贩帛业，后跟从刘邦平定天下，封为颖阴侯。

[29] 骑能属者：能跟上他的骑兵。属（zhǔ）：跟随。

[30] 阴陵：地名，今安徽定远县西北。

[31] 田父：农夫。绐（dài）：欺骗。

[32] 左：向左边走。

[33] 东城：地名，今安徽定远县东南。

[34] 当：抵挡。这六句的意思是：我起兵至今八年了，亲身参加过七十多次战斗，敢于抵挡的总被我击破，被我击败的无不降服，从来没有打过败仗，因而称霸天下。

[35] 卒：终于。

[36] 决死：必死。快战：痛痛快快地打一仗。必三胜之：一定要取得三项胜利。"三胜"即"溃围、斩将、刈旗"。刈（yì）旗：砍倒军旗。

[37] 四向：向着四面。

［38］期山东为三处：约定在山的东面分三处集合。

［39］披靡（mǐ）：本是草木随风倒伏散乱的样子，这里形容汉军的溃败的样子。

［40］赤泉侯：名杨喜，后因破项羽有功，封赤泉侯。辟易：倒退。

［41］伏：通"服"。

［42］乌江：今安徽和县东北四十里长江岸的乌江浦。

［43］亭：秦汉时十里一亭，设亭长一人，管理乡里事务。檥（yǐ）：通"舣"，停船靠岸。

［44］江东：指长江南岸的江苏、安徽等地。

［45］天之亡我，我何渡为：老天要亡我，我渡过了江又有什么用呢。为：语气词，呢。

［46］纵：即使。怜：怜惜。王我：拥戴我为王。

［47］短兵：指刀、剑等短小轻便的武器。

［48］被：受。创：伤。

［49］顾：回头看。骑司马：官名，骑兵将领。吕马童：后因战功被封为中水侯。

［50］面：通"偭"，背对着。

［51］指：指给……看。

［52］购：悬赏购买。若：你。德：恩惠、好处。这三句的意思是：我听说刘邦出一千斤黄金、一万户封邑悬赏购买我的头颅，我给你这点好处吧。

［53］太史公：司马迁自称。"曰"下面的话，是司马迁对项羽一生的总结性评论。

［54］周生：大概是和司马迁同时代的儒生，姓名不详。重瞳子：一只眼睛里有两个眸子。

［55］苗裔（yì）：后代子孙。暴：突然、急速。

［56］首难：首先发难，起义。

［57］非有尺寸：没有一点点基础可凭借，指土地或权势。陇亩：田间，民间。将：带领。五诸侯：指齐、赵、韩、魏、燕五地的反秦力量。

［58］位：指西楚霸王的权势地位。

［59］关：指函谷关。背关怀楚：放弃关中，怀念楚地，指项羽放弃秦地，定都彭城。义帝：指楚怀王。放逐义帝：项羽因楚怀王孙熊心坚守"先入定关中者王之"的约定，心怀愤恨。后来表面上尊怀王为"义帝"，实际上把他放逐到长沙郡，最后暗中派人把义帝杀死。

［60］矜：夸耀。伐：功劳。功伐，战功。奋：逞。师古：以古代建功立业的帝王为师。五年：指项羽称霸到败死的时间。寤：通"悟"。这几句的意思是：项羽自负战功，凭借自己的才智不肯效法古人，以为霸王之业，就是靠武力征服、治理天下，结果短短五年间国家覆灭，自己死在东城，到这时还不觉悟，不责备自己，那就错了。

［61］引：借口。这三句的意思是：还借口"这是天要灭我，并非在战场上我犯了什么过失"，（以此掩饰自己的错误），岂不是很荒谬吗？

【作品赏析】

本文节选自《史记·项羽本纪》。第一、二段介绍项羽的身世、志向。第三、四、五段写楚汉战争的最后一仗——垓下之围，叙述项羽别姬、突围、自刎的经过。第六段是司马迁对项羽的评论。

"垓下之围"部分记叙的是项羽这位悲剧英雄的最后生涯，主要表现他失败时的英雄风采。项羽一生叱咤风云，英雄盖世，最后在垓下被围，虽身陷重围，仍不失其英雄本色。本篇在塑造项羽这个人物形象时，选择最能影响项羽命运发展的关键事件，同时也是最能体现他个性特征的事件来展开具体的描述，通过故事情节的发展来展示人物的命运与人物的性格特征。司马迁用饱含感情的笔，通过霸王别姬、东城突围、乌江自刎三个场面的描写，多角度、多层次地刻画了他的性格：“霸王别姬”写英雄末路，在垓下与爱姬诀别，慷慨悲歌，那份多情与无奈，何等悲壮与凄凉。“东城突围”写项羽被重重围住，兵剩无几。面对失败，他并不服气，而是归罪于天意，体现了他的寡谋和自负。“乌江自刎”写项羽拒渡乌江、赠马、赐头的临终壮举，体现了项羽知耻重义、宁死不屈、慷慨豪爽。本文重点塑造项羽，抓住人物的语言、行动、表情等细节描写来刻画人物，形象丰满，性格鲜明，且能展示出他的性格的不同方面。其他人物寥寥数笔，但也个性鲜明。

本篇巧于构思，善于将复杂的事件安排得井然有序，丝毫没有杂乱之感。作者在激烈的军事冲突中，突然插入情意缠绵的悲歌别姬一段，使情节发展急徐有致，节奏疏密相间。对突围、快战诸场面，描摹得异常精彩。各战事皆有高潮迭起，各情节之间连接紧密，过渡自然，整篇结构浑成，气势磅礴。

篇末的“太史公曰”，热情歌颂了项羽在灭秦过程中建立的丰功伟绩，充分肯定了他的历史贡献，同时也批评了他自矜武力以经营天下的错误，对他的失败寄予了惋惜与同情。

苏 武 传[1]

班固

【作家作品简介】

班固（公元 32 年～92 年），字孟坚，扶风安陵（今陕西省咸阳市东）人，东汉著名史学家、文学家，东汉初年著名学者班彪之子。幼年聪明好学，9 岁便能作文、诵诗赋。16岁进入洛阳太学，广泛涉猎百家之书。他性格宽厚，为人谦逊，颇受当时学者钦佩。23 岁时他父亲去世。明帝永平元年（公元 58 年）继承其父班彪未竟之业，开始续写《汉书》。五年后，被人告发，说他私改国史，被捕入狱。后其弟班超上书辩白才得释放，并召为兰台令史。一年后，升迁为郎，典校秘书，奉诏继续编著《汉书》。经过 20 余年的努力，至章帝建初七年（公元 82 年）基本完成《汉书》的编著，一部分“志”“表”是他死后由其妹班昭和马续续写成的。他曾随从大将军窦宪北征匈奴，为中护军，至燕然山勒铭。后来窦宪因专权获罪，班固也受牵连死于狱中，时年 61 岁。

班固编著的《汉书》是我国第一部纪传体断代史，叙述了自汉高祖元年（公元前 206年）至王莽地皇四年（公元 23 年）共二百二十九年的历史。《汉书》在内容和体制上虽多承袭《史记》，但史料丰富，保存了许多重要文献，在史学上有相当高的地位。同时它也是一部史传文学典范之作，生动地再现了西汉盛世各类人物形象，特别记叙了许多世袭官僚家族的历史。写《汉书》是班固一生最大贡献。班固的辞赋在汉代也享有盛名，其代表作是《两都赋》。他还有《咏史诗》，虽然文学成就不高，但都是现存最早的文人五言诗之一。班固出身于仕宦家庭，受正统儒家思想影响极深，因此缺少一种对现实的批判精神，这是他的局限性。

武，字子卿。少以父任，兄弟并为郎[2]。稍迁至栘中厩监[3]。时汉连伐胡，数通使相窥观[4]。匈奴留汉使郭吉、路充国等，前后十余辈[5]。匈奴使来，汉亦留之以相当[6]。

天汉元年，且鞮侯单于初立[7]，恐汉袭之，乃曰："汉天子，我丈人行也。"尽归汉使路充国等[8]。武帝嘉其义，乃遣武以中郎将使持节送匈奴使留在汉者，因厚赂单于，答其善意[9]。

武与副中郎将张胜及假吏常惠等，募士斥候百余人俱[10]。既至匈奴，置币遗单于[11]。单于益骄，非汉所望也。方欲发使送武等，会缑王与长水虞常等谋反匈奴中[12]。

缑王者，昆邪王姊子也[13]。与昆邪王俱降汉，后随浞野侯没胡中[14]。及卫律所将降者，阴相与谋，劫单于母阏氏归汉[15]。会[16]武等至匈奴。虞常在汉时，素与副张胜相知，私候[17]胜曰："闻汉天子甚怨卫律，常能为汉伏弩射杀之。吾母与弟在汉，幸蒙[18]其赏赐。"张胜许之，以货物与常。后月余，单于出猎，独阏氏子弟在。虞常等七十余人欲发，其一人夜，告之[19]。单于子弟发兵与战，缑王等皆死，虞常生得[20]。单于使卫律治其事[21]。张胜闻之，恐前语发，以状语武[22]。武曰："事如此，此必及我。见犯乃死，重负国！[23]"欲自杀，胜、惠共止之。虞常果引张胜[24]。单于怒，召诸贵人议，欲杀汉使者。左伊秩訾[25]曰："即谋单于，何以复加[26]？宜皆降之。"单于使卫律召武受辞[27]。武谓惠等："屈节辱命，虽生，何面目以归汉？"引佩刀自刺。卫律惊，自抱持武，驰召医。凿地为坎，置熅火[28]，覆武其上，蹈其背以出血。武气绝，半日复息。惠等哭，舆归营[29]。单于壮其节，朝夕遣人候问武，而收系张胜[30]。

武益愈。单于使使晓武，会论虞常，欲因此时降武[31]。剑斩虞常已，律曰："汉使张胜谋杀单于近臣，当死；单于募降者，赦罪[32]。"举剑欲击之，胜请降。律谓武曰："副有罪，当相坐[33]。"武曰："本无谋，又非亲属，何谓相坐？"复举剑拟之[34]，武不动。律曰："苏君，律前负汉归匈奴，幸蒙大恩，赐号称王，拥众数万，马畜弥山，富贵如此。苏君今日降，明日复然。空以身膏草野[35]，谁复知之？"武不应。律曰："君因我降[36]，与君为兄弟。今不听吾计，后虽复欲见我，尚可得乎？"武骂律曰："女为人臣子，不顾恩义，畔主背亲，为降虏于蛮夷，何以女为见[37]？且单于信女，使决人死生，不平心持正，反欲斗两主，观祸败[38]。南越杀汉使者，屠为九郡[39]；宛王杀汉使者，头县北阙[40]；朝鲜杀汉使者，即时诛灭。独匈奴未耳。若知我不降明[41]，欲令两国相攻，匈奴之祸，从我始矣！"律知武终不可胁，白单于。单于愈益欲降之。乃幽武置大窖中，绝不饮食[42]。天雨雪，武卧，啮雪与旃毛并咽之，数日不死。匈奴以为神，乃徙武北海上无人处，使牧羝[43]。羝乳，乃得归[44]。别其官属常惠等，各置他所[45]。

武既至海上，廪食不至[46]，掘野鼠去草实而食之[47]。杖汉节牧羊[48]，卧起操持，节旄尽落。积五、六年，单于弟于靬王弋射海上[49]。武能网纺缴，檠弓弩[50]，于靬王爱之，给其衣食。三岁余，王病，赐武马畜、服匿、穹庐[51]。王死后，人众徙去。其冬，丁令盗武牛羊，武复穷厄[52]。

初，武与李陵俱为侍中[53]，武使匈奴明年，陵降，不敢求武[54]。久之，单于使陵至海上，为武置酒设乐。因谓武曰："单于闻陵与子卿素厚[55]，故使陵来说足下，虚心欲相待[56]。终不得归汉，空自苦亡人之地，信义安所见乎[57]？前长君为奉车，从至雍棫阳宫，扶辇下除，触柱折辕，劾大不敬，伏剑自刎，赐钱二百万以葬[58]。孺卿从祠河东后土，宦骑与黄门驸马争船，推堕驸马河中溺死[59]。宦骑亡，诏使孺卿逐捕，不得，惶恐饮药而死。来时太夫人已不幸[60]，陵送葬至阳陵。子卿妇年少，闻已更嫁矣。独有女弟二人，两女一男[61]，今复十余年，存亡不可知。人生如朝露，何久自苦如此？陵始降时，忽忽如狂，自痛负汉，加以老母系保宫[62]。子卿不欲降，何以过陵？且陛下春秋高，法令亡常，大臣亡罪夷灭者数十家，安危不可知[63]。子卿尚复谁为乎？愿听陵计，勿复有云！"武曰："武父子亡功德，皆为陛下所成就，位列将，爵通侯，兄弟亲近[64]，常愿肝脑涂地。今得杀身自效，虽蒙斧钺汤镬，诚甘乐之[65]。臣事君，犹子事父也。子为父死，亡所恨。愿勿复再言。"陵与武饮数日，复曰："子卿壹听陵言[66]。"武曰："自分已死久矣！王必欲降武，请毕今日之欢，效死于前[67]！"陵见其至诚，喟然叹曰："嗟呼！义士！陵与卫律之罪上通于天[68]！"因泣下沾衿，与武决去[69]。

陵恶自赐武[70]，使其妻赐武牛羊数十头。后陵复至北海上，语武："区脱捕得云中生口[71]，言太守以下吏民皆白服，曰上崩。"武闻之，南乡号哭，欧血。旦夕临[72]，数月。昭帝即位。数年，匈奴与汉和亲。汉求武等，匈奴诡言武死。后汉使复至匈奴，常惠请其守者与俱，得夜见汉使，具自陈道[73]。教使者谓单于言："天子射上林中，得雁，足有系帛书，言武等在某泽中。"使者大喜，如惠语以让[74]单于。单于视左右而惊，谢汉使曰："武等实在。"于是李陵置酒贺武曰："今足下还归，扬名于匈奴，功显于汉室。虽古竹帛所载，丹青所画，何以过子卿[75]！陵虽驽怯，令汉且贳陵罪，全其老母[76]，使得奋大辱之积志，庶几乎曹柯之盟，此陵宿昔之所不忘也[77]！收族陵家，为世大戮，陵尚复何顾乎^[78]？已矣^[79]，令子卿知吾心耳。异域之人，壹别长绝^[80]！"陵起舞，歌曰："径万里兮度沙幕，为君将兮奋匈奴。路穷绝兮矢刃摧，士众灭兮名已隤^[81]。老母已死，虽欲报恩将安归？"陵泣下数行，因与武决。单于召会武官属，前以降及物故，凡随武还者九人^[82]。

武以始元六年春至京师。诏武奉一太牢谒武帝园庙^[83]。拜为典属国，秩中二千石^[84]，赐钱二百万，公田二顷，宅一区。常惠、徐圣、赵终根皆拜为中郎，赐帛各二百匹。其余六人老，归家，赐钱人十万，复终身^[85]。常惠后至右将军，封列侯，自有传。武留匈奴凡十九岁，始以强壮出，及还，须发尽白。

……

赞曰^[86]：…孔子称：志士仁人，有杀身以成仁，无求生以害仁^[87]。使于四方，不辱君命^[88]。苏武有之矣。

【注释】

[1] 本篇节选自《汉书·李广苏建列传》。苏建是苏武的父亲。苏武的生平就附在苏建传的后面。苏建，杜陵（今陕西西安）人，因军功逢平陵侯，后又任代郡太守。

[2] 兄弟：指苏武和兄苏嘉、弟苏贤。郎：官名，皇帝的近侍。汉代，年俸二千石以上的官员其子弟可为郎。这两句的意思是：苏武年轻时，因父亲职位的关系而任官，兄弟三人都当了郎官。

[3] 稍迁：逐渐升迁。栘（yí）：指汉宫廷中的栘园。厩：马厩。监：管事的官员。这句的意思是：逐渐升到管理栘中厩的职位。

[4] 胡：我国古代对北方少数民族的通称，这里指匈奴。数（shuò）：屡次。通使：派遣使者。相窥观：窥探、观察对方的情况。

[5] 留：扣留。十余辈：十几批人。郭吉：公元前110年，汉武帝统率大军到了北边，派郭吉到匈奴，要单于归顺汉朝。单于大怒，扣留了郭吉。路国充：公元前107年，匈奴派遣使者至汉，因病死亡，汉派路国充把遗体送回匈奴。单于以为汉杀死了他的使者，也扣留了路国充。

[6] 当：抵。以相当：来相抵偿。

[7] 天汉元年：公元前100年。天汉，汉武帝的年号。单于：匈奴首领的称号。且鞮（jū dī）侯：这是单于的封号。初立：刚刚立为单于。

[8] 丈人行（háng）：长辈。行：辈。尽归：全部送还。

[9] 嘉：赞许。义：信义。中郎将：官名，皇帝侍卫官的头目。节：使臣所持的信物，也称旄节，以竹为杆，长八尺，上缀牦牛尾作装饰物，共三层。厚赂：赠送厚礼。这几句的意思是：武帝赞许单于讲信义，就派苏武以中郎将的身份出使，拿着旄节护送被扣留在汉的匈奴使者回去，趁此机会赠送厚礼给单于，答谢他的好意。

[10] 副：副使。假吏：临时委任的官员。士：士兵。斥侯：军中侦察员，此处指在路途中担任侦察工作的人。这句的意思是：招募人以充当士卒和斥侯一百多人，一同前往匈奴。

[11] 置：准备，安排。遗（wèi）：赠送。这句的意思是：准备了钱物送给单于。

[12] 发使：派出使者。会：适逢，恰值。缑（gōu）王：匈奴的一个贵族。长水虞常：投降匈奴的

汉朝长水校尉虞常。长水，河流名，在今陕西蓝田西北。这两句的意思是：匈奴正要派出使者送苏武等人回去，恰巧碰上缑王和长水虞常在匈奴内部谋反。

[13] 昆邪（hūn yé）王：匈奴的一个贵族，于武帝元狩二年（公元前 121 年）降汉。

[14] 浞（zhuó）野侯：汉将赵破奴。太初元年（公元前 104 年），匈奴左大都尉欲杀单于降汉，武帝于太初二年遣赵破奴统兵前往接应，后被单于发觉，杀死左大都尉，发兵袭击赵破奴，破奴被俘，其军皆流落于匈奴。缑王当时隶属于破奴军，也投降匈奴。

[15] 卫律：卫律的父亲是长水胡人，卫律生长于汉，任汉使，后投降匈奴。虞常当时属于卫律统辖。阴：暗中。相与：共同。阏氏（yānzhī）：匈奴称单于妻为阏氏。这句意思是：缑王、虞常以及卫律所带来投降匈奴的人在暗中策划，打算把单于的母亲阏氏劫持到汉朝请功。

[16] 会：恰逢，正值。

[17] 私候：偷偷地拜访。

[18] 幸蒙：希望受到。

[19] 发：发动。夜亡：夜间逃走。指逃离其同党。告之：告发此事。

[20] 生得：活捉。

[21] 治：审理。治其事：审理此案件。

[22] 发：泄露。状：情况。语：告诉，作动词用。

[23] 及：连及，牵连。见犯：被侵犯，被凌辱。指事情败露后匈奴对自己必然采取侮辱性措施。重：更加。

[24] 引：牵引。指供出张胜的事。

[25] 左伊秩訾：匈奴王号。王号有左、右之分。

[26] 何以复加：怎么来加重对他们的处罚。这两句的大意是：即使他们想谋害单于，也不过判处死罪罢了。意思是说处分过重。

[27] 辞：口供。受辞：受审，取口供。

[28] 煴（yūn）火：无焰之火。

[29] 舆归营：用车载苏武返回营就幕。舆：作动词用，以车载。

[30] 收系：逮捕而关在狱中。收：捕。

[31] 晓：告白，通知。会：共同。论：判决罪犯。因此：趁此机会。

[32] 单于近臣：指卫律自己。募：招。

[33] 相坐：相连坐。指苏武也该连带治罪。古代法律规定，凡犯谋反等大罪者，其亲属也要处罪，称连坐。

[34] 拟之：做出杀的样子。

[35] 空：白白地。膏草野：使草原肥沃。膏：肥沃，这里是使动用法。这句的意思是，白白地把自己的血肉给草原当肥料。

[36] 因：凭借，依靠。因我降：依靠我的引荐而投降。

[37] 女：通"汝"，你。臣子：臣和子。畔：通"叛"。主：皇帝。亲：父母。何以见女为：见你干什么呢？

[38] 决：断定。平心：居心公平。持正：办案公正。斗两主：使单于和汉天子相争斗。观祸败：坐观战争引起的灾祸和破坏。

[39] 屠：平定

[40] 县：同"悬"。

[41] 若知我不降明：你明知我不会投降。

[42] 幽：囚禁。绝不饮食：断绝其生活供应，不予饮食。饮食，作动词用，给……吃、喝。

[43] 北海：今西伯利亚的贝加尔湖，当时是匈奴的北境。羝（dǐ）：公羊。

[44] 乳：生育。此处指生小羊。

[45] 别：隔开。这两句意思是，把苏武同他的部下隔开，分别安置到其他地方。

[46] 廪食：官家（指匈奴）供给的粮食。

[47] 去：同"弆"，收藏。这句的意思是，苏武掘取野鼠所储藏的草食来吃。

[48] 杖：拄，作动词用。

[49] 於（wū）靬（qián）王：单于之弟封为王者。弋（yì）射：射猎。

[50] 网：结网。纺缴（zhuó）：纺丝成缴。缴是系在箭尾的丝绳。檠（qíng）:矫正弓弩的工具，这里作动词用，矫正。

[51] 服匿：盛酒酪的瓦器。穹庐：圆顶大帐篷。

[52] 丁令：丁令人。丁令，即"丁零"，匈奴的一个部落。当时卫律为丁零王。穷厄：贫穷困苦。

[53] 李陵：字少卿，李广孙。公元前99年（武帝天汉二年）率兵出击匈奴，战败投降。

[54] 求：探访，访求。李陵因自己投降匈奴，感到羞愧，故不敢访求苏武。

[55] 素厚：友谊一向深厚。

[56] 虚心：指单于谦恭有礼。

[57] 亡：通"无"。这两句的意思是，你独自一人在荒无人烟的地方受苦，你的信义怎么能让人看到呢。

[58] 长君：指苏武兄苏嘉。奉车：官名，奉车都尉。雍：地名，春秋秦都，今陕西凤翔县南。棫（yù）阳宫：宫名。除：台阶。劾：弹劾。劾大不敬：被弹劾为大不敬。

[59] 孺卿：苏武弟苏贤。祠：祭祀，作动词用。河东：地名，今山西省夏县。后土：地神。宦骑：充当骑从的宦官。黄门驸马：皇帝的骑侍。

[60] 太夫人：指苏武的母亲。不幸：指死亡。

[61] 女弟：指妹妹。两女一男：指苏武的儿女。

[62] 忽忽：精神恍惚。负汉：背叛汉朝。保宫：汉代官署名，囚禁罪臣及其眷属的地方。

[63] 春秋：指年龄。广常：无常，没有准则。亡：通"无"。亡罪：无罪。夷灭：杀戮全家。

[64] 成就：提拔栽培。位列将：职位是列将。爵通侯：爵号是通侯。兄弟亲近：兄弟三人都是皇帝的近臣。

[65] 杀身自效：牺牲生命，报效朝廷。蒙：受。钺（yuè）：大斧。汤：热水。镬（huò）：大锅。钺、镬是古代的刑具。诚：的确，实在。这两句的意思是，即使被处以极刑，也的确心甘情愿。

[66] 壹：一定。这句的意思是，你就一定听我的话吧。

[67] 自分（fèn）：自己料定。毕：尽。效死：献出生命。

[68] 这句的意思是：卫律与李陵两人罪恶滔天。

[69] 沾：浸湿。决：通"诀"，诀别。

[70] 恶（wù）：羞愧。

[71] 区脱：边地，此处指匈奴月汉交界的地区。云中：郡名，汉云中郡，在今内蒙古自治区。生口：指俘虏。

[72] 南乡：向着南方。乡：通"向"。欧：通"呕"。临：哭。

[73] 具：完全，原原本本。陈道：陈述。这句的意思是，陈述事情的整个经过。

[74] 让：责备。

[75] 古竹帛：古书，史书。古代用竹简或白绸记事，故以竹帛代指书籍。丹青：绘画用的颜料，这里代指图画。过：超过。这几句的意思是，即使是古书中记载的人物，图画所画的杰出人物，怎么能超过你呢。

[76] 孥怯：无能怯弱。令：假使。且：姑且。贳（shì）：赦免、宽恕。全：保全。

[77] 奋：奋起，奋发。积志：蓄积已久的志向。庶机：差不多。曹柯之盟：指曹沫劫持齐桓公之事。春秋时，曹沫为鲁将，同齐作战，连败三次。鲁庄公割地求和。后来鲁与齐在柯邑订和约时，曹沫用匕首胁迫齐桓公，迫使齐国归还了侵占的鲁国土地。宿昔：即"夙昔"，以前，旧日的意思，指李陵投降匈奴之初，汉还没有诛杀其家属时。这几句话的意思是，假使我能奋发实现在奇耻大辱的处理下久压心中的意愿，也希望能像曹沫那样立功赎罪，这是我以前没有忘记的。

[78] 收：逮捕。族：杀戮全家。世：世间。大戮：奇耻大辱。顾：留恋。

[79] 已矣：完了，表示绝望。

[80] 壹别长绝：这一分别就是永久隔绝了。

[81] 径：行经，作动词用。沙幕：即沙漠。奋：奋击。路穷绝：无路可走。指李陵及其军队被困在峡谷中。矢刃摧：兵器都损坏了。隤（tuí）：败坏。

[82] 会：集聚。召会：召集。武官属：苏武的部下。以：已。物故：死亡。物：通"殁"。凡：一共。

[83] 以：于，在。始元六年：公元前81年。始元，汉昭帝年号。诏：皇帝命令。奉：呈献。太牢：祭品，包括牛、羊、猪。谒：禀告。园庙：陵园、庙堂。

[84] 拜：授予官职。典属国：官名，掌管少数民族事务。秩：官俸。

[85] 复：免除徭役。复终身：终身免除徭役。

[86] 赞：评论。在"赞"中，既可对人物加以赞美，也可以加以批判。

[87] 这三句出自《论语·卫灵公》："子曰：志士仁人，无求生以害仁，有杀身以成仁。"意思是，志士仁人，不会贪生怕死而损害仁德，只会勇于牺牲来成就仁德。

[88] 这两句出自《论语·子路》："子曰：行己有耻，使于四方，不辱君命，可谓士矣。"意思是，做人有羞耻之心，出使诸侯国，能不辜负君王的使命，就可以称为士。

【作品赏析】

《苏武传》是《汉书》中最出色的篇目之一。它记叙了苏武出使匈奴，面对威逼利诱而坚守节操、历尽艰辛而不辱使命的事迹，生动地刻画了一个"富贵不能淫、贫贱不能移、威武不能屈"的爱国志士的光辉形象。

这一形象的成功首先得力于典型环境和细节的描写。开篇点明汉与匈奴时战时和，互扣使者的特殊背景。苏武受命出使，单于出尔反尔，以致引发内乱，牵连使节。匈奴使尽威胁利诱、幽禁困厄的手段，企图迫使苏武归降。在严峻的考验面前，在攸关个人与国家荣辱生死之际，苏武坚守民族尊严，置个人生死于度外，为了不"屈节辱命"，毅然引刀自刺；纵被幽禁放逐，宁可啮雪食鼠食，也绝不乞降变节；独处北海十九年之久，艰苦卓绝，依然坚持气节，不改其志；当他闻知帝崩，面向祖国痛哭数月，以致呕血。通过这一系列可歌可泣的生动细节，淋漓尽致地展现出苏武忠勇无比的个性特征。

本文还成功地运用了对比衬托的手法，如以张胜贪生请降来衬托苏武的大义凛然；以卫律卖国求荣反衬苏武的高风亮节；以李陵的计较个人恩怨而失志变节来衬托苏武忠君报国甘愿"杀身自效"的壮烈情怀。忠奸善恶，高下美丑，互为比衬，形象更为鲜明，褒贬自寓其中。这种种戏剧性的冲突和起伏跌宕的情节，大大增强了文章的可读性。

在人物个性化语言运用方面也处处表现出作者的匠心。应对劝降，是展现人物内心世界和丰富的个性色彩的重要情节，主要通过人物语言来完成。卫律言辞先是骄横凶恶，构陷恫吓；苏武轻蔑怒斥，一派浩然不可凌辱的正气。卫律转而利诱，无耻自诩，暗藏杀机；苏武谴责，义正词严，有理有节，非大智大勇者，断难说出。李陵从私情入手，温和奉劝，倾诉肺腑，难掩变节羞愧；苏武不与李陵直接交锋，但正言明志，斩钉截铁，不容置疑。口气迥异的对话蕴含着丰富的潜台词，透露出复杂的心理世界和微妙的情态，使人物形象更加丰满，有血有肉。另外，作者在对史实的归纳、筛选和剪裁方面，紧扣人物塑造的中心，详略取舍得当，以按照时间顺序记述为主，适当运用插叙和补叙，使叙事缜密翔实而又简洁明快。因此，这篇历史传记，既有明显的史学价值，也有突出的文学审美价值和崇高的人文精神。

张中丞传后叙[1]

韩愈

【作家作品简介】

韩愈（768年～824年），字退之，河南河阳（今河南省孟州市）人。自称祖籍昌黎（三国时郡名，唐时属河北道，故址在今辽宁省境内），故世称韩昌黎。他三岁而孤，由嫂郑氏抚育成人。自幼刻苦好学，贞元八年（792年）登进士第，先后任汴州观察推官、监察御史等。韩愈刚直敢言，一生坎坷。贞元十九年（803年）因上书言关中旱饥，触怒权要，被贬为阳山（今属广东）令。元和十四年（819年）又因谏阻宪宗迎佛骨，贬为潮州刺史。穆宗时，任国子监祭酒、吏部侍郎等职。卒谥号"文"，后人又称韩文公。

韩愈是唐代古文运动的主要领袖。他尊崇儒家，在文学理论中颇有见地，反对六朝以来骈丽浮夸的文风，倡导继承先秦、两汉的优良传统，主张"文以载道"，"辞必己出"，强调"惟陈言之务去"。他以自己的创作，实践古文运动的理论，写出不少逻辑性强、说理透辟的散文。其文气势雄健，笔力遒劲，结构严谨，语言精炼，富有个性。韩愈擅长以散文笔调入诗，走"奇险冷僻"途径，和孟郊的诗风格相近，形成韩孟诗派。有《昌黎先生集》。

元和二年四月十三日夜[2]，愈与吴郡张籍阅家中旧书[3]，得李翰所为《张巡传》[4]。翰以文章自名[5]，为此传颇详密。然尚恨有阙者[6]：不为许远立传[7]，又不载雷万春事首尾[8]。

远虽材若不及巡者[9]，开门纳巡[10]，位本在巡上。授之柄而处其下[11]，无所疑忌，竟与巡俱守死，成功名[12]。城陷而虏[13]，与巡死先后异耳[14]。两家子弟材智下[15]，不能通知二父志[16]，以为巡死而远就虏[17]，疑畏死而辞服于贼[18]。远诚畏死[19]，何苦守尺寸之地[20]，食其所爱之肉[21]，以与贼抗而不降乎?当其围守时，外无蚍蜉蚁子之援[22]，所欲忠者，国与主耳[23]，而贼语以国亡主灭[24]。远见救援不至，而贼来益众，必以其言为信。外无待而犹死守[25]，人相食且尽[26]，虽愚人亦能数日而知死所矣[27]。远之不畏死亦明矣!乌有城坏其徒俱死[28]，独蒙愧耻求活?虽至愚者不忍为[29]，呜呼!而谓远之贤而为之邪!

说者又谓远与巡分城而守[30]，城之陷，自远所分始。以此诟远[31]，此又与儿童之见无异。人之将死[32]，其藏腑必有先受其病者[33]；引绳而绝之[34]，其绝必有处[35]。观者见其然，从而尤之[36]，其亦不达于理矣[37]!小人之好议论，不乐成人之美[38]，如是哉[39]!如巡、远之所成就，如此卓卓[40]，犹不得免，其他则又何说!

当二公之初守也，宁能知人之卒不救，弃城而逆遁[41]?苟此不能守[42]，虽避之他处何益?及其无救而且穷也[43]，将其创残饿羸之余[44]，虽欲去[45]，必不达。二公之贤，其讲之精矣[46]!守一城，捍天下，以千百就尽之卒[47]，战百万日滋之师[48]，蔽遮江淮，沮遏其势[49]，天下之不亡，其谁之功也!当是时，弃城而图存者，不可一二数[50]；擅强兵坐而观者，相环也[51]。不追议此[52]，而责二公以死守，亦见其自比于逆乱[53]，设淫辞而助之攻也[54]。

愈尝从事于汴徐二府[55]，屡道于两府间[56]，亲祭于其所谓双庙者[57]。其老人往往说巡、远时事云[58]：南霁云之乞救于贺兰也[59]，贺兰嫉巡、远之声威功绩出己上[60]，不肯出师救；爱霁云之勇且壮，不听其语，强留之，具食与乐[61]，延霁云坐[62]。霁云慷慨语曰："云来时，睢阳之人，不食月余日矣[63]!云虽欲独食，义不忍[64]；虽食，且不下咽!"因拔所佩刀，断一指，血淋漓，以示贺兰。一座大惊，皆感激为云泣下[65]。云知贺兰终无为云出师意，即驰去；将出城，抽矢射佛寺浮图[66]，矢著其上砖半箭[67]，曰："吾归破贼，必灭贺兰!此矢所以志也[68]。"愈贞元中过泗州[69]，船上人犹指以相语。城陷，贼以刃胁降巡[70]，巡不屈，即牵去，将斩之；又降霁云，云未应。巡呼云曰："南八[71]，男儿死耳，不可为不义屈!"云笑曰："欲将以有为也[72]；公有言，云敢不死[73]!"即不屈。

张籍曰："有于嵩者，少依于巡，及巡起事[74]，嵩常在围中[75]。籍大历中于和州乌江县见嵩[76]，嵩时年六十余矣。以巡初尝得临涣县尉[77]，好学无所不读。籍时尚小，粗闻巡、远事，不能细也。云：巡长七尺余，须髯若神。尝见嵩读《汉书》，谓嵩曰：'何为久读此?'嵩曰：'未熟也。'巡曰：'吾于书读不过三遍，终身不忘也。'因诵嵩所读书，尽卷不错一字[78]。嵩惊，以为巡偶熟此卷，因乱抽他帙以试[79]，无不尽[80]。嵩又取架上诸书试以问巡，巡应口诵无疑。嵩从巡久，亦不见巡常读书也。为文章，操纸笔立书[81]，未尝起草。初守睢阳时，士卒仅万人[82]，城中居人户，亦且数万，巡因一见问姓名，其后无不识者。巡怒，须髯辄张。及城陷，贼缚巡等数十人，坐，且将戮。巡起旋[83]，其众见巡起，或起或泣。巡曰：'汝勿怖！死，命也。'众泣不能仰视。巡就戮时，颜色不乱[84]，阳阳如平常[85]。远宽厚长者，貌如其心[86]；与巡同年生，月日后于巡，呼巡为兄，死时年四十九。"嵩贞元初死于亳、宋[87]间。或传嵩有田在亳、宋间，武人夺而有之[88]，嵩将诣州讼理[89]，为所杀。嵩无子。张籍云。

【注释】

[1] 张中丞：即张巡（708 年～757 年），蒲州河东（今山西永济）人。唐玄宗开元末进士，由太子通事舍人出任清河县令，又调真源县令。玄宗天宝十四载（755 年）安禄山叛变，张巡在雍丘一带起兵抗击，后与许远同守睢阳（今河南商丘）孤城，被围经年，终因兵尽粮绝，援兵不至，于肃宗至德二载（757 年）城破被俘，与部将三十六人同时殉难。他曾被朝廷加封御史中丞官衔，故称"张中丞"。《张中丞传》即《张巡传》，唐李翰撰，今已失传。后叙：也作"后序"，是著作、诗文或图册的后记，用以对正文进行说明、考订、补充或议论，又称"跋"、"题后"等。这篇后叙是对《张巡传》的补充。

[2] 元和：唐宪宗李纯的年号（806 年～820 年）。

[3] 吴郡：治所在今江苏苏州。张籍：字文昌，原籍吴郡，寄居和州乌江（今安徽和县乌江镇）。唐代诗人，韩愈之友。

[4] 李翰：字子羽，赵州赞皇（今河北元氏）人，官至翰林学士，与张巡友善。张巡死后，曾撰写《张巡传》上肃宗，为张巡辩诬。

[5] 翰以文章自名：李翰对自己的文章很自负，这篇传也写得很详尽周密。自名，自许，自负。

[6] 阙：缺陷，不足。

[7] 许远：字令威，杭州盐官（今浙江海宁人）。安史之乱时，任睢阳太守，叛军犯睢阳，许远向张巡告急，张巡引兵前来，与许远共守睢阳。城陷被俘，押往洛阳囚禁，后被杀害。

[8] 雷万春：张巡部下的勇将，与张巡一起被害。首尾：指事情的始末。一说，"雷万春"也许是"南霁云"三字之误。

[9] "远虽"句：意思是许远的才能虽然似乎比不上张巡。

[10] 开门纳巡：肃宗至德二载（757 年），叛军安庆绪的部将尹子奇带兵十三万围睢阳，当时任睢阳太守的许远向张巡告急，张巡自宁陵率军入睢阳城守卫。纳，接纳。

[11] "授之"句：谓许远把兵权交给张巡，甘居其下。柄，权柄。处，处于。

[12] 竟：终于。成功名：成就功业名节。

[13] 城陷而虏：至德二载（757 年）十月，睢阳陷落，张巡、许远被俘。

[14] "巡死"句：意思是，许远与张巡只是牺牲时间有先后不同罢了。城破之后，张巡与部将三十六人被斩，许远被送往洛阳邀功，后在偃师被害。

[15] "两家"句：唐代宗大历年间，张巡之子张去疾听信谣言，怀疑许远被俘后投降叛军，上书唐代宗要求追夺许远官爵。诏令张去疾与许远之子许岘及百官等议此事。材智下，才智低下，指他们轻信

谣言，不辨是非。

[16] 通知：通晓，透彻了解。

[17] 就虏：被俘虏。

[18] 辞服：请降。

[19] 诚：如果。

[20] 尺寸之地：指被围的睢阳城。

[21] "食其"句：睢阳久困粮尽，军民以雀鼠为食，最后只得以妇女和老弱男子充饥。所爱，所爱的人。当时张巡曾杀爱妾，许远曾杀奴仆以充军粮。

[22] "外无"句：是说外面连蚍蜉蚁子那么微弱的援兵也没有。蚍蜉（pífú）：黑色大蚂蚁。蚁子：幼蚁。

[23] 国与主：国家与皇帝。

[24] "而贼"句：说叛军就可能以"国亡主灭"为借口来招降张巡、许远。安史之乱后，长安、洛阳相继陷落，唐玄宗逃往西蜀，国势危殆。

[25] 外无待：外面没有援兵可以依靠。睢阳被围时，贺兰进明等人皆拥兵观望，不来相救。

[26] 且尽：将尽。

[27] "虽愚人"句：即使是愚人也会计算日期而知道自己的死所。意思是早有城破身亡的思想准备。数：计算。

[28] 乌有：哪里有。城坏：城破。

[29] 不忍为：不愿意这样做。

[30] "说者"句：张巡与许远曾分兵把守睢阳，当时许远守城西南，张巡守城东北。城陷时敌军先从许远所守的地段攻入，有人因此污蔑许远。说者，发议论的人，指张去疾等人。

[31] 诟（gòu）：诽谤。

[32] 人之将死：在人将死的时候。

[33] 藏腑：同"脏腑"。病：害。

[34] 引：拉扯。

[35] 绝：断裂。有处：一定的地方。

[36] 然：如此。尤之：指归罪先受侵害的内脏和绳子先断裂的地方。尤，埋怨，责怪。

[37] 不达于理：不合乎常理。

[38] 成人之美：赞助、成全别人的好事。《论语·颜渊》："君子成人之美，不成人之恶，小人反是。"

[39] 如是哉：像这样啊！指竟然到这样的地步。

[40] 卓卓：卓越出众。

[41] 宁：岂，哪里。卒：终于。逆遁：事先转移。

[42] 苟：假如。

[43] 穷：困厄。

[44] "将其"句：意思是率领那些残兵败将。将，率领。创，受伤。羸（léi），瘦弱。

[45] 去：逃走。

[46] "二公"两句：张巡、许远二位的功绩，前人已经有十分精当的评价了。这里指李翰《进张中丞传表》所云："巡退军睢阳，扼其咽领，前后拒守。自春徂冬，大战数十，小战数百，以少击众，以弱击强，出奇无穷，制胜如神，杀其凶丑凡九十余万。贼所以不敢越睢阳而取江淮，江淮所以保全者，巡

之力也。"

[47] 就尽：濒临灭亡。

[48] 日滋：一天天增多。

[49] 沮遏（jǔ è）：阻止。

[50] 不可一二数：数起来不止一两个。意即不在少数。

[51] 相环：即一个连着一个，众多的意思。当时谯郡、彭城、临淮等地守将均按兵不动。

[52] 追议：追究，评议。

[53] "自比"句：把自己放在与叛逆者同类的地位。比，并列。

[54] 设淫辞：编造荒谬的言论。

[55] "愈尝"句：韩愈曾先后在汴州和徐州任宣武军节度使董晋的观察判官和徐泗濠节度使张建封的节度判官。从事：任职，唐时称幕僚为从事。

[56] 屡道：几次经过。

[57] 双庙：张巡、许远死后，后人在睢阳立庙合祀张、许两人，称为双庙。

[58] 其老人：指睢阳一带的老人。

[59] 南霁云：魏州顿丘（今河南清丰西南）人，出身贫贱，安禄山反时，参加平叛，被派往睢阳与张巡议事，被张巡留下为部将。贺兰：指贺兰进明，当时任御史大夫、河南节度使，驻军临淮（今安徽凤阳）一带。

[60] 嫉：妒忌。

[61] 具食与乐：准备了酒食与音乐。

[62] 延：请。

[63] "不食"句：没有东西吃已经有一个多月了。

[64] 义：道义。

[65] 感激：感动。

[66] 浮图：佛塔。

[67] 矢著句：箭的半截射进了佛塔上边的砖中。

[68] "此矢"句：意思是这支箭就用来作为标记。志，标记。

[69] 贞元：唐德宗李适的年号（785—805）。泗州：唐时属河南道，州治在临淮（今江苏泗洪东南），当时贺兰进明即屯兵于此。

[70] 胁降巡：逼迫张巡投降。

[71] 南八：南霁云排行第八，故称。

[72] 有为：有所作为，指暂时隐忍以图报仇。

[73] 敢：岂敢。

[74] 起事：指起兵抗击叛军。

[75] 常在围中：曾在被围的睢阳城中。常，通"尝"，曾经。

[76] 大历：唐代宗李豫（766年～779年）的年号。

[77] "以巡"句：是说于嵩因追随张巡之故，起先曾被加恩授予临涣（今安徽宿县西南）县尉之职。以，因。

[78] 尽卷：读完一卷。

[79] 帙（zhì）：唐时书籍是卷子的形式，把几个卷子包在一起的书套叫帙。这里指书本。

[80] 尽然：都这样。

[81] 立书：马上书写。意指一挥而就。

[82] 仅：几乎，将近。

[83] 起旋：起身小便。一说起身环行。

[84] 颜色不乱：指脸色不变。

[85] 阳阳：镇定自若的样子。

[86] 貌如其心：相貌和他的心地一样宽厚。

[87] 亳（bó）：亳州，今安徽亳县。宋：宋州，即睢阳，今河南商丘。

[88] 有：占有。

[89] 诣（yì）：往，到。讼理：诉讼。

【作品赏析】

平定安禄山叛乱后，朝中有人利用张巡、许远后代的幼稚无知，竭力散布他们两人降贼有罪的谣言，制造破坏国家统一的舆论，为割据势力张目。韩愈对此十分愤慨，为说明事实真相，驳斥小人的谬论，他写下本文，以弘扬正气，打击邪恶。

本文的最大特色是议论与叙事紧密结合。前半部分侧重议论，针对污蔑许远的谬论进行驳斥，在驳斥中补叙许远的事迹，以补李翰《张巡传》的不足，并高度赞扬了张巡、许远"守一城，捍天下"的历史功绩。后半部分侧重叙事，着重记叙南霁云的动人事迹，并补叙了张巡、许远的一些轶事，为睢阳保卫战中的几位英雄人物塑像立碑。前、后两部分既有上述分工，又有内在联系：前者之议论是后者叙事之"纲领"，后者之叙事是为前者之议论提供事实佐证。两部分都紧紧围绕着赞扬英雄、斥责小人的主题。

本文中几个英雄人物形象生动，光彩照人，这主要得力于传神的细节描写。如南霁云的拔刀断指、抽矢射塔，张巡的好学、记忆力超人和就义时的视死如归，都是文中的精彩片断。其次，作者有意让英雄人物的不同性格相互映衬，如张巡之从容镇定、博闻强识、慷慨就义，许远之宽厚谦和、甘心让贤，南霁云之忠勇刚烈、嫉恶如仇，他们的形象相互辉映，相得益彰。此外，反面人物贺兰进明的卑劣无耻，也有力地反衬出英雄们的磊落胸怀和凛然正气。

韩愈主张以"气"主"文"，认为"气盛则言之短长与声之高下者皆宜"。本文充分体现了他的这一理论，文章气势充沛，激情饱满，无论叙事还是抒情，作者的主观感情色彩均极为浓厚，饱含其对英雄的信任与景仰。尤其是"守一城……其谁之功也"这一段文字，义正辞严，激情澎湃，痛快淋漓，极富感染性和鼓动性。

始得西山宴游记[1]

【作家作品简介】

柳宗元（773 年～819 年），字子厚，河东（今山西永济）人，世称柳河东。唐德宗贞元年间进士，曾任集贤院正字、蓝田尉，监察御史里行等职。顺宗即位，任礼部员外郎，参加了政治革新的王叔文集团，反对宦官专权和藩镇割据。不久宪宗继位，废新政，打击革新派。被贬为永州司马，十年后召还长安，复出为柳州刺史。病逝于柳州，年四十七岁。后世称为柳柳州。

柳宗元与韩愈发起古文运动，提出了一系列进步的思想理论和文学主张，世称"韩柳"。他的作品反映了中唐时代人民的悲惨生活，对社会生活中的不合理现象能无情地加以批判，说理透彻，笔锋犀利。他的山水游记刻画细致，寄托深远，往往寓情于景，既生动表达了人对自然美的感受，也抒发受迫害的心情，表露怀才不遇的苦闷，具有很高的艺术性，从而确立了山水游记作为独立的文学体裁在文学史上的地位。他还写了不少寓言故事，着重讽刺和批判当时社会的不良人情风尚，用语犀利而略带风趣，善于抓住平凡事物的特征，加以想象和夸张，创造生动的形象，从而使寓言成为一种独立完整的文学作品。他的诗歌风格幽峭洁净，淡泊简古，自成一家。有《柳河东集》。

自余为僇人[2]，居是州[3]，恒惴栗[4]。其隙也[5]，则施施而行[6]，漫漫而游[7]。日与其徒上高山[8]，入深林，穷回溪[9]，幽泉怪石，无远不到。到则披草而坐[10]，倾壶而醉。醉则更相枕以卧[11]，卧而梦，意有所极，梦亦同趣[12]。觉而起，起而归。以为凡是州之山水有异态者，皆我有也[13]。而未始知西山之怪特[14]。

今年九月二十八日，因坐法华西亭[15]，望西山，始指异之[16]。遂命仆人，过湘江，缘染溪[17]，斫榛莽[18]，焚茅茷[19]，穷山之高而止。攀援而登，箕踞而遨[20]，则凡数州之土壤[21]，皆在衽席之下[22]。其高下之势[23]，岈然洼然[24]，若垤若穴[25]；尺寸千里[26]，攒蹙累积[27]，莫得遁隐[28]，萦青缭白[29]，外与天际[30]，四望如一[31]。然后知是山之特立[32]，不与培塿为类[33]。悠悠乎与颢气俱[34]，而莫得其涯[35]；洋洋乎与造物者游[36]，而不知其所穷[37]。引觞满酌[38]，颓然就醉[39]，不知日之入[40]。苍然暮色，自远而至，至无所见[41]，而犹不欲归。心凝形释，与万化冥合[42]。然后知吾向之未始游[43]。游于是乎始[44]，故为之文以志[45]。

是岁，元和四年也[46]。

【注释】

[1] 西山：在湖南零陵西。

[2] 僇（lù）：同"戮"，指犯罪受刑。僇人：罪人。指唐宪宗即位后，作者因在顺宗时参预王叔文集团而贬谪永州司马。

[3] 是州：此州，即指永州。

[4] 惴栗：惊恐不安。

[5] 隙：谓公余闲暇，抽空。

[6] 施施（yí）：行走缓慢的样子。

[7] 漫漫：谓漫无目的。

[8] 其徒：指与自己遭遇相同的一帮朋友。

[9] 穷：走到头。回溪：曲折的溪水。

[10] 披草：拨开野草。

[11] 相枕以卧：相互依靠着睡觉。

[12] "意有"二句：谓心里最想什么，梦中也就见到什么，意趣相同。

[13] "以为"二句：意谓我认为，凡是永州所有的奇形异态的山水都被我发现了。"异态"，一作"胜态"。"有"，占有，指别人不知道，只有他发现。

[14] 怪特：指形态特别怪异。

[15] 法华：寺名，在永州地势最高处。西亭：在法华寺西面，为作者所筑，常与朋友在亭中宴游赋诗，有《永州法华寺新作西亭记》、《法华寺西亭夜饮赋诗序》等记其事。

[16] 指异之：指点西山，发现它不平常。

[17] 缘：沿着。染溪：一作"冉溪"，即愚溪。

[18] 斫（zhuó）：砍伐。榛莽：泛指灌木杂草。

[19] 茅筏（fá）：泛指枯落草叶。

[20] 箕踞：席地而坐，两脚伸直，形似箕斗，在古代是一种无礼的放肆举动，此用以表示自由不拘。遨：随意游玩。

[21] 数州：指永州及毗邻几个州。

[22] 衽（rén）席：古时的睡席。这句是说，从西山上看四野，都在身下，十分渺小。

[23] 其高下之势：谓各州的地形高低。

[24] 岈（yá）：大谷。洼：深池。这句是说，那些看来是大谷深池的地方。

[25] 垤（dié）：小土堆。

[26] 尺寸千里：谓视野里很小一点地方，实际包括极大面积地区。

[27] 攒（cuán）：凑集。蹙（cù）：紧缩。这句是说，地面的山水，看起来都像紧凑重叠在一起。

[28] 遁：逃避。这句是说，每一处都看得见，一处也躲不了。

[29] 萦青缭白：谓白云在蓝天上萦回缭绕。

[30] 外与天际：谓天外与天相连的边际，喻望远之极。"外"，一作"水"。

[31] 四望如一：谓无论朝哪个方向远望，都是如上述八句所写一样。

[32] 是山：即指西山。

[33] 培塿（pǒu lǒu）：小土山。类：相似。

[34] 悠悠：形容存在极其久远。颢（hào）气：浩气，指天地间的元气。俱：同在。

[35] 涯：边际。

[36] 洋洋：形容极其广阔。造物者：创造天地万物的神。游：来往。

[37] 不知其所穷：不知哪里是尽头。

[38] 引：举起。觞：酒杯。满酌：灌满酒。

[39] 颓然：醉倒的样子。

[40] 日之入：太阳落山。

[41] 至无所见：谓直到天黑。

[42] "心凝"二句：谓心平静得像凝结似的，躯体的一切束缚都解脱了，仿佛与天地万物化合在一起了。

[43] 向：从前，指上文所说"无远不到"、"皆我有也"。未始游：还是一点也没有游过。

[44]"游于"句：谓游赏永州山水，这次游西山才真正开了头。

[45]志：记叙。

[46]元和四年：公元809年。

【作品赏析】

柳宗元在永贞元年（805年），因参加王叔文改革集团而获罪，被贬为永州司马。遂与永州山水结缘，孕育出许多优美的游记篇章，借以抒发被贬后的情怀，其中"永州八记"尤为著称。《始得西山宴游记》是"永州八记"之首。

本文叙事写景，饱含着作者的感情色彩，表现了作者寂寞惆怅、孤标傲世的情怀。例如，写"披草而坐，倾壶而醉"，正是他孤寂性格的表现；写西山"特立"，正是他傲世蔑俗的写照。实际上，柳宗元所描写的西山一带，只是一般的丘陵，并非崇山峻岭。他不过是借景抒怀，在山水之间浇灌自己的情感，赋予山水以个人的情志。

本文构思精巧，结构严谨。开始先概写平日游览之胜，继而再写西山之宴游。作者采用曲折入题的方法，欲写今日始见西山，先写昔日未见西山；欲写昔日未见西山，先写昔日得见诸山，即先写未得西山之游，然后笔锋一转，折入始得西山之宴游。铺垫充分，转折自然，说明西山之游，既是昔日游遍诸山的继续，又是一系列新的宴游的开始。文章紧扣"始得"，前后照应，气脉贯通，可谓新颖、巧妙、匠心独具。

五代史伶官传序[1]

欧阳修

【作家作品简介】

欧阳修（1007年~1072年），字永叔，号醉翁，又号六一居士，庐陵（今江西吉安）人。北宋著名的政治家、文学家、史学家。幼年丧父，家境贫困，读书刻苦，宋仁宗天圣八年（1030年）中进士，后以右正言（谏官）充任知制诰（主管给皇帝起草诏令）。由于上疏为先后被排挤出朝的杜衍、范仲淹、韩琦、富弼等名臣分辩，被贬为滁州太守。后又知扬州、颍州，再回朝廷任翰林学士、史馆修撰。晚年曾任枢密副使、参知政事（副宰相）等高官，死后追赠太子太师、谥文忠。

欧阳修继承唐代韩愈"文以载道"的精神，发扬唐代古文运动传统，反对宋初以来追求形式主义的靡丽文风，主张文章应"明道""致用""事信""言文"，被公认为北宋中期的文坛领袖，在散文、诗词、史传等方面都有较高成就，曾与宋祁合修《新唐书》并独撰《新五代史》，尤以散文对后世影响最大，是"唐宋八大家"之一。其诗文合为《欧阳文忠公文集》。《五代史伶官传序》选自欧阳修所作《新五代史·伶官传序》，是一篇史论。

呜呼！盛衰之理，虽曰天命，岂非人事哉！原庄宗之所以得天下[2]，与其所以失之者，可以知之矣。

世言晋王之将终也，以三矢赐庄宗而告之曰："梁，吾仇也；燕王，吾所立；契丹与吾约为兄弟，而皆背晋以归梁。此三者，吾遗恨也。与尔三矢，尔其无忘乃父之志^[3]！"庄宗受而藏之于庙^[4]，其后用兵，则遣从事以一少牢告庙^[5]，请其矢，盛以锦囊，负而前驱，及凯旋而纳之^[6]。

方其系燕父子以组^[7]，函梁君臣之首^[8]，入于太庙，还矢先王，而告以成功，其意气之盛，可谓壮哉！及仇雠已灭^[9]，天下已定，一夫夜呼，乱者四应，仓皇东出，未及见贼而士卒离散，君臣相顾，不知所归，至于誓天断发，泣下沾襟^[10]，何其衰也！岂得之难而失之易欤？抑本其成败之迹，而皆自于人欤^[11]？

《书》曰："满招损，谦得益"。忧劳可以兴国，逸豫可以亡身^[12]，自然之理也。故方其盛也，举天下之豪杰^[13]，莫能与之争；及其衰也，数十伶人困之，而身死国灭，为天下笑^[14]。夫祸患常积于忽微^[15]，而智勇多困于所溺^[16]，岂独伶人也哉！^[17]

作《伶官传》。

【注释】

[1] 本文选自《新五代史·伶官传》。后人为了将宋初薛居正所编《五代史》和欧阳修所编《五代史》区别开来，通称薛著为《旧五代史》，欧著为《新五代史》。伶：古时称演戏、歌舞、作乐的人。

[2] 原：推本求原。庄宗：李存勖（xù），唐末西突厥沙陀部族的首领，消灭后梁称帝，建立后唐。

[3] 其：语气副词，表示期望、命令的语气。乃：你的。

[4] 庙：太庙，帝王祭祀祖先的宗庙。

[5] 一少牢：用猪、羊各一头作祭品（祭祀时，牛、猪、羊三牲齐备，称太牢）。牢：祭祀用的牲畜。告：祷告

[6] 及：等到。纳：放回。之：代词，指箭。

[7] 方：当……时。系燕父子以组：公元912年李存勖遣将攻破幽州，俘获刘仁恭，追捕了刘守光，押回了太原，献于太庙。系（jì）：捆绑。 组：丝带，这里指绳索。

[8] 函梁君臣之首：公元923年，李存勖攻破大梁。梁末皇帝朱友贞（朱温的儿子）命令部将皇甫麟将自己杀死，随即皇甫麟也刎颈自杀。函：木匣，这里意为用木匣装盛，名词作动词用。

[9] 仇雠（chóu）：仇敌。

[10] 一夫八句：公元926年，驻扎贝州（今河北清河）的军人皇甫晖因夜间聚赌不胜，发动兵变，攻入邺（今天河北临漳）。邢州（今河北邢台）和沧州（今河北沧州）的驻军相继兵变响应。庄宗派李嗣源（李克用养子）前往镇压，不料李嗣源被部下拥立为帝，联合邺城乱军向京都洛阳进击。庄宗慌慌张张地率军东进，至万胜镇，闻李嗣源已占据大梁（开封），被迫引兵折回，至洛阳城东的石桥，置酒悲涕，部将元行钦等百余人，剪断头发，向天立誓，表示以死报国，君臣相顾哭泣。一夫：一个人，指皇甫晖。仓皇：匆促，慌张。

[11] 岂得三句：难道是因为得天下困难、失天下容易的缘故吗？或者认真推究他成败的原委，其实就是人为的呢？抑：或，还。本：推究本源，名词作动词用。自：由于。

[12] 忧劳：忧患勤劳。逸豫：逍遥游乐，不能居安思危。

[13] 举：全，所有的。

[14] 数十伶人三句：庄宗灭梁后，宠用伶人，纵情声色，朝政日非。继李嗣源兵变后，伶人出身的皇帝近卫军首领郭从谦乘机作乱，庄宗中流矢而死。国灭：庄宗死后，李嗣源即位，称为明宗，后唐并未灭亡。不过李嗣源是李克用的养子，并非嫡传，按照当时的传统观念来看，也可以说是"国灭"。

[15] 积于忽微：从细微小事逐渐积累起来。

[16] 所溺：沉溺迷爱的人或事物。

[17] 岂独伶人也哉：难道仅仅是伶人吗！

【作品赏析】

本文通过对五代时期的后唐盛衰过程的具体分析，得出"忧劳可以兴国，逸豫可以亡身" 和"夫祸患常积于忽微，而智勇多困于所溺"的结论，说明国家兴衰败亡不由天命而取决于"人事"，借以告诫当时北宋的当政者要吸取历史教训，要居安思危，防微杜渐，力戒骄奢淫逸。

本文采用正反对比论证，有极强的说服力。作者将庄宗成功时"意气之盛，可谓壮哉"与其失败时"士卒离散""泣下沾襟"进行对比，鲜明而强烈，以突出庄宗历史悲剧的根源，使"抑本其成败之迹，而皆自于人欤"这一结论，更加突显出成败由人的道理，令人信服，发人深省。

作者在论述过程中多用警戒性的断语，如"忧劳可以兴国，逸豫可以亡身""夫祸患常积于忽微，而智勇多困于所溺"以及"满招损，谦得益"的名言，来印证中心论点。两个问句"岂得之难而失之易欤？""抑本其成败之迹，而皆自于人欤？"也发人深思，前句以反问否定了得难失易，后句用"自于人"，与开头"岂非人事哉"呼应，再引用古训，进一步追本求源，明确指出"忧劳可以兴国，逸豫可以亡身"的之理，强化了论点。

前赤壁赋[1]

苏轼

【作家作品简介】

苏轼（1037 年～1101 年），字子瞻，号东坡居士，谥号文忠，眉州（今四川眉山）人。嘉祐二年进士，与其父苏洵、其弟苏辙皆以文学著称，并称"三苏"，同列于唐宋"散文八大家"。神宗时曾任礼部员外郎，因反对王安石新法而求外职，任杭州通判，知密州、徐州、湖州。元丰二年因"乌台诗案"被贬为黄州团练副使。哲宗时任翰林学士，曾出任杭州、颍州等地长官，官至礼部尚书。绍圣元年，新党复执政，贬谪惠州、儋州。徽宗即位，赦还，第二年死于常州，谥"文忠"。

苏轼在思想上，对儒、佛、老诸家都有所吸纳。文学上主张"有为而作"，"有补于国"，提倡自然平易的文风，反对雕琢绮丽，是北宋诗文革新运动中文学成就最高者，在诗、词、文、书、画、文艺理论均有卓越的成就。其诗风格清新，自由挥洒，充满浪漫主义气息。其词神采飞扬，豪迈奔放，开豪放一派，对后代很有影响。其文文情并茂，说理透辟，抒情富于哲理。 有《东坡全集》《东坡乐府》等。

壬戌之秋[2]，七月既望[3]，苏子与客泛舟[4]，游于赤壁之下。清风徐来，水波不兴。举酒属客，诵明月之诗，歌窈窕之章[5]。少焉，月出于东山之上，徘徊于斗牛之间[6]。白露横江，水光接天。纵一苇之所如[7]，凌万顷之茫然。浩浩乎如冯虚御风[8]，而不知其所止；飘飘乎如遗世独立[9]，羽化而登仙[10]。

于是饮酒乐甚，扣舷而歌之[11]。歌曰："桂棹兮兰桨[12]，击空明兮溯流光[13]。渺渺兮予怀[14]，望美人兮天一方。"客有吹洞箫者，倚歌而和之[15]，其声呜呜然，如怨如慕，如泣如诉；余音袅袅[16]，不绝如缕；舞幽壑之潜蛟，泣孤舟之嫠妇[17]。

苏子愀然[18]，正襟危坐[19]，而问客曰："何为其然也？"客曰："'月明星稀，乌鹊南飞[20]。'此非曹孟德之诗乎？西望夏口[21]，东望武昌[22]，山川相缪[23]，郁乎苍苍[24]，此非孟德之困于周郎者乎？方其破荆州，下江陵，顺流而东也[25]，舳舻千里[26]，旌旗蔽空，酾酒临江[27]，横槊赋诗[28]，固一世之雄也，而今安在哉？况吾与子渔樵于江渚之上[29]，侣鱼虾而友麋鹿，驾一叶之扁舟，举匏樽以相属[30]；寄蜉蝣与天地[31]，渺沧海之一粟。哀吾生之须臾，羡长江之无穷；挟飞仙以遨游，抱明月而长终；知不可乎骤得，托遗响于悲风[32]。"

苏子曰："客亦知夫水与月乎？逝者如斯，而未尝往也[33]；盈虚者如彼，而卒莫消长也[34]。盖将自其变者而观之，则天地曾不能以一瞬[35]；自其不变者而观之，则物于我皆无尽也。而又何羡乎？且夫天地之间，物各有主。苟非吾之所有，虽一毫而莫取。惟江上之清风，与山间之明月，耳得之而为声，目遇之而成色。取之无禁，用之不竭。是造物者之无尽藏也[36]，而吾与子之所共适[37]。

客喜而笑，洗盏更酌，肴核既尽，杯盘狼藉。相与枕藉乎舟中[38]，不知东方之既白。

【注释】

[1] 本文赤壁在湖北黄州（今黄冈市黄州区），原称赤鼻矶，因苏轼而驰名，被称为"文赤壁"。东汉末年曹操和孙刘联军交战的赤壁在今湖北蒲圻长江边。苏轼在其《念奴娇》词中有"人道是，三国周郎赤壁"语，说明他不一定就是误会了古战场地点，也可能是借题发挥，抒吊古伤今之情。这年冬天，苏轼又写了《后赤壁赋》，故称本文为《前赤壁赋》。

[2] 壬戌：指宋神宗元丰五年（1082年）。

[3] 既望：农历十六。农历每月十五日称"望"。既，已。

[4] 泛：漂浮。

[5] 诵明月二句：指吟诵《诗经·陈风·月出》。这首诗中有："月出皎兮，佼人僚兮，舒窈纠兮，劳心悄兮。"即"窈窕（yáo tiáo）之章"。

[6] 斗牛：斗宿和牛宿，星宿名。

[7] 纵：任凭。一苇：一片苇叶，指代小船。如：往。

[8] 冯（píng）虚：腾空。"冯"通"凭"，"虚"指天空。

[9] 遗世：抛开尘世。

[10] 羽化：道教称人成仙为羽化。

[11] 扣舷：敲击船舷。指为歌唱打节拍。

[12] 桂棹（zhào）兮兰桨：用桂木做棹，木兰做桨。棹是桨一类的划船工具。

[13] 空明：指映在水波中闪烁的月光。流光：随波浮动的月光。

[14] 渺渺：形容悠远的样子。

[15] 倚歌：配合歌的节拍。

[16] 袅（niǎo）袅：形容声音悠长婉转。

[17] 嫠（lí）妇：寡妇。

[18] 愀（qiǎo）然：脸色严肃或忧愁的样子。

[19] 正襟危坐：整襟端坐。

[20] 月明二句：曹操《短歌行》中的诗句。

[21] 夏口：在今湖北武汉市。

[22] 武昌：今湖北鄂州市。

[23] 缪（liáo）：通"缭"，环绕。

[24] 郁乎苍苍：形容树木茂密苍翠。

[25] 方其三句：指曹操赤壁之战前占领荆州（当时的州治在襄阳）、江陵，顺长江挥师东下。

[26] 舳舻（zhúlú）千里：战船前后衔接，千里不绝。形容水师之盛。

[27] 酾（shī）酒：斟酒。

[28] 槊（shuò）：长矛。

[29] 江渚（zhǔ）：江中的沙洲。

[30] 匏（páo）樽：葫芦做的酒器。

[31] 蜉蝣：一种生存期极短的小虫，这里以之比喻人生的短暂。

[32] 遗响：余音，指箫声。悲风：秋风。

[33] 逝者如斯二句：《论语·子罕》："子在川上曰：'逝者如斯夫，不舍昼夜。'"苏轼在这里是反其意而用之，认为时光像江水一样是永远流不尽的。

[34] 卒莫消长：最终既没有增加，也没有减少。

[35] 曾（zēng）：竟然，简直。

[36] 造物者：指大自然。无尽藏（zàng）：无穷无尽的宝藏。

[37] 适：享受。

[38] 枕藉（jiè）：指互相枕着、靠着睡觉。

【作品赏析】

《前赤壁赋》是苏轼抒情写景散文的名篇，也是宋代散文赋的代表作。

全文构思缜密。本文灵活地运用了传统赋体中主客问答的形式，生动形象地表现了作者在政治失意时复杂的思想矛盾、对人生的思考以及由悲转喜的感情变化过程。全文五个自然段。第一段，写苏子与客秋夜游赤壁泛舟江上，由江水与月光的优美景色，产生飘飘欲仙的感觉。此段着重写景，以清风、明月、江水来突出环境特点和作者的主要感受，并贯穿首尾，构成全文意象，并为后文议论提供了取譬的依据。第二段，为过渡段，作用是引起下文主客问答的议论，重点写情。通过饮酒唱歌，表现感情由乐而悲的变化过程。歌词的内容、客人呜咽的箫声，都传达出浓重的幽怨凄清的情调。第三段，是主体，借主客问答的形式，写对人生的思索和感叹。客人从眼前的明月、江水、山川，想到曹操的诗，再联想到赤壁之战时的英雄人物早已烟消云散，因而发出人生短促的哀叹。第四段，写苏子的回答，照应文章开头的写景，以明月江水作比喻，说明世界万物和人生既是变化的，又是不变的，用不着感叹长江的无穷，也用不着哀叹人生的短促，而应该到大自然中去，尽情享受清风明月之美。苏轼受到庄子哲学思想的影响，在政治上遭到打击时，借助老庄思想求得解脱，在江上清风和山间明月中求得慰藉，常常表现出乐观豁达的人生态度，值得肯定。第五段，写主客二人转悲为喜，以开怀畅饮、兴尽酣睡结束全文。

本文在艺术表现上将写景、抒情、议论紧密结合，情景交融，情理相生，创造出一种充满诗情画意而又蕴含人生哲理的独特的艺术境界。作者还善于取譬，特别是写箫声的幽咽哀怨时，通过比喻，将抽象而不易捉摸的声、情，写得具体可感。另外，本文语言优美，辞采绚丽，句式整齐，讲究对偶、骈散相间，节奏鲜明，声韵和美。

徐文长传[1]

袁宏道

【作家作品简介】

袁宏道（1568 年～1610 年），字中郎，又字无学，号石公，又号六休，明湖广公安（今湖北公安）人，万历进士，官至吏部郎中，明代文学家，"公安派"领袖，反对"文必秦汉，诗必盛唐"，主张文学要"独抒性灵，不拘格套"。袁宏道喜访师求学，生性酷爱自然山水，游历山川，游记名作有《初至西湖记》等。袁宏道的诗文颇多佳作，风格清新明快。著有《袁中郎集》。

袁宏道年辈比徐渭略晚，与徐素昧平生，但对其才略品行由衷钦佩，对其不幸遭际深抱同情，他将惺惺相惜之意托诸笔端，写下了这篇《徐文长传》。

余少时过里肆中[2]，见北杂剧有《四声猿》[3]，意气豪达，与近时书生所演传奇绝异，题曰"天池生"，疑为元人作。后适越，见人家单幅上署"田水月"者，强心铁骨，与夫一种磊块不平之气[4]，字画之中，宛宛可见[5]，意甚骇之，而不知田水月为何人。

一夕，坐陶编修楼[6]，随意抽架上书，得《阙编》诗一帙[7]。恶楮毛书[8]，烟煤败黑[9]，微有字形，稍就灯间读之，读未数首，不觉惊跃，急呼石篑："《阙编》何人作者？今耶，古耶？"石篑曰："此余乡先辈徐天池先生书也。先生名渭，字文长，嘉、隆间人，前五六年方卒。今卷轴题额上有田水月者，即其人也。"余始悟前后所疑，皆即文长一人。又当诗道荒秽之时，获此奇秘，如魇得醒[10]。两人跃起，灯影下，读复叫，叫复读，童仆睡者皆惊起。

余自是或向人，或作书[11]，皆首称文长先生。有来看余者，即出诗与之读。一时名公巨匠，浸浸知向慕云[12]。

文长为山阴秀才，大试辄不利[13]，豪荡不羁。总督胡梅林公知之[14]，聘为幕客。文长与胡公约："若欲客某者，当具宾礼，非时辄得出入[15]。"胡公皆许之。文长乃葛衣乌巾，长揖就坐，纵谈天下事，旁若无人，胡公大喜。是时，公督数边兵[16]，威振东南，介胄之士，膝语蛇行[17]，不敢举头；而文长以部下一诸生傲之，信心而行，恣臆谈谑，了无忌惮。会得白鹿[18]，属文长代作表。表上，永陵喜甚[19]。公以是益重之，一切疏记[20]，皆出其手。

文长自负才略，好奇计，谈兵多中。凡公所以饵汪、徐诸虏者[21]，皆密相议，然后行。尝饮一酒楼，有数健儿亦饮其下，不肯留钱。文长密以数字驰公，公立命缚健儿至麾下，皆斩之，一军股栗。有沙门负资而秽[22]，酒间偶言于公，公后以他事杖杀之。其信任多此类。

胡公既怜文长之才，哀其数困[23]，时方省试，凡入帘者[24]，公密属曰："徐子，天下才，若在本房[25]，幸勿脱失。"皆曰："如命。"一知县以他羁后至，至期方谒公，偶忘属，卷适在其房，遂不偶[26]。

文长既不得志于有司[27]，遂乃放浪曲蘖[28]，恣情山水，走齐鲁燕赵之地，穷览朔漠[29]。其所见山奔海立，沙起云行，风鸣树偃，幽谷大都，人物鱼鸟，一切可惊可愕之状，一一皆达之于诗。其胸中又有一段不可磨灭之气，英雄失路，托足无门之悲，故其为诗，如嗔如笑，如水鸣峡，如种出土，如寡妇之夜哭，羁人之寒起。当其放意，平畴千里，偶尔幽峭，鬼语秋坟。文长眼空千古，独立一时[30]。当时所谓达官贵人，骚士墨客，文长皆叱而奴之，耻不与交，故其名不出于越。悲夫！

一日，饮其乡大夫家。乡大夫指筵上一小物求赋，阴令童仆续纸丈余进，欲以苦之。文长援笔立成，竟满其纸，气韵道逸，物无遁情[31]，一座大惊。

文长喜作书，笔意奔放如其诗，苍劲中姿媚跃出。余不能书，而谬谓文长书决当在王雅宜、文征中之上[32]。不论书法，而论书神，先生者，诚八法之散圣[33]，字林之侠客也。间以其余，旁溢为花草竹石，皆超逸有致。

卒以疑杀其继室，下狱论死。张阳和力解[34]，乃得出。既出，倔强如初。晚年，愤益深，佯狂益甚。显者至门，皆拒不纳。当道官至，求一字不可得。时携钱至酒肆，呼下隶与饮。或自持斧击破其头，血流被面[35]，头骨皆折，揉之有声。或以利锥锥其两耳，深入寸余，竟不得死。

石篑言：晚岁，诗文益奇，无刻本，集藏于家。余所见者，《徐文长集》、《阙编》二种而已。然文长竟以不得志于时，抱愤而卒。

石公曰：先生数奇不已[36]，遂为狂疾；狂疾不已，遂为圄圉。古今文人，牢骚困苦，未有若先生者也。虽然，胡公间世豪杰[37]，永陵英主，幕中礼数异等，是胡公知有先生矣；表上，人主悦，是人主知有先生矣。独身未贵耳。先生诗文崛起，一扫近代芜秽之习，百世而下，自有定论，胡为不遇哉[38]！

梅客生[39]尝寄余书曰："文长，吾老友，病奇于人，人奇于诗，诗奇于字，字奇于文，文奇于画。"余谓：文长，无之而不奇者也。无之而不奇，斯无之而不奇也哉[40]！悲夫！

【注释】

[1] 本文选自《袁中郎集》。徐文长：即徐渭（1521-1593 年）。渭字文清，后改字文长，号天池，别号天池生、田水月，山阴（今浙江绍兴）人。明代中叶著名文学家、书画家、戏剧家。

[2] 里肆：街头店铺。

[3] 北杂剧：元明时，用北曲演唱的一种戏剧形式。《四声猿》：徐渭创作的一组短剧，包括《狂鼓吏》、《玉禅师》、《雌木兰》、《女状元》。

[4] 磊块：本意为石块，后常用来比喻胸中郁积的愤懑不平之气。

[5] 宛宛：宛如，仿佛。

[6] 陶编修：陶望龄，字周望，号石篑，曾任翰林院编修。

[7] 一帙（zhì）：一册。帙，书套。

[8] 恶楮毛书：指纸质低劣，刻工粗糙。

[9] 烟煤败黑：形容印刷质量很差。

[10] 魇（yǎn）：噩梦。

[11] 作书：写信。

[12] 浸浸：渐渐。

[13] 大试：指考取举人的乡试（明代乡试亦称省试），与考取秀才的"小试"相对而言。

[14] 胡梅林：胡宗宪，字汝贞，号梅林，曾任浙江巡按御史，升兵部右侍郎总督军务，剿倭有功。

[15] 非时：不按规定的时间。

[16] 数边兵：明代边防设有九镇，称为九边，此指胡宗宪统帅几镇兵马平定倭寇。

[17] 膝语蛇行：跪着说话，像蛇一样匍匐而行。

[18] 会：适逢。

[19] 永陵：明世宗之陵。宋、元、明人皆以陵名称已故的皇帝。

[20] 疏记：即奏记，文体名。

[21] 饵：引诱。汪、徐：汪直、徐海，海盗首领，与倭寇勾结作乱于浙江沿海，被胡宗宪设计诱降后诛杀。

[22] 沙门：僧人。负资而秽：有钱财而行为肮脏。

[23] 数困：指多次参加乡试受挫。

[24] 入帘：担任考官。明代科举考官也叫帘官。

[25] 房：科举考试中，协助主考的官员阅卷时各占一房，称房官。

[26] 不偶：不成功。

[27] 有司：官吏，此指试官。

[28] 放浪曲蘖（niè）：放纵酗酒。曲蘖，酿酒发酵剂，代指酒。

[29] 穷览朔漠：尽览北方荒漠。

[30] 独立一时：当代杰出而不合群。

[31] 物无遁情：物的情状没有一毫遗漏。

[32] 王雅宜：明代书法家王宠，号雅宜山人。文征中：文徵明，字征中，也是明中叶的书法家、文学家。

[33] 八法：书法理论中有"永字八法"之说，此代指书法艺术。散圣：放纵不羁而自成大家。

[34] 张阳和：张元忭，号阳和，徐渭之友。力解：尽力解救。

[35] 被（pī）面：满面。"被"同"披"。

[36] 数奇（jī）：命运不好。

[37] 间世：隔世，此指不常见。

[38] 胡为不遇：怎能说是没有施展抱负的机会。

[39] 梅客生：梅国桢，字客生，作者的朋友。

[40] 无之而不奇，斯无之而不奇也哉：没有一处地方不怪异奇特，正因为没有一处不怪异奇特，所以也就注定了他一生命运没有一处不艰难、不坎坷。

【作品赏析】

徐文长是明嘉靖至万历年间著名的文学艺术家，但他一生潦倒，怀才不遇，特别是在文学上虽才华出众，亦抑郁不得志，生前虽有文集刊行，但鲜为人知，在他死后四年，袁宏道偶然在陶望龄的家中发现其诗集《阙编》，大为惊叹，于是写了这篇传记。

文章以简捷明快的笔调生动地描述了传主杰出的才能、豪放的个性、屡试屡败的遭遇和文艺创作上多方面成就，体现作者对徐渭才气性情的欣赏钦佩和对其遭际境遇的怜悯同情。

本文结构脉络清晰，可分成五个部分。第一部分为一、二、三段，交代写作缘起及对徐渭诗画等的赞赏。字里行间，既有相见恨晚之憾，又有不胜喜悦之情。第二部分为四、五、六段，写徐渭的非凡才略及豪放个性为胡宗宪所看重、喜爱和信任，但"大试辄不利"，一再失意于科考。第三部分为七、八、九段，介绍、评述徐渭在诗、文、书、画诸方面的成就，将其杰出的才能与其坎坷的遭遇进行对比，哀其不幸。第四部分为十、十一段，列举徐渭晚年的二三事，说明他因不容于时而性格扭曲，多次自残其身，最终抱愤而卒，对其诗文著述未能全部刊行于世深表遗憾。第五部分为末两段，效法司马迁，对传主进行评价。认为徐渭生前虽未享荣华富贵，但声名远播；其文章伟丽，独步当时，足以不朽。文末三次重复"无之而不奇"，对徐渭其人其事，感慨至深。

本文采取《史记》、《汉书》等史传文"以事传人"的写法，选择了传主生平事迹中有代表性的事例来体现他的才华与个性，并且笔力生动、简洁而概括，突出了徐渭的独特个性。叙事与抒情紧密结合，寓情于事，情托于事，使全文感情充沛，通篇洋溢着作者对传主强烈的感情。开篇作者就以与陶望龄共读徐渭诗集"灯影下，读复叫，叫复读"，直至"童仆睡者皆惊起"的狂喜情态，表现了对徐渭诗歌的极为喜爱之情。接下来，全文或叙或议，处处都表露出对徐渭才气性情的钦佩与倍加欣赏之情。

马 伶 传[1]

侯方域

【作家作品简介】

侯方域（1618 年~1655 年），字朝宗，号雪苑，河南商丘人，明末清初著名诗文作家。明末参加"复社"，与陈贞慧、吴应箕等人一起，对权奸魏忠贤及其依附者阮大铖之流进行过斗争。清兵入关后，应河南乡试，中榜。不久病逝。他能诗善文，部分作品反映了明末清初的现实生活。有《壮悔堂文集》和《四忆堂诗集》。

马伶者，金陵梨园部也。金陵为明之留都[2]，社稷百官皆在，而又当太平盛时，人易为乐。其士女之问桃叶渡、游雨花台者[3]，趾相错也[4]。梨园以技鸣者[5]，无虑数十辈[6]，而其最著者二：曰兴化部，曰华林部。

一日，新安贾合两部为大会[7]，遍征金陵之贵客文人[8]，与夫妖姬静女，莫不毕集。列兴化于东肆[9]，华林于西肆。两肆皆奏《鸣凤》，所谓椒山先生者。迨半奏[10]，引商刻羽[11]，抗坠疾徐[12]，并称善也。当两相国论河套，而西肆之为严嵩相国者曰李伶，东肆则马伶。坐客乃西顾而叹[13]，或大呼命酒[14]，或移坐更进之，首不复东。未几更进[15]，则东肆不复能终曲。询其故，盖马伶耻出李伶下，已易衣遁矣[16]。马伶者，金陵之善歌者也。既去，而兴化部又不肯辄易之，乃竟辍其技不奏[17]，而华林部独著。

去后且三年而马伶归，遍告其故侣，请于新安贾曰："今日幸为开宴[18]，招前日宾客，愿与华林部更奏《鸣凤》，奉一日欢[19]。"既奏，已而论河套[20]，马伶复为严嵩相国以出。李伶忽失声[21]，匍匐前称弟子。兴化部是日遂凌出华林部远甚[22]。

其夜，华林部过马伶曰[23]："子，天下之善技也，然无以易李伶，李伶之为严相国至矣[24]，子又安从授之而掩其上哉[25]？"马伶曰："固然，天下无以易李伶，李伶即又不肯授我[26]。我闻今相国昆山顾秉谦者，严相国俦也[27]。我走京师[28]，求为其门卒三年。日侍昆山相国于朝房，察其举止，聆其语言[29]，久而得之，此吾之所为师也。"华林部相与罗拜而去。

马伶，名锦，字云将，其先西域人，当时犹称马回回云。

　　侯方域曰：异哉！马伶之自得师也。夫其以李伶为绝技，无所干求[30]，乃走事昆山，见昆山犹之见分宜也，以分宜教分宜，安得不工哉[31]？鸣呼！耻其技之不若[32]，而去数千里，为卒三年。倘三年犹不得，即犹不归尔。其志如此，技之工又须问耶？

【注释】

[1] 马伶：姓马的演员。伶：古时称演戏、歌舞、作乐的人。

[2] 留都：明朝开国时，建都南京。明成祖时迁都北京，南京仍保存京城的建制，称留都。

[3] 问：探访。

[4] 趾相错：脚趾互相错杂，形容人多。

[5] 以技鸣：因技艺高而出名。

[6] 无虑：大约。辈：同一等级、同一类别的人。引申为"群"、"队"。这里指"部"。

[7] 新安贾（gǔ）：新安商人。新安：徽州的别名，今安徽婺源一带。 会：堂会。

[8] 征：招请。

[9] 肆：店铺。这里指演戏的场所。

[10] 迨（dài）：等到。半奏：演唱到一半。

[11] 引商刻羽：演唱符合节拍，讲究声律。商、羽都是我国音乐五声之一。

[12] 抗坠疾徐：指音调高低快慢，变化很多。抗坠：高低。 疾徐：快慢。

[13] 叹：赞叹。

[14] 命酒：叫人拿酒来。

[15] 未几：没有多久。 更进：继续进行。

[16] 易衣：换衣裳，指脱下戏装，换上便装。遁（dùn 钝）：逃走，逃避。

[17] 辍其技不奏：停止演唱。

[18] 幸：希望。

[19] 奉：敬献。

[20] 已而：不久之后。

[21] 失声：控制不住，不觉出声。

[22] 凌出：超过。

[23] 过：往访。

[24] 至矣：好极了，好到极点。

[25] 安从授之：从哪里学来的？掩其上：盖过他，超过他。

[26] 即：通"则"。

[27] 俦（chóu）：同类。

[28] 走：跑到。

[29] 聆（líng）：倾耳细听。

[30] 无所干（gān）求：干求无所，无从干求。干：求取。

[31] 工：巧妙，精致。

[32] 技之不若：技艺不如人家。

【作品赏析】

本文记叙了明朝金陵著名演员马伶和李伶的两次技艺较量，马伶先败后胜的过程。作者通过这个故事，赞扬了马伶刻苦钻研、精益求精、不甘失败的从艺精神。侯方域是复社成员，对权奸魏忠贤及其党徒余孽深为痛恨。通过马伶学艺成功的故事，他还含沙射影、婉转地讥刺了当朝宰相顾秉谦与严嵩是一丘之貉。

本文主体可分三部分。第一部分：简介马伶的身份，展示马伶活动的社会背景。第二部分：记述了马伶同李伶同台争胜中的两次技艺较量。第三部分：论赞。借马伶自得师而成其艺的事实表明了作者对马伶的赞赏态度。

本文在结构的安排上颇具匠心，采用了倒叙手法。马伶战胜李伶的原因是全文的重点，按顺序应该放在两次较量之间，但作者却把它放在最后，采用了倒叙的手法。这样写显示出戏剧性的变化，造成了悬念，而且引起读者急想知道原委的兴趣，增强了文章的故事性和吸引力，而且又以事实为铺垫，使对马伶获胜原因的揭示显得更加坚实、充分，令人信服。

本文采用了双重借代的修辞手法。"以分宜教分宜，安得不工哉！"，"分宜"是严嵩的籍贯，用分宜指代严嵩，这是一种借代。"以分宜教分宜"就是说，让严嵩本人来教人扮演严嵩。这里的第一个"分宜"，实际上是指顾秉谦，这又是一重借代。它说明顾秉谦与严嵩是同类奸佞，从而含沙射影、婉转地讥刺了权奸。

故都的秋

郁达夫

【作家作品简介】

郁达夫（1896年～1945年），原名郁文，字达夫，浙江富阳人。现代作家、革命烈士。郁达夫是新文学团体创造社的发起人之一。在文学创作的同时，还积极参加各种反帝抗日组织，先后在上海、武汉、福州、香港、新加坡等地从事抗日救国宣传活动。1945年被日军宪兵　　　杀害。

郁达夫的小说，多采用"自叙传"的方式和第一人称的写法，对封建道德大胆地进行挑战。他的散文感情真挚，格调清丽，以记游和感怀身世为主。其文学代表作有《怀鲁迅》《沉沦》《故都的秋》《春风沉醉的晚上》《过去》《迟桂花》等。

秋天，无论在什么地方的秋天，总是好的；可是啊，北国的秋，却特别地来得清，来得静，来得悲凉。我的不远千里，要从杭州赶上青岛，更要从青岛赶上北平来的理由，也不过想饱尝一尝这"秋"，这故都的秋味。

江南，秋当然也是有的；但草木凋得慢，空气来得润，天的颜色显得淡，并且又时常多雨而少风；一个人夹在苏州上海杭州，或厦门香港广州的市民中间，浑浑沌沌地过去，只能感到一点点清凉，秋的味，秋的色，秋的意境与姿态，总看不饱，尝不透，赏玩不到十足。秋并不是名花，也并不是美酒，那一种半开，半醉的状态，在领略秋的过程上，是不合适的。

不逢北国之秋，已将近十余年了。在南方每年到了秋天，总要想起陶然亭的芦花，钓鱼台的柳影，西山的虫唱，玉泉的夜月，潭柘寺的钟声。在北平即使不出门去罢，就是在皇城人海之中，租人家一椽破屋来住着，早晨起来，泡一碗浓茶、向院子一坐，你也能看得到很高很高的碧绿的天色，听得到青天下驯鸽的飞声。从槐树叶底，朝东细数着一丝一丝漏下来的日光，或在破壁腰中，静对着像喇叭似的牵牛花（朝荣）的蓝朵，自然而然地也能够感觉到十分的秋意。说到了牵牛花，我以为以蓝色或白色者为佳，紫黑色次之，淡红色最下。最好，还要在牵牛花底，教长着几根疏疏落落的尖细且长的秋草，使作陪衬。

北国的槐树，也是一种能使人联想起秋来的点缀。像花而又不是花的那一种落蕊，早晨起来，会铺得满地。脚踏上去，声音也没有，气味也没有，只能感出一点点极微细极柔软的触觉。扫街的在树影下一阵扫后，灰土上留下来的一条条扫帚的丝纹，看起来既觉得细腻，又觉得清闲，潜意识下并且还觉得有点儿落寞，古人所说的梧桐一叶而天下知秋的遥想，大约也就在这些深沉的地方。

秋蝉的衰弱的残声，更是北国的特产；因为北平处处全长着树，屋子又低，所以无论在什么地方，都听得见它们的啼唱。在南方是非要上郊外或山上去才听得到的。这秋蝉的嘶叫，在北平可和蟋蟀耗子一样，简直像是家家户户都养在家里的家虫。

还有秋雨哩，北方的秋雨，也似乎比南方的下得奇，下得有味，下得更像样。

在灰沉沉的天底下，忽而来一阵凉风，便息列索落地下起雨来了。一层雨过，云渐渐地卷向了西去，天又青了，太阳又露出脸来了；著着很厚的青布单衣或夹袄的都市闲人，咬着烟管，在雨后的斜桥影里，上桥头树底下去一立，遇见熟人，便会用了缓慢悠闲的声调，微叹着互答着的说：

"唉，天可真凉了——"（这"了"字念得很高，拖得很长。）

"可不是么？一层秋雨一层凉了！"

北方人念阵字，总老像是层字，平平仄仄起来，这念错的歧韵，倒来得正好。

北方的果树，到秋来，也是一种奇景。第一是枣子树；屋角，墙头，茅房边上，灶房门口，它都会一株株地长大起来。像橄榄又像鸽蛋似的这颗字枣儿，在小椭圆形的细叶中间，显出淡绿微黄的颜色的时候，正是秋的全盛时期；等枣树叶落，枣子红完，西北风就要起来了，北方便是尘沙灰土的世界，只有这枣子、柿子、葡萄，成熟到八九分的七八月之交，是北国的清秋的佳日，是一年之中最好也没有的 Golden Days。

有些批评家说，中国的文人学士，尤其是诗人，都带着很浓厚的颓废色彩，所以中国的诗文里，颂赞秋的文字特别多。但外国的诗人，又何尝不然？我虽则外国诗文念得不多，也不想开出账来，做一篇秋的诗歌散文钞，但你若去一翻英德法意等诗人的集子，或各国的诗文的 Anthology 来，总能够看到许多关于秋的歌颂与悲啼。各著名的大诗人的长篇田园诗或四季诗里，也总以关于秋的部分。写得最出色而最有味。足见有感觉的动物，有情趣的人类，对于秋，总是一样的能特别引起深沉，幽远，严厉，萧索的感触来的。不单是诗人，就是被关闭在牢狱里的囚犯，到了秋天，我想也一定会感到一种不能自已的深情；秋之于人，何尝有国别，更何尝有人种阶级的区别呢？不过在中国，文字里有一个"秋士"的成语，读本里又有着很普遍的欧阳子的《秋声》与苏东坡的《赤壁赋》等，就觉得中国的文人，与秋的关系特别深了。可是这秋的深味，尤其是中国的秋的深味，非要在北方，才感受得到底。

南国之秋，当然是也有它的特异的地方的，比如廿四桥的明月，钱塘江的秋潮，普陀山的凉雾，荔枝湾的残荷等等，可是色彩不浓，回味不永。比起北国的秋来，正像是黄酒之与白干，稀饭之与馍馍，鲈鱼之与大蟹，黄犬之与骆驼。

秋天，这北国的秋天，若留得住的话，我愿意把寿命的三分之二折去，换得一个三分之一的零头。

一九三四年八月，在北平

【作品赏析】

本文通过对北平秋色的描绘，赞美了故都的自然风物，抒发了眷恋故都之秋的真情。

文章开头和结尾都以北国之秋和江南之秋作对比，表达对北国之秋的喜爱之情。中间主体部分从记叙和议论两方面描述故都纷繁多彩的清秋景象。记叙部分采用并列结构，根据"清""静""悲凉"的三个层次，逐一描绘故都的自然风物：清晨静观、落蕊轻扫、秋蝉残鸣、都市闲人、胜日秋果；议论部分，从喻理的角度，进一步赞颂自然之秋，赞颂北国之秋。全文中心突出，结构严谨，形散而神聚。

作者凭一个普通人的眼光来观察和体验故都之秋，他笔下的秋味、秋色和秋的意境与姿态，都笼罩着一层奇异的主观色彩。例如写"租人家一椽破屋来住着"，"在破壁腰中，静对着像喇叭似的牵牛花的蓝朵"，从寻常景象甚至破败景象中看出、体验出美来。

第三章　小　说

三　王　墓

干宝

【作家作品简介】

干宝，字令升，东晋新蔡（今河南新蔡县）人，生卒年不详。勤学博览，好阴阳数术。东晋初，任史官，著《晋纪》二十卷，今全书已佚失。

《搜神记》是一部志怪小说集，它继承了先秦、两汉以来的神话传说、寓言故事而又有所发展。原书已佚失，流传下来的是后人辑录整理而成的，有二十卷。内容多为神仙怪异之事，有的封建迷信色彩和唯心说教成分较浓。但书中保存了不少优秀的神话传说和民间故事，反映了当时的一些社会现实，曲折地表达了古代人民的美好愿望，有一定的积极意义。如《三王墓》、《韩凭妻》、《李寄》、《东海孝妇》等。

《搜神记》是六朝志怪小说的代表作品，其中的作品，叙述曲折，描写细致，语言简练，笔调质朴，初具小说的格局。它对唐、宋及以后的小说有一定的影响。

楚干将莫邪[1]为楚王作剑，三年乃成。王怒，欲杀之。剑有雌雄。其妻重身当产[2]，夫语妻曰："吾为王作剑，三年乃成。王怒，往必杀我。汝若生子是男，大，告之曰：'出户望南山，松生石上，剑在其背。'"于是即将[3]雌剑往见楚王。王大怒，使相[4]之。剑有二，一雄一雌，雌来雄不来。王怒，即杀之。

莫邪子名赤，比[5]后壮，乃问其母曰："吾父所在？"母曰："汝父为楚王作剑，三年乃成。王怒，杀之。去时嘱我：'语汝子：出户望南山，松生石上，剑在其背。'"于是子出户南望，不见有山，但睹堂前松柱下石低之上[6]，即以斧破其背，得剑，日夜思欲报楚王。

王梦见一儿眉间广尺[7]，言欲报仇。王即购之千金。儿闻之，亡去，入山行歌[8]。客有逢者，谓："子年少，何哭之甚悲耶？"曰："吾干将莫邪子也。楚王杀吾父，吾欲报之。"客曰："闻王购子头千金。将子头与剑来，为子报之。"儿曰："幸甚[9]！"即自刎，双手捧头及剑奉之，立僵。客曰："不负子也。"于是尸乃仆。

客持头往见楚王，王大喜。客曰："此乃勇士头也，当于汤镬[10]煮之。"王如其言煮头，三日三夕不烂。头踔[11]出汤中，瞋[12]目大怒。客曰："此儿头不烂，愿王自往临[13]视之，是必烂也。"王即临之。客以剑拟[14]王，王头随堕汤中，客亦自拟己头，头复堕汤中。三首俱烂，不可识别。乃分其汤肉葬之，故通名三王墓。今在汝南北宜春县界。

【注释】

[1] 干将莫邪（yé）：《吴越春秋》说："干将，吴人也。莫邪，干将之妻也。干将作剑，金铁之精不流，于是干将夫妻乃断发剪爪投于炉中，金铁乃濡，遂以成剑，阳曰干将，阴曰莫邪，阳作龟文，阴作缦理（长条状纹理）。"

[2] 重（chóng）身：双身，即怀孕。

[3] 将：携带。

[4] 相（xiàng）：察看。

[5] 比：及，等到。

[6] 下：竖立，作动词用。低，当是"砥"，石砥，以石为柱底，即石础。

[7] 眉间广尺：两眉间宽达一尺。夸张说法，形容额头宽。

[8] 行歌：边走边唱。

[9] 幸甚：好极了。

[10] 汤镬（huò）：煮水的大锅。镬，形似鼎而无足，秦汉时用作刑具，烹有罪的人。

[11] 踔（chuō）：跳，跃。

[12] 瞋（chēn）目：睁大眼睛。

[13] 临：靠近，接近。

[14] 拟：对准。

【作品赏析】

这则故事选自《搜神记》，原无题，后人根据故事内容题为《三王墓》，也有题为《干将莫邪》的。这则故事题材来源于民间传说，且有不同的版本。

《三王墓》叙述了楚国工匠干将莫邪为楚王铸剑，反被楚王杀害，其子长大后为父报仇的故事。故事揭露了统治者的凶残面目，反映了劳动人民对统治阶级的刻骨仇恨和顽强反抗的精神，赞扬了助人除暴，勇于牺牲的高尚行为。第一段写干将莫邪夫妇为楚王铸剑，三年铸成雌雄两剑。因误了时间，干将被楚王所杀。自知必死，干将先藏起雄剑，留下隐语，为日后复仇埋下伏笔。第二段写干将的儿子赤长大了，猜破隐语，找到雄剑，决心杀楚王报仇。第三段写楚王悬赏捉拿赤，赤被迫逃亡。赤在山中遇到一行客，愿意替赤报仇。第四段写行客带着赤的头和雄剑来见楚王，设计骗楚王，乘机斩之，客亦自杀。最后赤、行客与楚王同归于尽。

全文以"复仇"为线索，内容完整，有起因、发展、高潮、结局，情节曲折，故事性强，初具小说的规模。作品中人物性格鲜明。赤是一少年，得知父亲被杀真相，就立下替父报仇的决心。但因人小力微，斗不过楚王，只能悲歌山中。当行客答应替他报仇后，赤立即割下自己的头颅交给行客，表现他复仇意志的坚定和顽强的反抗精神。行客是一个大侠，他同情赤，痛恨楚王。"不负子也"体现了他讲信用守诺言。他设计接近并杀死楚王，与楚王同归于尽，完成赤的报仇心愿。说明他机智勇敢、不怕牺牲的品格。反面人物楚王高居人上，炙手可热，随意杀人，暴露了统治阶级残酷而虚弱的本性。作品运用了浪漫主义的写作手法。文中赤自刎捧头、尸立不倒、头踔出汤中、瞋目大怒的情节，都富有浪漫色彩，有助于表现作品主题。

《世说新语》二则

过江诸人[1]

刘义庆

【作家作品简介】

刘义庆（403 年～444 年），彭城（今江苏省徐州市人），南朝宋武帝刘裕的侄子，袭封临川王，曾任荆州刺史、江州刺史等职。据《宋书·宗室传》载，刘义庆"为性简素，寡嗜欲"，"爱好文义"，"招聚文学之士，近远必至"。除《世说新语》外，还著有《徐州先贤传赞》、《典叙》、志怪小说《幽明录》等。

《世说新语》 是志人小说集，分为德行、言语、政事、文学、方正、雅量等三十六门，每门有若干个小故事，主要叙述魏晋士族的言谈、逸事，反映士族的生活情趣和精神面貌及社会风气。《世说新语》是研究魏晋时代上层社会风尚的极好史料。作品注重对人物的刻画，所载人物的言行，往往是一些零星片断，但言简意赅，寥寥几笔就能勾勒出人物的个性。鲁迅称它"记言则玄远冷隽，记行则高简瑰奇"。其文质朴而意味隽永，在中国小说中自成一体，历来为人们所喜爱。

过江诸人，每至美日[2]，辄相邀新亭[3]，藉卉[4]饮宴。周侯[5]中坐而叹曰："风景不殊，正自有山河之异[6]！"皆相视流泪。唯王丞相[7]愀然[8]变色曰："当共戮力王室，克复神州，何至作楚囚[9]相对！"

【注释】

[1] "过江诸人"一文选自《世说新语》"言语"门，题目是后来加上的。过江诸人是指过江避难的那些中原人。西晋末年，首都洛阳被匈奴贵族刘渊攻陷，西晋的世家大族和官僚地主避难渡江南迁。

[2] 美日：天气好的日子。

[3] 新亭：三国时东吴所建，在今天南京市南。

[4] 藉卉：坐在草地上。藉：以草垫地而坐。卉：草的总称。

[5] 周侯：指周顗（yǐ），字伯仁，汝南安城（今河南原阳）人，东晋时官至尚书仆射，后来被王敦所害。

[6] 风景不殊，正自有山河之异：东晋都城建康的风景与西晋都城洛阳的风景比起来不差，只是（中

原沦于异族），山河已经不再是原来的模样。

[7] 王丞相：王导，字茂弘，临沂（山东临沂市）人，元帝即位后任东晋丞相。

[8] 愀（qiǎo）然：脸色严肃的样子。

[9] 楚囚：就是囚犯的意思。《左传》记载，成公九年，楚国钟仪被晋国俘虏，晋人称他为楚囚。

【作品赏析】

这则故事以记言为主。通过一次聚会宴饮的片段描写，反映了过江避难的中原人士对国土沦丧、偏安江左的两种态度：一是消极感伤而无所作为，一是发愤图强光复故土。

全文分三层。前四句是第一层，叙述过江避难的中原人士常到新亭聚会。第二层从"周侯中坐而叹曰"到"皆相视流泪"，记一次宴饮中周侯的话引起在座者的伤感。第三层是最后四句，叙述王导要大家振奋起来为国效力，收复国土，不要消极感伤而无所作为。

这则故事虽内容简短，但笔触精省而又传神。"过江诸人"四字就点明了时代背景、人物身份，接着交代了故事发生的时间、地点和场合。"愀然变色"写出了王导对消极伤感人士的不满，他的几句话充分体现了他的远见卓识和不屈精神。

王子猷居山阴[1]

王子猷居山阴[2]，夜大雪，眠觉[3]，开室，命酌酒。四望皎然[4]，因起彷徨[5]，咏左思《招隐》诗[6]。忽忆戴安道[7]，时戴在剡[8]，即便夜乘小船就之。经宿方至，造门[9]不前而返。人问其故，王曰："吾本乘兴而行，兴尽而返，何必见戴？"

【注释】

[1] 本文出自《世说新语·任诞》。王子猷（yóu）（338年～386年），即王徽之，东晋名士、书法家，王羲之第五子。生性高傲，放诞不羁，时常东游西逛，虽官至黄门侍郎，但对为官不感兴趣，后辞官居山阴。

[2] 山阴：今浙江绍兴。

[3] 眠觉（jué）：睡醒了。

[4] 皎然：洁白明亮的样子。

[5] 彷徨：徘徊，来回走动。

[6] 左思（约250年～305年）：西晋著名文学家。其才华出众，《三都赋》在当时深受喜爱，人们争相传抄，从而造成"洛阳纸贵"。所作《招隐诗》旨在歌咏隐士清高的生活。

[7] 戴安道（326年～396年）：即戴逵，东晋人，博学多能，擅长音乐、书画和佛像雕刻，性高洁，终生隐居不仕。

[8] 剡（shàn）县：即今浙江嵊州市。

[9] 造门：到了门口。造：到。

【作品赏析】

这篇小品文，通过写王子猷雪夜访戴逵过门不入、兴尽而返的故事，体现了他潇洒率真的个性，也反映了东晋士族知识分子任性放达的精神风貌。

文章语言简练隽永，人物刻画形神毕现，气韵生动。文中用王子猷的一连串的动作细节来展开，眠觉、开室、命人斟酒、赏雪、徘徊咏诗、乘船、造门突返、问答等，言简文约，形象鲜明生动。王子猷的"吾本乘兴而来，兴尽而返，何必见戴？"一语道出了名士任性潇洒的真性情。这种凭兴致之所至，只在乎过程，而不注重结果的惊俗行为，十分鲜明地体现出当时士人所崇尚的"魏晋风度"，即追求个性，率性而为，不拘形迹。

霍小玉传

蒋防

【作家作品简介】

蒋防（约792年～835年），生活于唐宪宗、穆宗和文宗年代。字子微，义兴（今江苏宜兴）人，出身望族，唐代文学家。蒋防年少时，聪慧好学，才思敏捷，青年时就才名远扬了。唐宪宗元和年间至长安，蒋防与李绅相识。李绅久闻蒋防才名，向朝廷举荐了他。朝廷任命蒋防为司封郎中，知制诰，不久又升他为翰林学士。后受到牛李党争的影响，蒋防遭排斥，被调出京师任汀州刺史，后又改任连州刺史，郁郁不得志，44岁离世。

蒋防才学过人，善诗文，有文集1卷，赋集1卷，《全唐诗》录存其诗12首，《全唐文》收录其赋20篇及杂文6篇。其传奇小说《霍小玉传》尤为著名。

唐代传奇小说《霍小玉传》是蒋防代表作，也是中唐传奇的压卷之作，明代文学家胡应麟称之为"唐人最精彩动人之传奇"。《霍小玉传》是一部爱情悲剧，该传奇写长安女子霍小玉与进士李益相爱，后李益变心，小玉死后冤魂化为厉鬼，使李益终身不得安宁。

大历[1]中，陇西李生名益，年二十，以进士擢第[2]。其明年，拔萃[3]，俟[4]试于天官[5]。夏六月，至长安，舍於新昌里。生门族清华[6]，少有才思，丽词嘉句，时谓无双；先达丈人[7]，翕然推伏[8]。每自矜风调[9]，思得佳偶，博求名妓，久而未谐。长安有媒鲍十一娘者，故薛驸马家青衣[10]也；折券从良[11]，十余年矣。性便辟[12]，巧言语，豪家戚里，无不经过，追风挟策[13]，推为渠帅[14]。常受生诚托厚赂[15]，意颇德[15]之。

经数月，李方闲居舍之南亭。申未间[16]，忽闻扣门甚急，云是鲍十一娘至。摄衣[17]从之，迎问曰："鲍卿今日何故忽然而来？"鲍笑曰："苏姑子[18]作好梦也未？有一仙人，谪在下界，不邀[19]财货，但慕风流。如此色目[20]，共十郎相当矣。"生闻之惊跃，神飞体轻，引鲍手且拜且谢曰："一生作奴，死亦不惮。"

因问其名居。鲍具说曰："故霍王小女，字小玉，王甚爱之。母曰净持，即王之宠婢也。王之初薨，诸弟兄以其出自贱庶，不甚收录。因分与资财，遣居於外，易姓为郑氏，人亦不知其王女。资质秾艳，一生未见；高情逸态，事事过人；音乐诗书，无不通解。昨遣某[21]求一好儿郎格调[22]相称者。某具说十郎。他亦知有李十郎名字，非常欢惬。住在胜业坊古寺曲[23]，甫上车门宅[24]是也。以与他作期约，明日午时，但至曲头觅桂子，即得矣。"

鲍既去，生便备行计。遂令家僮秋鸿，于纵兄[25]京兆[26]参军[27]尚公处假青骊驹，黄金勒[28]。其夕，生浣衣沐浴，修饰容仪，喜跃交并，通夕不寐。迟明[29]，巾帻[30]，引镜自照，惟惧不谐也。徘徊之间，至於亭午[31]。遂命驾疾驱，直抵胜业。至约之所，果见青衣立候，迎问曰："莫是李十郎否？"即下马，令牵入屋底，急急锁门。见鲍果从内出来，遥笑曰："何等儿郎，造次[32]入此？"生调诮[33]未毕，引入中门。庭间有四樱桃树；西北悬一鹦鹉笼，见生人来，即语曰："有人入来，急下帘者！"生本性雅淡，心犹疑惧，忽见鸟语，愕然不敢进。逡巡[34]，鲍引净持下阶相迎，延[35]入对坐。年可四十余，绰约[36]多姿，谈笑甚媚。因谓生曰："素闻十郎才调风流，今又见仪容雅秀，名下固无虚士[37]。某有一女子，虽拙教训，颜色不至丑陋，得配君子，颇为相宜。频见鲍十一娘说意旨，今亦便令永奉箕帚[38]。"生谢曰："鄙[39]拙庸愚，不意故盼[40]，倘垂采录，生死为荣。"遂命酒馔[41]，即命小玉自堂东阁子中而出。生即拜迎。但觉一室之中，若琼林玉树，互相照曜，转盼精彩射人。既而遂坐母侧。母谓曰："汝尝爱念'开帘风动竹，疑是故人来。'即此十郎诗也。尔终日吟想，何如一见。"玉乃低鬟微笑，细语曰："见面不如闻名。才子岂能无貌？"生遂连起拜曰："小娘子爱才，鄙夫重色。两好相映，才貌相兼。"母女相顾而笑，遂举酒数巡。生起，请玉唱歌。初不肯，母固强之。发声清亮，曲度精奇。

酒阑[42]，及瞑，鲍引生就西院憩息。闲庭邃宇，帘幕甚华。鲍令侍儿桂子、浣沙与生脱靴解带。须臾，玉至，言叙温和，辞气宛媚。解罗衣之际，态有余妍，低帏昵枕，极其欢爱。生自以为巫山、洛浦[43]不过也。中宵之夜，玉忽流涕观生曰："妾本倡家，自知非匹。今以色爱，托其仁贤。但虑一旦色衰，恩移情替，使女萝无托[44]，秋扇见捐[45]。极欢之际，不觉悲至。"生闻之，不胜感叹。乃引臂替枕，徐谓玉曰："平生志愿，今日获从，粉骨碎身，誓不相舍。夫人何发此言。请以素缣[46]，著之盟约。"玉因收泪，命侍儿樱桃褰幄[47]执烛，授生笔砚。玉管弦之暇，雅好诗书，筐箱笔砚，皆王家之旧物。遂取绣囊，出越姬[48]乌丝栏素缣[49]三尺以授生。生素多才思，援笔成章，引谕山河，指诚日月，句句恳切，闻之动人。染毕，命藏於宝箧[50]之内。自尔婉娈[51]相得，若翡翠[52]之在云路也。如此二岁，日夜相从。

其后年春，生以书判拔萃登科，授郑县主簿[53]。至四月，将之官，便拜庆于东洛[54]。长安亲戚，多就筵饯。时春物尚余，夏景初丽，酒阑宾散，离思萦怀。玉谓生曰："以君才地名声，人多景慕，愿结婚媾[55]，固亦众矣。况堂有严亲，室无冢妇[56]，君之此去，必就佳姻。盟约之言，徒虚语耳。然妾有短愿，欲辄指陈。永委[57]君心，复能听否？"生惊怪曰："有何罪过，忽发此辞？试说所言，必当敬奉。"玉曰："妾年始十八，君才二十有二，迨[58]君壮室之秋[59]，犹有八岁。一生欢爱，愿毕此期。然后妙选高门，以谐秦晋[60]，亦未为晚。妾便舍弃人事，剪发披缁[61]，夙昔之愿，于此足矣。"生且愧且感，不觉涕流。因谓玉曰："皎日之誓，死生以之。与卿偕老，犹恐未惬[62]素志，岂敢辄有二三。固请不疑，但端居相待。至八月，必当却到[63]华州，寻使奉迎，相见非远。"更数日，生遂诀别东去。

到任旬日，求假往东都觐亲[64]。未至家日，太夫人已与商量表妹卢氏，言约已定。太夫人素严毅，生逡巡不敢辞让，遂就礼谢，便有迎期[65]。卢亦甲族[66]也，嫁女于他门，聘财必以百万为约，不满此数，义在不行。生家素贫，事须求贷，便托假故，远投亲知，涉历江、淮，自秋及夏。生自以辜负盟约，大愆[67]回期，寂不知闻，欲断期望，遥托亲故，不遗漏言[68]。

玉自生逾期，数访音信。虚词诡说，日日不同。博求师巫，遍询卜筮[69]，怀忧抱恨，周岁有余。赢卧空闺，遂成沉疾。虽生之书题竟绝，而玉之想望不移，赂遗[70]亲知，使通消息。寻求既切，资用屡空，往往私令侍婢潜卖箧中服玩之物，多托于西市寄附铺[71]侯景先家货[72]卖。曾令侍婢浣沙将紫玉钗一只，诣[73]景先家货之。路逢内作[74]老玉工，见浣沙所执，前来认之曰："此钗，吾所作也。昔岁霍王小女将欲上鬟[75]，令我作此，酬我万钱。我尝不忘。汝是何人，从何而得？"浣沙曰："我小娘子，即霍王女也。家事破散，失身于人。夫婿昨向东都，更无消息。悒怏[76]成疾，今欲二年。令我卖此，赂遗于人，使求音信。"玉工凄然下泣曰："贵人男女，失机落节[77]，一至于此！我残年向尽，见此盛衰，不胜伤感。"遂引至延先公主[78]宅，具言前事，公主亦为之悲叹良久，给钱十二万焉。

时生所定卢氏女在长安，生即毕于聘财，还归郑县。其年腊月，又请假入城就亲。潜卜[79]静居，不令人知。有明经[80]崔允明者，生之中表弟也。性甚长厚，昔岁常与生同饮于郑氏之室，杯盘笑语，曾不相间。每得生信，必诚告于玉。玉常以薪刍[81]衣服，资给于崔。崔颇感之。生既至，崔具以诚告玉。玉恨叹曰："天下岂有是事乎！"遍请亲朋，多方召致。生字以愆期负约，又知玉疾候沉绵[82]，惭耻忍割，终不肯往。晨出暮归，欲以回避。玉日夜涕泣，都忘寝食，期一相见，竟无因由。冤愤益深，委顿[83]床枕。自是长安中稍有知者。风流之士，共感玉之多情；豪侠之伦，皆怒生之薄行。

时已三月，人多春游。生与同辈五六人诣崇敬寺玩牡丹花，步于西廊，递吟诗句。有京兆韦夏卿者，生之密友，时亦同行。谓生曰："风光甚丽，草木荣华。伤哉郑卿，衔冤空室！足下[84]终能弃置，实是忍人[85]。丈夫之心，不宜如此。足下宜为思之！"叹让[86]之际，忽有一豪士，衣轻黄纻衫[87]，挟弓弹，风神俊美，衣服卿华，唯有一剪头胡雏[88]从后，潜行而听之。俄而前揖生曰："公非李十郎者乎？某族本山东，姻连外戚。虽乏文藻，心实乐贤。仰公声华，常思觐止[89]。今日幸会，得睹清扬[90]。某之敝居，去此不远，亦有声乐，足以娱情。妖姬[91]八九人，骏马十数匹，唯公所欲。但愿一过。"生之侪辈[92]，共聆斯语，更相叹美。因与豪士策马同行，疾转数坊，遂至胜业。生以进郑之所止，意不欲过，便托事故，欲回马首。豪士曰："敝居咫尺，忍相弃乎？"乃挽挟其马，牵引而行。迁延之间，已及郑曲。生神情恍惚，鞭马欲回。豪士遽命奴仆数人，抱持而进。疾走推入车门，便令锁却，报云："李十郎至也！"一家惊喜，声闻於外。

先此一夕，玉梦黄衫丈夫抱生来，至席，使玉脱鞋。惊寤[93]而告母。因自解曰："鞋者，谐也。夫妇再合。脱者，解也。既合而解，亦当永诀。由此徵[94]之，必遂相见，相见之后，当死矣。"凌晨，请母梳妆。母以其久病，心意惑乱，不甚信之。黾勉[95]之间，强为妆梳。妆梳才毕，而生果至。玉沉绵日久，转侧须人。忽闻生来，欻然[96]自起，更衣而出，恍若有神。遂与生相见，含怒凝视，不复有言。羸质娇姿，如不胜致，时负掩袂，返顾李生。感物伤人，坐皆歔欷[97]。顷之，有酒肴数十盘，自外而来。一坐惊视，遽问其故，悉是豪士之所致也。因遂陈设，相就而坐。玉乃侧身转面，斜视生良久，遂举杯酒酬地[98]曰："我为女子，薄命如斯！君是丈夫，负心若此！韶颜稚齿[99]，饮恨而终。慈母在堂，不能供养。绮罗弦管，从此永休。徵痛黄泉[100]，皆君所致。李君李君，今当永诀！我死之后，必为厉鬼，使君妻妾，终日不安！"乃引左手握生臂，掷杯於地，长恸号哭数声而绝。母乃举尸，置於生怀，令唤之，遂不复苏矣。生为之缟素[101]，且夕哭泣甚哀。将葬之夕，生忽见玉穗帷[102]之中，容貌妍丽，宛若平生。著石榴裙，紫裿裆[103]，红绿帔子[104]。斜身倚帷，手引绣带，顾谓生曰："愧君相送，尚有余情。幽冥之中，能不感叹。"言毕，遂不复见。明日，葬于长安御宿原。生至墓所，尽哀而返。

后月余，就礼于卢氏。伤情感物，郁郁不乐。夏五月，与卢氏偕行，归于郑县。至县旬日，生方与卢氏寝，忽帐外叱叱作声。生惊视之，则见一男子，年可二十余，姿状温美，藏身映[105]幔，连招卢氏。生惶遽走起，绕幔数匝，倏然不见。生自此心怀疑恶，猜忌万端，夫妻之间，无聊[106]生矣。或有亲情，曲相劝喻，生意稍解。后旬日，生复自外归，卢氏方鼓琴于床，忽见自门抛一斑犀钿花合子[107]，方圆一寸余，中有轻绡，作同心结，坠于卢氏怀中。生开而视之，见相思子二，叩头虫一，发杀觜[108]一，驴驹媚少许[109]。生当时愤怒叫吼，声如豺虎，引琴撞击其妻，诘令实告。卢氏亦终不自明。尔后往往暴加捶楚[110]，备诸毒虐，竟讼于公庭而遣[111]之。

卢氏既出，生或侍婢媵妾[112]之属，暂同枕席，便加妒忌。或有因而杀之者。生尝游广陵，得名姬曰营十一娘者，容态润媚，生甚悦之。每相对坐，尝谓营曰："我尝于某处得某姬，犯某事，我以某法杀之。"日日陈说，欲令惧己，以肃清闺门。出则以浴斛[113]覆营[114]于床，周回封署，归必详视，然后乃开。又畜[115]一短剑，甚利，顾谓侍婢曰："此信州葛溪铁，唯断作罪过头！"大凡生所见妇人，辄加猜忌，至于三娶，率皆加初焉。

【注释】

[1] 大历：唐代宗李豫的年号（766 年～779 年）。

[2] 擢第：科举考试及第。擢（zhuó），提拔、提升；第，科举考试及格的等次。

[3] 拔萃：唐代考选科目之一。科举出身的人，需经吏部复试合格，才能做官。举考试后，获得了做官的资格，但要经过一定的期限才能选任为官。如果要很快获得官职，需要参加另一种考试。这种考试是由吏部主持的：一是试文三篇，叫"宏科"，一是撰拟判词三篇，叫"拔萃"。

[4] 俟（sì）：等待。

[5] 天官：吏部的别称。

[6] 门族清华：家族显贵，即出身贵族世家。门族，家族、宗族。清华，指门第或职位清高显贵。

[7] 先达丈人：有声望、地位的前辈尊长。先达，有德行学问的前辈；丈人，老人。

[8] 翕（xī）然推伏：一致推崇。翕然，一致的样子。推伏，即推服，赞许佩服。

[9] 自矜风调：自以为有才貌，风流自赏。

[10] 青衣：婢女。古代青衣是卑贱者的服饰。

[11] 折券从良：赎身获自由，嫁为人妻，不再做人家的奴隶。券，指卖身契一类的文书。

[12] 便辟（biànpì）：谄媚逢迎。

[13] 追风挟策：指为那些追求女人的人出谋划策。

[14] 渠帅：首领，泛指行业的出头人物。

[15] 德：感激。

[16] 摄衣：提起衣襟。

[17] 申未：时辰，申时未时，指下午。

[18] 苏姑子："书罐子"的音变，当时对书生的谑称。还有其他解释，至今未有定论。

[19] 邀：谋求，贪图。

[20] 色目：人品、身份。

[21] 某：指代"我"或本名，旧时谦虚的用法。

[22] 格调：这里指才貌。

[23] 曲：小街巷。

[24] 甫（fǔ）上车门宅：刚进（巷口）有个车门的宅子。

[25] 纵兄：堂兄。

[26] 京兆：地名，古代的二级行政单位，所辖范围相当于陕西西安及其附近所属地区。

[27] 参军：官名，中国古代诸王及将帅的幕僚。

[28] 勒：马笼头。

[29] 迟明：黎明。

[30] 巾帻：戴上头巾。巾，作动词用。

[31] 亭午：正午。

[32] 造次：冒昧、随意。

[33] 调诮（diào qiào）：调笑，说俏皮话。

[34] 逡（qūn）巡：迟疑不决的样子。

[35] 延：引入，引进。

[36] 绰约：形容姿态轻柔娇美。

[37] 名下固无虚士：名不虚传，名副其实的意思。

[38] 奉箕帚（jī zhǒu）：本指洒扫一类事，这里指充当妻妾。

[39] 鄙：谦辞，用于自称。

[40] 不意故盼：没有想到承蒙看得中。

[41] 酒馔（zhuàn）：酒食。

[42] 酒阑：酒筵完毕。阑，尽，晚，残。

[43] 巫山、洛浦：巫山女神、洛浦女神。

[44] 女萝无托：像女萝那样无所依靠。松萝，一种蔓生植物，多附生在松树上，成丝状下垂。

[45] 秋扇见捐：到了秋天，扇子就没用了。比喻女子因年老色衰而被遗弃。

[46] 素缣（jiān）：白色的绢帛。

[47] 褰（qiān）：本义套裤，这里是提起、揭开的意思。

[48] 越姬：越地妇女。

[49] 乌丝栏素缣：一种织有或画有黑色竖格的素绢。

[50] 箧（qiè）：竹制的小箱子，在古代主要是用于收藏文书或衣物。

[51] 婉娈（luán）：缠绵，亲热、恩爱。

[52] 翡翠：赤羽雀和翠鸟。

[53] 主簿：负责文书簿册的官员。

[54] 便拜庆于东洛：就回到洛阳看望父母。拜庆，即拜家庆简称，回家探望父母。东洛：东都洛阳。

[55] 婚媾（gòu）：婚姻。

[56] 冢（zhǒng）妇：嫡长子之妻，正妻。

[57] 委：存放。

[58] 迨（dài）：等到。

[59] 壮室之秋：三十岁，古代男子娶妻的适当年龄，古代有"三十而娶"的说法。

[60] 谐秦晋：结婚的意思。谐，合。秦晋，缔结婚约。春秋时，秦晋两国交好，彼此世世结为婚姻。后世把彼此缔结婚姻称为"秦晋之好"。

[61] 剪发披缁（zī）：出家的意思。缁，缁衣，黑色袈裟。

[62] 惬（qiè）：满足。

[63] 却到：回到。

[64] 觐（jìn）亲：省亲，探望双亲。

[65] 遂就礼谢，便有迎期：于是到（卢家）去行礼答谢，并商定了迎娶的日子。

[66] 甲族：指世家大族。

[67] 愆（qiān）：耽误。

[68] 漏言：泄露真实情况。

[69] 卜筮（shì）：古人卜卦问吉凶的方法。卜是用龟壳占卜，筮是用蓍草占卜。

[70] 赂遗（lù wèi）：以财物赠送或买通他人。

[71] 寄附铺：是一种替人保管或出售贵重物品的商行，也称"柜房"，唐时多设在西市。

[72] 货：卖。

[73] 诣（yì）：到、往。

[74] 内作：皇家的工匠。

[75] 上鬟：古时女子成年标志。古代女子十五岁举行及笄仪式，把披散的头发梳上去，插上簪子，表示已经成人待嫁了。

[76] 悒怏（yì yàng）：忧郁，不快。

[77] 失机落节：倒霉，落魄。

[78] 延光公主：郜国公主，唐肃宗的女儿。

[79] 卜（bǔ）：挑选。

[80] 明经：唐代科考科目，分为秀才、明经、进士等科。由考察经义取中的称"明经"。

[81] 薪刍（chú）：柴草，泛指生活用品。

[82] 疾候沉绵：病得很重。

[83] 委顿：无力支撑身体的样子。

[84] 足下：常用于对平辈或是朋友之间的敬称。

[85] 忍人：狠心之人。

[86] 让：责备。

[87] 纻衫（zhù）：苎麻纤维织的衣物。

[88] 胡雏：卖身为奴的幼年胡人。

[89] 觏（gòu）止：遇见，相会。止，语气词，无意义。

[90] 清扬：本指人眉清目秀的样子，这里引申为指人的尊容。

[91] 妖姬：美丽的女子。

[92] 侪（chái）辈：同辈。

[93] 寤（wù）：睡醒。

[94] 徵（zhēng）：通"征"，征兆。

[95] 黾（mǐn）勉：尽力，努力，勉强。

[96] 欻（xū）然：突然。

[97] 歔欷（xīxū）：感慨、叹息。

[98] 酹地：把酒洒在地上。

[99] 韶颜稚齿：貌美年轻。韶，美好。稚齿，年轻。

[100] 徵痛黄泉：造成死亡的痛苦。徵，招致。

[101] 缟素：白色丧服，多用粗布棉麻制成。

[102] 穗帷：灵帐。

[103] 紫褵（kè）裆：唐代妇女穿的一种外袍。

[104] 帔（pèi）子：唐代妇女披于肩背的一种纱巾，长的叫披帛，短的叫帔子。

[105] 映：隐藏。

[106] 无聊：毫无情趣的样子。

[107] 斑犀钿花合子：杂色犀牛角雕刻成的、镶有金花的盒子。

[108] 发杀觜（zī）：传说中的一种春药。

[109] 驴驹媚：传说中初生驴驹口中所含的肉状物，妇人带之增媚，故名。

[110] 捶楚：鞭打。楚，荆条，这里当动词用，

[111] 遣：把妻子休掉。

[112] 媵（yìng）妾：陪嫁的女子。

[113] 浴斛（hù）：澡盆之类。

[114] 营：环绕、围绕。

[115] 畜（xù）：收藏、保存、准备。

【作品赏析】

唐传奇是唐代文言短篇小说，内容多传述奇闻异事。它的出现，标志着中国古代短篇小说趋于成熟，已成规模。唐小说渊源于魏晋六朝的搜奇志怪，故被称为传奇。和汉魏六朝小说相比，唐传奇内容上除部分记述神灵鬼怪外，开始大量记载人间世态，反映的社会生活面较广，生活气息较浓厚。作品不仅数量多，而且内容精彩，故事动人，文辞华丽。唐中期是唐传奇繁盛阶段。代表作品有《柳毅传》、《李娃传》、《莺莺传》、《霍小玉传》、《枕中记》、《南柯太守传》等。

《霍小玉传》出自《太平广记》，是继《莺莺传》后又一部爱情悲剧。

小说中的霍小玉是作者描写最生动、最有光彩的人物形象，也是一个为爱而死的多情女子。她原为霍王之女，只因其母是霍王侍婢，地位低下，在霍王过世后，她们被霍家众兄弟赶出了王府。小玉虽身世坎坷，但她貌美、善良、有才情，"事事过人，音乐诗书，无不通解"。她不攀附权贵，也不贪图钱财。她向往美好的爱情，希望结交一个跟自己"格调相称"的，有才华的情郎。可是当终于遇到了心仪的出身名门望族的陇西才子李益后，小玉自知之明地做出了让步。她没有奢望两人能天长地久，只求与李益共度八年幸福生活，而后任他"妙选高门，以谐秦晋"，自己则甘愿出家为尼。然而，小玉一厢痴情，终被辜负。曾发誓要与小玉"死生以之"的李益一回到家就背信弃约，遵从母命，选聘甲族卢氏

为妻。小玉日思夜盼，念念不忘，散尽钱财，到处打探，以求一见，可李益总是避不见面。最终小玉因忧思成疾，气息奄奄。一黄衫豪士"怒生之薄行"，将李益强拉到小玉处。面对李益，小玉悲愤交集，最后怒火爆发，拼尽全力，用生命发出这样的斥责："我为女子，薄命如斯；君是丈夫，负心若此！韶颜稚齿，饮恨而终；慈母在堂，不能供养；绮罗弦管，从此永休。征痛黄泉，皆君所致。李君李君，今当永诀！我死之后，必为厉鬼，使君妻妾，终日不安！"说完，小玉长恸号哭数声而绝。这段临终面责，言辞激越，道出了自己对年华早逝的遗憾，对不能奉养母亲终老的愧疚，对李益负心和自私的怨恨。

作品中通过几个场景的描述，生动地刻画了霍小玉纯真而又多情，善良而又决绝，她以生命为代价追寻爱情，最后的结局令人十分痛惜。人们在深深同情这样一个含恨而终、为爱而死的痴情女子时，也同样谴责李益的懦弱、自私、薄情，缺乏责任和担当。小说悲剧所折射出的门第观念、对女性的践踏及对婚姻的漠视等社会因素也引人深思。

曹操煮酒论英雄　关公赚城斩车胄

罗贯中

【作家作品简介】

罗贯中（约 1330 年～约 1400 年），名本，字贯中，号湖海散人，山西太原人，元末明初著名小说家、戏曲家，是中国章回小说的鼻祖，代表作《三国演义》。

《三国演义》，全名为《三国志通俗演义》，中国古代长篇历史章回小说。演义以史为据，强调"忠义"，讲述汉末黄巾之乱至魏、蜀汉及吴三国鼎立，到西晋统一百余年间历史，刻画了众多英雄人物，其中比较成功的有诸葛亮、曹操、关羽、刘备等。

却说董承等问马腾曰："公欲用何人？"马腾曰："见有豫州牧刘玄德在此，何不求之？"承曰："此人虽系皇叔，今正依附曹操，安肯行此事耶？"腾曰："吾观前日围场之中，曹操迎受众贺之时，云长在玄德背后，挺刀欲杀操，玄德以目视之而止。玄德非不欲图操，恨操牙爪多，恐力不及耳。公试求之，当必应允。"吴硕曰："此事不宜太速，当从容商议。"众皆散去。

次日黑夜里，董承怀诏，径往玄德公馆中来。门吏入报，玄德迎出，请入小阁坐定。关、张侍立于侧。玄德曰："国舅夤夜至此[1]，必有事故。"承曰："白日乘马相访，恐操见疑，故黑夜相见。"玄德命取酒相待。承曰："前日围场之中，云长欲杀曹操，将军动目摇头而退之，何也？"玄德失惊曰："公何以知之？"承曰："人皆不见，某独见之。"玄德不能隐讳，遂曰："舍弟见操僭越[2]，故不觉发怒耳。"承掩面而哭曰："朝廷臣子，若尽如云长，何忧不太平哉！"玄德恐是曹操使他来试探，乃佯言曰："曹丞相治国，为何忧不太平？"承变色而起曰："公乃汉朝皇叔，故剖肝沥胆以相告[3]，公何诈也？"玄德曰："恐国舅有诈，故相试耳。"于是董承取衣带诏令观之，玄德不胜悲愤。又将义状出示，上止有六位：一，车骑将军董承；二，工部侍郎王子服；三，长水校尉种辑；四，议郎吴硕；五，昭信将军吴子兰；六，西凉太守马腾。玄德曰："公既奉诏讨贼，备敢不效犬马之劳。"承拜谢，便请书名。玄德亦书"左将军刘备"，押了字，付承收讫。承曰："尚容再请三人，共聚十义，以图国贼。"玄德曰："切宜缓缓施行，不可轻泄。"共议到五更，相别去了。

玄德也防曹操谋害，就下处后园种菜，亲自浇灌，以为韬晦之计。关、张二人曰："兄不留心天下大事，而学小人之事，何也？"玄德曰："此非二弟所知也。"二人乃不复言。

一日，关、张不在，玄德正在后园浇菜，许褚、张辽引数十人入园中曰："丞相有命，请使君便行。"玄德惊问曰："有甚紧事？"许褚曰："不知。只教我来相请。"玄德只得随二人入府见操。操笑曰："在家做得好大事！"唬得玄德面如土色。操执玄德手，直至后园，曰："玄德学圃不易！"玄德方才放心，答曰："无事消遣耳。"操曰："适见枝头梅子青青，忽感去年征张绣时，道上缺水，将士皆渴；吾心生一计，以鞭虚指曰：'前面有梅林。'军士闻之，口皆生唾，由是不渴。今见此梅，不可不赏。又值煮酒正熟，故邀使君小亭一会。"玄德心神方定。随至小亭，已设樽俎：盘置青梅，一樽煮酒。二人对坐，开怀畅饮。酒至半酣，忽阴云漠漠，骤雨将至。从人遥指天外龙挂，操与玄德凭栏观之。操曰："使君知龙之变化否？"玄德曰："未知其详。"操曰："龙能大能小，能升能隐；大则兴云吐雾，小则隐介藏形；升则飞腾于宇宙之间，隐则潜伏于波涛之内。方今春深，龙乘时变化，犹人得志而纵横四海。龙之为物，可比世之英雄。玄德久历四方，必知当世英雄。请试指言之。"玄德曰："备肉眼安识英雄？"操曰："休得过谦。"玄德曰："备叨恩庇，得仕于朝。天下英雄，实有未知。"操曰："既不识其面，亦闻其名。"玄德曰："淮南袁术，兵粮足备，可为英雄？"操笑曰："冢中枯骨，吾早晚必擒之！"玄德曰："河北袁绍，四世三公，门多故吏；今虎踞冀州之地，部下能事者极多，可为英雄？"操笑曰："袁绍色厉胆薄，好谋无断；干大事而惜身，见小利而忘命，非英雄也。"玄德曰："有一人名称八俊，威镇九州：刘景升可为英雄？"操曰："刘表虚名无实，非英雄也。"玄德曰："有一人血气方刚，江东领袖——孙伯符乃英雄也？"操曰："孙策藉父之名，非英雄也。"玄德曰："益州刘季玉，可为英雄乎？"操曰："刘璋虽系宗室，乃守户之犬耳，何足为英雄！"玄德曰："如张绣、张鲁、韩遂等辈皆何如？"操鼓掌大笑曰："此等碌碌小人，何足挂齿！"玄德曰："舍此之外，备实不知。"操曰:"夫英雄者,胸怀大志,腹有良谋,有包藏宇宙之机,吞吐天地之志者也。"玄德曰:"谁能当之?"操以手指玄德,后自指,曰:"今天下英雄,惟使君与操耳!"玄德闻言,吃了一惊,手中所执匙箸,不觉落于地下。时正值天雨将至,雷声大作。玄德乃从容俯首拾箸曰:"一震之威,乃至于此。"操笑曰:"丈夫亦畏雷乎?"玄德曰:"圣人迅雷风烈必变,安得不畏?"将闻言失箸缘故,轻轻掩饰过了。操遂不疑玄德。后人有诗赞曰:

勉从虎穴暂趋身,说破英雄惊煞人。巧借闻雷来掩饰,随机应变信如神。

天雨方住,见两个人撞入后园,手提宝剑,突至亭前,左右拦挡不住。操视之,乃关、张二人也。原来二人从城外射箭方回,听得玄德被许褚、张辽请将去了,慌忙来相府打听;闻说在后园,只恐有失,故冲突而入。却见玄德与操对坐饮酒。二人按剑而立。操问二人何来。云长曰:"听知丞相和兄饮酒,特来舞剑,以助一笑。"操笑曰:"此非鸿门会,安用项庄、项伯乎?"玄德亦笑。操命:"取酒与二樊哈压惊。"关、张拜谢。须臾席散,玄德辞操而归。云长曰:"险些惊杀我两个!"玄德以落箸事说与关、张。关、张问是何意。玄德曰:"吾之学圃,正欲使操知我无大志;不意操竟指我为英雄,我故失惊落箸。又恐操生疑,故借惧雷以掩饰之耳。"关、张曰:"兄真高见!"

操次日又请玄德。正饮间,人报满宠去探听袁绍而回。操召入问之。宠曰:"公孙瓒已被袁绍破了。"玄德急问曰:"愿闻其详。"宠曰:"瓒与绍战不利,筑城围圈,圈上建楼,高十丈,名曰易京楼,积粟三十万以自守。战士出入不息,或有被绍围者,众请救之。瓒曰:'若救一人,后之战者只望人救,不肯死战矣。'遂不肯救。因此袁绍兵来,多有降者。瓒势孤,使人持书赴许都求救,不意中途为绍军所获。瓒又遗书张燕,暗约举火为号,里应外合。下书人又被袁绍擒住,却来城外放火诱敌。瓒自出战,伏兵四起,军马折其大半。退守城中,被袁绍穿地直入瓒所居之楼下,放起火来。瓒无走路,先杀妻子,然后自缢,全家都被火焚了。今袁绍得了瓒军,声势甚盛。绍弟袁术在淮南骄奢过度,不恤军民,众皆背反。术使人归帝号于袁绍。绍欲取玉玺,术约亲自送至,见今弃淮南欲归河北。若二人协力,急难收复。乞丞相作急图之。"玄德闻公孙瓒已死,追念昔日荐己之恩,不胜伤感;又不知赵子龙如何下落,放心不下。因暗想曰:"我不就此时寻个脱身之计,更待何时?"遂起身对操曰:"术若投绍,必从徐州过,备请一军就半路截击,术可擒矣。"操笑曰:"来日奏帝,即便起兵。"次日,玄德面奏君。操令玄德总督五万人马,又差朱灵、路昭二人同行。玄德辞帝,帝泣送之。

　　玄德到寓，星夜收拾军器鞍马，挂了将军印，催促便行。董承赶出十里长亭来送。玄德曰："国舅宁耐。某此行必有以报命。"承曰："公宜留意，勿负帝心。"二人分别。关、张在马上问曰："兄今番出征，何故如此慌速？"玄德曰："吾乃笼中鸟、网中鱼，此一行如鱼入大海、鸟上青霄，不受笼网之羁绊也！"因命关、张催朱灵、路昭军马速行。

　　时郭嘉、程昱考较钱粮方回，知曹操已遣玄德进兵徐州，慌入谏曰："丞相何故令刘备督军？"操曰："欲截袁术耳。"程昱曰："昔刘备为豫州牧时，某等请杀之，丞相不听；今日又与之兵：此放龙入海，纵虎归山也。后欲治之，其可得乎？"郭嘉曰："丞相纵不杀备，亦不当使之去。古人云：一日纵敌，万世之患。望丞相察之。"操然其言，遂令许褚将兵五百前往，务要追玄德转来。许褚应诺而去。

　　却说玄德正行之间，只见后面尘土骤起，谓关、张曰："此必曹兵追至也。"遂下了营寨，令关、张各执军器，立于两边。许褚至，见严兵整甲，乃下马入营见玄德。玄德曰："公来此何干？"褚曰："奉丞相命，特请将军回去，别有商议。"玄德曰："将在外，君命有所不受。吾面过君，又蒙丞相钧语。今别无他议，公可速回，为我禀覆丞相。"许褚寻思："丞相与他一向交好，今番又不曾教我来厮杀，只得将他言语回覆，另候裁夺便了。"遂辞了玄德，领兵而回。回见曹操，备述玄德之言。操犹豫未决。程昱、郭嘉曰："备不肯回兵，可知其心变矣。"操曰："我有朱灵、路昭二人在彼，料玄德未必敢心变。况我既遣之，何可复悔？"遂不复追玄德。后人有诗叹玄德曰：

　　束兵秣马去匆匆[4]，心念天言衣带中。撞破铁笼逃虎豹，顿开金锁走蛟龙。

　　却说马腾见玄德已去，边报又急，亦回西凉州去了。玄德兵至徐州，刺史车胄出迎。公宴毕，孙乾、糜竺等都来参见。玄德回家探视老小，一面差人探听袁术。探子回报："袁术奢侈太过，雷薄、陈兰皆投嵩山去了。术势甚衰，乃作书让帝号于袁绍。绍命人召术，术乃收拾人马、宫禁御用之物，先到徐州来。"玄德知袁术将至，乃引关、张、朱灵、路昭五万军出，正迎着先锋纪灵至。张飞更不打话，直取纪灵。斗无十合，张飞大喝一声，刺纪灵于马下，败军奔走。袁术自引军来斗。玄德分兵三路：朱灵、路昭在左，关、张在右，玄德自引兵居中，与术相见，在门旗下责骂曰："汝反逆不道，吾今奉明诏前来讨汝！汝当束手受降，免你罪犯。"袁术骂曰："织席编屦小辈，安敢轻我！"麾兵赶来。玄德暂退，让左右两路军杀出。杀得术军尸横遍野，血流成渠；兵卒逃亡，不可胜计。又被嵩山雷薄、陈兰劫去钱粮草料。欲回寿春，又被群盗所袭，只得住于江亭。止有一千余众，皆老弱之辈。时当盛暑，粮食尽绝，只剩麦三十斛，分派军士。家人无食，多有饿死者。术嫌饭粗，不能下咽，乃命庖人取蜜水止渴。庖人曰："止有血水，安有蜜水！"术坐于床上，大叫一声，倒于地下，吐血斗余而死。时建安四年六月也。后人有诗曰：汉末刀兵起四方，无端袁术太猖狂，不思累世为公相，便欲孤身作帝王。强暴枉夸传国玺，骄奢妄说应天祥。渴思蜜水无由得，独卧空床呕血亡。"袁术已死，侄袁胤将灵柩及妻子奔庐江来，被徐璆尽杀之。璆夺得玉玺，赴许都献于曹操。操大喜，封徐璆为高陵太守。此时玉玺归操。

　　却说玄德知袁术已丧，写表申奏朝廷，书呈曹操，令朱灵、路昭回许都，留下军马保守徐州；一面亲自出城，招谕流散人民复业。

　　且说朱灵、路昭回许都见曹操，说玄德留下军马。操怒，欲斩二人。荀彧曰："权归刘备，二人亦无奈何。"操乃赦之。彧又曰："可写书与车胄就内图之。"操从其计，暗使人来见车胄，传曹操钧旨。胄随即请陈登商议此事。登曰："此事极易。今刘备出城招民，不日将还；将军可命军士伏于瓮城边，只作接他，待马到来，一刀斩之；某在城上射住后军，大事济矣。"胄从之。陈登回见父陈珪，备言其事。珪命登先往报知玄德。登领父命，飞马去报，正迎着关、张，报说如此如此。原来关、张先回，玄德在后。张飞听得，便要去厮杀。云长曰："他伏瓮城边待我，去必有失。我有一计，可杀车胄：乘夜扮作曹军到徐州，引车胄出迎，袭而杀之。"飞然其言。那部下军原有曹操旗号，衣甲都同。当夜三更，到城边叫门。城上问是谁，众应是曹丞相差来张文远的人马。报知车胄，胄急请陈登议曰："若不迎接，诚恐有疑；若出迎之，又恐有诈。"胄乃上城回言："黑夜难以分辨，天明了相见。"城下答应："只恐刘备知道，疾快开门！"车胄犹豫未定，城外一片声叫开门。车胄只得披挂上马，引一千军出城；跑过吊桥，大叫："文远何在？"火光中只见云长提刀纵马直迎车胄，大叫曰："匹夫安敢怀诈，欲杀吾兄！"车胄大惊，战未数合，遮拦不住，拨马便回。到吊桥边，城上陈登乱箭射下，车胄绕城而走。云长赶来，手起一刀，砍于马下，割下首级提回，望城上呼曰："反贼车胄，吾已杀之；众等无罪，投降免死！"诸军倒戈投降，军民皆安。云长将胄头去迎玄德，具言车胄欲害之事，今已斩首。玄德大惊曰："曹操若来。如之奈何？"云长曰："弟与张飞迎之。"玄德懊悔不已，遂入徐州。百姓父老，伏道而接。玄德到府，寻张飞，飞已将车胄全家杀尽。玄德曰："杀了曹操心腹之人，如何肯休？"陈登曰："某有一计，可退曹操。"正是：

　　既把孤身离虎穴，还将妙计息狼烟。

【注释】

[1] 夤（yín）夜：深夜。

[2] 僭（jiàn）越：超越本分。文中指超过了封建礼法的等级规定。

[3] 剖肝沥胆：比喻极尽忠诚。

[4] 秣（mò）马：喂饱马。

【作品赏析】

本文是三国演义二十一回的故事：董承暗结刘备等人谋诛曹操。刘备恐曹操猜忌，每日种菜消遣。一日，曹操青梅煮酒，请刘备在小亭对饮，论天下英雄只有刘备和他两人。刘备听闻一惊，将筷子掉落在地上。幸好当时雷声乍起，刘备急中生智，沉着地俯身拾筷，说道："一震之威，乃至于此！"巧妙地掩饰了过去。刘备担心久在曹操身边生变，便借口截击袁术领兵离开了许都。刘备刚走，曹操马上意识到自己放虎归山了，急忙派人去追。刘备摆阵迎接说："将在外，君命有所不受。"坚决不肯回去。袁术兵败身死，刘备乘机占领了徐州。为了除掉刘备，曹操命车胄为内应。陈珪、陈登父子向刘备告密，关羽杀了车胄。

本文通过曹操和刘备耐人寻味的言谈举止，刻画他们复杂的内心世界。青梅煮酒，二人纵谈天下英雄，表面上平静从容，实际上暗藏杀机。曹操虽老奸巨猾却志得意满，在刘备谨慎小心、步步为营的谋划中，放走刘备，以至放虎归山。本文除了叙述曹刘二人，还写了其他人物，铺展了情节，作者的笔法跌宕起伏，详略有序，虚实相生。毛宗岗曾评点："此回叙刘、曹相攻之始，而中间夹写公孙瓒并袁术二段文字。瓒之事只在满宠口中虚写，术之事却用一半虚写、一半实写。不独瓒、术两人于此回中收场，而玉玺下落，亦于此回中结局。前者汉帝失玉玺，今者玉玺归汉帝，相去十数回，遥遥相对；而又预伏七十回后曹丕受玺篡汉之由。有应有伏，一笔不漏，一笔不繁。"可见作者笔力之雄健、高超。

鲁智深大闹野猪林

施耐庵

【作家作品简介】

施耐庵（1296 年～约 1370 年），名子安（一说名耳），本名彦端，汉族，白驹（今江苏白驹市）人，原籍苏州，元末明初小说家。博古通今，才华横溢，36 岁曾中进士，后弃官归里，闭门著书，搜集并整理关于梁山泊宋江等英雄人物的故事，最终写成《水浒传》。

《水浒传》又名《忠义水浒传》，一般简称《水浒》，撰写于元末明初时期，是第一部反映农民起义的长篇章回小说。全书围绕着"官逼民反"这一线索展开情节，表现了一群不堪暴政欺压的"好汉"揭竿而起，聚义水泊梁山，直至接受朝廷招安而失败的全过程。

且说两个防送公人把林冲带来使臣房里，寄了监，董超薛霸各自回家收拾行李。只说董超正在家里拴束包裹，只见巷口酒店里酒保来说道："董端公[1]，一位官人在小人店中请说话。"董超道："是谁？"酒保道："小人不认得，只叫请端公便来。"原来宋时的公人，都称呼"端公"。当时董超便和酒保径到店中阁儿内看时，见坐着一个人，头戴顶万字头巾，身穿领皂纱背子[2]，下面皂靴净袜。见了董超，慌忙作揖道："端公请坐。"董超道："小人自来不曾拜识尊颜，不知呼唤有何使令？"那人道："请坐，少间便知。"董超坐在对席，酒保一面铺下酒盏菜蔬果品案酒，都搬来摆了一桌。那人问道："薛端公在何处住？"董超道："只在前边巷内。"那人唤酒保问了底脚，"与我去请将来。"酒保去了一盏茶时，只见请得薛霸到阁儿里。董超道："这位官人请俺说话。"薛霸道："不敢动问大人高姓？"那人又道："少刻便知，且请饮酒。"三人坐定，一面酒保筛酒。酒至数杯，那人去袖子里取出十两金子，放在桌上，说道："二位端公各收五两，有些小事烦及。"二人道："小人素不认得尊官，何故与我金子？"那人道："二位莫不投沧州去？"董超道："小人两个奉本府差遣，监押林冲直到那里。"那人道："既是如此，相烦二位。我是高太尉府心腹人陆虞候便是。"董超、薛霸喏喏连声，说道："小人何等样人，敢共对席。"陆谦道："你二位也知林冲和太尉是对头。今奉着太尉钧旨，教将这十两金子送与二位。望你两个领诺：不必远去，只就前面僻静去处，把林冲结果了，就彼处讨纸回状回来便了。若开封府但有话说，太尉自行分付，并不妨事。"董超道："却怕使不得。开封府公文，只叫解活的去，却不曾教结果了他。亦且本人年纪又不高大，如何作的这缘故？倘有些兜搭[3]，恐不方便。"薛霸道："老董，你听我说。高太尉便叫你我死，也只得依他。莫说使这官人又送金子与俺。你不要多说，和你分了罢，落得做人情，日后也有照顾俺处。前头有的是大松林猛恶去处，不拣怎的，与他结果了罢。"当下薛霸收了金子，说道："官人放心，多是五站路，少便两程，便有分晓。"陆谦大喜道："还是薛端公真是爽利！明日到地了时，是必揭取林冲脸上金印回来做表证，陆谦再包办二位十两金子相谢。专等好音，切不可相误。"原来宋时但是犯人徒流迁徙的，都脸上刺字，怕人恨怪，只唤做打金印。三个人又吃了一会酒，陆虞候算了酒钱，三人出酒肆来，各自分手。

只说董超薛霸将金子分受入己，送回家中，取了行李包裹，拿了水火棍，便来使臣房里取了林冲，监押上路。当日出得城来，离城三十里多路歇了。宋时，途路上客店人家，但是公人监押因人来歇，不要房钱。当下董薛二人带林冲到客店里，歇了一夜。第二日天明，起来，打火吃了饮食，投沧州路上来。时遇六月天气，炎暑正热，林冲初吃棒时，倒也无事。次后三两日间，天道盛热，棒疮却发，又是个新吃棒的人，路上一步挨一步走不动。薛霸道："好不晓事，此去沧州二千里有余的路，你这般样走，几时得到？"林冲道："小人在太尉府里折了些便宜，前日方才吃棒，棒疮举发。这般炎热，上下只得担待一步。"董超道："你自慢慢的走，休听咶咶。"薛霸一路上喃喃咄咄的，口里埋冤叫苦，说道："却是老爷们晦气，撞着你这个魔头。"看看天色又晚，但见：

> 红日将坠，玉镜将明。遥观樵子归来，近睹柴门半掩。僧投古寺，疏林穰穰鸦飞。客奔孤村，断岸嗷嗷犬吠。佳人秉烛归房，渔父收纶罢钓。唧唧乱蛩鸣腐草，纷纷宿鹭下莎汀。

当晚三个人投村中客店里来，到得房内，两个公人放了棍棒，解下包裹。林冲也把包来解了，不等公人开口，去包里取些碎银两，央店小二买些酒肉，籴些米来，安排盘馔，请两个防送公人坐了吃。董超、薛霸又添酒来，把林冲灌的醉了，和枷倒在一边。薛霸去烧一锅百沸滚汤，提将来，倾在脚盆内，叫道："林教头，你也洗了脚好睡。"林冲挣的起来，被枷碍了，曲身不得。薛霸便道："我替你洗。"林冲忙道："使不得。"薛霸道："出路人那里计较的许多。"林冲不知是计，只顾伸下脚来，被薛霸只一按，按在滚汤里。林冲叫一声："哎也！"急缩得起时，泡得脚面红肿了。林冲道："不消生受。"薛霸道："只见罪人伏侍公人，那曾有公人伏侍罪人。好意叫他洗脚，颠倒嫌冷嫌热，却不是好心不得好报！"口里喃喃的骂了半夜，林冲那里敢回话，自去倒在一边。他两个泼了这水，自换些水，去外边洗了脚收拾。睡到四更，同店人都未起，薛霸起来烧了面汤，安排打火做饭吃。林冲起来，晕了，吃不得，又走不动。薛霸拿了水火棍，催促动身。董超去腰里解下一双新草鞋，耳朵并索儿却是麻编的，叫林冲穿。林冲看时，脚上满面都是燎浆泡，只得寻觅旧草鞋穿，那里去讨。没奈何，只得把新草鞋穿上。叫店小二算过酒钱，两个公人带了林冲出店，却是五更天气。林冲走不到三二里，脚上泡被新草鞋打破了，鲜血淋漓，正走不动，声唤不止。薛霸骂道："走便快走，不走便大棍捣将起来。"林冲道："上下方便，小人岂敢怠慢，俄延程途，其实是脚疼走不动。"董超道："我扶着你走便了。"攙着林冲，只得又挨了四五里路。看看正走不动了，早望见前面烟笼雾锁，一座猛恶林子，但见：

> 层层如雨脚，郁郁似云头。权桠如鸾凤之巢，屈曲似龙蛇之势。根盘地角，弯环有似蟒盘旋；影拂烟霄，高耸直教禽打�捉。直饶胆硬心刚汉，也作魂飞魄散人。

这座猛恶林子，有名唤做"野猪林"，此是东京去沧州路上第一个险峻去处。宋时这座林子内，但有些冤雠的，使用些钱与公人，带到这里，不知结果了多少好汉。今日这两个公人带林冲奔入这林子里来。董超道："走了一五更，走不得十里路程，似此，沧州怎的得到？"薛霸道："我也走不得了，且就林子里歇一歇。"

三个人奔到里面，解下行李包裹，都搬在树根头。林冲叫声："呵也！"靠着一株大树便倒了。只见董超说道："行一步，等一步，倒走得我困倦起来，且睡一睡却行。"放下水火棍，便倒在树边，略略闭得眼，从地下叫将起来。林冲道："上下做甚么？"董超、薛霸道："俺两个正要睡一睡，这里又无关锁，只怕你走了，我们放心不下，以此睡不稳。"林冲答道："小人是个好汉，官司既已吃了，一世也不走。"薛霸道："那里信得你说？要我们心稳，须得缚一缚。"林冲道："上下要缚便缚，小人敢道怎的？"薛霸腰里解下索子来，把林冲连手带脚和枷紧紧的绑在树上。同董超两个跳将起来，转过身来，拿起水火棍，看着林冲说道："不是俺要结果你，自是前日来时，有那陆虞候传着高太尉钧旨：教我两个到这里结果你，立等金印回去回话。便多走的几日，也是死数，只今日就这里，倒作成我两个回去快些。休得要怨我弟兄两个，只是上司差遣，不由自己。你须精细着，明年今日是你周年。我等已限定日期，亦要早回话。"林冲见说，泪如雨下，便道："上下，我与你二位往日无仇，近日无冤，你二位如何救得小人，生死不忘。"董超道："说甚么？门前救你不得。"薛霸便提起水火棍来，望着林冲脑袋上劈将来，可怜豪杰束手就死。正是"万里黄泉无旅店，三魂今夜落谁家"。……说时迟，那时快；薛霸的棍恰举起来，只见松树背后，雷鸣也似一声，那条铁禅杖飞将来，把这水火棍一隔，丢去九霄云外，跳出一个胖大和尚来，喝道："洒家在林子里听你多时！"两个公人看那和尚时，穿一领皂布直裰，跨一口戒刀，提着禅杖，轮起来打两个公人。林冲方才闪开眼看时，认得是鲁智深。林冲连忙叫道："师兄！不可下手！我有话说！"智深听得，收住禅杖。两个公人呆了半晌，动弹不得。林冲道："非干他两个事，尽是高太尉使陆虞候分付他两个公人，要害我性命。他两个怎不依他？你若打杀他两个，也是冤屈。"

鲁智深扯出戒刀，把索子都割断了，便扶起林冲叫："兄弟，俺自从和你买刀那日相别之后，洒家忧得你苦！自从你受官司，俺又无处去救你。打听得你配沧州，洒家在开封府前又寻不见，却听得人说监在使臣房内。又见酒保来请两个公人，说道：'店里一位官寻说话。'以此洒家疑心，放你不下。恐这厮们路上害你，俺特地跟将来。见这两个撮鸟带你入店里去，洒家也在那店里歇。夜间听得那厮两个，做神做鬼，把滚汤赚了你脚，那时俺便要杀这两个撮鸟；却被客店里人多，恐防救了。洒家见这厮们不怀好心，越放你不下。你五更里出门时，洒家先投奔这林子里来等杀这厮两个撮鸟。他倒来这里害你，正好杀这两个。"林冲劝道："既然师兄救了我，你休害他两个性命。"鲁智深喝道："你这两个撮鸟！洒家不看兄弟面时，把你这两个都剁做肉酱！且看兄弟面皮，饶你两个性命！"就那里插了戒刀，喝道："你们这两个撮鸟，快搀兄弟，都跟洒家来！"提了禅杖先走。两个公人那里敢回话，只叫："林教头救俺两个。"依前背上包裹，拾了水火棍，扶着林冲，又替他拿了包裹，一同跟出林子来。行得三四里路程，见一座小酒店在村口。 当下深，冲，超，霸，四人在村酒店中坐下，唤酒保买五七斤肉，打两角酒来吃，回些面来打饼。酒保一面整治，把酒来筛。两个公人道："不敢拜问师父，在那个寺里住持？"智深笑道："你两个撮鸟，问俺住处做甚么？莫不去教高俅做甚么奈何洒家？别人怕他，俺不怕他！洒家若撞着那厮，教他吃三百禅杖！"两个公人那里敢再开口。吃了些酒肉，收拾了行李，还了酒钱，出离了村店。林冲问道："师兄今投那里去？"鲁智深道："'杀人须见血，救人须救彻。'洒家放你不下，直送兄弟到沧州。"两个公人听了道："苦也！却是坏了我们的勾当！转去时怎回话！"且只得随顺他一处行路。自此，途中被鲁智深要行便行，要歇更歇，那里敢扭他？好便骂，不好便打。两个公人不敢高声，更怕和尚发作。

行了两程，讨了一辆车子，林冲上车将息，三个跟着车子行着。

两个公人怀着鬼胎，各自要保性命，只得小心随顺着行。鲁智深一路买酒买肉将息林冲，那两个公人也吃。遇着客店，早歇晚行，都是那两个公人打火做饭。谁敢不依他？二人暗商量："我们被这和尚监押定了，明日回去，高太尉必然奈何俺！"薛霸道："我听得大相国寺菜园廨宇里新来了个僧人，唤做鲁智深，想来必是他。回去实说，俺要在野猪林结果他，被这和尚救了，一路护送到沧州，因此下手不得。舍得还了他十两金子，着陆谦自去寻这和尚便了。我和你只要躲得身上干净。"董超道："也说的是。"两个暗商量了不提。

话说絮繁。被智深监押不离，行了十七八日，近沧州只有七十来里路程，一路去都有人家，再无僻静处了。鲁智深打听得实了，就松林里少歇。智深对林冲道："兄弟，此去沧州不远了，前路都有人家，别无僻静去处，洒家已打听实了。俺如今和你分手。异日再得相见。"林冲道："师兄回去，泰山处可说知。防护之恩，不死当以厚报！"鲁智深又取出一二十两银子与林冲，把三二两与两个公人道："你两个撮鸟，本是路上砍了你两个头，兄弟面上，饶你两个鸟命。如今没多路了，休生歹心！"两个道："再怎敢！皆是太尉差遣。"接了银子。

却待分手。鲁智深看着两个公人，道："你两个撮鸟的头硬似这松树么？"二人答道："小人头是父母皮肉包着些骨头。"智深轮起禅杖，把松树只一下，打得树有二寸深痕，齐齐折了，喝一声："你两个撮鸟，但有歹心，教你头也与这树一般！"摆着手，拖了禅杖，叫声："兄弟，保重！"自回去了。董超，薛霸，都吐出舌头来，半晌缩不入去。林冲道："上下，俺们自去罢。"两个公人道："好个莽和尚！一下打折了一株树！"林冲道："这个直得甚？相国寺一株柳树，连根也拔将起来。"二人只把头来摇，方才得知是实。

【注释】

[1] 端公：唐时御史相称之名，这里称公差。

[2] 背子：短袖袄子。

[3] 兜搭：周折、麻烦。

【作品赏析】

高俅之子高衙内想要霸占林冲的妻子，于是陷害林冲，使林冲被发配沧州。高俅的心腹陆虞侯买通押送林冲的两位公差在半路杀死林冲。两公差一路上不断为难折磨林冲，走到野猪林，正要对林冲下毒手时，鲁智深出手救下林冲，并一路护送林冲到沧州。

本文是《水浒传》第七回和第八回的部分内容，人物的塑造非常丰满。林冲隐忍、理性，一路上明知薛霸董超故意为难他，仍报着息事宁人的态度。在野猪林，若无鲁智深相救，林冲必死无疑，但当鲁智深要杀薛董二人时，却尽力阻止。林冲本是东京八十万禁军教头，落入如此凄惨的境地，仍能克制自己，这样的描写极力凸显了其悲剧英雄的角色，也为后文忍无可忍逼上梁山埋下了伏笔。文中还很成功地塑造了鲁智深侠义的英雄形象。鲁智深舞杖，林冲隔墙叫好，两人英雄相惜成莫逆之交。鲁智深听说林冲的惨境，一路追寻，救林冲于危难之际，千里护送林冲到沧州。鲁智深生性鲁莽，却粗中有细，见酒保请两个差人，便生了疑心，一路"跟将来"；见公差用沸水烫林冲的脚，便知道"这厮们不安好心"，预先在野猪林埋伏；被林冲劝住饶了薛董二人的性命后，对他们恩威并施；近沧州，探清前面无僻静之处，才与林冲分手。文中还写了三个反面人物，也各有特征。陆虞侯阴险狡诈，董超势利恶毒，薛霸初见陆虞侯时，仿佛不为所动，而押解过程的行为却表现其与董超实为一丘之貉，且有过之而无不及。

婴 宁[1]

蒲松龄

【作家作品简介】

蒲松龄（1640 年～1715 年）字留仙，一字剑臣，别号柳泉居士，世称聊斋先生，自称异史氏，山东淄博人。清著名小说家。出生于一个半农半商的家庭。少时颇有文名，但屡试不第，直至 71 岁时才援例成为贡生。主要做幕宾、塾师为生。因终身郁郁不得志，较多接触社会底层，对社会现实有较多的了解，具有"孤愤"、"狂痴"的人生态度，创作出著名的文言文短篇小说集《聊斋志异》。

《聊斋志异》简称《聊斋》，俗名《鬼狐传》。"聊斋"是蒲松龄的书屋名称，"志"是记述的意思，"异"指奇异的故事。全书共 16 卷，有短篇小说 491 篇，综合六朝志怪小说与唐传奇之长，借谈鬼说狐，曲折地批判社会，表达理想，是中国古代文言短篇小说的顶峰之作。

　　王子服，莒之罗店人[2]，早孤。绝慧，十四入泮[3]。母最爱之，寻常不令游郊野。聘萧氏，未嫁而夭，故求凰未就也[4]。

　　会上元[5]，有舅氏子吴生，邀同眺瞩，方至村外，舅家有仆来，招吴去。生见游女如云，乘兴独遨。有女郎携婢，拈梅花一枝，容华绝代，笑容可掬。生注目不移，竟忘顾忌。女过去数武[6]，顾婢曰："个儿郎目灼灼似贼！"遗花地上，笑语自去。生拾花怅然，神魂丧失，怏怏遂返。

　　至家，藏花枕底，垂头而睡，不语亦不食。母忧之。醮禳益剧[7]，肌革锐减。医师诊视，投剂发表[8]，忽忽若迷。母抚问所由，默然不答。适吴生来，嘱秘诘之。吴至榻前，生见之泪下，吴就榻慰解，渐致研诘。生具吐其实，且求谋画。吴笑曰："君意亦复痴。此愿有何难遂？当代访之。徒步于野，必非世家，如其未字[9]，事固谐矣，不然，拚以重赂，计必允遂。但得痊瘳，成事在我。"生闻之，不觉解颐[10]。吴出告母，物色女子居里[11]，而探访既穷，并无踪绪。母大忧，无所为计。然自吴去后，颜顿开，食亦略进。

　　数日，吴复来，生问所谋。吴绐之曰[12]："已得之矣。我以为谁何人，乃我姑氏女，即君姨妹行，今尚待聘。虽内戚有婚姻之嫌，实告之，无不谐者。"生喜溢眉宇，问："居何里？"吴诡曰："西南山中，去此可三十余里。"生又付嘱再四，吴锐身自任而去[13]。

　　生由是饮食渐加，日就平复，探视枕底，花虽枯，未便雕落。凝思把玩，如见其人。怪吴不至，折柬招之[14]。吴支托不肯赴招，生忿怒，悒悒不欢。母虑其复病，急为议姻，略与商榷，辄摇首不愿，惟日盼吴。吴迄无耗，益怨恨之。转思三十里非遥，何必仰息他人？怀梅袖中，负气自往，而家人不知也。伶仃独步，无可问程，但望南山行去。约三十余里，乱山合沓，空翠爽肌，寂无人行，止有鸟道。遥望谷底丛花乱树中，隐隐有小里落。下山入村，见舍宇无多，皆茅屋，而意甚修雅[15]。北向一家，门前皆丝柳，墙内桃杏尤繁，间以修竹，野鸟格磔其中[16]。意其园亭，不敢遽人。回顾对户，有巨石滑洁，因据坐少憩。

　　俄闻墙内有女子长呼"小荣"，其声娇细。方伫听间，一女郎由东而西，执杏花一朵，俯首自簪；举头见生，遂不复簪。含笑拈花而入。审视之，即上元途中所遇也。心骤喜，但念无以阶进[17]，欲呼姨氏，而顾从无还往，惧有讹误。门内无人可问，坐卧徘徊，自朝至于日昃[18]，盈盈望断，并忘饥渴。时见女子露半面来窥，似讶其不去者。忽一老媪扶杖出，顾生曰："何处郎君，闻自辰刻便来，以至于今，意将何为？得勿饥耶？"生急起揖之，答云："将以盼亲。"媪聋聩不闻。又大言之。乃问："贵戚何姓？"生不能答。媪笑曰：

"奇哉。姓名尚自不知，何亲可探？我视郎君，亦书痴耳。不如从我来，啖以粗粝，家有短榻可卧，待明朝归，询知姓氏，再来探访，不晚也。"生方腹馁思啖，又从此渐近丽人，大喜，从媪入，见门内白石砌路，夹道红花，片片堕阶上；曲折而西，又启一关[19]，豆棚花架满庭中。肃客入舍[20]，粉壁光如明镜，窗外海棠枝朵，探入室内，裀藉几榻[21]，罔不洁泽。甫坐，即有人自窗外隐约相窥。媪唤："小荣！可速作黍。"外有婢子嗷声而应。坐次，具展宗阀[22]。媪曰："郎君外祖，莫姓吴否？"曰："然。"媪惊曰："是吾甥也；尊堂[23]，我妹子。年来以家窭贫，又无三尺之男，遂至音问梗塞。甥长成如许，尚不相识。"生曰："此来即为姨也，匆遽遂忘姓氏。"媪曰："老身秦姓，并无诞育，弱息仅存，亦为庶产[24]。渠母改醮[25]，遗我鞠养。颇亦不钝，但少教训，嬉不知愁。少顷，使来拜识。"

未几，婢子具饭，雏尾盈握[26]。媪劝餐已，婢来敛具。媪曰："唤宁姑来。"婢应去。良久，闻户外隐有笑声。媪又唤曰："婴宁，汝姨兄在此。"户外嗤嗤笑不已。婢推之以入，犹掩其口，笑不可遏。媪嗔目曰："有客在，咤咤叱叱，是何景象？"女忍笑而立，生揖之。媪曰："此王郎，汝姨子。一家尚不相识，可笑人也。"生问："妹子年几何矣？"媪未能解；生又言之。女复笑，不可仰视。媪谓生曰："我言少教诲，此可见矣。年已十六，呆痴裁如婴儿。"生曰："小于甥一岁。"曰："阿甥已十七矣，得非庚午属马者耶？"生首应之。又问："甥妇阿谁？"答曰："无之。"曰："如甥才貌，何十七岁犹未聘耶？婴宁亦无姑家，极相匹敌。惜有内亲之嫌。"生无语，目注婴宁，不遑他瞬[27]。婢向女小语云："目灼灼，贼腔未改！"女又大笑，顾婢曰："视碧桃开未？"遽起，以袖掩口，细碎连步而出。至门外，笑声始纵。媪亦起，唤婢襆被，为生安置。曰："阿甥来不易，宜留三五日，迟迟送汝归。如嫌幽闷，舍后有小园，可供消遣，有书可读。"

次日，至舍后，果有园半亩，细草铺毡，杨花糁径，有草舍三楹，花木四合其所。穿花小步，闻树头苏苏有声，仰视，则婴宁在上。见生，狂笑欲堕。生曰："勿尔，堕矣。"女且下且笑，不能自止。方将及地，失手而堕，笑乃止。生扶之，阴捘其腕[28]。女笑又作，倚树不能行，良久乃罢。生俟其笑歇，乃出袖中花示之。女接之，曰："枯矣。何留之？"曰："此上元妹子所遗，故存之。"问："存之何意？"曰："以示相爱不忘也。自上元相遇，凝思成疾，自分化为异物[29]，不图得见颜色，幸垂怜悯。"女曰："此大细事[30]，至戚何所靳惜？待兄行时，园中花，当唤老奴来，折一巨捆负送之。"生曰："妹子痴耶？"女曰："何便是痴？"生曰："我非爱花，爱拈花之人耳。"女曰：

"葭莩之情[31]，爱何待言。"生曰："我所谓爱，非瓜葛之爱，乃夫妻之爱。"女曰："有以异乎？"曰："夜共枕席耳。"女俯首思良久，曰："我不惯与生人睡。"语未已，婢潜至，生惶恐遁去。少时，会母所。母问："何往？"女答以园中共话。媪曰："饭熟已久，有何长言，周遮乃尔[32]。"女曰："大哥欲我共寝。"言未已，生大窘，急目瞪之，女微笑而止。幸媪不闻，犹絮絮究诘。生急以他词掩之，因小语责女。女曰："适此语不应说耶？"生曰："此背人语。"女曰："背他人，岂得背老母。且寝处亦常事，何讳之？"生恨其痴，无术可以悟之。

食方竟，家中人捉双卫来寻生[33]。先是，母待生久不归，始疑。村中搜觅已遍，竟无踪兆。因往询吴。吴忆曩言，因教于西南山村行觅。凡历数村，始至于此。生出门，适相值，便入告媪，且请偕女同归。媪喜曰："我有志，匪伊朝夕[34]。但残躯不能远涉，得甥携妹子去，识认阿姨，大好。"呼婴宁。宁笑至。媪曰："有何喜，笑辄不辍？若不笑，当为全人。"因怒之以目。乃曰："大哥欲同汝去，可便装束。"又饷家人酒食，始送之出，曰："姨家田产充裕，能养冗人[35]。到彼且勿归，小学诗礼，亦好事翁姑。即烦阿姨，为汝择一良匹。"二人遂发。至山坳回顾，犹依稀见媪倚门北望也。

抵家，母睹姝丽，惊问为谁。生以姨女对。母曰："前吴郎与儿言者，诈也。我未有姊，何以得甥？"问女，女曰："我非母出。父为秦氏，没时，儿在襁中，不能记忆。"母曰："我一姊适秦氏，良确，然殂谢已久，那得复存？"因审诘面庞、志赘[36]，一一符合。又疑曰："是矣。然亡已多年，何得复存？"疑虑间，吴生至，女避入室。吴询得故，惘然久之。忽曰："此女名婴宁耶？"生然之。吴极称怪事。问所自知，吴曰："秦家姑去世后，姑丈鳏居，祟于狐，病瘵死。狐生女名婴宁，绷卧床上，家人皆见之。姑丈没，狐犹时来。后求天师符粘壁上，狐遂携女去。将勿此耶？"彼此疑参，但闻室中吃吃皆婴宁笑声。母曰："此女亦太憨。"吴生请面之。母入室，女犹浓笑不顾。母促令出，始极力忍笑，又面壁移时，方出。才一展拜，翻然遽入，放声大笑。满室妇女，为之粲然。

吴请往觇其异[37]，就便执柯[38]。寻至村所，庐舍全无，山花零落而已。吴忆姑葬处仿佛不远，然坟垅湮没，莫可辨识，诧叹而返。母疑其为鬼。入告吴言，女略无骇意。又吊其无家，亦殊无悲意，孜孜憨笑而已。众莫之测，母令与少女同寝止，昧爽即来省问[39]，操女红，精巧绝伦。但善笑，禁之亦不可止，然笑处嫣然，狂而不损其媚，人皆乐之。邻女少妇，争承迎之。母择吉为之合卺[40]，而终恐为鬼物，窃于日中窥之，形影殊无少异[41]。至日，使华装行新妇礼，女笑极不能俯仰[42]，遂罢。生以其憨痴，恐泄漏房中隐事，而女殊秘密，不肯道一语。每值母忧怒，女至一笑即解。奴婢小过，恐遭鞭楚，辄求诣母共话，罪婢投见，恒得免。而爱花成癖，物色遍戚党，窃典金钗，购佳种，数月，阶砌藩溷[43]，无非花者。

庭后有木香一架，故邻西家，女每攀登其上，摘供簪玩。母时遇见，辄诃之。女卒不改。一日，西人子见之，凝注倾倒。女不避而笑。西邻子谓女意已属，心益荡。女指墙底，笑而下，西人子谓示约处，大悦。及昏而往，女果在焉。就而淫之，则阴如锥刺，痛彻于心，大号而踣。细视非女，则一枯木卧墙边，所接乃水淋窍也。邻父闻声，急奔研问，呻而不言；妻来，始以实告。爇火烛窍[44]，见中有巨蝎，如小蟹然。翁碎木捉杀之。负子至家，半夜寻卒。邻人讼生，讦发婴宁妖异。邑宰素仰生才，稔知其笃行士，谓邻翁讼诬，将杖责之，生为乞免，遂释而出。母谓女曰："憨狂尔尔，早知过喜而伏忧也。邑令神明，幸不牵累。设鹘突官宰[45]，必逮妇女质公堂，我儿何颜见戚里？"女正色，矢不复笑[46]。母曰："人罔不笑，但须有时。"而女由是竟不复笑，虽故逗之，亦终不笑，然竟日未尝有戚容[47]。

一夕，对生零涕。异之。女哽咽曰："曩以相从日浅，言之恐致骇怪。今日察姑及郎，皆过爱无有异心，直告或无妨乎？妾本狐产。母临去，以妾托鬼母，相依十余年，始有今日。妾又无兄弟，所恃者惟君。老母岑寂山阿，无人怜而合厝之[48]，九泉辄为悼恨。君倘不惜烦费，使地下人消此怨恫，庶养女者不忍溺弃[49]。"生诺之，然虑坟冢迷于荒草，女但言："无虑。"刻日夫妻舆榇而往[50]。女于荒烟错楚中，指示墓处，果得媪尸，肤革犹存。女抚哭哀痛。舁归，寻秦氏墓合葬焉。是夜生梦媪来称谢，寤而述之。女曰："妾夜见之，嘱勿惊郎君耳。"生恨不邀留。女曰："彼鬼也。生人多，阳气胜，何能久居？"生问小荣，曰："是亦狐，最黠。狐母留以视妾，每摄饵相哺，故德之常不去心[51]；昨问母，云已嫁之。"由是岁值寒食[52]，夫妇登秦墓，拜扫无缺。女逾年生一子，在怀抱中，不畏生人，见人辄笑，亦大有母风云。

异史氏曰[53]："观其孜孜憨笑，似全无心肝者。而墙下恶作剧，其黠孰甚焉！至凄恋鬼母，反笑为哭，我婴宁殆隐于笑者矣。窃闻山中有草，名'笑矣乎'，嗅之则笑不可止。房中植此一种，则合欢、忘忧[54]，并无颜色矣。若解语花，正嫌其作态耳[55]！"

【注释】

[1] 婴宁：似出于《庄子·大宗师》"其为物无不将也，无不迎也，无不毁也，无不成也，其名为撄

宁"。所谓"撄宁",指合乎天道、保持自然本色的人生。

[2] 莒（jǔ）：莒县，今属山东日照市。罗店:今莒县洛河镇罗米庄。

[3] 入泮（pàn）：古代学宫有泮池，成绩优异者才可进学宫学习，故称学童入学宫为"入泮"。

[4] 求凰：犹言求妻。相传司马相如以"凤求凰"琴曲向卓文君求婚。

[5] 上元：也称元宵节。

[6] 数武：泛指几步。武：半步。

[7] 醮禳（jiào ráng）：请僧道祈祷做法事，常特指道士。

[8] 发表：中医的一种治疗方法，即通过让患者出汗使其体内邪毒发散出来。

[9] 未字：还没有订婚。古代女子订婚称"字"。

[10] 解颐：舒展容颜，开怀欢笑。

[11] 居里：居住的地方。

[12] 绐（dài）：哄骗。

[13] 锐身自任：挺身担起责任。锐身，挺身。

[14] 折柬：裁纸写信。柬，原指竹简，代指书信。

[15] 修雅：整齐雅致。

[16] 格磔（zhé）：形容鸟鸣声。

[17] 无以阶进：找不到进去的理由。阶：台阶，这里喻指借口、理由。

[18] 日昃（zè）：午后。昃，日头偏斜。

[19] 启一关：开了一道门。 关，古代指门。

[20] 肃客：迎客。肃，引导、迎接。

[21] 裀（yīn）藉：坐垫，坐褥。

[22] 具展宗阀：王子服详细叙述说家世。宗阀，家世。阀：本指官宦人家门前记录功业的柱子，后泛指功业或家世。

[23] 尊堂：对别人母亲的敬称，也就是你母亲的意思。

[24] 弱息：幼弱的子女，特指女儿。庶产：不是正妻所生。

[25] 渠：她，指婴宁。

[26] 乌尾盈握：肥嫩的雏鸡。雏，此指小鸡。盈握，满一把。鸡的尾部满一把，言其肥。

[27] 不遑他瞬：顾不上看别处。遑：闲暇。不遑：没有空闲。

[28] 阴捘（zùn）：暗地里捏弄。

[29] 自分化为异物：自以为要死了。自分，自以为，自料。异物，死亡的代称。

[30] 细事：很小的事情。

[31] 葭莩：芦苇内壁里的一层薄膜。代指疏远的亲戚，也泛指一般的亲戚。

[32] 周遮：形容话很多的样子。

[33] 捉双卫：牵着两头驴子。卫，驴的别名。

[34] 匪伊朝夕：也不止一天了，匪，通假字，通"非"。

[35] 冗人:多余的人。

[36] 志赘：就是痣、赘疣及胎记等，代指人身上的特征。志，同痣。赘，赘疣。

[37] 觇（chān）其异：在婴宁不注意的时候察看她的异常。 觇，观察，窥探。

[38] 执柯：做媒的意思。

[39] 昧爽：天刚刚亮。省问：看望问候，请安。

[40] 合卺（jǐn）：完婚，圆房。

[41] 窃于：旧时迷信说鬼在阳光下是没有影子的。

[42] 不能俯仰：就是说笑得直不起腰来，形容笑得很厉害。

[43] 阶砌藩溷（hùn）：阶砌，台阶；藩，篱笆；溷，厕所等。这里形容多、无所不在。

[44] 爇（ruò）：燃烧，点燃。

[45] 设：假如。

[46] 矢：立誓。

[47] 戚容：悲伤的面容。

[48] 合厝：合葬。厝，埋葬。

[49] 庶养女者：古代的一种落后习俗，认为女儿不能延续续香火，父母死后不能办理后事，所以常把女婴放进水里淹死。

[50] 舆榇（chèn）：用车子运载棺材。舆，车子，指用车子运载。榇，棺材。

[51] 德之常不去心：感激她，常常心中惦念。德，名词用作动词。不去心，心中惦念。

[52] 寒食：清明节的前两天为寒食节，旧俗这天不烧火吃熟食。

[53] 异史氏：作者蒲松龄的自称。

[54] 合欢、忘忧：合欢花、忘忧草。因为这两种花草的名字带有开怀之意，它们的香气也有这样的作用，所以拿来和文中的"笑矣乎"来相比较。

[55] 若解语花：像花一样美丽而又善解人意。

[56] 作态：造作，不自然。

【作品赏析】

在《聊斋志异》中，蒲松龄以理想主义的笔触塑造了一批敢于藐视封建礼教法规，按自己的意志行事的血肉丰满的女性形象。《婴宁》的女主人公就是其中之一。《婴宁》写的是狐女婴宁与王子服真诚相爱，并终于结成美满婚姻的动人故事，表达了封建社会中青年人追求坚贞，纯洁爱情的美好向往。

作者倾注了极大的热情成功地塑造婴宁的形象，确立了《婴宁》在《聊斋志异》中的重要地位。作者用大量的笔墨写了婴宁的痴笑，天真烂漫、尤所顾忌的笑，带着完全不通人情世故的娇憨和纯真。婴宁不但爱笑，还爱花成癖。少女时的她所居住的山村，处处是花，到王子服家之后，甚至不惜当掉金钗四处购置良种，在房前屋后都种满了花。花成了婴宁与王子服美好爱情的传媒，也象征了婴宁的美丽和纯洁。作者还塑造了婴宁的明辨是非和知恩图报，狡黠地用恶作剧来惩戒对她有非分之想的西邻子，哭求王生把抚养自己成长的鬼母与秦氏合葬。

小说的细节描写十分成功。多处写到婴宁的笑，均各具情态，有"笑容可掬"，也有"含笑拈花而入"；有"户外隐有"的笑声，也有入内不可遏制的笑；有"狂笑欲堕"，也有"笑极不能俯仰"等，这一连串对笑的描写，笔墨简洁，点到即止，却又毫不重复，充满情趣，声态并作，使人物形象饱满逼真，出神入化。"昧爽省问"与"操女红"之描写，看似随笔带过，全似漫不经意，实际上却匠心独运，有丰富的蕴涵，点划之间已使人物性格非常饱满。作者在环境氛围的渲染上也不惜笔墨，如王子服为寻觅婴宁，伶仃独步，望南山而行，以王子服的视角，移步换形地对小里落及周围环境层层点染，氛围烘托已足，则令主人公婴宁出场。整个氛围诗意盎然。环境之清幽脱俗，人物之超凡美洁，宛如一幅风景画轴，缓缓展开，妙笔天成，人与美景融为一体。

风　波[1]

鲁迅

【作家作品简介】

鲁迅（1881 年～1936 年），原名周樟寿，后改名周树人；字豫山，后改豫才，浙江绍兴人，中国现代伟大的文学家、思想家。

1921 年发表中篇白话小说《阿 Q 正传》。1918 年 5 月 15 日发表《狂人日记》，是中国第一部现代白话文小说。1936 年 10 月 19 日因肺结核病逝于上海。鲁迅的作品主要以小说、杂文为主，代表作有：小说集《呐喊》《彷徨》《故事新编》等；散文集《朝花夕拾》；散文诗集《野草》；杂文集《坟》《热风》《华盖集》《华盖集续编》《南腔北调集》《三闲集》《二心集》《而已集》《且介亭杂文》等。

临河的土场上，太阳渐渐的[2]收了他通黄的光线了。场边靠河的乌桕树叶，干巴巴的才喘过气来，几个花脚蚊子在下面哼着飞舞。面河的农家的烟突里，逐渐减少了炊烟，女人孩子们都在自己门口的土场上泼些水，放下小桌子和矮凳；人知道，这已经是晚饭的时候了。

老人男人坐在矮凳上，摇着大芭蕉扇闲谈，孩子飞也似的跑，或者蹲在乌桕树下赌玩石子。女人端出乌黑的蒸干菜和松花黄的米饭，热蓬蓬冒烟。河里驶过文人的酒船，文豪见了，大发诗兴，说，[3]"无思无虑，这真是田家乐呵！"

但文豪的话有些不合事实，就因为他们没有听到九斤老太的话。这时候，九斤老太正在大怒，拿破芭蕉扇敲着凳脚说，"我活到七十九岁了，活够了，不愿意眼见这些败家相，——还是死的好。立刻就要吃饭了，还吃炒豆子，吃穷了一家子！"

伊的曾孙女儿六斤捏着一把豆，正从对面跑来，见这情形，便直奔河边，藏在乌桕树后，伸出双丫角的小头，大声说，"这老不死的！"

九斤老太虽然高寿，耳朵却还不很聋，但也没有听到孩子的话，仍旧自己说，"这真是一代不如一代！"

这村庄的习惯有点特别，女人生下孩子，多喜欢用秤称了轻重，便用斤数当作小名。九斤老太自从庆祝了五十大寿以后，便渐渐的变了不平家，常说伊年青的时候，天气没有现在这般热，豆子也没有现在这般硬；总之现在的时世是不对了。何况六斤比伊的曾祖，少了三斤，比伊父亲七斤，又少了一斤，这真是一条颠扑不破的实例。所以伊又用劲说，"这真是一代不如一代！"

伊的儿媳[4]七斤嫂子正捧着饭篮走到桌边，便将饭篮在桌上一摔，愤愤的说，"你老人家又这么说了。六斤生下来的时候，不是六斤五两么？你家的秤又是私秤，加重称，十八两秤；用了准十六，我们的六斤该有七斤多哩。我想便是太公和公公，也不见得正是九斤八斤十足，用的秤也许是十四两……"

"一代不如一代！"

七斤嫂还没有答话，忽然看见七斤从小巷口转出，便移了方向，对他嚷道，"你这死尸怎么这时候才回来，死到那里去了！不管人家等着你开饭！"

七斤虽然住在农村，却早有些飞黄腾达的意思。从他的祖父到他，三代不捏锄头柄了；他也照例的帮人撑着航船，每日一回，早晨从鲁镇进城，傍晚又回到鲁镇，因此很知道些时事：例如什么地方，雷公劈死了蜈蚣精；什么地方，闺女生了一个夜叉[5]之类。他在村人里面，的确已经是一名出场人物了。但夏天吃饭不点灯，却还守着农家习惯，所以回家太迟，是该骂的。

七斤一手捏着象牙嘴白铜斗六尺多长的湘妃竹烟管，低着头，慢慢地走来，坐在矮凳上。六斤也趁势溜出，坐在他身边，叫他爹爹。七斤没有应。

"一代不如一代！"九斤老太说。

七斤慢慢地抬起头来，叹一口气说，"皇帝坐了龙庭了。"

七斤嫂呆了一刻，忽而恍然大悟的道，"这可好了，这不是又要皇恩大赦[6]了么！"

七斤又叹一口气，说，"我没有辫子[7]。"

"皇帝要辫子么？"

"皇帝要辫子。"

"你怎么知道呢？"七斤嫂有些着急，赶忙的问。

"咸亨酒店里的人，都说要的。"

七斤嫂这时从直觉上觉得事情似乎有些不妙了，因为咸亨酒店是消息灵通的所在。伊一转眼瞥见七斤的光头，便忍不住动怒，怪他恨他怨他；忽然又绝望起来，装好一碗饭，搡[8]在七斤的面前道，"还是赶快吃你的饭罢！哭丧着脸，就会长出辫子来么？"

太阳收尽了他最末的光线了，水面暗暗地回复过凉气来；土场上一片碗筷声响，人人的脊梁上又都吐出汗粒。七斤嫂吃完三碗饭，偶然抬起头，心坎里便禁不住突突地发跳。伊透过乌桕叶，看见又矮又胖的赵七爷正从独木桥上走来，而且穿着宝蓝色竹布的长衫。

赵七爷是邻村茂源酒店的主人，又是这三十里方圆以内的唯一的出色人物兼学问家；因为有学问，所以又有些遗老的臭味。他有十多本金圣叹批评的《三国志》[9]，时常坐着一个字一个字的读；他不但能说出五虎将姓名，甚而至于还知道黄忠表字汉升和马超表字孟起。革命以后，他便将辫子盘在顶上，像道士一般；常常叹息说，倘若赵子龙在世，天下便不会乱到这地步了。七斤嫂眼睛好，早望见今天的赵七爷已经不是道士，却变成光滑头皮，乌黑发顶；伊便知道这一定是皇帝坐了龙庭，而且一定须有辫子，而且七斤一定是非常危险。因为赵七爷的这件竹布长衫，轻易是不常穿的，三年以来，只穿过两次：一次是和他怄气的麻子阿四病了的时候，一次是曾经砸烂他酒店的鲁大爷死了的时候；现在是第三次了，这一定又是于他有庆，于他的仇家有殃了。

七斤嫂记得，两年前七斤喝醉了酒，曾经骂过赵七爷是"贱胎"，所以这时便立刻直觉到七斤的危险，心坎里突突地发起跳来。

赵七爷一路走来，坐着吃饭的人都站起身，拿筷子点着自己的饭碗说，"七爷，请在我们这里用饭！"七爷也一路点头，说道"请请"，却一径走到七斤家的桌旁。七斤们连忙招呼，七爷也微笑着说"请请"，一面细细的研究他们的饭菜。

"好香的干菜，——听到了风声了么？"赵七爷站在七斤的后面七斤嫂的对面说。

"皇帝坐了龙庭了。"七斤说。

七斤嫂看着七爷的脸，竭力陪笑道，"皇帝已经坐了龙庭，几时皇恩大赦呢？"

"皇恩大赦？——大赦是慢慢的总要大赦罢。"七爷说到这里，声色忽然严厉起来，"但是你家七斤的辫子呢，辫子？这倒是要紧的事。你们知道：长毛时候，留发不留头，留头不留发，……"

七斤和他的女人没有读过书，不很懂得这古典的奥妙，但觉得有学问的七爷这么说，事情自然非常重大，无可挽回，便仿佛受了死刑宣告似的，耳朵里嗡的一声，再也说不出一句话。

"一代不如一代——"九斤老太正在不平，趁这机会，便对赵七爷说，"现在的长毛，只是剪人家的辫子，僧不僧，道不道的。从前的长毛，这样的么？我活到七十九岁了，活够了。从前的长毛是——整匹的红缎子裹头，拖下去，拖下去，一直拖到脚跟；王爷是黄缎子，拖下去，黄缎子；红缎子，黄缎子，——我活够了，七十九岁了。"

七斤嫂站起身，自言自语的说，"这怎么好呢?这样的一班老小，都靠他养活的人，……"

赵七爷摇头道，"那也没法。没有辫子，该当何罪，书上都一条一条明明白白写着的。不管他家里有些什么人。"

七斤嫂听到书上写着，可真是完全绝望了；自己急得没法，便忽然又恨到七斤。伊用筷子指着他的鼻尖说，"这死尸自作自受!造反的时候，我本来说，不要撑船了，不要上城了。他偏要死进城去，滚进城去，进城便被人剪去了辫子。从前是绢光乌黑的辫子，现在弄得僧不僧道不道的。这囚徒自作自受，带累了我们又怎么说呢?这活死尸的囚徒……"

村人看见赵七爷到村，都赶紧吃完饭，聚在七斤家饭桌的周围。七斤自己知道是出场人物，被女人当大众这样辱骂，很不雅观，便只得抬起头，慢慢地说道：

"你今天说现成话，那时你……"

"你这活死尸的囚徒……"

看客中间，八一嫂是心肠最好的人，抱着伊的两周岁的遗腹子，正在七斤嫂身边看热闹；这时过意不去，连忙解劝说，"七斤嫂，算了罢。人不是神仙，谁知道未来事呢?便是七斤嫂，那时不也说，没有辫子倒也没有什么丑么?况且衙门里的大老爷也还没有告示，……"

七斤嫂没有听完，两个耳朵早通红了；便将筷子转过向来，指着八一嫂的鼻子，说，"阿呀，这是什么话呵!八一嫂，我自己看来倒还是一个人，会说出这样昏诞胡涂话么?那时我是，整整哭了三天，谁都看见；连六斤这小鬼也都哭，……"六斤刚吃完一大碗饭，拿了空碗，伸手去嚷着要添。七斤嫂正没好气，便用筷子在伊的双丫角中间，直扎下去，大喝道，"谁要你来多嘴!你这偷汉的小寡妇!"

"扑"的一声，六斤手里的空碗落在地上了，恰巧又碰着一块砖角，立刻破成一个很大的缺口。七斤直跳起来，捡起破碗，合上检查一回，也喝道，"入娘的!"一巴掌打倒了六斤。六斤躺着哭，九斤老太拉了伊的手，连说着"一代不如一代"，一同走了。

八一嫂也发怒，大声说，"七斤嫂，你'恨棒打人'……"

赵七爷本来是笑着旁观的；但自从八一嫂说了"衙门里的大老爷没有告示"这话以后，却有些生气了。这时他已经绕出桌旁，接着说，'恨棒打人'，算什么呢。大兵是就要到的。你可知道，这回保驾的是张大帅[10]。张大帅就是燕人张翼德的后代，他一支丈八蛇矛，就有万夫不当之勇，谁能抵挡他，"他两手同时捏起空拳,仿佛握着无形的蛇矛模样,向八一嫂抢进几步道,"你能抵挡他么!"

八一嫂正气得抱着孩子发抖,忽然见赵七爷满脸油汗,瞪着眼,准对伊冲过来,便十分害怕,不敢说完话,回身走了。赵七爷也跟着走去,众人一面怪八一嫂多事,一面让开路,几个剪过辫子重新留起的便赶快躲在人丛后面,怕他看见。赵七爷也不细心察访,通过人丛,忽然转入乌桕树后,说道"你能抵挡他么!"跨上独木桥,扬长去了。

村人们呆呆站着,心里计算,都觉得自己确乎抵不住张翼德,因此也决定七斤便要没有性命。七斤既然犯了皇法,想起他往常对人谈论城中的新闻的时候,就不该含着长烟管显出那般骄傲模样,所以对七斤的犯法,也觉得有些畅快。他们也仿佛想发些议论,却又觉得没有什么议论可发。嗡嗡的一阵乱嚷,蚊子都撞过赤膊身子,闯到乌桕树下去做市;他们也就慢慢地走散回家,关上门去睡觉。七斤嫂咕哝着,也收了家伙和桌子矮凳回家,关上门睡觉了。

七斤将破碗拿回家里,坐在门槛上吸烟;但非常忧愁,忘却了吸烟,象牙嘴六尺多长湘妃竹烟管的白铜斗里的火光,渐渐发黑了。他心里但觉得事情似乎十分危急,也想想些方法,想些计画[11],但总是非常模糊,贯穿不得:"辫子呢辫子?丈八蛇矛。一代不如一代!皇帝坐龙庭。破的碗须得上城去钉好。谁能抵挡他?书上一条一条写着。入娘的!……"

第二日清晨,七斤依旧从鲁镇撑航船进城,傍晚回到鲁镇,又拿着六尺多长的湘妃竹烟管和一个饭碗回村。他在晚饭席上,对九斤老太说,这碗是在城内钉合的,因为缺口大,所以要十六个铜钉,三文一个,一总用了四十八文小钱。

九斤老太很不高兴的说,"一代不如一代,我是活够了。三文钱一个钉;从前的钉,这样的么?从前的钉是……我活了七十九岁了,——"

此后七斤虽然是照例日日进城,但家景总有些黯淡,村人大抵回避着,不再来听他从城内得来的新闻。七斤嫂也没有好声气,还时常叫他"囚徒"。

过了十多日,七斤从城内回家,看见他的女人非常高兴,问他说,"你在城里可听到些什么?"

"没有听到些什么。"

"皇帝坐了龙庭没有呢?"

"他们没有说。"

"咸亨酒店里也没有人说么?"

"也没人说。"

"我想皇帝一定是不坐龙庭了。我今天走过赵七爷的店前,看见他又坐着念书了，辫子又盘在顶上了，也没有穿长衫。"

"……"

"你想，不坐龙庭了罢？"

"我想，不坐了罢。"

现在的七斤，是七斤嫂和村人又都早给他相当的尊敬，相当的待遇了。到夏天，他们仍旧在自家门口的土场上吃饭；大家见了，都笑嘻嘻的招呼。九斤老太早已做过八十大寿，仍然不平而且健康。六斤的双丫角，已经变成一支大辫子了；伊虽然新近裹脚，却还能帮同七斤嫂做事，捧着十八个铜钉[12]的饭碗，在土场上一瘸一拐的往来。

一九二〇年十月

【注释】

[1] 本篇最初发表于 1920 年 9 月《新青年》第八卷第一号，后收入《呐喊》。

[2] 的："五四"运动开始的白话文，结构助词"的""地"，在一些作品中已有所分工，但是不严格。

[3] 此处标点符号，用的是逗号，现在一般用冒号。本文中类似的情况较多，这是五四白话文运动开始时新式标点符号还不成熟的一种历史现象。

[4] 伊的儿媳：从上下文看，这里的"儿媳"应是"孙媳"。

[5] 夜叉：佛教指恶鬼。后来用来比喻相貌丑陋、凶恶的人。

[6] 大赦：国家在一些特殊的时期依法对犯人实行赦免（减轻或免除）。

[7] 辫子：我国满族旧俗男子剃发垂辫。1644 年清世祖进入北京后几次下令强迫各族人民遵从满族发式，屠杀不遵从剃发令的民众。曾经有所谓"留发不留头，留头不留发"之说。

[8] 搡：猛推。

[9] 金圣叹批评的《三国志》：指小说《三国演义》，不是史书《三国志》。金圣叹（1608 年～1661 年），明末清初文人，曾批注《水浒》《西厢记》等书，但是不曾批注过《三国演义》。后人曾伪托金圣叹的名义为《三国演义》一书作序和附加评语，故有此说。

[10] 张大帅：指张勋（1854 年～1923 年），江西奉新人，北洋军阀之一。原为清朝军官，辛亥革命后，他和所部官兵仍旧留着辫子，表示忠于清王朝，被称为辫子军。1917 年 7 月 1 日他在北京扶持清废帝溥仪复辟，七月十二日即告失败。

[11] 计画：同"计划"。

[12] 十八个铜钉：据上文应是"十六个"。

【作品赏析】

小说描写 1917 年张勋复辟事件在江南某水乡所引起的一场关于辫子的风波，以小见大，展示了辛亥革命后中国农村的封闭，愚昧，保守的沉重氛围。农民还处于封建势力和封建思想的统治和控制之下，自私，苟活，麻木，冷漠，缺乏革命的觉悟。这说明，辛亥革命并没有给封建统治下的中国农村带来真正的变革,今后的社会革命,若不能唤醒民众,是难以成功的。

作品以辫子事件为中心线索,描述了事件的起因,发展和消解。风波是由"皇帝坐了龙庭了","皇帝要辫子",可七斤没有辫子引起的。赵七爷的出场使风波骤然强化。赵七爷的盘在头顶上象道士一般的辫子放下来了,且幸灾乐祸地质问七斤的辫子哪里去了,使七斤,七斤嫂感到如同受了死刑似的,引起一系列的矛盾冲突,事件骤变,发展,最后又以赵七爷的辫子又盘在顶上,"皇帝没有坐龙庭"而矛盾消解。

作品运用白描手法塑造人物。通过富有个性色彩和乡土气息的人物对话来刻画人物性格,展开矛盾冲突,推动情节发展;选择生动贴切且富有表现力的细节来揭示人物的内在心理,暗示深刻的主题内蕴。作品开头的环境描绘和场面描写,不仅是一幅充满地方色彩和生活气息的风景画和风俗画,而且以其场景的恬静,与结尾相呼应,对辫子风波的波澜起伏起到了对比衬托作用。

花 凋

张爱玲

【作家作品简介】

张爱玲(1921 年~1995 年),女,中国现代作家。原名张煐,笔名梁京。原籍河北丰润区,生于上海。1938 年考取伦敦大学,因战事改入香港大学,1943 年回上海。1943 年发表小说《沉香屑—第一炉香》,引起文坛关注。之后陆续发表《倾城之恋》、《金锁记》、《花凋》、《红玫瑰与白玫瑰》等小说。1944 年出版中短篇小说集《传奇》。1945 年出版散文集《流言》。1946 年出版《传奇增订本》。1951 年到香港,1955 年到美国,1995 年病逝于洛杉矶。

张爱玲是沦陷期上海最著名的作家。张爱玲用世俗的题材表现了女性在现代社会的生存处境,对女性心理的挖掘具有一定的深度,展示了人性中冷漠和残酷的一面,充满了苍凉的悲剧意味。张爱玲小说具有中西结合的艺术风格,具有中国古典白话小说的故事语言风格,又具有细腻的心理刻画、通感艺术等西方现代派小说的特点。

她父母小小地发了点财,将她坟上加工修葺了一下,坟前添了个白大理石的天使,垂着头,合着手,胸底下环绕着一群小天使。上上下下十来双白色的石头眼睛。在石头的风里,翻飞着白石的头发,白石的裙褶子,露出一身健壮的肉,乳白的肉冻子,冰凉的。是像电影里看见的美满的坟墓,芳草斜阳中献花的人应当感到最美满的悲哀。天使背后藏着小小的碑,题着"爱女郑川嫦之墓"。碑阴还有托人撰制的新式的行述:

"……川嫦是一个稀有的美丽的女孩子……十九岁毕业于宏济女中,二十一岁死于肺病。……爱音乐、爱静、爱父母……无限的爱，无限的依依，无限的惋惜……回忆上的一朵花，永生的玫瑰……安息罢，在爱你的人的心底下。知道你的人没有一个不爱你的。"

全然不是这回事。的确，她是美丽的，她喜欢静，她是生肺病死的，她的死是大家同声惋惜的，可是……全然不是那回事。

川嫦从前有过极其丰美的肉体，尤其美的是那一双华泽的白肩膀。然而，出人意料之外地，身体上的脸庞却偏于瘦削；峻整的，小小的鼻峰，薄薄的红嘴唇，清炯炯的大眼睛，长睫毛，满脸的"颤抖的灵魂"，充满了深邃洋溢的热情与智慧，像《魂归离恨天》的作者爱米丽·勃朗蒂。实际上川嫦并不聪明，毫无出众之点。她是没点灯的灯塔。

在姊妹中也轮不着她算美，因为上面还有几个绝色的姊姊。郑家一家都是出奇地相貌好。从她父亲起。郑先生长得像广告画上喝乐口福抽香烟的标准上海青年绅士，圆脸，眉目开展，嘴角向上兜兜着；穿上短裤子就变了吃婴儿药片的小男孩；加上两撇八字须就代表了即时进补的老太爷；胡子一白就可以权充圣诞老人。

郑先生是个遗少，因为不承认民国，自从民国纪元起他就没长过岁数。虽然也知道醇酒妇人和鸦片，心还是孩子的心。他是酒精缸里泡着的孩尸。

郑夫人自以为比他看上去还要年轻，时常得意地向人说："我真怕跟他一块儿出去——人家瞧着我比他小得多，都拿我当他的姨太太！"俊俏的郑夫人领着俊俏的女儿们在喜庆集会里总是最出风头的一群。虽然不懂英文，郑夫人也会遥遥地隔着一间偌大的礼堂向那边叫喊："你们过来，兰西！露西！莎丽！宝丽！"在家里她们变成了大毛头、二毛头、三毛头、四毛头。底下还有三个是儿子，最小的儿子是一个下堂妾所生。

孩子多，负担重，郑先生常弄得一屁股的债，他夫人一肚子的心事。可是郑先生究竟是个带点名士派的人，看得开，有钱的时候在外面生孩子，没钱的时候在家里生孩子。没钱的时候居多，因此家里的儿女生之不已，生下来也还是一样的疼。逢着手头活便，不能说郑先生不慷慨，要什么给买什么。在鸦片炕上躺着，孩子们一面给捶腿，一面就去掏摸他口袋里的钱；要是不叫拿，她们就捏起拳头一阵乱捶，捶得父亲又是笑，又是叫唤："嗳哟，嗳哟，打死了，这下子真打死了！"过年的时候他领着头耍钱，做庄推牌九，不把两百元换来的铜子儿输光了不让他歇手。然而玩笑归玩笑，发起脾气来他也是翻脸不认人的。

郑先生是连演四十年的一出闹剧，他夫人则是一出冗长单调的悲剧。她恨他不负责任，她恨他要生那么些孩子；她恨他不讲卫生，床前放着痰盂而他偏要将痰吐到拖鞋里。她总是仰着脸摇摇摆摆在屋里走过来，走过去，凄冷地嗑着瓜子——一个美丽苍白的，绝望的妇人。

难怪郑夫人灰心，她初嫁过来，家里还富裕些的时候，她也曾积下一点私房，可是郑家的财政系统是最使人捉摸不定的东西，不知怎么一卷就把她那点积蓄给卷得荡然无存。郑夫人毕竟不脱妇人习性，明知是留不住的，也还要继续的积，家事虽然乱麻一般，乘乱里她也捞了点钱，这点钱就给了她无穷的烦恼，因为她丈夫是哄钱用的一等好手。

说不上来郑家是穷还是阔。呼奴使婢的一大家子人，住了一幢洋房，床只有两只，小姐们每晚抱了铺盖到客室里打地铺。客室里稀稀朗朗几件家具也是借来的，只有一架无线电是自己置的，留声机屉子里有最新的流行唱片。他们不断地吃零食，全家坐了汽车看电影去，孩子蛀了牙齿没钱补，在学校里买不起钢笔头。佣人们因为积欠工资过多，不得不做下去，下人在厨房里开一桌饭，全弄堂的底下人都来分享，八仙桌四周的长板凳上挤满了人。厨子的远房本家上城来的时候，向来是耽搁在郑公馆里。

小姐们穿不起丝质线质的新式衬衫，布褂子又嫌累赘，索性穿一件空心的棉袍夹袍，几个月之后，脱下来塞在箱子里，第二年生了霉，另做新的。丝袜还没上脚已经被别人拖去穿了，重新发现的时候，袜子上的洞比袜子大。不停地嘀嘀咕咕，明争暗斗。在这弱肉强食的情形下，几位姑娘虽然是在锦绣丛中长大的，其实跟捡煤核的孩子一般泼辣有为。

这都是背地里。当着人，没有比她们更为温柔知礼的女儿，勾肩搭背友爱的姊妹。她们不是不会敷衍。从小的剧烈的生活竞争把她们造成了能干人。川嫦是姊妹中最老实的一个，言语迟慢，又有点脾气。她是最小的一个女儿，天生要被大的欺负，下面又有弟弟，占去了爹娘的疼爱，因此她在家里不免受委屈。可是她的家对于她实在是再好没有的严格的训练。为门第所限，郑家的女儿不能当女店员、女打字员，做"女结婚员"是她们唯一的出路。在家里虽学不到什么专门技术，能够有个立脚地，却非得有点本领不可。郑川嫦可以说一下地就进了"新娘学校"。

可是在修饰方面她很少发展的余地，她姊姊们对于美容学研究有素，她们异口同声地断定："小妹适于学生派的打扮。小妹这一路的脸，头发还是不烫好看。小妹穿衣服越素净越好。难得有人配穿蓝布褂子，小妹倒是穿蓝布长衫顶俏皮。"于是川嫦终年穿着蓝布长衫，夏天浅蓝，冬天深蓝，从来不和姊姊们为了同时看中一件衣料而争吵。姊姊们又说："现在时行的这种红黄色的丝袜，小妹穿了，一双腿更显胖，像德国香肠。还是穿短袜子登样，或是赤脚。"又道：

"小妹不能穿皮子，显老。"可是三姊不要了的那件呢大衣，领口上虽缀着一些腐旧的青种羊，小妹穿着倒不难看，因为大衣袖子太短了，露出两三寸手腕，穿着像个正在长高的小孩，天真可爱。

好容易熬到了这一天，姊姊们一个个都出嫁了，川嫦这才突然地漂亮起来了。可是她不忙着找对象。她痴心想等爹有了钱，送她进大学，好好地玩两年，从容地找个合适的人。等爹有钱……非得有很多的钱，多得满了出来，才肯花在女儿的学费上——女儿的大学文凭原是最狂妄的奢侈品。

郑先生也不忙着替川嫦定亲。他道："实在禁不起这样年年嫁女儿。说省，说省，也把我们这点家私捣光了。再嫁出一个，我们老两口子只好跟过去做陪房了。"

然而郑夫人的话也有理（郑家没有一个人说话没有理的，就连小弟弟在裤子上溺了尿，也还得出一篇道理来），她道："现在的事，你不给她介绍朋友，她来个自我介绍。碰上个好人呢，是她自己找来的，她不承你的情。碰上个坏人，你再反对，已经晚了，以后大家总是亲戚，徒然伤了感情。"

郑夫人对于选择女婿很感兴趣。那是她死灰的生命中的一星微红的炭火。虽然她为她丈夫生了许多孩子，而且还在继续生着，她缺乏罗曼蒂克的爱。同时她又是一个好妇人，既没有这胆子，又没有机会在他方面取得满足。于是，她一样地找男人，可是找了来做女婿。她知道这美丽而忧伤的岳母在女婿们的感情上是占点地位的。

二小姐三小姐结婚之后都跟了姑爷上内地去了，郑夫人把川嫦的事托了大小姐。嫁女儿，向来是第一个最磨菇，以后，一个拉扯一个，就容易了。大姑爷有个同学新从维也纳回来。乍回国的留学生，据说是嘴馋眼花，最易捕捉。这人习医，名唤章云藩，家里也很过得去。

川嫦见了章云藩，起初觉得他不够高，不够黑，她的理想的第一先决条件是体育化的身量。他说话也不够爽利的，一个字一个字谨慎地吐出来，像在隆重的宴会里吃洋枣，把核子徐徐吐在小银匙里，然后偷偷倾在盘子的一边，一个不小心，核子从嘴角里直接滑到盘子里，叮当一声，就失仪了。措词也过分留神些，"好"是"好"，"坏"是"不怎么太好"。"恨"是"不怎么太喜欢"。川嫦对于他的最初印象是纯粹消极的，"不够"这个，"不够"那个，然而几次一见面，她却为了同样的理由爱上他了。

他不但家里有点底子，人也是个有点底子的人。而且他整齐干净，和她家里的人大不相同。她喜欢他头发上的花尖，他的微微伸出的下嘴唇；有时候他戴着深色边的眼镜。也许为来为去不过是因为他是她眼前的第一个有可能性的男人。可是她没有比较的机会，她始终没来得及接近第二个人。

最开头是她大姐请客跳舞。第二次是章云藩还请，接着是郑夫人请客，也是在馆子里。各方面已经有了"人事定矣"的感觉。郑夫人道："等他们订了婚，我要到云藩的医院里去照照爱克司光——老疑心我的肺不大结实。若不是心疼这笔检验费，早去照了，也不至于这些年来心上留着个疑影儿。还有我这胃气疼毛病，问他可有什么现成的药水打两针。以后几个小的吹了风，闹肚子，也用不着求教外人了，现放着个姊夫。"郑先生笑道："你要买药厂的股票，有人做顾问了，倒可以放手大做一下。"她夫人变色道："你几时见我买股票来？我哪儿来的钱？是你左手交给我的，还是右手交给我的？"

过中秋节，章云藩单身在上海，因此郑夫人邀他来家吃晚饭。不凑巧，郑先生先一日把郑夫人一只戒指押掉了，郑夫人和他争吵之下，第二天过节，气得脸色黄黄的，推胃气疼不起床，上灯时分方才坐在枕头上吃稀饭，床上架着红木炕几，放了几色咸菜。楼下磕头祭祖，来客入席，佣人几次三番催请，郑夫人只是不肯下去。郑先生笑嘻嘻的举起筷子来让章云藩，道："我们先吃罢，别等她了。"云藩只得在冷盆里夹了些菜吃着。川嫦笑道："我上去瞧瞧就来。"她走下席来，先到厨房里嘱咐他们且慢上鱼翅，然后上楼。郑夫人坐在床上，绷着脸，耷拉着眼皮子，一只手扶着筷子，一只手在枕头边摸着了满垫着草纸的香烟筒，一口气吊上一大串痰来，吐在里面。吐完了，又去吃粥。川嫦连忙将手按住了碗口，劝道："娘，下去大家一块儿吃罢。一年一次的事，我们也团团圆圆的。况且今天还来了人。人家客客气气的，又不知道这里头的底细。爹有不是的地方，咱们过了今天再跟他说话！"左劝右劝，硬行替她梳头净脸，换了衣裳，郑夫人方才委委屈屈下楼来了，和云藩点头寒暄既毕，把儿子从桌子那面唤过来，坐在身边，摸索他道："叫了章大哥没有？瞧你弄得这么黑眉乌眼，亏你怎么见人来着？上哪儿玩过了，新鞋上糊了这些泥？还不到门口的棕垫子上塌掉它！"那孩子只顾把酒席上的杏仁抓来吃，不肯走开，只吹了一声口哨，把家里养的大狗唤了来，将鞋在狗背上塌来塌去，刷去了泥污，郑家这样的大黄狗有两三只，老而疏懒，身上生癣处皮毛脱落，拦门躺着，乍看就仿佛是一块旧的棕毛毯。

这里端上了鱼翅。郑先生举目一看，阖家大小，到齐了，单单缺了姨太太所生的幼子。便问道："小少爷呢？"赵妈举眼看着太太，道："奶妈抱到衖堂里玩去了。"郑先生一拍桌子道："混账！家里开饭了，怎不叫他们一声？平时不上桌子也罢了，过节吃团圆饭，总不能不上桌。去给我把奶妈叫回来！"郑夫人皱眉道："今儿的菜油得厉害，叫我怎么下筷子？赵妈你去剥两只皮蛋来给我下酒。"赵妈答应了一声，却有些意意思思的，没动身。郑夫人叱道："你聋是不是？叫你剥皮蛋！"赵妈慌忙去了。郑先生将小银杯重重在桌上一磕，洒了一手的酒，把后襟一撩，站起来往外走，亲自到衖堂里去找孩子。他从后门才出去，奶妈却抱着孩子从前门进来了。川嫦便道："奶妈你端个凳子放在我背后，添一副碗筷来，随便喂他两口，应个景儿。不过是这么回事。"

送上碗筷来，郑夫人把饭碗接过来，夹了点菜放在上面，道："拿到厨房里吃去罢，我见了就生气。下流胚子——你再捧着他，脱不了还是个下流胚子。"

奶妈把孩子抱到厨下，恰巧遇着郑先生从后门进来，见这情形，不由得冲冲大怒，劈手抢过碗，哗浪浪摔得粉碎。那孩子眼见才要到嘴的食又飞了，哇哇大哭起来。郑先生便一叠连声叫买饼干去。

打杂的问道："还是照从前，买一块钱散装的？"郑先生点头。打杂的道："钱我先垫着？"郑先生点头道："快去快去。尽唠叨！"打杂的道："可要多买几块钱的，免得急着要的时候抓不着？"郑先生道："多买了，我们家里哪儿搁得住东西，下次要吃，照样还得现买。"郑夫人在里面听见了，便闹了起来道："你这是说谁？我的孩子犯了贱，吃了婊子养的吃剩下的东西，叫他们上吐下泻，登时给我死了！"郑先生在楼梯上冷笑道："你这种咒，赌它则甚？上吐下泻……知道你现在有人给他治了！"

章云藩听了这话，并不曾会过意思来，川嫦脸上却有些讪讪的。

一时撤下鱼翅，换上一味神仙鸭子。郑夫人替章云藩拣菜，一面心中烦恼，眼中落泪，说道："章先生，今天你见着我们家庭里这种情形，觉得很奇怪罢？我是不拿你当外人看待的，我倒也很愿意让你知道知道，我这些年来过的是一种什么生活。川嫦给章先生拣点炒虾仁。你问川嫦，你问她，她知道她父亲是怎样的一个人。这哪一天不对她姊妹们说——我说：'兰西，露西，沙丽，宝丽，你们要仔细啊！不要像你母亲，遇人不淑，再叫你母亲伤心，你母亲禁不起了啊！'从小我就对她们说：'好好念书啊，一个女人，要能自立，遇着了不讲理的男人，还可以一走。'唉，不过章先生，这是普通的女人哪！我就不行，我这人情感太重，情感太重。我虽然没进过学堂，烹饪、缝纫这点自立的本领是有的。我一个人过，再苦些，总也能解决我自己的生活。"虽然郑夫人没进过学堂，她说得一口流利的新名词。她道："我就坏在情感丰富，我不能眼睁睁看着我的孩子们给她爹作践死了。我想着，等两年，等孩子大些了，不怕叫人摆布死了，我再走，谁知道她们大了，底下又有了小的了。可怜做母亲的一辈子就这样牺牲掉了！"

她偏过身子让赵妈在背后上菜，道："章先生趁热吃些蹄子。这些年的夫妻，你看他还是这样的待我。现在我可不怕他了！我对他说：'不错，我是个可怜的女人，我身上有病，我是个没有能力的女人，尽着你压迫，可是我有我的女儿保护我！嗳，我女儿爱我，我女婿爱我！'"

川嫦心中本就不自在，又觉胸头饱闷，便揉着胸脯子道："不知怎么的，心口绞得慌。"郑夫人道："别吃了，喝口热茶罢。"川嫦道："我到沙发上靠靠，舒服些。"便走到穹门那边的客厅里坐上。这边郑夫人悲悲切切倾心吐胆诉说个不完。云藩道："伯母别尽自伤心了，身体禁不住。也要勉强吃点什么才好。"郑夫人拣了一匙子奶油菜花，尝了一尝，蹙着眉道："太腻了，还是替我下碗面来罢。有蹄子，就是蹄子面罢。"一桌子人都吃完了，方才端上面来，郑夫人一头吃，一头说，面冷了，又叫拿去热，又嗔不替章先生倒茶。云藩忙道："我有茶在客厅里，只要对点开水就行了。"趁势走到客厅里。

客厅里电灯上的磁罩子让小孩子拿刀弄杖搠碎了一角，因此川嫦能够不开灯的时候总避免开灯。屋里暗沉沉地，但见川嫦扭着身子伏在沙发扶手上。蓬松的长发，背着灯光，边缘上飞着一重轻暖的金毛衣子，定着一双大眼睛，像云雾里似的，微微发亮。云藩笑道："还有点不舒服吗？"川嫦坐正了笑道："好多了。"云藩见她并不捻亮灯，心中纳罕。两人暗中相对，毕竟不便，只得抱着胳膊立在门洞子里射进的灯光里。川嫦正迎着光，他看清楚她穿着一件葱白素绸长袍，白手臂与白衣服之间没有界限；戴着她大姊夫从巴黎带来的一副别致的项圈，是一双泥金的小手，尖而长的红指甲，紧紧扣在脖子上，像是要扼死人。

她笑道："章先生，你很少说话。"云藩笑道："刚才我问你好了没有，再问下去，就像个医生了。我就怕人家三句不离本行。"川嫦笑了。赵妈提着乌黑的水壶进来冲水，川嫦便在高脚玻璃盆里抓了一把糖，放在云藩面前道："吃糖。"郑家的房门向来是四通八达开着的，奶妈抱着孩子从前面踱了进来，就在沙发四周绕了两圈。郑夫人在隔壁房里吃面，便回过头来钉眼望着，向川嫦道："别给他糖，引得他越发没规没矩，来了客就串来串去的讨人嫌！"

奶妈站不住脚，只得把孩子抱到后面去，走过餐室，郑夫人见那孩子一只手捏着满满一把小饼干，嘴里却啃着梨，便叫了起来道："是谁给他的梨？楼上那一篮子梨是姑太太家里的节礼，我还要拿它送人呢！动不得的。谁给他拿的？"下人们不敢答应。郑夫人放下筷子，一路问上楼去。

这里川嫦搭讪着站起来，云藩以为她去开电灯，她却去开了无线电。因为没有适当的茶几，无线电机是搁在地板上的。川嫦蹲在地上扭动收音机的扑落，云藩便跟了过去，坐在近边的一张沙发上，笑道："我顶喜欢无线电的光。这点儿光总是跟音乐在一起的。"川嫦把无线电转得轻轻的，轻轻地道："我别的没有什么理想，就希望有一天能够开着无线电睡觉。"云藩笑道："那仿佛是很容易。"川嫦笑道："在我们家里就办不到。谁都不用想一个人享点清福。"云藩道："那也许。家里的人，免不了总要乱一点。"川嫦很快的溜了他一眼，低下头去，叹了一口气道："我爹其实不过是小孩子脾气。我娘也有她为难的地方。其实我们家也还真亏了我娘，就是她身体不行，照应不过来。"云藩听她无缘无故替她父母辩护着，就仿佛他对他们表示不满似的；自己回味方才的话，并没有这层意思。两人一时都沉默起来。

忽然听见后门口有人喊叫："大小姐大姑爷回来了！"川嫦似乎也觉得客堂里没有点灯，有点不合适，站起来开灯。那电灯开关恰巧在云藩的椅子背后，她立在他紧跟前，不过一刹那的工夫，她长袍的下摆罩在他脚背上，随即就移开了。她这件旗袍制得特别的长，早已不入时了，都是因为云藩向她姊姊说过：他喜欢女人的旗袍长过脚踝，出国的时候正时行着，今年回国来，却看不见了。他到现在方才注意到她的衣服，心里也说不出来是什么感想，脚背上仿佛老是蠕蠕啰啰飘着她的旗袍角。

她这件衣服，想必是旧的，既长，又不合身，可是太大的衣服另有一种特殊的诱惑性，走起路来，一波未平，一波又起，有人的地方是人在颤抖，无人的地方是衣服在颤抖，虚虚实实，实实虚虚，极其神秘。

川嫦迎了出去，她姊姊姊夫抱着三岁的女儿走进来，和云藩招呼过了。那一年秋暑，阴历八月了，她姊夫还穿着花绸香港衫。川嫦笑道："大姊夫越来越漂亮了。"她姊姊笑道："可不是，我说他瞧着年轻了二十五岁！"她姊夫笑着牵了孩子的手去打她。

她姊姊泉娟说话说个不断，像挑着铜匠担子，担子上挂着喋嗒喋嗒的铁片，走到哪儿都带着她自己单调的热闹。云藩自己用不着开口，不至于担心说错了话，可同时又愿意多听川嫦说两句话，没机会听到，很有点失望。川嫦也有类似的感觉。

她弟弟走来与大姊拜节。泉娟笑道："你们今儿吃了什么好东西？替我留下了没有？"她弟弟道："你放心，并没有瞒着你吃什么好的，虾仁里吃出一粒钉来。"泉娟忙叫他禁声道："别让章先生听见了，人家讲究卫生，回头疑神疑鬼的，该肚子疼了。"她弟弟笑道："不要紧，大姊夫不也是讲究卫生吗？从前他也不嫌我们厨子不好，天天来吃饭，把大姊骗了去了，这才不来了，请他也请不到了。"泉娟笑道："他这张嘴！都是娘惯的他！"

川嫦因这话太露骨了，早红了脸，又不便当着人向弟弟发作。云藩忙打岔道："今儿去跳舞不去？"泉娟道："太晚了罢？"云藩道："大节下的，晚一点也没关系。"川嫦笑道："章先生今天这么高兴。"

她几番拿话试探，觉得他虽非特别高兴，却也没有半点不高兴。可见他对于她的家庭，一切都可以容忍。知道了这一点，心里就踏实了。

当天姊姊姊夫陪着他们出去跳舞，夜深回来，临上床的时候，川嫦回想到方才，从舞场里出来，走了一截子路去叫汽车，四个人挨得紧紧的挽着手并排走，他的胳膊恰巧抵在她胸脯子上。他们虽然一起跳过舞，没有比这样再接近了。想到这里就红了脸，决定下次出去的时候穿双高的高跟鞋，并肩走的时候可以和他高度相仿。可是那样也不对……怎么着也不对，而且，这一点接触算什么？下次他们单独地出去，如果他要吻她呢？太早了罢，统共认识了没多久，以后要让他看轻的。可是到底，家里已经默认了……

她脸上发烧，久久没有退烧。第二天约好了一同出去的，她病倒了，就没去成。

病了一个多月，郑先生郑夫人顾不得避嫌疑了，请章云藩给诊断了一下。川嫦自幼身体健壮，从来不生病，没有在医生面前脱衣服的习惯。对于她，脱衣服就是体格检查。她瘦得肋骨胯骨高高突了起来。他该怎么想？他未来的妻太使他失望了罢？

当然他脸上毫无表情，只有耶教徒式的愉悦——一般医生的典型临床态度——笑嘻嘻说："耐心保养着，要紧是不要紧的……今天觉得怎样？过两天可以吃橘子水了。"她讨厌他这一套，仿佛她不是个女人，就光是个病人。

病人也有几等几样的。在奢丽的卧室里，下着帘子，蓬着鬈发，轻绡睡衣上加着白兔皮沿边的，床上披披的锦缎睡袄，现在林黛玉也有她独特的风韵。川嫦可连一件像样的睡衣都没有，穿着她母亲的白布褂子，许久没洗澡，褥单也没换过。那病人的气……

她不大乐意章医生。她觉得他仿佛是乘她没打扮的时候冷不防来看她似的。穿得比平时破烂的人们，见了客，总比平时无礼些。

川嫦病得不耐烦了，几次想爬起来，撑撑不也就撑过去了？郑夫人阻挡不住，只得告诉了她：章医生说她生的是肺病。

章云藩天天来看她，免费为她打空气针。每逢他的手轻轻的按到她胸胁上，微凉的科学的手指，她便侧过头去凝视窗外的蓝天。从前一直憧憬着的接触……是的，总有一天，……总有一天……可是想不到是这样。想不到是这样。

她眼睛上蒙着水的壳。她睁大了眼睛，一眨也不眨，怕它破，对着他哭，成什么样子？他很体谅，打完了针总问一声："痛得很？"她点点头，借此，眼泪就扑地落下来了。

她的肉体在他手指底下溜走了。她一天天瘦下去了，她的脸像骨格子上绷着白缎子，眼睛就是缎子上落了灯花，烧成了两只炎炎的大洞。越急越好不了。川嫦知道云藩比她大七八岁，他家里父母屡次督促他及早娶亲。

她的不安，他也看出来了。有一次，打完了针，屋里静悄悄的没有人，她以为他已经走了，却听见桌上叮当作响，是他把药瓶与玻璃杯挪了一挪。静了半晌，他牵牵她颈项后面绒毯，塞得紧些，低低的道："我总是等着你的。"这是半年之后的事。

她没作声。她把手伸到枕头套里面去，枕头套与被窝之间露出一截子手腕。她知道他会干涉的，她希望他会握着她的手送进被里，果然，他说："快别把手露在外面。要冻着了。"她不动。因为她躺在床上，他分外的要避嫌疑，只得像哄孩子的笑道："快，快把手收进去，听话些，好得快些。"她自动地缩进了手。

有一程子她精神好了些，落后又坏了。病了两年，成了骨痨。她影影绰绰地仿佛知道云藩另有了人。郑先生郑夫人和泉娟商议道："索性告诉她，让她死了这条心也罢了。这样疑疑惑惑，反而添了病。"便老实和她说："云藩有了个女朋友，叫余美增，是个看护。"川嫦道："你们看见过她没有？"泉娟道："跟她一桌打过了两次麻将。"川嫦道："怎么也没听见你提起呢？"泉娟道："当时又不知道她是谁，所以也没想起来告诉你。"川嫦自觉热气上升，手心烧得难受，塞在枕头套里冰着它。他说过："我总是等着你的。"言犹在耳，可是也怨不得人家，等了她快两年了，现在大约断定了她这病是无望了。

无望了。以后预期着还有十年的美，十年的风头，二十年的荣华富贵，难道就此完了么？

郑夫人道："干吗把手搁在枕头套里？"川嫦道："找我的一条手绢子。"说了她又懊悔，别让人家以为她找了手绢子来擦眼泪。郑夫人倒是体贴，并不追问，只弯下腰去拍了拍她，柔声道："怎么枕头套上的钮子也没有扣好？"川嫦笑道："睡着没事做，就欢喜把它一个个剥开来又扣上。"说着，便去扣那些揿钮。扣了一半，紧紧揿住枕衣，把揿钮的小尖头子狠命往手掌心里揿，要把手心钉穿了，才泄她心头之恨。

川嫦屡次表示，想见见那位余美增小姐。郑夫人对女儿这头亲事，惋惜之余，也有同样的好奇心，因教泉娟邀了章医生余小姐来打牌。这余美增是个小圆脸，窄眉细眼，五短身材，穿一件薄薄的黑呢大衣，襟上扣着小铁船的别针，显得寒素。入局之前她伴了章医生一同上楼探病。川嫦见这人容貌平常，第一个不可理喻的感觉便是放心。第二个感觉便是嗔怪她的情人如此没有眼光，曾经沧海难为水，怎么选了这么一个次等角色，对于前头的人是一种侮辱。第三个也是最强的感觉是愤懑不平，因为她爱他，她认为唯有一个风华绝代的女人方才配得上他。余美增既不够资格，又还不知足，当着人故意撇着嘴和他闹别扭，得空便横他一眼。美增的口头禅是："云藩这人就是这样！"仿佛他有许多可挑剔之处。川嫦听在耳中，又惊又气。她心里的云藩是一个最合理想的人。

是的，她单知道云藩的好处，云藩的缺点要等旁的女人和他结婚之后慢慢的去发现了，可是，不能是这么一个女人……

然而这余美增究竟也有她的可取之点。她脱了大衣，隆冬天气，她里面只穿了一件光胳膊的绸夹袍，红黄紫绿，周身都是烂醉的颜色。川嫦虽然许久没出门，也猜着一定是最流行的衣料。穿得那么单薄，余美增没有一点寒缩的神气。她很胖，可是胖得曲折紧张。

相形之下，川嫦更觉自惭形秽。余美增见了她又有什么感想呢？章医生和这肺病患者的关系，想必美增也有所风闻。她也要怪她的情人太没有眼光罢？

川嫦早虑到了这一点，把她前年拍的一张照片预先叫人找了出来压在方桌的玻璃下。美增果然弯下腰去打量了半日。她并没有问："这是谁？"她看了又看。如果是有名的照相馆拍的，一定有英文字凸印在图的下端，可是没有。她含笑问道："在哪儿照的？"川嫦道："就在附近的一家。"美增道："小照相馆拍照，一来就把人照得像个囚犯。就是这点不好。"川嫦一时对答不上来。美增又道："可是郑小姐，你真上照。"意思是说：照片虽难看，比本人还胜三分。

美增云藩去后，大家都觉得有安慰川嫦的必要。连郑先生，为了怕传染，从来不大到他女儿屋里来的，也上楼来了。他浓浓喷着雪茄烟，制造了一层防身的烟幕。川嫦有心做出不介意的神气，反倒把话题引到余美增身上。众人评头品足，泉娟说："长得也不见得好。"郑夫人道："我就不赞成她那副派头。"郑先生认为她们这是过于露骨的妒忌，便故意地笑道："我说人家相当的漂亮。"川嫦笑道："对了，爹喜欢那一路的身个子。"泉娟道："爹喜欢人胖。"郑先生笑道："不怪章云藩要看中一个胖些的，他看病人实在看腻了！"川嫦笑道："爹就是轻嘴薄舌的！"

郑夫人后来回到自己屋里，叹道："可怜她还撑着不露出来——这孩子要强！"郑先生道："不是我说丧气话，四毛头这病我看过不了明年春天。"说着，不禁泪流满面。

泉娟将一张药方递过来道："刚才云藩开了个方子，这种药他诊所里没有，叫派人到各大药房去买买试试。"郑夫人向郑先生道："先把钱交给打杂的，明儿一早叫他买去。"郑先生睁眼诧异道："现在西药是什么价钱，你是喜欢买药厂股票的，你该有数呀。明儿她死了，我们还过日子不过？"郑夫人听不得股票这句话，早把脸急白了，道："你胡说些什么？"郑先生道："你的钱你爱怎么使就怎么使。我花钱可得花个高兴，苦着脸子花在医药上，够多冤！这孩子一病两年，不但你，你是爱牺牲，找着牺牲的，就连我也带累着牺牲了不少。不算对不起她了，肥鸡大鸭子吃腻了，一天两只苹果——现在是什么时世，做老子的一个姨太太都养活不起，她吃苹果！我看我们也就只能这样了。再要变着法儿兴出新花样来，你有钱你给她买去。"

郑夫人忖度着，若是自己拿钱给她买，那是证实了自己有私房钱存着。左思右想，唯有托云藩设法。当晚趁着川嫦半夜里服药的时候便将这话源源本本告诉了川嫦，又道："云藩帮了我们不少的忙，自从你得了病，哪一样不是他一手包办，现在他有了朋友，若是就此不管了，岂不教人说闲话，倒好像他从前全是一片私心。单看在这份上，他也不能不敷衍我们一次。"

川嫦听了此话，如同万箭钻心，想到今天余美增曾经说过："郑小姐闷得很罢？以后我每天下了班来陪你谈谈，搭章医生的车一块儿来，好不好？"那分明是存心监督的意思。多了个余美增在旁边虎视眈眈的，还要不识相，死活纠缠着云藩，要这个，要那个，叫他为难。太丢了。一定要她父母拿出钱来呢，她这病已是治不好的了，难怪他们不愿把钱扔在水里。这两年来，种种地方已经难为了他们。

总之，她是个拖累。对于整个的世界，她是个拖累。

这花花世界充满了各种愉快的东西——橱窗里的东西，大菜单上的，时装样本上的；最艺术化的房间，里面空无所有，只有高齐天花板的大玻璃窗，地毯与五颜六色的软垫；还有小孩——呵，当然，小孩她是要的，包在毛绒衣，兔子耳朵小帽里面的西式小孩，像圣诞卡片上的，哭的时候可以叫奶妈抱出去。

川嫦自己也是这许多可爱的东西之一；人家要她，她便得到她所要的东西。这一切她久已视作她名下的遗产。然而现在，她自己一寸一寸地死去了，这可爱的世界也一寸一寸地死去了。凡是她目光所及，手指所触的，立即死去。她不存在，这些也就不存在。

川嫦本来觉得自己是个无关紧要的普通的女孩子，但是自从生了病，终日郁郁地自思自想，她的自我观念逐渐膨胀。硕大无朋的自身和这腐烂而美丽的世界，两个尸首背对背拴在一起，你坠着我，我坠着你，往下沉。

她受不了这痛苦。她想早一点结果了她自己。

早上趁着爹娘没起床，赵妈上庙烧香去了，厨子在买菜，家下只有一个新来的李妈，什么都不懂，她叫李妈背她下楼去，给她雇一部黄包车。她趴在李妈背上像一个冷而白的大白蜘蛛。

她身边带着五十块钱，打算买一瓶安眠药，再到旅馆里开个房间住一宿。多时没出来过，她没想到生活程度涨到这样。五十块钱买不了安眠药，况且她又没有医生的证书。她茫然坐着黄包车兜了个圈子，在西菜馆吃了一顿饭，在电影院里坐了两个钟头。她要重新看看上海。

从前川嫦出去，因为太忙着被注意，从来不大有机会注意到身外的一切。没想到今日之下这不碍事的习惯给了她这么多的痛苦。

到处有人用骇异的眼光望着她，仿佛她是个怪物。她所要的死是诗意的，动人的死，可是人们的眼睛里没有悲悯。她记起了同学的纪念册上时常发现的两句诗："笑，全世界便与你同声笑；哭，你便独自哭。"世界对于他人的悲哀并不是缺乏同情；秦雪梅吊孝，小和尚哭灵，小寡妇上坟，都不难使人同声一哭。只要是戏剧化的，虚假的悲哀，他们都能接受。可是真遇着上了一身病痛的人，他们只睁大了眼睛说："这女人瘦来！怕来！"

郑家走失了病人，分头寻觅，打电话到轮渡公司、外滩公园、各大旅馆、各大公司，乱了一天。傍晚时分，川嫦回来了，在阖家电气的寂静中上了楼。她一下黄包车便有家里两个女佣上前搀着，可是两个佣人都有点身不由主似的，仿佛她是"科学灵乱"里的"碟仙"，自己会嗤嗤移动的。郑夫人立在楼梯口倒发了一会楞，方才跟进房来，待要盘诘责骂，川嫦靠在枕头上，面带着心虚的惨白的微笑，梳理她的直了的鬓发，将汗湿的头发编成两根小辫。郑夫人忍不住道："累成这个样子，还不歇歇？上哪儿去了一天？"川嫦把手一松，两股辫发蠕蠕扭动着，缓缓的自己分开了。她在枕上别过脸去，合上眼睛，面白如纸，但是可以看见她的眼皮在那里跳动，仿佛纸窗里面漏进风去吹颤的烛火。郑夫人慌问："怎么了？"赶过去坐在床头，先挪开了被窝上搁着的一把镜子，想必是川嫦先照着镜子梳头，后来又拿不动，放下了。现在川嫦却又伸过手来握住郑夫人捏着镜子的手，连手连镜子都拖过来压在她自己身上，镜面朝下。郑夫人凑近些又问："怎么了？"川嫦突然搂住她母亲，呜呜哭起来道："娘，我怎么会……会变得这么难看了呢？我……我怎么会……"她母亲也哭了。

可是有时候川嫦也很乐观，逢到天气好的时候，枕衣新在太阳里晒过，枕头上留有太阳的气味，窗外的天，永远从同一角度看着，永远是那样磁青的一块，非常平静，仿佛这一天早已过去了。那淡青的窗户成了病榻旁的古玩摆设。衖堂里叮叮的脚踏车铃响，学童彼此连名带姓呼唤着，在水门汀上金鸡独立一跳一跳"造房子"；看不见的许多小孩的喧笑之声，便像磁盆里种的兰花的种子，深深在泥底下。川嫦心里静静的充满了希望。

郑夫人在衖堂口发现了一家小鞋店，比众特别便宜，因替阖家大小每人买了两双鞋。川嫦虽然整年不下床，也为她买了两双绣花鞋，一双皮鞋，现在穿着嫌大，补养补养，胖起来的时候，那就"正好一脚"。但是川嫦说："等这次再胖起来，可再也不想减轻体重了！要它瘦容易，要想加个一磅两磅原来有这么难的哟！想起从前那时候怕胖。怕胖，扣着吃，吃点胡萝卜同花旗橘子——什么都不敢吃——真是呵……"她从被窝里伸出一只脚来踏在皮鞋里试了一试，道："这种皮看上去倒很牢，总可以穿两三年呢。"

她死在三星期后。

【作品赏析】

小说以川嫦的恋爱故事为线索，叙述了民国时期上海一遗少家庭的琐事，展示了作家对人性的批判，充满了生命的荒凉感。川嫦是个美丽且老实本分的女孩，她的人生愿望不过是拥有普通的人生欢乐，但不幸生活在一个处处充满算计的没落家庭中，父亲不负责任，母亲自私自恋，姊妹之间彼此竞争，她无法体会到安宁和幸福。本来，川嫦的命运将是和姐姐们一样做个"女结婚员"，就在遇到心仪的对象时，她生了肺痨，父母各自打着小算盘，不愿为她花钱买药，让她感到自己是个拖累，本已对她动心的婚姻对象经不起时间的推移而移情别恋，于是川嫦怀着"一寸一寸地死去"的荒芜感，怀着青春的欲望独自走向死亡，如花般凋零。

这是一部充满着批评力量的作品。作者既以冷静的态度悲悯女性的生存孤独，更以居高临下的智慧无情地批判人性的自私、冷漠。对父亲郑先生和母亲郑夫人的刻画，是小说批判力度的主要体现。小说中既有清醒犀利的旁白，"郑先生是个遗少，因为不承认民国，自从民国纪元起他就没长过岁数。虽然也知道醇酒妇人和鸦片，心还是孩子的心。他是酒精缸里泡着的孩尸"，又有栩栩如生的形象描写，"郑先生长得像广告画上喝乐口福抽香烟的标准上海青年绅士，圆脸，眉目开展，嘴角向上兜兜着；穿上短裤子就变了吃婴儿药片的小男孩；加上两撇八字须就代表了即时进补的老太爷；胡子一白就可以权充圣诞老人"，极为传神地塑造了不负责任的父亲形象，充满了讽刺的意味。母亲郑夫人"美丽而忧伤"，却是"一出冗长单调的悲剧"，虚荣、自私、庸俗，无力约束丈夫的风流，只好刻薄妾生的儿子，标榜自己"情感太重"，却为了保护私房钱，不肯给川嫦买药。

小说中既有传统的词汇和手法，也有意识的流动。作者能在叙述中运用联想，使人物周围的色彩、声音、举动都不约而同地富有表现心理的功用，塑造出丰富而深远的意象。如，"窗外的天，永远从同一角度看着，永远是那样磁青的一块，非常平静，仿佛这一天早已过去了。那淡青的窗户成了病榻旁的古玩摆设"，传神地表现出主人公将死时平静却无助的心态。

红高粱（节选）

莫言

【作家作品简介】

莫言（1955年～ ），本名管谟业，出生于山东省高密市，中国当代著名作家。20世纪80年代中期以乡土作品崛起，充满着"怀乡"以及"怨乡"的复杂情感，被归类为"寻根文学"作家。2000年，莫言的《红高粱》入选《亚洲周刊》评选的"20世纪中文小说100强"。2005年莫言的《檀香刑》全票入围茅盾文学奖初选。2011年莫言凭借作品《蛙》获得茅盾文学奖。2012年莫言获得诺贝尔文学奖，获奖理由是"通过幻觉现实主义将民间故事、历史与当代社会融合在一起。"

　　飞散的高粱米粒在奶奶脸上弹跳着，有一粒竟蹦到她微微翕开的双唇间，搁在她清白的牙齿上。父亲看着奶奶红晕渐褪的双唇，哽咽一声娘，双泪落胸前。在高粱织成的珍珠雨里，奶奶睁开了眼，奶奶的眼睛里射出珍珠般的虹彩。她说："孩子……你干爹呢……"父亲说："他在打仗，我干爹。""他就是你的亲爹……"奶奶说。父亲点了点头。

　　奶奶挣扎着要坐起来，她的身体一动，那两股血就汹涌地蹿出来。"娘，我去叫他来。"父亲说。

　　奶奶摇摇手，突然折坐起来，说："豆官……我的儿……扶着娘……咱回家、回家啦……"

　　父亲跪下，让奶奶的胳膊揽住自己的脖颈，然后用力站起，把奶奶也带了起来。奶奶胸前的血很快就把父亲的头颈弄湿了，父亲从奶奶的鲜血里，依然闻到一股浓烈的高粱酒味。奶奶沉重的身躯，倚在父亲身下，父亲双腿打颤，趔趔趄趄，向着高粱深处走，子弹在他们头上屠戮着高粱。父亲分拨着密密匝匝的高粱秸子，一步一步地挪，汗水泪水掺和着奶奶的鲜血，把父亲的脸弄得残缺不全。父亲感到奶奶的身体越来越沉重，高粱叶子毫不留情地绊着他，高粱叶子毫不留情地锯着他，他倒在地上，身上压着沉重的奶奶。父亲从奶奶身下钻出来，把奶奶摆平，奶奶仰着脸，呼出一口长气，对着父亲微微一笑。这一笑神秘莫测，这一笑像烙铁一样，在父亲的记忆里，烫出一个马蹄状的烙印。

　　奶奶躺着，胸脯上的灼烧感逐渐减弱。她恍然觉得儿子解开了自己的衣服，儿子用手捂住她乳房上的一个枪眼，又捂住她乳下的一个枪眼。奶奶的血把父亲的手染红了，又染绿了；奶奶洁白的胸脯被自己的血染绿了，又染红了。枪弹射穿了奶奶高贵的乳房，暴露出了淡红色的蜂窝状组织。父亲看着奶奶的乳房，万分痛苦。父亲捂不住奶奶伤口的流血，眼见着随着鲜血的流失，奶奶的脸愈来愈苍白，奶奶的身体愈来愈轻飘，好像随时都会升空飞走。

　　奶奶幸福地看着在高粱阴影下，她与余司令共同创造出来的、我父亲那张精致的脸，逝去岁月里那些生动的生活画面，像奔驰的马掠过了她的眼前。

　　奶奶想起那一年，在倾盆大雨中，像坐船一样乘着轿，进了单廷秀家住的村庄，街上流水洸洸，水面上漂浮着一层高粱的米壳。花轿抬到单家大门时，出来迎亲的只有一个梳着豆角辫的干老头子。大雨停后，还有一些零星落雨打在地面上的水汪汪里。尽管吹鼓手也吹着曲子，但没有一个人来看热闹，奶奶知道大事不妙。扶我奶奶拜天地的是两个男人，一个五十多岁，一个四十多岁。五十多岁的就是刘罗汉大爷，四十多岁的是烧酒锅上的一个伙计。

　　轿夫、吹鼓手们落汤鸡般站在水里，面色严肃地看着两个枯干男子把一抹酥红的我奶奶架到了幽暗的堂房里。奶奶闻到两个男人身上那股强烈的烧酒气息，好像他们整个人都在酒里浸泡过。

　　奶奶在拜堂时，还是蒙上了那块臭气熏天的盖头布。在蜡烛燃烧的腥气中，奶奶接住一根柔软的绸布，被一个人牵着走。这段路程漆黑憋闷，充满了恐怖。奶奶被送到炕上坐着。始终没人来揭罩头红布，奶奶自己揭了。她看到在炕下方凳上蜷曲着一个面孔痉挛的男人。那个男人生着一个扁扁的长头，下眼睑烂得通红。他站起来，对着奶奶伸出一支鸡爪状的手，奶奶大叫一声，从怀里摸出一把剪刀，立在炕上，怒目逼视着那男人。男人又猥猥琐琐地坐到凳子上。这一夜，奶奶始终未放下手中的剪刀，那个扁头男人也始终未离开方凳。

　　第二天一早，趁着那男人睡着，奶奶溜下炕，跑出房门，开开大门，刚要飞跑，就被一把拉住。那个梳豆角辫的干瘦老头子抓住她的手腕，恶狠狠地看着她。

　　单廷秀干咳了两声，收起恶容换笑容，说："孩子，你嫁过来，就像我的亲女儿一样，扁郎不是那病，你别听人家胡说。咱家大业大，扁郎老实，你来了，这个家就由你当了。"单廷秀把一大串黄铜钥匙递给奶奶，奶奶未接。

　　第二夜，奶奶手持剪刀，坐到天明。

　　第三天上午，我外曾祖父牵着一匹小毛驴，来接我奶奶回门，新婚三日接闺女，是高密东北乡的风俗。外曾祖父与单廷秀一直喝到太阳过晌，才动身回家。

　　奶奶偏坐毛驴，驴背上搭着一条薄被子，晃晃荡荡出了村。大雨过后三天，路面依然潮湿，高粱地里白色蒸汽腾腾升集，绿高粱被白气缭绕，具有了仙风道骨。外曾祖父褡裢里银钱叮当，人喝得东倒西歪，目光迷离。小毛驴蹙着长额，慢吞吞地走，细小的蹄印清晰地印在潮湿的路上。奶奶坐在驴上，一阵阵头晕眼花，她眼皮红肿，头凌乱。三天中又长高了一节的高粱，嘲弄地注视着我奶奶。

奶奶说："爹呀，我不回他家啦，我死也不去他家啦……"

外曾祖父说："闺女，你好大的福气啊，你公公要送我一头大黑骡子，我把毛驴卖了去……"

毛驴伸出方方正正的头，啃了一口路边沾满细小泥点的绿草。

奶奶哭着说："爹呀，他是个麻风……"

外曾祖父说："你公公要给咱家一头骡子……"

外曾祖父已醉得不成人样，他不断地把一口口的酒肉呕吐到路边草丛里。污秽的脏物引逗得奶奶翻肠搅肚。奶奶对他满心仇恨。

毛驴走到蛤蟆坑，一股扑鼻的恶臭，刺激得毛驴都垂下耳朵。奶奶看到了那个劫路人的尸体。他的肚子鼓起老高，一层翠绿的苍蝇，盖住了他的肉皮。毛驴驮着奶奶，从腐尸跟前跑过，苍蝇愤怒地飞起，像一团绿云。外曾祖父跟着毛驴，身体似乎比道路还宽，他忽而擦动左边高粱，忽而踩倒右边野草。在倒尸面前，外曾祖父嘀嘀连声，嘴唇哆嗦着说："穷鬼……你这个穷鬼……你躺在这里睡着了吗……"奶奶一直不能忘记劫路人南瓜般的面孔，在苍蝇惊起的一瞬间，死劫路人雍容华贵的表情与活动路人凶狠胆怯的表情形成鲜明的对照。走了一里又一里，白日斜射，青天如涧，外曾祖父被毛驴甩在后面，毛驴认识路径，驮着奶奶，徜徉前行。道路拐了个小弯，毛驴走到弯上，奶奶身体后仰，脱离驴背，一只有力的胳膊挟着她，向高粱深处走去。

奶奶无力挣扎，也不愿挣扎。三天新生活，如同一场大梦惊破，有人在一分钟内成了伟大领袖，奶奶在三天中参透了人生禅机。她甚至抬起一只胳膊，揽住了那人的脖子，以便他抱得更轻松一些。高粱叶子嚓嚓响着。路上传来外曾祖父嘶哑的叫声："闺女，你去哪儿啦？"

石桥附近传来大喇叭凄厉的长鸣和机枪分不清点儿的射击声。奶奶的血还在随着她的呼吸，一线一线往外流。父亲叫着："娘啊，你的血别往外流啦，流完了血你就要死啦。"父亲从高粱根下抓起黑土，堵在奶奶的伤口上，血很快洇出，父亲又抓一把。奶奶欣慰地微笑着，看着湛蓝的、深不可测的天空，看着宽容温暖的、慈母般的高粱。奶奶的脑海里，出现了一条绿油油的缀满小白花的小路，在这条小路上，奶奶骑着小毛驴，悠闲地行走。高粱深处，那个伟岸坚硬的男子，顿喉高歌，声越高粱。奶奶循声而去，脚踩高粱梢头，像腾着一片绿云……

那人把奶奶放到地上，奶奶软得像面条一样，眯着羊羔般的眼睛。那人撕掉蒙面黑布，显出了真相。是他！奶奶暗呼苍天，一阵类似幸福的强烈震颤冲激得奶奶热泪盈眶。

余占鳌把大蓑衣脱下来，用脚踩断了数十棵高粱，在高粱的尸体上铺上了蓑衣。他把我奶奶抱到蓑衣上。奶奶神魂出舍，望着他脱裸的胸膛，仿佛看到强劲剽悍的血液在他黝黑的皮肤下川流不息。高粱梢头，薄气袅袅，四面八方响着高粱生长的声音。风平，浪静，一道道炽目的潮湿阳光，在高粱缝隙里交叉扫射。奶奶心头撞鹿，潜藏了十六年的情欲，迸然炸裂。奶奶在蓑衣上扭动着。余占鳌一截截地矮，双膝啪哒落下，他跪在奶奶身边，奶奶浑身抖，一团黄色的、浓香的火苗，在她面上哔哔剥剥地燃烧。余占鳌粗鲁地撕开我奶奶的胸衣，让直泻下来的光束照耀着奶奶寒冷紧张、密密麻麻起了一层小白疙瘩的双乳上。在他的刚劲动作下，尖刻锐利的痛楚和幸福磨砺着奶奶的神经，奶奶低沉喑哑地叫了一声："天哪……"就晕了过去。

奶奶和爷爷在生机勃勃的高粱地里相亲相爱，两颗蔑视人间法规的不羁心灵，比他们彼此愉悦的肉体贴得还要紧。他们在高粱地里耕云播雨，为我们高密东北乡丰富多彩的历史上，抹了一道酥红。我父亲可以说是秉领天地精华而孕育，是痛苦与狂欢的结晶。毛驴高亢的叫声，钻进高粱地里来，奶奶从迷荡的天国回到了残酷的人世。她坐起来，六神无主，泪水流到腮边。她说："他真是麻风。"爷爷跪着，不知从什么地方抽出一柄二尺多长的小剑，噌一声拔出鞘，剑刃浑圆，像一片韭叶。爷爷手一挥，剑已从高粱秸秆间滑过，两棵高粱倒地，从整齐倾斜的茬口里，渗出墨绿的汁液。爷爷说："三天之后，你只管回来！"奶奶大惑不解地看着他。爷爷穿好衣。奶奶整好容。奶奶不知爷爷又把那柄小剑藏到什么地方去了。爷爷把奶奶送到路边，一闪身便无影无踪。

三天后，小毛驴又把奶奶驮回来。一进村就听说，单家父子已经被人杀死，尸体横陈在村西头的湾子里。

奶奶躺着，沐浴着高粱地里清丽的温暖，她感到自己轻捷如燕，贴着高粱穗子潇洒地滑行。那些走马转蓬般的图像运动减缓，单扁郎、单廷秀、外曾祖父、外曾祖母、罗汉大爷……多少仇视的、感激的、凶残的、敦厚的面容都已经出现过又都消逝了。

奶奶三十年的历史，正由她自己写着最后的一笔。过去的一切，像一颗颗香气馥郁的果子，箭矢般坠落在地，而未来的一切，奶奶只能模模糊糊地看到一些稍纵即逝的光圈。只有短暂的又黏又滑的现在，奶奶还拼命抓住不放。奶奶感到我父亲那两只兽爪般的小手正在抚摸着她，父亲胆怯的叫娘声，让奶奶恨爱漫漶、恩仇并泯的意识里，又溅出几束眷恋人生的火花。奶奶极力想抬起手臂，爱抚一下我父亲的脸，手臂却怎么也抬不起来了。奶奶正向上飞奔，她看到了从天国射下来的一束五彩的强光，她听到了来自天国的、用唢呐、大喇叭、小喇叭合奏出的庄严的音乐。

奶奶感到疲乏极了，那个滑溜溜的现在的把柄、人生世界的把柄，就要从她手里滑脱。这就是死吗？我就要死了吗？再也见不到这天，这地，这高粱，这儿子，这正在带兵打仗的人？枪声响得那么遥远，一切都隔着一层厚重的烟雾。豆官！豆官！我的儿，你来帮娘一把，你拉住娘，娘不想死，天哪！天……天赐我情人，天赐我儿子，天赐我财富，天赐我三十年红高粱般充实的生活。天，你既然给了我，就不要再收回，你宽恕了我吧，你放了我吧！天，你认为我有罪吗？你认为我跟一个麻风病人同枕交颈，生出一窝癞皮烂肉的魔鬼，使这个美丽的世界污秽不堪是对还是错？天，什么叫贞节？什么叫正道？什么是善良？什么是邪恶？你一直没有告诉过我，我只有按着我自己的想法去办，我爱幸福，我爱力量，我爱美，我的身体是我的，我为自己做主，我不怕罪，不怕罚，我不怕进你的十八层地狱。我该做的都做了，该干的都干了，我什么都不怕。但我不想死，我要活，我要多看几眼这个世界，我的天哪……

奶奶的真诚感动上天，她的干涸的眼睛里，又滋出了新鲜的津液，奇异的来自天国的光辉在她的眼里闪烁，奶奶又看到了父亲金黄的脸蛋和酷似爷爷的那两只眼睛。奶奶嘴唇微动，叫一声豆官，父亲兴奋地大叫："娘，你好了！你不要死，我已经把你的血堵住了，它已经不流了！我就去叫俺爹，叫他来看看你。娘，你可不能死，你等着我爹！"

父亲跑走了。父亲的脚步声变成了轻柔的低语，变成了方才听到过的来自天国的音乐。奶奶听到了宇宙的声音，那声音来自一株株红高粱。奶奶注视着红高粱，在她朦胧的眼睛里，高粱们奇谲瑰丽，奇形怪状。它们呻吟着，扭曲着，呼号着，缠绕着，时而像魔鬼，时而像亲人，它们在奶奶眼里盘结成蛇样的一团，又忽啦啦地伸展开来，奶奶无法说出它们的光彩了。它们红红绿绿，白白黑黑，蓝蓝绿绿，它们哈哈大笑，它们号啕大哭，哭出的眼泪像雨点一样打在奶奶心中那一片苍凉的沙滩上。高粱缝隙里，镶着一块块的蓝天，天是那么高又是那么低。奶奶觉得天与地、与人、与高粱交织在一起，一切都在一个硕大无朋的罩子里罩着。天上的白云擦着高粱滑动，也擦着奶奶的脸。白云坚硬的边角擦得奶奶的脸嚓嚓作响。白云的阴影和白云一前一后相跟着，闲散地转动。一群雪白的野鸽子，从高空中扑下来，落在了高粱梢头。鸽子们的咕咕鸣叫，唤醒了奶奶，奶奶非常真切地看清了鸽子的模样。鸽子也用高粱米粒那么大的、通红的小眼珠来看奶奶。奶奶真诚地对着鸽子微笑，鸽子用宽大的笑容回报着奶奶弥留之际对生命的留恋和热爱。奶奶高喊：我的亲人，我舍不得离开你们！鸽子们啄下一串串的高粱米粒，回答着奶奶无声的呼唤。鸽子一边啄，一边吞咽高粱，它们的胸前渐渐隆起来，它们的羽毛在紧张的啄食中耸起。那扇状的尾羽，像风雨中幡动着的花絮。我家的房檐下，曾经养过一大群鸽子。秋天，奶奶在院子里摆一个盛满清水的大木盆，鸽子从田野里飞回来，整齐地蹲在盆沿上，面对着清水中自己的倒影把嗉子里的高粱吐噜吐噜吐出来。鸽子们大摇大摆地在院子里走着。鸽子！和平的沉甸甸的高粱头颅上，站着一群被战争的狂风暴雨赶出家园的鸽子，它们注视着奶奶，像对奶奶进行沉痛的哀悼。

奶奶的眼睛又朦胧起来，鸽子们扑棱棱一起飞起，合着一相当熟悉的歌曲的节拍，在海一样的蓝天里翱翔，鸽翅与空气相接，发出飕飕的风响。奶奶飘然而起，跟着鸽子，划动新生的羽翼，轻盈地旋转。黑土在身下，高粱在身下。奶奶眷恋地看着破破烂烂的村庄，弯弯曲曲的河流，交叉纵横的道路；看着被灼热的枪弹划破的混沌的空间和在死与生的十字路口犹豫不决的芸芸众生。奶奶最后一次嗅着高粱酒的味道，嗅着腥甜的热血味道，奶奶的脑海里忽然闪过了一个从未见过的场面：在几万子弹的钻击下，几百个衣衫褴褛的乡亲，手舞足蹈躺在高粱地里……

最后一丝与人世间的联系即将挣断，所有的忧虑、痛苦、紧张、沮丧都落在了高粱地里，都冰雹般打在高粱梢头。在黑土上扎根开花，结出酸涩的果实，让下一代又一代承受。奶奶完成了自己的解放，她跟着鸽子飞着，她那缩得只如一只拳头那么大的思维空间里，盛着满溢的快乐、宁静、温暖、舒适、和谐。奶奶心满意足，她虔诚地说：

"天哪！我的天……"

九

汽车顶上的机枪持续不断地扫射着，汽车轮子转动着，爬上了坚固的大石桥。枪弹压住了爷爷和爷爷的队伍。有几个不慎把脑袋露出堤面的队员已经死在了堤下。爷爷怒火填胸。汽车全部上了桥，机枪子弹已飞得很高。爷爷说："弟兄们，打吧！"爷爷啪啪啪连放三枪，两个日本兵趴到了汽车顶棚上，黑血涂在了车头上。随着爷爷的枪声，道路东西两边的河堤后，响起了几十响破烂不堪的枪声，又有七八个日本兵倒下了。有两个日本兵栽到车外，腿和胳膊挣扎着，直扎进桥两边的黑水里。方家兄弟的大抬杠怒吼一声，喷出一道宽广的火舌，吓人地在河道上一闪，铁砂子、铁蛋子全打在第二辆汽车上载着的白口袋上。烟火升腾之后，从无数的破洞里，哗哗啦啦地流出了雪白的大米。我父亲从高粱地里，蛇行到河堤边，急着要对爷爷讲话，爷爷紧急地往自来得手枪里压着子弹。鬼子的第 辆汽车加足马力冲上桥头，前轮子扎在朝天的耙齿上。车轮破了，哧哧地泄着气。汽车轰轰地怪叫着，连环铁耙被推得咔哒咔哒后退，父亲觉得汽车像一条吞食了刺猬的大蛇，在痛苦地甩动着脖颈。

第一辆汽车上的鬼子纷纷跳下。爷爷说："老刘，吹号！"刘大号吹起大喇叭，声音凄厉恐怖。爷爷喊："冲。"爷爷抢着手枪跳起，他根本不瞄准，一个个日本兵在他的枪口前弯腰俯背。西边的队员们也冲到了车前，队员们跟鬼子兵搅和在一起，后边车上的鬼子把子弹也射到天上去。汽车上还有两个鬼子，爷爷看到哑巴一纵身飞上汽车，两个鬼子兵端着刺刀迎上去，哑巴用刀背一磕，格开一柄刺刀，刀势一顺，一颗戴着钢盔的鬼子头颅平滑地飞出，在空中拖着悠长的嚎叫，扑通落地之后，嘴里还吐出半句响亮的鸣叫。父亲想哑巴的腰刀真快。父亲看到鬼子头上凝着脱离脖颈前那种惊愕的表情，它腮上的肉还在颤抖，它的鼻孔还在抽动，好像要打喷嚏。哑巴又削掉了一颗鬼子头，那具尸体倚在车栏上，脖颈上的皮肤突然褪下去一节，血水咕嘟咕嘟往外冒。这时，后边那辆车上的鬼子把机枪压低，打出了不知多少子弹，爷爷的队员像木桩一样倒在鬼子的尸体上，哑巴一屁股坐在汽车顶棚上，胸膛上有几股血蹿出来。

父亲和爷爷伏在地上，爬回高粱地，从河堤上慢慢伸出头。最后边那辆汽车吭吭吭吭地倒退着，爷爷喊："方六，开炮！打那个狗娘养的！"方家兄弟把装好火药的大抬杠顺上河堤，方六弓腰去点引火绳，肚子上中了一弹，一根青绿的肠子，嗞溜溜地钻出来。方六叫了一声娘，捂着肚子滚进了高粱地。汽车眼见着就要退出桥，爷爷着急地喊："放炮！"方七拿着火绒，哆哆嗦嗦地往引火绳上触，却怎么也点不着。爷爷扑过去，夺过火绒，放在嘴边一吹，火绒一亮。爷爷把火绒触到引火绳上，引火绳吱吱地响着，冒着白烟消逝了。大抬杠沉默地蹲踞着，像睡着了一样。父亲想它是不会响了。鬼子汽车已经退出桥头，第二辆第三辆汽车也在后退。车上的大米哗哗啦啦地流着，流到桥上，流到水里，把水面打出了那么多的斑点。几具鬼子尸体慢慢向东漂，尸体散着血，成群结队的白鳝在血水中转动。大抬杠沉默片刻之后，呼隆一声响了。钢铁枪身在河堤上跳起老高，一道宽广的火焰，正中了那辆还在流大米的汽车。车下部，刮剌剌地着起了火。

那辆退出大桥的汽车停住了，车上的鬼子乱纷纷跳下，趴到对面河堤上，架起机枪，对着这边猛打。方六的脸上中了一弹，鼻梁被打得四分五裂，他的血溅了父亲一脸。

起火汽车上的两个鬼子，推开车门跳出来，慌慌张张蹦到河里。中间那辆流大米的汽车，进不得退不得。在桥上吭吭怪叫，车轮子团团旋转。大米像雨水一样哗哗流。

对面鬼子的机枪突然停了，只剩下几只盖子枪在吧嗒吧嗒响。十几个鬼子，抱着枪，弯着腰，贴着着火汽车的两边往北冲。爷爷喊一声打，响应者寥寥。父亲回头看到堤下堤上躺着队员们的尸体，受伤的队员们在高粱地里呻吟喊叫。爷爷连开几枪，把几个鬼子打下桥。路西边也稀疏地响了几枪，打倒几个鬼子。鬼子退了回去。河南堤飞起一颗枪弹，打中了爷爷的右臂，爷爷的胳膊一蜷，手枪落下，悬在脖子上。爷爷退到高粱地里，叫着："豆官，帮帮我。"爷爷撕开袖子，让父亲抽出他腰里那条白布，帮他捆扎在伤口上。父亲趁着机会，说："爹，俺娘想你。"爷爷说："好儿子！先跟爹去把那些狗娘养的杀光！"爷爷从腰里拔出父亲扔掉的勃朗宁手枪，递给父亲。刘大号拖着一条血腿，从河堤边爬过来，他问："司令吹号吗？"

"吹吧！"爷爷说。

刘大号一条腿跪着，一条腿拖着，举起大喇叭，仰天吹起来，喇叭口里飘出暗红色的声音。

"冲啊，弟兄们！"爷爷高喊着。

路西边高粱地里有几个声音跟着喊。爷爷左手举着枪，刚刚跳起，就有几颗子弹擦着他的腮边飞过，爷爷就地一滚，回到了高粱地。路西边河堤上响起一声惨叫。父亲知道，又一个队员中了枪弹。

刘大号对着天空吹喇叭，暗红色的声音碰得高粱棵子瑟瑟打抖。爷爷抓住父亲的手，说："儿子，跟着爹，到路西边与弟兄们汇合去吧。"

桥上的汽车浓烟滚滚，在哗哗叭叭的火焰里，大米像冰雹一样满河飞动。爷爷牵着父亲，飞步跨过公路，子弹追着他们，把路面打得噗噗作响。两个满面焦糊、皮肤开裂的队员见到爷爷和父亲，嘴咧了咧，哭着说："司令，咱们完了！"

爷爷颓丧地坐在高粱地里，好久都没抬起头来，河对岸的鬼子也不开枪了。桥上响着汽车燃烧的爆裂声，路东响着刘大号的喇叭声。

父亲已经不感到害怕，他沿着河堤，往西溜了一段，从一蓬枯黄的衰草后，他悄悄伸出头。父亲看到从第二辆尚未燃烧的汽车棚里，跳出一个日本兵。日本兵又从车厢里拖出了一个老鬼子。老鬼子异常干瘦，手上套着雪白的手套，腚上挂着一柄长刀，黑色皮马靴装到膝盖。他们沿着汽车边，把着桥墩，哧溜哧溜往下爬。父亲举起勃朗宁手枪，他的手抖个不停，那个老鬼子干瘪的屁股在父亲枪口前跳来跳去。父亲咬牙闭眼开了一枪，勃朗宁嗡地一声响，子弹打着呼哨钻到水里，把一条白鳝鱼打翻了肚皮。鬼子官跌到水中。父亲高叫着："爹，一个大官！"

父亲的脑后一声枪响，老鬼子的脑袋炸裂了，一团血在水里噗啦啦散开了。另一个鬼子手脚并用，钻到了桥墩背后。

鬼子的枪弹又压过来，父亲被爷爷按住。子弹在高粱地里唧唧咕咕乱叫。爷爷说："好样的，是我的种！"

父亲和爷爷不知道，他们打死的老鬼子，就是有名的中岗尼高少将。

刘大号的喇叭声不断，天上的太阳，被汽车的火焰烤得红绿间杂，萎萎缩缩。

父亲说："爹，俺娘想你啦，叫你去。"

爷爷问："你娘还活着？"

父亲说："活着。"

父亲牵着爷爷的手，向着高粱深处走。

奶奶躺在高粱下，脸上印着高粱的暗影，脸上留着为我爷爷准备的高贵的笑容。奶奶的脸空前白净，双眼尚未合拢。

父亲第一次发现，两行泪水，从爷爷坚硬的脸上流下来。

爷爷跪在奶奶身旁，用那只没受伤的手，把奶奶的眼皮合上了。

一九七六年，我爷爷死的时候，父亲用他的缺了两个指头的左手，把爷爷圆睁的双眼合上。爷爷一九五八年从日本北海道的荒山野岭中回来时，已经不太会说话，每个字都像沉重的石块一样从他口里往外吐。爷爷从日本回来时，村里举行了盛大的典礼，连县长都来参加了。那时候我两岁。我记得在村头的白果树下，一字儿排开八张八仙桌，每张桌子上摆着一坛酒，十几个大白碗。县长搬起坛子，倒出一碗酒，双手捧给爷爷。县长说："老英雄，敬您一碗酒，您给全县人民带来了光荣！"爷爷笨拙地站起来，灰白的眼珠子转动着，说："喔——喔——枪——枪"我看到爷爷把那碗酒放到唇边，他的多皱的脖子梗着，喉结一上一下地滑动，酒很少进口，多半顺着下巴，哗哗啦啦地流到了他的胸膛上。

我记得爷爷牵着我，我牵着一匹小黑狗，在田野里转。爷爷最喜欢去看墨水河大桥，他站在桥头上，手扶着桥墩石，一站就是半个上午或半个下午。我看到爷爷的眼睛常常定在桥石那些坑坑洼洼的痕迹上。高粱长高时，爷爷带我到高粱地里去，他喜欢去的地方也离着墨水河大桥不远。我猜想，那儿就是奶奶升天的地方，那块普普通通的黑土地上，浸透着奶奶的鲜血。那时候，我们家的老房子还没拆，爷爷有一天抓起一把镢头，在那棵楸树下刨起土来。他刨出了几个蝉的幼虫，递给我，我扔给狗，狗把蝉的幼虫咬死，却不吃。"爹，您刨什么？"我的要去公共食堂做饭的娘问。爷爷抬起头，用恍若隔世的目光看着娘。娘走了，爷爷继续刨土。爷爷刨出了一个大坑，斩断了十几根粗细不一的树根，揭开了一块石板，从一个阴森森的小砖窖里，搬出了一个锈得不成形的铁皮匣子。铁匣子一落地就碎了。一块破布里，露出了一条锈得通红的、比我还要长的铁家伙，我问爷爷是什么，爷爷说："喔——喔——枪——枪。"爷爷把枪放在太阳下晒着，他坐在枪前，睁一会儿眼，闭一会儿眼，又睁一会儿眼，又闭一会儿眼。后来，爷爷起身，找来一柄劈木柴的大斧，对着枪乱砍乱砸。爷爷把枪砸成一堆碎铁，然后，一件件拿开扔掉，扔得满院子都是。

"爹，俺娘死了？"父亲问爷爷。

爷爷点点头。

父亲说："爹！"

爷爷摸了一下父亲的头，从屁股后掏出一柄小剑，砍倒高粱，把奶奶的身体遮起来。

堤南响起激烈的枪声、喊杀声和炸弹爆炸声。父亲被爷爷拽着，冲上桥头。

桥南的高粱地里，冲出一百多个穿灰布军衣的人。十几个日本鬼子跑上河堤，有的被枪打死，有的被刺刀捅穿。父亲看到，腰扎宽皮带，皮带上挂着左轮手枪的冷支队长在几个高大卫兵的簇拥下，绕过着火的汽车，向桥北走来。爷爷一见冷支队长，怪笑一声，持枪立在桥头不动了。

冷支队长大模大样地走过来，说："余司令，打得好！"

"狗娘养的！"爷爷骂。

"兄弟晚到了一步！"

"狗娘养的！"

"不是我们赶来，你就完了！"

"狗娘养的！"

爷爷的枪口对准了冷支队长。冷支队长一使眼色，两个虎背狼腰的卫兵就以麻利的动作把爷爷的枪下了。

父亲举起勃朗宁，一枪打中了撕掳爷爷的那个卫兵的屁股。

一个卫兵飞起一脚，把父亲踢翻，用大脚在父亲手腕上踩了一下，弯腰把勃朗宁捡到手里。

爷爷和父亲被卫兵架起来。

"冷麻子，你睁开狗眼看看我的弟兄！"

公路两侧的河堤上，高粱地里，横七竖八地躺着死尸和伤兵。刘大号断断续续地吹着喇叭，鲜血从他的嘴角鼻孔往外流。

冷支队长脱掉军帽，对着路东边的高粱地鞠了一躬。对着西边的高粱地鞠了一躬。

"放开余司令和余公子！"冷支队长说。

卫兵放开爷爷和父亲。那个挨枪的卫兵手捂着屁股，血从他的指缝里滴滴答答往下流。

冷支队长从卫兵手里接过手枪，还给爷爷和父亲。

冷支队长的队伍络绎过桥，他们扑向汽车和鬼子尸体。他们拿走了机枪和步枪、子弹和弹匣、刺刀和刀鞘、皮带和皮靴、钱包和刮胡刀。有几个兵跳下河，抓上来一个躲在桥墩后的活鬼子，抬上了一个死老鬼了。

"支队长，是个将军！"一个小头目说。

冷支队长兴奋地靠前看了看，说："剥下军衣，收好他的一切东西。"

冷支队长说："余司令，后会有期！"

一群卫兵簇拥着冷支队长往桥南走。

爷爷吼叫一声："立住，姓冷的！"

冷支队长回转身，说："余司令，谅你不会打我黑枪吧！"

爷爷说："我饶不了你！"

冷支队长说："王虎给余司令留下一挺机枪！"

几个兵把一挺机枪放在爷爷脚前。

"这些汽车，汽车上的大米，也归你了。"

冷支队长的队伍全部过了桥，在河堤上整好队，沿着河堤，一直向东走去。

夕阳西下。汽车烧毕，只剩下几具乌黑的框架，胶皮轱辘烧出的臭气令人窒息。那两辆未着火的汽车一前一后封锁着大桥。满河血一样的黑水，遍野血一样的红高粱。

父亲从河堤上捡起一张未跌散的抒饼，递给爷爷，说："爹，您吃吧，这是俺娘擀的抒饼。"

爷爷说："你吃吧！"

父亲把饼塞到爷爷手里，说："我再去捡。"

父亲又捡来一张抒饼，狠狠地咬了一口。

【作品赏析】

《红高粱》是莫言的一部重要作品，被译成近二十种文字在全世界发行。小说是站在民间立场上讲述的一个抗日故事。小说的情节是由两条故事线索交织而成的：主线写民间武装伏击日本汽车队的起因和过程；副线写余占鳌与戴凤莲在抗战前的爱情故事。"我爷爷"余占鳌身兼土匪头子和抗日英雄的两重身份，性格中充满了粗野、狂暴而富有原始正义感和生命激情的民间色彩。"我奶奶"具有温热、丰腴、泼辣、果断的女性美。

莫言曾较深地受到美国作家福克纳和拉美作家马尔克斯的影响，从他们那里大胆借鉴了意识流小说的时空表现手法和魔幻现实主义小说的情节结构方式，他在《红高粱》中几乎完全打破了传统的时空顺序与情节逻辑，把整个故事讲述得非常自由散漫。但这种看来任意的讲述却是统领在作家的主体情绪之下，与作品中那种生机勃勃的自由精神暗暗相合。另外，莫言在这部小说中还显示出了驾驭汉语的卓越才能，他运用了大量充满了想象力并且总是违背常规的比喻与通感等修辞手法，在语言的层面上形成了一种瑰丽神奇的特点，以此造就出了整个小说中那种异于寻常的民间之美的感性依托。

第四章　戏　剧

汉宫秋·第三折[1]

马致远

【作家作品简介】

马致远（约 1250 年～约 1324 年），号东篱，元大都（今北京）人。马致远在元代文学史上有极高声誉，是"姓名香贯满梨园"的著名戏曲家、散曲家，与关汉卿、郑光祖、白朴合称为"元曲四大家"，有"曲状元"之誉。马致远青年时期也热衷功名，但仕途坎坷，中年中进士，曾任浙江省官吏，后在大都任工部主事。因不满时政，晚年隐居田园，以诗酒自娱。

马致远著有杂剧 15 种，今存有《江州司马青衫泪》、《破幽梦孤雁汉宫秋》《吕洞宾三醉岳阳楼》《半夜雷轰荐福碑》《马丹阳三度任风子》《西华山陈抟高卧》六种，与人合作的《邯郸道省悟黄粱梦》一种（马著第一折）。《汉宫秋》是马致远早期的作品，也是马致远杂剧中最著名的一种，是元曲四大悲剧之一。马致远的散曲作品也负盛名，现存辑本《东篱乐府》一卷，收入小令 104 首，套数 17 套。《天净沙·秋思》为元人小令中之名篇，被称为"秋思之祖"，久传不衰。

（番使[2]拥旦上，奏胡乐科[3]，旦[4]云）妾身王昭君，自从选入宫中，被毛延寿将美人图点破[5]，送入冷宫。甫能得蒙恩幸，又被他献与番王形像[6]。今拥兵来索，待不去，又怕江山有失；没奈何将妾身出塞和番。这一去，胡地风霜，怎生消受也！自古道："红颜胜人多薄命，莫怨春风当自嗟。"[7]

（驾[8]引文武内官上，云）今日灞桥[9]饯送明妃，却早来到也。（唱）

【双调[10]·新水令[11]】锦貂裘生[12]改尽汉宫妆，我则索[13]看昭君画图模样。旧恩金勒短，新恨玉鞭长[14]。本是对金殿鸳鸯，分飞翼，怎承望[15]！

（云）你文武百官计议，怎生退了番兵，免明妃和番者。（唱）

【驻马听】宰相每[16]商量，大国使[17]还朝多赐赏。早是俺夫妻恓惶[18]，小家儿出外也摇装[19]。尚兀[20]自渭城衰柳助凄凉，共那灞桥流水添惆怅。偏你不断肠，想娘娘那一天愁都撮[21]在琵琶上。

（做下马科）（与旦打悲科）（驾云）左右慢慢唱者，我与明妃饯一杯酒。（唱）

【步步娇】您将那一曲阳关[22]休轻放，俺咫尺如天样，慢慢的捧玉觞[23]。

朕本意待尊[24]前捱[25]些时光，且休问劣了宫商[26]，您则与我半句儿俄延[27]着唱。

（番使云）请娘娘早行，天色晚了也。（驾唱）

【落梅风】可怜俺别离重，你好是归去的忙。寡人心先到他李陵台[28]上，回头儿却才魂梦里想，便休题贵人多忘。

（旦云）妾这一去，再何时得见陛下？把我汉家衣服都留下者。

（诗云）正是：今日汉宫人，明朝胡地妾；忍着主衣裳，为人作春色！（留衣服科）（驾唱）

【殿前欢】则甚么留下舞衣裳，被西风吹散旧时香。我委实怕宫车再过青苔巷[29]，猛到椒房[30]，那一会想菱花镜里妆，风流相，兜的[31]又横心上。看今日昭君出塞，几时似苏武还乡？

（番使云）请娘娘行罢，臣等来多时了也。（驾云）罢罢罢！明妃，你这一去，休怨朕躬[32]也。（做别科，驾云）我那里是大汉皇帝！（唱）

【雁儿落】我做了别虞姬楚霸王，全不见守玉关征西将。那里取保亲的李左车，送女客的萧丞相[33]。

（尚书云）陛下不必挂念。（驾唱）

【得胜令】他去也不沙架海紫金梁[34]，枉养着那边庭上铁衣郎[35]。您也要左右人扶侍，俺可甚糟糠妻下堂[36]！您但提起刀枪，却早小鹿儿心头撞[37]。今日央及煞娘娘，怎做的男儿当自强！

（尚书云）陛下，咱回朝去罢。（驾唱）

【川拨棹】怕不待放丝缰，咱可甚鞭敲金镫响[38]？你管燮理阴阳[39]，掌握朝纲，治国安邦，展土开疆；假若俺高皇[40]，差你个梅香[41]，背井离乡，卧雪眠霜。若是他不恋恁春风画堂[42]，我便官封你一字王[43]。

（尚书云）陛下，不必苦死留他，着他去了罢。（驾唱）

【七弟兄】说什么大王、不当、恋王嫱，兀良[44]！怎禁他临去也回头望。那堪这散风雪旌节影悠扬，动关山鼓角声悲壮。

【梅花酒】呀！俺向着这迥野悲凉。草已添黄，兔早迎霜。犬褪得毛苍，人搠[45]起缨枪，马负着行装，车运着糇粮[46]，打猎起围场。他、他、他，伤心辞汉主；我、我、我，携手上河梁[47]。他部从入穷荒，我銮舆返咸阳。返咸阳，过宫墙；过宫墙，绕回廊；绕回廊，近椒房；近椒房，月昏黄；月昏黄，夜生凉；夜生凉，泣寒螿[48]；泣寒螿，绿纱窗；绿纱窗，不思量！

【收江南】呀！不思量，除是铁心肠；铁心肠，也愁泪滴千行。美人图今夜挂昭阳，我那里供养，便是我高烧银烛照红妆。

（尚书云）陛下，回銮罢，娘娘去远了也。（驾唱）

【鸳鸯煞】我只索大臣行说一个推辞谎，又则怕笔尖儿那伙编修讲^[49]。不见他花朵儿精神，怎趁^[50]那草地里风光？唱道伫立多时，徘徊半晌，猛听的塞雁南翔，呀呀的声嘹亮，却原来满目牛羊，是兀那^[51]载离恨的毡车半坡里响。（下）

（番王引部落拥昭君上，云）今日汉朝不弃旧盟，将王昭君与俺番家和亲。我将昭君封为宁胡阏氏^[52]，坐我正宫。两国息兵，多少是好。众将士，传下号令，大众起行，望北而去。（做行科）（旦问云）这里甚地面了？（番使云）这是黑江，番汉交界去处。南边属汉家，北边属我番国。（旦云）大王，借一杯酒望南浇奠，辞了汉家，长行去罢。（做奠酒科，云）汉朝皇帝，妾身今生已矣，尚待来生也。（做跳江科）（番王惊救不及，叹科，云）嗨！可惜，可惜！昭君不肯入番，投江而死。罢罢罢！就葬在此江边，号为青冢者。我想来，人也死了，枉与汉朝结下这般仇隙，都是毛延寿那厮搬弄出来的。把都儿^[53]，将毛延寿拿下，解送汉朝处治。我依旧与汉朝结和，永为甥舅^[54]，却不是好？（诗云）则为他丹青画误了昭君，背汉主暗地私奔；将美人图又来哄我，要索取出塞和亲。岂知道投江而死，空落的一见消魂。似这等奸邪逆贼，留着他终是祸根；不如送他去汉朝哈喇^[55]，依还的甥舅礼，两国长存。（下）

【注释】

[1]《汉宫秋》：全名为《破幽梦孤雁汉宫秋》，写的是西汉元帝和王昭君的故事。汉元帝因受匈奴威胁，被迫送爱妃王昭君出塞和亲。全剧四折一楔子，此为第三折。

[2] 番使：匈奴使者。

[3] 科：戏曲术语，传统戏曲脚本里指示角色表演动作时的用语。

[4] 旦：戏曲角色名，扮演女性角色。

[5] 点破：改窜、丑化的意思。

[6] 形像：指画像。

[7] "红颜"两句：出自欧阳修的《明妃曲和王介甫作》其二。

[8] 驾：指帝王。

[9] 灞桥：位于西安市城东的灞河上，是一座久负盛名的古桥，引发了不少文人的吟咏抒怀。汉唐时送人东行时多别于此。

[10] 双调：古代戏曲音乐名词，宫调之一。元曲中一套宫调须一定的曲牌配合。

[11] 新水令：曲牌名。

[12] 生：生硬、勉强。

[13] 则索：只得。则，只。索，须，应，得。

[14] "旧恩"二句：以金勒喻旧恩，言其短；以玉鞭（玉饰的马鞭）喻新恨，言其长。金勒：镶金的马笼头。

[15] 承望：指望，料想。

[16] 每：们。

[17] 大国使：指匈奴的使者。

[18] 悒怏（yìyàng）：忧虑，不开心。

[19] 摇装：也作"遥装"，古代一种习俗。将远行者，必择一吉日先期出门，亲友送至江边，被送者上船一会儿又返回，改日正式出发，或寓此行必定平安之意。

[20] 尚兀（wù）：尚，犹。

[21] 撮（cuō）：弹琵琶的动作。

[22] 阳关：指王维的《送元二使安西》。后人以此作为送别曲。因诗中有"阳关"二字，故称"阳关曲"或"阳关三叠"。

[23] 玉觞（shāng）：玉制的杯，一般指酒杯，这里指代酒。

[24] 尊：樽，古代盛酒的器具。

[25] 捱（ái）：慢慢行进，拖延。

[26] 宫商：古代音律中的宫音和商音，泛指音乐、音调。五音，宫、商、角、徵、羽。

[27] 李陵台：李陵是汉武帝时名将，因孤军深入、战败无援而投降匈奴。李陵因常思汉地，怀念故土，特筑高台南望，故名。李陵台在今内蒙古自治区。

[28] 俄延：延缓，慢慢地。

[29] 青苔巷：长了青苔的巷道。比喻闲静、冷落的地方。

[30] 椒房：西汉皇后所居殿名，亦称椒室。因以椒和泥涂墙壁，取温暖、芳香、多子之义，得名。椒房殿有两处，一在长乐宫，另一处在未央宫。

[31] 兜的：陡然，突然。

[32] 躬：自己，本身。

[33] "保亲的李左车"两句：保亲，介绍婚姻，俗称"说媒"。李左车：秦汉之际谋士，曾辅佐韩信。送女客，古代婚礼中送亲者的称呼，一般指女性。女子出嫁时，家中有一人陪至夫家，这人就叫"送女客"。萧丞相：即萧何，秦汉之际谋士、丞相。据史书二人俱无送亲之事，此处借汉元帝口，议讽朝中以贤臣名将自居的文武官员均是贪生怕死之徒，只能推举昭君和番以息边患，以保全自己的富贵。

[34] 不沙架海紫金梁：不沙，不是那。架海紫金梁，杂剧中常比喻为国家的栋梁，倚靠的文臣武将。

[35] 铁衣郎：指穿铠甲的将士。

[36] "俺可甚"句：可甚，可堪，能够忍受。糟糠妻下堂，指休掉妻子。糟糠妻，指共过患难的妻子。

[37] "小鹿儿"句：形容内心害怕、惴惴不安。

[38] "怕不待"两句：意思是，难道不要放了马缰绳，哪里受得了鞭敲金镫发出的声响。怕不待，难道不，岂不想。待，语言助词。丝缰，丝制的马缰绳。"鞭敲金镫"，是元朝的习俗，出征得胜归来，鞭敲金镫发出声响，以示庆贺。

[39] 燮（xiè）理阴阳：调和阴阳，比喻治理国政。古代燮理阴阳是宰相的职责。

[40] 高皇：指汉高祖刘邦。

[41] 梅香：元杂剧中对婢女的通称。

[42] "若是"句：指不贪恋荣华富贵。春风，比喻皇帝的恩泽。画堂，指宫殿。

[43] 一字王：指辽、元之际地位尊贵的王称。辽代封王用一个字的，地位最高；两个字的次一等。

[44] 兀良：语气助词，起加强语气的作用，略同于"啊呀"。

［45］搠（shuò）：操起。

［46］餱（hóu）粮：干粮。

［47］携手上河梁：表示离别。出自《文选·李少卿与苏武诗》："携手上河梁，游子暮何之。"

［48］寒螀（jiāng）：寒蝉。

［49］"我只索大臣行"二句：这两句意思是，我只想要大臣们说一个推辞的话，又怕那些编修国史的史官啰嗦。只索，只要。行，们。推辞谎，推辞的话。火，伙。编修，掌管国史编修的官。

［50］趁：这里是欣赏的意思。

［51］兀（wù）那：那，那个。

［52］阏氏（yān zhī）：匈奴对皇后的称呼。

［53］把都儿：蒙古语，勇士的意思。

［54］永为甥舅：匈奴与汉，以甥舅相称。

［55］哈喇：蒙古语，杀的意思。

【作品赏析】

《汉宫秋》是马致远杂剧中的代表作品。剧情写闲暇时的汉元帝觉得天下太平，顿感后宫寂寞，听从中大夫毛延寿的建议，到民间广选良家女入宫。王昭君美貌、正直，但因不肯贿赂毛延寿，被他画丑，因此独处冷宫。汉元帝深夜偶然听闻昭君弹琵琶，爱其美色，将她封为明妃，又要将毛延寿斩首。毛延寿逃至匈奴，将昭君画像献给呼韩邪单于，让他向汉王索要昭君为妻。元帝舍不得昭君和番，但满朝文武怯懦自私，无力抵挡匈奴大军入侵。昭君为免刀兵之灾自愿前往，元帝忍痛送行。单于得到昭君后大喜，率兵北去。昭君不舍故国，在汉番交界处投黑龙江，殉节而死。单于为避免汉朝寻事，将毛延寿送还汉朝处治。汉元帝夜间梦见昭君而惊醒，又听到孤雁哀鸣，伤痛不已，后将毛延寿斩首以祭奠昭君。

本文选自《汉宫秋》第三折，是全剧的高潮，浓墨细笔地描写了元帝与昭君的生离死别。剧中有灞桥送别、昭君投江、单于礼葬昭君等情节。既有对昭君面对国难勇于担当，勇于献身品行的赞颂，更多的是细腻地刻画汉元帝复杂的内心情感。通过唱词，元帝尽情地吐露郁结于心的哀痛，有对昭君的难舍和思念，对文武大臣的不满和怨恨，对自己无力救爱妃于水火的自责。

《汉宫秋》有较高的艺术成就，结构紧凑，抒情色彩浓烈，许多曲词声情并茂，意境优美，能贴切地表达人物的心情。本折戏以浓厚的抒情意味见长。唱词哀婉曲折，极富艺术感染力。特别是写离别的场景，字字着色，语语生情。"梅花酒"一曲抒写离别后的孤苦凄凉，采用了首尾相接，回环重叠的顶真句式，百转千回，令人荡气回肠。"收江南"一曲写出了离别后汉元帝内心的伤痛和对昭君的思念。王国维评论这两首："写情则沁人心脾，写景则在人耳目，述事则如出其口。" 这充分体现了马致远在杂剧创作中既富于气势，又讲究文采的艺术特色。

西厢记·长亭送别[1]

王实甫

【作家作品简介】

王实甫（约 1260 年～约 1316 年），大都（今北京）人，元代著名戏曲作家。王实甫生平的资料很少，《录鬼簿》说他"名德信，大都人"，并记录了他十三种杂剧。从他在《破窑记》中流露的"世间人休把儒相弃，守寒窗终有峥嵘日"的思想和在《丽春堂》中抒发的宦海升沉的感叹看来，他可能是一个在仕途失意的文人。明初贾仲名吊王实甫的《凌波仙》词说："风月营密匝匝列旌旗，莺花寨明风风排剑戟，翠红乡雄赳赳施谋智。"显然他也是一个熟悉当时勾栏生活的剧作家。

《西厢记》是王实甫的代表作，是元代杂剧的压卷之作，深受读者喜爱。周德清称赞《西厢记》"诸公已矣，后学莫及"。贾仲明评说道："作词章，风韵美，士林中等辈伏低。新杂剧，旧传奇，《西厢记》天下夺魁。"朱权喻之为"花间美人"，金圣叹咏之为"天地妙文"。王实甫的戏剧除《西厢记》外，现在流传的还有《丽春堂》《破窑记》两种，以及《芙蓉亭》《贩茶船》的各一折曲文，成就都不很高。

（夫人、长老上，云）今日送张生赴京，十里长亭[2]，安排下筵席。我和长老先行，不见张生、小姐来到。（旦、末[3]、红同上）（旦云）今日送张生上朝取应，早是离人伤感，况值那暮秋天气，好烦恼人也呵！"悲欢聚散一杯酒，南北东西万里程。"

【正宫[4]】【端正好[5]】碧云天，黄花地，西风紧，北雁南飞。晓来谁染霜林醉？总是离人泪。

【滚绣球】恨相见得迟，怨归去得疾。柳丝长玉骢难系，恨不倩疏林挂住斜晖[6]。马儿迍迍[7]的行，车儿快快的随，却告了相思回避，破题[8]儿又早别离。听得道一声"去也"，松了金钏[9]；遥望见十里长亭，减了玉肌：此恨谁知？

（红云）姐姐今日怎么不打扮？（旦云）你那知我的心里呵！（旦唱）

【叨叨令】见安排着车儿、马儿，不由人熬熬煎煎的气；有甚么心情花儿、靥儿[10]，打扮得娇娇滴滴的媚；准备着被儿、枕儿，则索昏昏沉沉的睡；从今后衫儿、袖儿，都揾[11]做重重叠叠的泪。兀的[12]不闷杀人也么哥！兀的不闷杀人也么哥！久已后书儿、信儿，索[13]与我栖栖遑遑[14]的寄。

（做到见夫人科[15]）（夫人云）张生和长老坐，小姐这壁坐，红娘将酒来。张生，你向前来，是自家亲眷，不要回避。俺今日将莺莺与你，到京师休辱末了俺孩儿，挣揣[16]一个状元回来者。（末云）小生托夫人余荫，凭着胸中之才，视官如拾芥[17]耳。

（洁[18]云）夫人主见不差，张生不是落后的人。（把酒了，坐）（旦长吁科）

【脱布衫】下西风黄叶纷飞，染寒烟衰草萋迷。酒席上斜签着坐的[19]，蹙愁眉死临侵地[20]。

【小梁州】我见他阁泪[21]汪汪不敢垂，恐怕人知；猛然见了把头低，长吁气，推整素罗衣[22]。

【幺篇】虽然久后成佳配，奈时间[23]怎不悲啼！意似痴，心如醉，昨宵今日，清减了小腰围。

（夫人云）小姐把盏者！（红递酒，旦把盏长吁科，云）请吃酒！

【上小楼】合欢未已，离愁相继。想着俺前暮私情，昨夜成亲，今日别离。我谂[24]知这几日相思滋味，却原来比别离情更增十倍。

【幺篇】年少呵轻远别，情薄呵易弃掷。全不想腿儿相挨，脸儿相偎，手儿相携。你与俺崔相国做女婿，妻荣夫贵，但得一个并头莲，煞强如状元及第。

（夫人云）红娘把盏者！（红把酒科）（旦唱）

【满庭芳】供食太急，须臾对面，顷刻别离。若不是酒席间子母每[25]当回避，有心待与他举案齐眉。虽然是厮守得一时半刻，也合着俺夫妻每共桌而食。眼底空留意，寻思起就里[26]，险化做望夫石。

（红云）姐姐不曾吃早饭，饮一口儿汤水。（旦云）红娘，甚么汤水咽得下！

【快活三】将来的酒共食，尝着似土和泥。假若便是土和泥，也有些土气息，泥滋味。

【朝天子】暖溶溶的玉醅[27]，白泠泠似水，多半是相思泪。眼面前茶饭怕不待要[28]吃，恨塞满愁肠胃。"蜗角虚名，蝇头微利"，拆鸳鸯在两下里。一个这壁，一个那壁，一递一声长吁声。

（夫人云）辆起车儿[29]，俺先回去，小姐随后和红娘来。（下）（末辞洁科）（洁云）此一行别无话儿，贫僧准备买登科录看，做亲的茶饭少不得贫僧的。先生在意，鞍马上保重者！从今经忏无心礼，专听春雷第一声[30]。（下）（旦唱）

【四边静】霎时间杯盘狼藉，车儿投东，马儿向西，两意徘徊，落日山横翠。知他今宵宿在那里？在梦也难寻觅。

（旦云）张生，此一行得官不得官，疾便回来。（末云）小生这一去白夺一个状元。正是："青霄[31]有路终须到，金榜无名誓不归"。（旦云）君行别无所赠，口占一绝[32]，为君送行："弃掷今何在，当时且自亲。还将旧来意，怜取眼前人。"（末云）小姐之意差矣，张珙更敢怜谁？谨赓一绝[33]，以剖寸心："人生长远别，孰与最关亲？不遇知音者，谁怜长叹人？"（旦唱）

【耍孩儿】淋漓襟袖啼红泪[34]，比司马青衫更湿[35]。伯劳[36]东去燕西飞，未登程先问归期。虽然眼底人千里，且尽生前酒一杯。未饮心先醉，眼中流血，心内成灰。

【五煞】到京师服水土，趁程途节饮食，顺时自保揣[37]身体。荒村雨露宜眠早，野店风霜要起迟！鞍马秋风里，最难调护，最要扶持[38]。

【四煞】这忧愁诉与谁？相思只自知，老天不管人憔悴。泪添九曲黄河溢，恨压三峰华岳低[39]。到晚来闷把西楼倚，见了些夕阳古道，衰柳长堤。

【三煞】笑吟吟一处来，哭啼啼独自归。归家若到罗帏里，昨宵个绣衾香暖留春住，今夜个翠被生寒有梦知。留恋你别无意，见据鞍[40]上马，阁不住泪眼愁眉。

（末云）有甚言语嘱咐小生咱？（旦唱）

【二煞】你休忧"文齐福不齐"，我则怕你"停妻再娶妻"。休要"一春鱼雁无消息[41]"！我这里青鸾有信频须寄，你却休"金榜无名誓不归"。此一节君须记，若见了那异乡花草，再休似此处栖迟[42]。

（末云）再谁似小姐？小生又生此念。（旦唱）

【一煞】青山隔送行，疏林不做美，淡烟暮霭相遮蔽。夕阳古道无人语，禾黍秋风听马嘶。我为甚么懒上车儿内，来时甚急，去后何迟？

（红云）夫人去好一会，姐姐，咱家去！（旦唱）

【收尾】四围山色中，一鞭残照里。遍人间烦恼填胸臆，量这些大小车儿如何载得起？

（旦、红下）（末云）仆童赶早行一程儿，早寻个宿处。泪随流水急，愁逐野云飞。（下）

【注释】

[1] 《西厢记》：全名《崔莺莺待月西厢记》，主要讲述书生张君瑞与相国之女崔莺莺这对有情人冲破困阻终成眷属的爱情故事。全剧共五本二十一折，本文选自第四本第三折。

[2] 十里长亭：古代驿站上约十里设一长亭，五里设一短亭，供行人休息，送别的人也总在此分手。

[3] 旦、末：戏曲角色名，旦扮演女性角色，末扮演男性角色。

[4] 正宫：古代戏曲音乐名词，宫调之一。元曲中一套宫调须一定的曲牌配合。

[5] 端正好：曲牌名。按照元杂剧的体制，一折戏里只能有一个角色主唱，"长亭送别"这折戏的主唱是崔莺莺。

[6] "柳丝长"两句：意思是，柳丝长却不能系住你离别的马，恨不得请稀疏的林子留住斜阳。古代离别时有折柳相赠的习俗，意为"留"人。骢（cōng），古代一种名马，速度极快。倩，央求，请。

[7] 迍（zhūn）迍：行动缓慢的样子。

[8] 破题：起头，开始。

[9] 钏（chuàn）：臂环，手镯。松了金钏：谓人瘦减而使手镯变得宽松。

[10] 靥（yè）儿：古代妇女的面部妆饰。

[11] 揾（wèn）：擦，拭。

[12] 兀的（wù de）：语气助词，与"不"连用，表示反问语气，意思是怎么不。

[13] 索：须，得，应。

[14] 栖栖遑遑：急忙忙忙，尽快的意思。

[15] 科：戏曲术语，传统戏曲脚本里指示角色表演动作时的用语。

[16] 挣揣：争取、争得之意。

[17] 视官如拾芥：把取得官职看得像从地上拾一根草那么容易。芥，小草，比喻轻微细小的东西。

[18] 洁：元杂剧中称和尚为洁郎，简称洁，这里指普救寺的长老。

[19] 斜签着坐：侧斜着身子半坐或浅坐。旧时晚辈在长辈前不能实坐。

[20] 死临侵地：也作"死淋浸"，发呆，没精打采的样子。

[21] 阁泪：含泪，噙泪。阁，同"搁"。

[22] 推整素罗衣：整理衣服。推整，整理。罗衣，指轻软丝织品制成的衣服，罗在商代已经出现。

[23] 奈时间：无奈眼前。

[24] 谂（shěn）：知悉。

[25] 每：们。

[26] 就里：内情。

[27] 玉醅（pēi）：美酒。

[28] 怕不待要：难道不想，何尝不想。

[29] 辆：用做动词，套上，架好。

[30] 春雷第一声：比喻夺魁的捷报。因进士考试在春季正、二月举行，所以称中进士的消息为春雷第一声。

[31] 青霄：青天，高空，比喻科举中第。

[32] 口占一绝：口头吟诵一首诗。占，口头吟作。

[33] 谨赓一绝：恭敬地续作一首诗。赓，续，酬和。

[34] 红泪：泛指美人泪。王嘉《拾遗记》中记载，魏文帝（曹丕）所爱的美人薛灵芸被选入宫，离别父母时，她用玉唾壶承泪，壶即呈红色。及至京师，壶中泪凝如血。后世因而称女子的眼泪为"红泪"。

[35] 比司马青衫更湿：形容极度悲痛。出自白居易《琵琶行》："座中泣下谁最多，江州司马青衫湿。"白居易曾贬官为江州司马。一次因听闻琵琶女的身世遭遇，感慨自己与之命运相同，衣衫为泪水所湿。

[36] 伯劳：鸟名。在古代诗歌中伯劳和燕子通常用来比喻夫妻、情侣，亲人、朋友的别离。事实上，伯劳和燕子的迁徙方向都是夏北冬南。

[37] 保揣：保护，爱惜。

[38] 扶持：当心，留意。

[39] "泪添"两句：眼泪装进黄河也能溢出来，愤恨能压倒高大的山峰，说明愁苦悲愤非常深。三峰华岳，指华山的三座著名高峰，即莲花峰、毛女峰、松桧峰。

[40] 据鞍：跨上马鞍。

[41] 一春鱼雁无消息：一年都没有任何消息。一春，指一年时间。鱼雁，在古诗词中特指书信、消息。

[42] 栖迟：逗留，留恋。

【作品赏析】

《西厢记》原名《莺莺传》，又名《会真记》，是元杂剧中最优美宏伟的大型喜剧。《西厢记》是一个纯粹的古代才子佳人的爱情故事。书生张君瑞赶考途中在普救寺里邂逅已故崔相国之女莺莺，对她一见倾心。此时河桥守将孙飞虎听闻莺莺美貌，率兵围住普救寺，要强娶莺莺为妻。崔老夫人情急之下听从莺莺主意，允诺如有人能够退兵，便将莺莺许配给他。张生喜出望外，修书请故人白马将军杜确率兵前来解了普救寺之围。然而事后崔老夫人绝口不提婚事，只让二人以兄妹相称。张生失望之极，相思难解，莺莺也是芳心欲碎。后在丫环红娘的热心帮助下，二人瞒过崔老夫人，私下幽会并订了终身。老夫人知情后怒责红娘，但已无可挽回，便迫使张生进京应考，考取功名再来迎娶莺莺。莺莺只得与张生依依惜别。最后张生得中状元，衣锦荣归，和莺莺团聚，有情人终成眷属。作者通过主人公第一次发出了"愿普天下有情的都成了眷属"的真诚呼唤，对后来以爱情为题材的小说、戏剧创作影响很大。

该剧在艺术上近乎完美，故事曲折、情节跌宕起伏、文笔细腻、人物传神，曲词华艳优美，富于诗的意境，堪称绝世经典，有"花间美人"的雅称。

本文节选自《西厢记》第四本第三折，是王实甫《西厢记》中最为脍炙人口的精彩片断之一。写莺莺与张生的私情终于暴露，老夫人认为这有辱相国府尊严以"崔家三代不招白衣女婿"为由，强令张生进京赴考。这折写莺莺、红娘、老夫人等到十里长亭为张生饯行，莺莺与张生依依不舍的情景。整折戏对别离之苦，写得十分细腻、深刻。一开始，作者抓住特有的景物，展示意象，"碧云天，黄花地，西风紧，北雁南飞。晓来谁染霜林醉？总是离人泪"。情与景巧妙结合，创造出一个凄清唯美的艺术氛围。把"暮秋天气""离人伤感"加以生发，渲染出缠绵哀婉的气氛。作者还通过唱词直抒主人公的内心世界，"恨相见得迟，怨归去得疾。柳丝长玉骢难系，恨不倩疏林挂住斜晖"，将二人依依不舍的心情细致入微地刻画了出来。

《长亭送别》一折运用了比喻、夸张、对偶、排比、反复、设问、对比、用典等多种修辞方法，同时还将古朴、凝练、典雅的古代诗词与通俗、朴实、流畅的民间口语融为一体，形成了清丽华美、生动活泼的语言风格，增强了剧作的表达效果和艺术魅力。

桃花扇·骂筵[1]

孔尚任

【作家作品简介】

孔尚任（1648 年～1718 年），字聘之，又字季重，号东塘，别号岸堂，自称云亭山人，山东曲阜人，孔子六十四代孙，清初诗人、戏曲作家。

早年，孔尚任在曲阜市北石门山，读书著述，谈古论今。这时期他开始关注南明兴亡历史。康熙二十二年（1683年），康熙首次南巡，经过山东，到曲阜祭孔，孔尚任被荐举在御前讲经，得到康熙的赏识，被任命为国子监博士，次年奉召进京。之后奉命赴江南治水，历时四载。这个时期，他的足迹几乎踏遍南明故地，又与一大批有民族气节的明代遗民结为知交，搜集南明野史，加深了对南明兴亡历史的认识。这都为他日后写作准备了丰富的素材。康熙三十八年（1699年），孔尚任经历十余年三易其稿终于完成了《桃花扇》的创作。作品问世后，引起了强烈的反响。

孔尚任继承了儒家的思想传统与学术，自幼即关注礼、乐、兵、农等，还考证过乐律，为以后的戏曲创作打下了音乐知识基础。世人将他与《长生殿》作者洪升并论，称"南洪北孔"。

《桃花扇》是中国清代著名的传奇剧本。它是通过侯方域和李香君悲欢离合的爱情故事，真实地再现了复杂的社会内容及南明覆亡的历史，表现了明末时以复社文人侯方域、吴次尾、陈定生为代表的清流同以阮大铖和马士英为代表的权奸之间的斗争，揭露了南明王朝政治的腐败和衰亡原因。正如作者所说，是"借离合之情，写兴亡之感"。同时通过"场上歌舞，局外指点，知三百年之基业，隳于何人？败于何事？消于何年？歇于何地？"历史都是相似的，通过一出南明王朝兴亡的戏，回答明朝三百年基业败于何人何事的问题，给人们敲起警钟，这是孔尚任创作《桃花扇》的宗旨。

乙酉[2]正月

【缕缕金】[3]（副净[4]扮阮大铖[5]吉服上）风流代，又遭逢，六朝金粉样[6]，我偏通。管领烟花[7]，衔名供奉[8]。簇新新帽乌衬袍红，皂皮靴绿缝，皂皮靴绿缝。

（笑介[9]）我阮大铖，亏了贵阳相公[10]破格提挈，又取在内庭供奉；今日到任回来，好不荣耀。且喜今上[11]性喜文墨，把王铎[12]补了内阁大学士，钱谦益[13]补了礼部尚书。区区[14]不才，同在文学侍从之班；天颜日近，知无不言。前日进了四种传奇[15]，圣心大悦，立刻传旨，命礼部采选宫人，要将《燕子笺》[16]被之声歌，为中兴一代之乐。我想这本传奇，精深奥妙，倘被俗手教坏，岂不损我文名。因而乘机启奏："生口不如熟口，清客[17]强似教手[18]。"圣上从谏如流[19]，就命广搜旧院[20]，大罗秦淮，拿了清客妓女数十余人，交与礼部拣选。前日验他色艺，都只平常；还有几个有名的，都是杨龙友[21]旧交，求情免选，下官只得勾去。昨见贵阳相公说道："教演新戏是圣上心事，难道不选好的，倒选坏的不成。"只得又去传他，尚未到来。今乃乙酉新年人日[22]佳节，下官约同龙友，移樽赏心亭[23]；邀俺贵阳师相，饮酒看雪。早已吩咐把新选的妓女，带到席前验看。正是：花柳笙歌隋事业，谈谐裙屐晋风流 。（下）

【黄莺儿】（老旦[24]扮卞玉京[25]道妆背包皮急上）家住蕊珠宫[26]，恨无端业海风[27]，把人轻向烟花送。喉尖唱肿，裙腰舞松，一生魂在巫山洞[28]。俺卞玉京，今日为何这般打扮，只因朝廷搜拿歌妓，逼俺断了尘心。昨夜别过姊妹，换上道妆，飘然出院，但不知那里好去投师。望城东云山满眼，仙界路无穷。

（飘飖下）（副净、外[29]、净扮丁继之、沈公宪、张燕筑[30]三清客上）

【皂罗袍】（副净）正把秦淮箫弄，看名花好月，乱上帘栊。凤纸[31]签名唤乐工，南朝天子春心动。我丁继之年过六旬，歌板久抛；前日托过杨老爷，免我前往，怎的今日又传起来了。（外、净）俺两个也都是免过的，不知又传，有何话说。（副净拱介）两位老弟，大家商量，我们一班清客，感动皇爷，召去教歌，也不是容易的。（外、净）正是。（副净）二位青年上进，该去走走，我老汉多病年衰，也不望甚么际遇了。今日我要躲过，求二位遮盖一二。（外）这有何妨，太公钓鱼，愿者上钩。（净）是，是！难道你犯了王法，定要拿去审问不成。（副净）既然如此，我老汉就回去了。（回行介）急忙回首，青青远峰；逍遥寻路，森森乱松。（顿足介）若不离了尘埃，怎能免得牵绊。（袖出道巾，黄绦换介）（转头呼介）二位看俺打扮罢，道人醒了扬州梦[32]。

（摇摆下）（外）咦！他竟出家去了，好狠心也。（净）我们且坐廊下晒暖，待他姊妹到来，同去礼部过堂。（坐地介）（小旦扮寇白门，丑扮郑妥娘，杂扮差役[33]跟上）（小旦）桃片随风不结子。（丑）柳绵浮水又成萍[34]。（望介）你看老沈老张不约俺一声儿，先到廊下向暖，我们走去，打他个耳刮子。（相见，诨[35]介）（外问杂介）又传我们到那里去？（杂）传你们到礼部过堂，送入内庭教戏。（外）前日免过俺们了。（杂）内阁大老爷不依，定要借重你们几个老清客哩。（净）是那几个？（杂）待我瞧瞧票子。（取票看介）丁继之、沈公宪、张燕筑。（问介）那姓丁的如何不见？（外）他出家去了。（杂）既出了家，没处寻他，待我回官罢！（向净、外介）你们到了的，竟往礼部过堂去。（净）等他姊妹们到齐着。（杂）今日老爷们秦淮赏雪，吩咐带着女客，席上验看哩！（外、净）既是这等，我们先去了。正是：传歌留乐府，攧笛傍宫墙[36]。（下）（杂看票问小旦介）你是寇白门么？（小旦）是。（杂问丑介）你是卞玉京么？（丑）不是，我是老妥。（杂）是郑妥娘了。（问介）那卞玉京呢？（丑）他出家去了。（杂）咦！怎么出家的都配成对儿。（问介）后边还有一个脚小走不上来的，想是李贞丽[37]了？（小旦）不是，李贞丽从良去了！（杂）我方才拉他下楼，他说是李贞丽，怎的又不是？（丑）想是他女儿顶名替来的。（杂）母子总是一般，只少不了数儿就好了。（望介）他早赶上来也。

【忒忒令】（旦[38]）下红楼残腊雪浓，过紫陌早春泥冻；不惯行走，脚儿十分痛。传凤诏，选蛾眉[39]，把丝鞭，骑骄马；催花使乱拥。

奴家香君[40]，被捉下楼，叫去学歌，是俺烟花本等，只有这点志气，就死不磨。（杂喊介）快些走动！（旦到介）（小旦）你也下楼了，屈尊，屈尊！（丑）我们造化，就得服侍皇帝了。（旦）情愿奉让罢。（同行介）（杂）前面是赏心亭了，内阁马老爷，光禄阮老爷，兵部杨老爷，少刻即到。你们各人整理伺候。（杂同小旦、丑下）（旦私语介）难得他们凑来一处，正好吐俺胸中之气。

【前腔】赵文华[41]陪着严嵩[42]，抹粉脸席前趋奉；丑腔恶态，演出真《鸣凤》[43]。俺做个女祢衡，挝渔阳，声声骂[44]；看他懂不懂。

（净扮马士英，副净扮阮大铖，末扮杨文骢[45]，外、小生[46]扮从人喝道上）（旦避下）（副净）琼瑶楼阁朱微抹，（末）金碧峰峦粉细勾。（净）好一派雪景也。（副净）这座赏心亭，原是看雪之所。（净）怎么原是看雪之所？（副净）宋真宗曾出周昉[47]雪图，赐与丁谓。说道："卿到金陵，可选一绝景处张之。"因建此亭。（净看壁介）这壁上单条，想是周昉雪图了。（末）非也。这是画友蓝瑛[48]新来见赠的。（净）妙，妙！你看雪压钟山，正对图画，赏心胜地，无过此亭矣。（末吩咐介）就把炉、盒、游具，摆设起来。（外、小生设席坐介）（副净向净介）荒亭草具，恃爱高攀，着实得罪了。（净）说那里话！可笑一班小人，奉承权贵，费千金盛设，十分丑态，一无所取，徒传笑柄。（副净）晚生今日扫雪烹茶，清谈攀教，显得老师相高怀雅量，晚生辈也免了几笔粉抹。（净）呵呀！那戏场粉笔，最是利害，一抹上脸，再洗不掉；虽有孝子慈孙，都不肯认做祖父的。（末）虽然利害，却也公道，原以儆戒无忌惮之小人，非为我辈而设。（净）据学生看来，都吃了奉承的亏。（末）为何？（净）你看前辈分宜相公严嵩，何尝不是一个文人，现今《鸣凤记》里抹了花脸，着实丑看。岂非赵文华辈奉承坏了。（副净打恭介）是，是！老师相是不喜奉承的，晚生惟有心悦诚服而已。（末）请酒！（同举杯介）（副净问外介）选的妓女，可曾叫到了么？（外禀介）叫到了。（杂领众妓叩头介）（净细看介）（吩咐介）今日雅集，用不着他们，叫他礼部过堂去罢。（副净）特令到此伺候酒席的。（净）留下那个年小的罢。（众下）（净问介）他唤什么名字？（杂禀介）李贞丽。（净笑介）丽而未必贞也。（笑向副净介）我们扮过陶学士了，再扮一折党太尉何如[49]？

（副净）妙，妙！（唤介）贞丽过来斟酒唱曲。（旦摇头介）（净）为何摇头？（旦）不会。（净）呵呀！样样不会，怎称名妓。（旦）原非名妓。（掩泪介）（净）你有甚心事，容你说来。

【江儿水】（旦）妾的心中事，乱似蓬，几番要向君王控。拆散夫妻惊魂迸，割开母子鲜血涌，比那流贼还猛。做哑装聋，骂着不知惶恐。

（净）原来有这些心事。（副净）这个女子却也苦了。（末）今日老爷们在此行乐，不必只是诉冤了。（旦）杨老爷知道的，奴家冤苦，也值当不的一诉[50]。

【五供养】堂堂列公，半边南朝，望你峥嵘[51]。出身希贵宠，创业选声容，《后庭花》又添几种[52]。把俺胡撮弄[53]，对寒风雪海冰山，苦陪觞咏[54]。

（净怒介）咄[55]！这妮子胡言乱道，该打嘴了。（副净）闻得李贞丽，原是张天如、夏彝仲辈品题之妓[56]，自然是放肆的。该打该打！（末）看他年纪甚小，未必是那个李贞丽。（旦恨介）便是他待怎的！

【玉交枝】东林伯仲[57]，俺青楼皆知敬重。干儿义子从新用，绝不了魏家种[58]。（副净）好大胆，骂的是那个，快快采去丢在雪中！（外采旦推倒介）（旦）冰肌雪肠原自同，铁心石腹何愁冻。（副净）这奴才，当着内阁大老爷，这般放肆，叫我们都开罪了。可恨，可恨！（下席踢旦介）（末起拉介）（净）罢，罢！这样奴才，何难处死，只怕妨了俺宰相之度。（末）是，是！丞相之尊，娼女之贱，天地悬绝，何足介意！（副净）也罢！启过老师相，送入内庭，拣着极苦的脚色，叫他去当。（净）这也该的。（末）着人拉去罢！（杂拉旦介）（旦）奴家已拚一死。吐不尽鹃血满胸[59]，吐不尽鹃血满胸。

（拉旦下）（净）好好一个雅集，被这奴才搅乱坏了。可笑，可笑！（副净、末连三揖介）得罪，得罪！望乞海涵，另日竭诚罢。（净）兴尽宜回春雪棹[60]，（副净）客羞应斩美人头[61]。（净、副净从人喝道下）（末吊场介[62]）可笑香君才下楼来，偏撞两个冤对[63]，这场是非免不了的；若无下官遮盖，香君性命也有些不妥哩。罢，罢！选入内庭，倒也省了几日悬挂；只是媚香楼无人看守，如何是好？（想介）有了，画友蓝瑛托俺寻寓，就接他暂住楼上；待香君出来，再作商量。

赏心亭上雪初融，煮鹤烧琴宴钜公[64]。
恼杀秦淮歌舞伴，不同西子入吴宫[65]。

【注释】

[1] 出自清代戏剧《桃花扇》。《桃花扇》共四十出，《骂筵》是第二十四出。

[2] 己酉：即南明弘光二年（1645 年）。

[3] 缕缕金：曲牌名。

[4] 副净：戏曲角色名。净，扮演性格粗鲁豪放或者奸邪歹毒的角色，有正净、副净之分。

[5] 阮大铖（1587 年～1646 年），字集之，号圆海、石巢、百子山樵，明末怀宁人，万历年进士。天启时任吏部科给事中，后因依附魏忠贤，名列逆案，遭废斥。福王继位，依附马士英，官至尚书。后降清，跟从清军攻打仙霞岭而死。入《明史·奸臣传》。

[6] 六朝金粉样：意思是像偏安江南的六朝统治者那样，不顾大敌当前，只顾沉于声色，花天酒地。六朝，指相继建都于南京的吴、东晋、宋、齐、梁、陈。金粉，花钿与铅粉，是妇女的梳妆用品，此比喻荒淫奢侈的生活。

[7] 烟花：指歌妓。

[8] 供奉：官名，指在皇帝左右供职者。

[9] 介：术语，传统戏曲脚本里表示情态动作的词。

[10] 贵阳相公：即马士英（约 1591 年～1646 年），字瑶草，明末贵阳人。万历年进士，任东阁大学士，进太保，专国政。崇祯末任凤阳总督。明亡，在南京拥立福王。清兵破南京后，出走，为清军俘杀。入《明史·奸臣传》。

[11] 今上：当今皇上，即南明弘光皇帝朱由崧。

[12] 王铎：明末孟津人，著名书法家，弘光时为大学士。

[13] 钱谦益（1582 年～1664 年）：字受之，号牧斋，晚年自号蒙叟，又号东涧遗老，常熟人。明万历年进士，授编修，累官至礼部侍郎。福王立，官至礼部尚书。清军定江南后，投降清朝。工诗，与吴伟业、龚鼎孳合称"江左三大家"。

[14] 区区：自称的谦词。

[15] 四部传奇：即阮大铖写的四部传奇：《燕子笺》《春灯谜》《牟尼合》《双金榜》，合称"石巢四种"。

[16] 《燕子笺》：传奇名，写唐代茂陵才子霍都梁与礼部尚书郦道安之女郦飞云的婚姻故事，因剧中有燕子衔诗笺的情节，故名。

[17] 清客：旧时在豪门贵族门下帮闲凑趣的文人，此指教人吹弹唱曲的艺人。

[18] 教手：此指教唱曲的人。

[19] 从谏如流：听从规劝像流水一样自然，形容乐于接受别人的批评意见。谏，直言规劝。

[20] 旧院：在南京秦淮河边上，前面是武定桥，后面是炒库街，当时是秦淮歌妓聚居区。

[21] 杨龙友（1597 年～1654 年）：名文骢，字龙友，明末贵阳人。万历末举人。弘光时官兵备副使、右部御史。清兵渡江南下，从唐王起兵援衢州，兵败被俘，不屈，就义。

[22] 人日：农历正月初七。

[23] 赏心亭：宋代丁谓出镇金陵时所建，在江苏江宁县西，下水城门上，下临秦淮河。丁谓（962 年～1033 年），苏州人，北宋大臣，淳化间进士。他机敏智谋，多才多艺，有较强的应对和处理突发事件的能力，为官时做过不少益事。但他为了权利变得邪佞狡诈，极力迎合真宗，排挤寇准，勾结太监，独揽朝政，被斥为"奸邪之臣"。后被贬崖州。

[24] 老旦：戏曲角色名，扮演年纪较大的女性角色。

[25] 卞玉京：明末清初南京名妓。

[26] 蕊珠宫：道家所说上清宫阙名，为神仙之居所。

[27] 业海风：指世间罪孽之风。业海，佛教语，称世间种种罪业，有如大海，故称业海。

[28] 巫山洞：指妓院。

[29] 外：戏曲角色名，扮演老年男子。

[30] 丁继之、沈公宪、张燕筑：均是明末戏曲演员。

[31] 凤诏：皇帝诏书。因置于木制的凤凰口中，故称凤诏。

[32] 道人醒了扬州梦：此意脱离歌舞繁华之所，入道修身。扬州梦，一般理解为嫖客沉溺于烟花巷。唐杜牧《遣怀》："十年一觉扬州梦，赢得青楼薄幸名。"

[33] "小旦"句：小旦，戏曲角色名，扮演次要的女性角色。丑，戏曲角色名，扮演滑稽打诨的角色。杂，戏曲角色名，一般扮演杂差、百姓等角色。寇白门、郑妥娘，均为明末秦淮名妓。

[34] "柳绵"句：柳树上白色的绒毛，随风飞落如绵絮，故称柳绵。古人认为柳绵如水后会变成浮萍。

[35] 诨（hùn）：开玩笑。

[36] 撅（yè）笛傍宫墙：此指将入内廷教曲。撅，同"擪"，用手指按压。唐李谟善吹笛，一日于天津桥玩月，隔墙闻宫中奏新乐，便将曲调记下来吹奏。

[37] 李贞丽：字淡如，明末秦淮名妓，李香君养母，仗义豪爽。

[38] 旦：戏曲角色名，在剧中扮演女主角。

[39] 娥眉：女子长而美的眉毛，这借指美女。

[40] 奴家香君：李香君（1624年～1653年），原姓吴，苏州人。因家道败落，漂泊异乡。在李香君八岁的时候，随养母李贞丽改吴姓为李。明末南京秣陵教坊名妓，秦淮八艳之一。香君聪慧知书，琴棋书画样样精通。正直侠义，不媚权贵。后与复社领袖侯方域交往。侯方域著有《李姬传》。孔尚任的《桃花扇》问世后，李香君遂闻名于世。侯方域（1618年～1655年），字朝宗，明朝归德府（今河南商丘）人，明末清初散文家、明末"四公子"之一、复社领袖。祖父及父辈都是东林党人，均因反对宦官专权而被黜。侯方域少年即有才名，参加复社，与东南名士交游，曾为史可法幕府。入清后参加科举，应河南乡试，为副贡生。晚年悔此举。

[41] 赵文华：明代慈溪人，嘉靖进士，官至工部尚书，为严嵩义子。

[42] 严嵩（1480年～1569年）：字惟中，分宜（江西分宜）人，明代弘治进士，与子严世藩、义子赵文华等揽权贪贿，横行不法。此处喻指阮大铖奉承马士英。

[43] 《鸣凤》：即《鸣凤记》，传奇名，明代王世贞撰写。主要内容是写明嘉靖年间杨继盛等八个谏官弹劾严嵩之事，揭露了严嵩父子与赵文华操作朝政，结党营私的罪恶行径。此处以阮大铖与马士英比喻《鸣凤记》中的严嵩与赵文华。

[44] "俺做个"句：《世说新语》中记载，汉末，祢衡被曹操贬谪为鼓吏，试鼓时，祢衡举枹击《渔阳掺挝》，声音悲壮激烈，听者为之动容。挝（zhuā），敲打。《渔阳》，即《渔阳掺挝》鼓曲名。祢衡（173年-198年）：字正平，平原郡（今山东德州）人，汉末辞赋家。他有过人的才气，记忆力强，善写文章，长于辩论。但他恃才傲物，桀骜不驯，喜欢骂人，得罪了不少人，后因言语冲突而被杀。

[45] 末扮杨文骢：末，戏曲角色名，扮演男性角色。杨文骢，即杨龙友。

[46] 小生：戏曲角色名，扮演次要的男性角色。

[47] "宋真宗"句：周昉（fǎng），生卒年不详，字仲郎，京兆（陕西西安）人，唐代画家，擅长人物画。雪图，指周昉所画的《袁安卧雪图》。

[48] 蓝瑛（1585年～1664年）：字田叔，号蝶叟，晚号石头陀，钱塘（今浙江杭州）人。明末著名画家，善画山水，为浙派之最。

[49] "我们扮过"句：意思是我们先做个文士雅士，再做一回富贵豪奢之人。陶学士，即陶谷，字秀实，宋代新平（今陕西彬县）人。博通经史，还是个"茶痴"，有雅士之称。自五代的后晋、后汉、后周到北宋，他都在朝为官，堪称四朝元老。党太尉，即宋太尉党进，以武功晋爵，目不知书。陶谷有一家姬。乃党进所赠。一日采雪煮茗，陶谷问家姬曰："你在太尉家，是否这样烹过茶？"姬答曰："党太尉是粗人，只知道在销金帐下浅斟低唱，饮羊羔美酒，哪知这般风趣。"陶谷默然。

[50] 值当不的：意思是不值得。

[51] 峥嵘：振兴。

[52] "出身"句：出身希贵宠，希望任高官得到宠幸。创业选声容，在国家兴创业、图恢复的时候，采选女伶，沉湎于声色之中。出身，为官。《后庭花》，即《玉树后庭花》，曲名。南朝陈后主与其手下按曲造词，内容轻荡而音甚哀，后人常以为亡国之音。

[53] 胡撮弄：任意玩弄。

[54] 觞咏：饮酒赋诗。

[55] 嗾（dōu）：表示喝斥或唾弃，多用于古代小说或戏曲。

[56] "原是"句：张天如，即张溥（1602年～1641年），字太如，太仓（江苏太仓）人，明崇祯年进士，明末复社领袖。夏彝仲，即夏允彝（1596年～1645年），松江华亭（今上海松江）人，明崇祯十年进士，明末几社领袖。

[57] 东林伯仲：东林，即东林党。明万历年间，吏部郎中无锡人顾宪成革职还乡后，与高攀龙、钱一本等在东林书院讲学，评议朝政，被称为"东林党"。天启时，因反对宦官魏忠贤专政，遭到打击。伯仲，本指兄弟，这里指同党人。

[58] "干儿义子"句：指阮大铖曾认魏忠贤为义父。

[59] 鹃血：传说古蜀帝杜宇死后化为杜鹃鸟，啼声凄苦，昼夜不停，至口吐鲜血而止，故有杜鹃啼血之说。常用以形容悲怨之深。

[60] 兴尽宜回春雪棹（zhào）：出自《世说新语·任诞》。东晋王子猷雪夜兴起，乘船访戴安道，天亮到了戴家门口，却不前而返。人问其故，王曰："吾本乘兴而行，兴尽而返，何必见戴？"棹，划船的工具，这里代指船。

[61] 客羞应斩美人头：出自《世说新语·汰侈》。石崇宴客，令美人劝酒，若客人饮酒不尽，即斩美人。王敦故意不饮，石崇连斩三美人。这里喻阮大铖耿耿于怀，欲杀香君。

[62] 吊场：戏曲术语，意思是吊住场子，不让演出中断。当剧情告一段落，多数角色下场后，场上留下一个角色，表演一段相对独立的情节。

[63] 冤对：冤家对头。

[64] "煮鹤"句：煮鹤烧琴，比喻糟蹋美好事物因而大煞风景的事情。钜公，即大官。

[65] "不同西子"句：这句体现了李香君不屈服于权贵气节。西子，即西施。越国被吴国打败后，越进西施于吴王夫差，以迷惑吴王。

【作品赏析】

《桃花扇》是一部借离合之情，写兴亡之感的历史剧。全剧四十出。主要讲述明代末年，曾经是明朝改革派的"东林党人"侯方域来到南京，邂逅金陵名妓李香君，两人一见倾心，约为婚姻。定情之日，侯方域题诗扇上，赠与香君作定情之物。魏忠贤余党阮大铖得知侯方域手头拮据，匿名托人赠送丰厚妆奁以拉拢。但被李香君知晓坚决退回，阮大铖怀恨在心。弘光皇帝即位后，起用阮大铖。阮大铖趁机陷害侯方域，迫使其投奔史可法，并强将李香君许配他人，香君誓死不从。南明灭亡后，李香君入山出家。扬州陷落后侯方域逃回寻找李香君，最后也出家学道。该剧把主人公个人的命运和国家、民族的命运紧密结合起来，把国破家亡的悲剧主题贯穿始终，摒弃了传统戏剧大团圆结局的俗套，把中国古典悲剧的创作推向了新的高峰。

《骂筵》是《桃花扇》中的第二十四出，是李香君和阉党余孽面对面斗争的一场戏。主要内容写马士英、阮大铖为了迎合福王的意旨，大抓秦淮歌女排演阮大铖所编写的《燕子笺》，香君也被抓去。剧情以李香君的出场为界，分前后两个部分。前一部分是交代这出戏的背景，安排次要人物上场，为香君的出场做烘托铺垫。后一部分是正面交锋，李香君当面痛骂马士英、阮大铖等权奸的片段。在赏心亭，香君根据《燕子笺》原腔韵，自编新词，痛骂马、阮，使马、阮等人听后恼羞成怒，暴跳如雷。这出戏，李香君的几段曲文，层层深入，从"家怨"骂到"国仇"，痛快淋漓，不仅"骂"出了马、阮一伙结党营私、祸国殃民、选姿买优、征歌买笑的丑恶嘴脸，也"骂"出了香君爱憎分明、不屈不挠、勇于反抗的形象。这场"骂筵"既把情节冲突推向高潮，也是香君的性格展示得最集中、最充分的一出戏。

日　出

曹禺

【作家作品简介】

曹禺（1910 年~1996 年），原名万家宝，中国现代戏剧大师。幼时常出入戏园，对戏剧产生兴趣。1925 年加入南开新剧团，成为骨干。1933 年毕业后曾考入清华研究院专门研究话剧。1947 年 1 月应聘于上海文华影业公司，任编导。新中国成立后担任中央戏剧学院副院长、北京人民艺术剧院院长。1988 年在中国文学艺术界联合会第五次代表大会上被选为执行主席。

曹禺是中国话剧史上继往开来的作家。为我国的话剧事业做出了杰出贡献。他的《雷雨》（1933 年）成为中国话剧艺术成熟的标志，《日出》（1935 年）曾获《大公报》主办的1936 年优秀剧本奖。此外，还有《原野》（1937 年）、《蜕变》（1939 年）、《北京人》（1940年）、《家》（1942 年，根据巴金同名小说改编）、《艳阳天》（1947 年，电影剧本）、《明朗的天》（1954 年）、《胆剑篇》（1961 年）、《王昭君》（1978 年）等作品。此外，曹禺还翻译了英国剧作家莎士比亚的《罗密欧与朱丽叶》等。

　　　　　　[黄省三由中门进。

黄省三　　（胆小地）李……李先生。

李石清　　怎么？（吃了一惊）是你?

黄省三　　是，是，李先生。

李石清　　又是你，谁叫你到这儿来找我的?

黄省三　　（无力地）饿，家里的孩子大人没有饭吃。

李石清　　（冷冷地）你到这儿就有饭吃么?这是旅馆，不是粥厂。

黄省三　　李，李先生，可当的都当干净了。我实在没有法子，不然，我决不
　　　　　　敢再找到这儿来麻烦您。

李石清　　（烦恶地）哧，我跟你是亲戚?是老朋友?或者我欠你的，我从前占
　　　　　　过你的便宜?你这一趟一趟地，我走哪儿你跟哪儿，你这算怎么
　　　　　　回事?

黄省三　　（苦笑，很凄凉地）您说哪儿的话，我都配不上。李先生，我在银
　　　　　　行里一个月才用您十三块来钱，我这儿实在是无亲无故，您辞了我
　　　　　　之后，我在哪儿找事去?银行现在不要我等于不叫我活着。

李石清　　（烦厌地）照你这么说，银行就不能辞人啦。银行用了你，就算给
　　　　　　你保了险，你一辈子就可以吃上银行啦，嗯?

黄省三　　（又卷弄他的围巾）不，不，不是，李先生，我……我，我知道银
　　　　　　行待我不错，我不是不领情。可是……您是没有瞅见我家里那一堆
　　　　　　孩子，活蹦乱跳的孩子，我得每天找东西给他们吃。银行辞了我，
　　　　　　没有进款，没有米，他们都饿得直叫。并且房钱有一个半月没有付，
　　　　　　眼看着就没有房子住。（嗫嚅地）李先生，您没有瞅见我那一堆孩
　　　　　　子，我实在没有路走，我只好对他们——哭。

李石清　　可是谁叫你们一大堆一大堆养呢?

黄省三　　李先生，我在银行没做过一件错事。我总天亮就去上班，夜晚才回
　　　　　　来，我一天干到晚，李先生——

李石清　　（不耐烦）得了，得了，我知道你是个好人，你是安分守己的。可
　　　　　　是难道不知道现在市面萧条，经济恐慌？我跟你说过多少遍，银行
　　　　　　要裁员减薪，我并不是没有预先警告你!

黄省三　　（踌躇地）李先生，银行现在不是还盖着大楼，银行里面还添人，
　　　　　　添了新人。

李石清　　那你管不着！那是银行的政策，要繁荣市面。至于裁了你，又添了

新人，我想你做了这些年的事，你难道这点世故还不明白？

黄省三　　我……我明白,李先生。（很凄楚地）我知道我身后面没有人挺住腰。

李石清　　那就得了。

黄省三　　不过我当初想，上天不负苦心人，苦干也许能补救我这个缺点。

李石清　　所以银行才留你四五年，不然你会等到现在？

黄省三　　（乞求）可是，李先生，我求求您，您行行好。我求您跟潘经理说说，只求他老人家再让我回去。就是再累一点，再加点工作，就是累死我，我也心甘情愿的。

李石清　　你这个人真麻烦。经理会管你这样的事？你们这样的人，就是这点毛病。总把自己看得太重，换句话，就是太自私。你想潘经理这样忙，会管你这样小的事，不过，奇怪，你干了三四年，就一点存蓄也没有？

黄省三　　（苦笑）存蓄？一个月十三块来钱，养一大家子人？存蓄？

李石清　　我不是说你的薪水。从薪水里，自然是挤不出油水来。可是——在别的地方，你难道没有得到一点的好处？

黄省三　　没有，我做事凭心，李先生。

李石清　　我说——你没有从笔墨纸张里找出点好处？

黄省三　　天地良心，我没有，您可以问庶务刘去。

李石清　　哼，你这个傻子，这时候你还讲良心！怪不得你现在这么可怜了。好吧，你走吧。

黄省三　　（着慌）可是，李先生——

李石清　　有机会，再说吧。（挥挥手）现在是毫无办法。你走吧。

黄省三　　李先生，您不能——

李石清　　并且，我告诉你，你以后再要狗似地老跟着我，我到哪儿，你到哪儿，我就不跟你这么客气了。

黄省三　　李先生，那么，事还是一点办法也没有？

李石清　　快走吧！回头，一大堆太太小姐们进来，看到你跑到这儿找我，这算是怎么回事？

黄省三　　好啦！（泪汪汪的，低下头）李先生，真对不起您老人家。（苦笑）一趟一趟地来麻烦您，我走啦。

李石清　　你看你这个麻烦劲儿，走就走得啦。

黄省三　　（长长地叹一口气，走了两步，忽然跑回来，沉痛地）可是，您叫我到哪儿去？您叫我到哪儿去？我没有家，我拉下脸跟你说吧，我的女人都跟我散了，没有饭吃，她一个人受不了这样的苦，她跟人跑了。家里有三个孩子，等着我要饭吃。我现在口袋里只有两毛钱，我身上又有病，（咳嗽）我整天地咳嗽！李先生，您叫我回到哪儿去？您叫我回到哪儿去？

李石清　（可怜他，但又厌恶他的软弱）你愿意上哪儿去，就上哪儿去吧。我跟你讲，我不是不想周济你，但是这个善门不能开，我不能为你先开了例。

黄省三　我没有求您周济我，我只求您赏给我点事情做。我为着我这群孩子，我得活着！

李石清　（想了想，翻着白眼）其实，事情很多，就看你愿意不愿意做。

黄省三　（燃着了一线希望）真的？

李石清　第一，你可以出去拉洋车去。

黄省三　（失望）我……我拉不动，（咳嗽）您知道我有病。医生说我这边的肺已经（咳）——靠不住了。

李石清　哦，那你还可以到街上要——

黄省三　（脸红，不安）李先生，我也是个念过书的人，我实在有点——

李石清　你还有点叫不出口，是么？那么你还有一条路走，这条路最容易，最痛快，——你可以到人家家里去（看见黄的嘴喃喃着）——对，你猜的对。

黄省三　哦，您说，（嘴唇颤动）您说，要我去——（只见唇动，听不见声音）

李石清　你大声说出来，这怕什么？"偷！""偷！"这有什么做不得，有钱的人的钱可以从人家手里大把地抢，你没有胆子，你怎么不能偷？

黄省三　李先生，真地我急的时候也这么想过。

李石清　哦，你也想过去偷？

黄省三　（惧怕地）可是，我怕，我怕，我下不了手。

李石清　（愤慨地）怎么你连偷的胆量都没有，那你叫我怎么办？你既没有好亲戚，又没有好朋友，又没有了不得的本领。好啦，叫你要饭，你要顾脸，你不肯做；叫你拉洋车，你没有力气，你不能做；叫你偷，你又胆小，你不敢做。你满肚子的天地良心，仁义道德，你只想凭着老实安分，养活你的妻儿老小，可是你连自己一个老婆都养不住，你简直就是个大废物，你还配养一大堆孩子！我告诉你，这个世界不是替你这样的人预备的。（指窗外）你看见窗户外面那所高楼么？那是新华百货公司十三层高楼，我看你走这一条路是最稳当的。

黄省三　（不明白）怎么走，李先生？

李石清　（走到黄面前）怎么走？（魔鬼般地狞笑着）我告诉你，你一层一层地爬上去，到了顶高的一层，你可以迈过栏杆，站在边上。你只再向空、向外多走一步，那时候你也许有点心跳，但是你只要过一秒钟，就一秒钟，你就再也不可怜了，你再也不愁吃，不愁穿了。——

黄省三　（呆若木鸡，低得几乎听不见的声音）李先生，您说顶好我"自——"（忽然爆发地悲声）不，不，我不能死，李先生，我要活着！我为着我的孩子们，为我那没了妈的孩子们我得活着！我的望望，我的小云，我的——哦，这些事，我想过。可是，李先生，您得叫我活着！（拉着李的手）您得帮帮我，帮我一下！我不能死，活着再苦我也死不得，拼命我也得活下去啊！（咳嗽）

[左门大开。里面有顾八奶奶、胡四、张乔治等的笑声。潘月亭露出半身，面向里面，说："你们先打着。我就来。"

李石清　（甩开黄的手）你放开我。有人进来，不要这样没规矩。

[黄只得立起，倚着墙，潘进。

潘月亭　啊？

黄省三　经理！

潘月亭　石清，这是谁？他是干什么的？

黄省三　经理，我姓黄，我是大丰的书记。

李石清　他是这次被裁的书记。

潘月亭　你怎么跑到这里来，（对李）谁叫他进来的？

李石清　不知道他怎么找进来的。

黄省三　（走到潘面前，哀痛地）经理，您行行好，您要裁人也不能裁我，我有三个小孩子，我不能没有事。经理，我给您跪下，您得叫我活下去。

潘月亭　岂有此理！这个家伙，怎么能跑到这儿来找我求事。（厉声）滚开！

黄省三　可是，经理，——

李石清　起来！起来！走！走！走！（把他一推倒在地上）你要再这样麻烦，我就叫人把你打出去。

[黄望望李，又望望潘。

潘月亭　滚，滚，快滚！真岂有此理！

黄省三　　好，我起来，我起来，你们不用打我！（慢慢立起来）那么，你们不
　　　　　让我再活下去了！你！（指潘）你！（指李）你们两个说什么也不叫
　　　　　我再活下去了。（疯狂似地又哭又笑地抽咽起来）哦，我太冤了。
　　　　　你们好狠的心哪！你们给我一个月不过十三块来钱，可是你们左扣
　　　　　右扣的，一个月我实在领下的才十块二毛五。我为着这辛辛苦苦的
　　　　　十块二毛五，我整天地写，整天给你们伏在书桌上写；我抬不起头，
　　　　　喘不出一口气地写；我从早到晚地写；我背上出着冷汗，眼睛发着
　　　　　花，还在写；刮风下雨，我跑到银行也来写！（做势）五年哪！我
　　　　　的潘经理！五年的工夫，你看看，这是我！（两手捶着胸，几根骨
　　　　　头，一个快死的人！我告诉你们，我的左肺已经坏了，哦，医生说
　　　　　都烂了！（尖锐的声音，不顾一切地）我跟你说，我是快死的人，
　　　　　我为着我的可怜的孩子，跪着来求你们。叫我还能够给你们写，写，
　　　　　写，——再给我一碗饭吃。把我这个不值钱的命再换几个十块二毛
　　　　　五。可是你们不答应我！你们不答应我！你们自己要弄钱，你们要
　　　　　裁员，你们一定要裁我！（更沉痛地）可是你们要这十块二毛五干
　　　　　什么呀！我不是白拿你们的钱，我是拿命跟你们换哪！（苦笑）并
　　　　　且我也拿不了你们几个十块二毛五，我就会死的。（愤恨地）你们
　　　　　真是没有良心哪，你们这样对待我，——是贼，是强盗，是鬼呀！
　　　　　你们的心简直比禽兽还不如——
潘月亭　　这个混蛋，还不给我滚出去！
黄省三　　（哭着）我现在不怕你们啦！我不怕你们啦！（抓着潘的衣服）我太
　　　　　冤了，我非要杀了——
潘月亭　　（很敏捷地对着黄的胸口一拳）什么！（黄立刻倒在地下）
　　　　　[半晌。
李石清　　经理，他说他要杀他自己——他这样的人是不会动手害人的。
潘月亭　　（擦擦手）没有关系，他这是晕过去了。福升！福升！
　　　　　[福升上。
潘月亭　　把他拉下去。放在别的屋子里，叫金八爷的人跟他拍拍捏捏，等他
　　　　　缓过来，拿三块钱给他，叫他滚蛋！
王福升　　是！
　　　　　[福升把黄拖下去。

【作品赏析】

《日出》是曹禺先生的代表作之一，四幕话剧，作于 1935 年。剧本以陈白露和方达生为中心，以陈白露的客厅和三等妓院宝和下处为活动场所，把社会各阶层各色人等的生活展现在观众面前。在艺术创作上，作者采用横断面的描写，力求写出社会生活的真实面貌，因而《日出》具有纪实性特点，一切都像生活本身而不像"戏"。

本文节选的是第二幕中的一部分，着重刻画大丰银行两个职员的不同命运及他们之间的冲突。大丰银行的经理潘月亭，依靠投机公债与欺骗发财，为人狡诈凶狠，克扣工人工资，毒打职员，生活腐朽糜烂，是这个社会中的"有余者"。黄省三，作者说他是"一个非常神经质而胆小的人"。他本是大丰银行的小职员，专门从事抄写工作，现已被辞退而失业。他是社会的"不足者"，他为了每月微薄的工资累得抬不起头、喘不过气来。失业后，他哀求无门，反遭辱骂毒打，最后走投无路，被逼得全家服毒自杀。李石清则是个由"不足者"努力挤上了"有余者"的地位的人——从小职员、经理秘书刚刚提升为银行襄理（相当于经理助理）；为了向上爬，他费尽心机、不择手段。作者说他有一个"讨厌而又可悯的性格"：对上，他忍声吞气、谄媚逢迎，心里又恨他们；对下，他凶狠自负，鄙视他们"没有本事"。作者通过写黄省三和李石清的矛盾冲突，批判"损不足以奉有余"的"人之道"，批判了使黄省三走投无路、使李石清不得不变成石头的社会。

本文通过人物的对话来刻画人物性格，展示矛盾冲突。剧情在波浪起伏中趋向高潮，人物对话中包含的耐人寻味的潜台词也表现了剧本的独特魅力。

茶馆·第一幕

老舍

【作家作品简介】

老舍（1899 年～1966 年），本名舒庆春，字舍予，笔名老舍，满族正红旗人。中国现代著名作家、杰出的语言大师，新中国第一位获得"人民艺术家"称号的作家。老舍出生于北京，自幼丧父，家境贫寒，在一位慈善家的资助下，得以上学受教育。1918 年毕业于北京师范学校，担任过小学校长、教员。1924 年赴英国伦敦大学讲授汉语和中国文学，并开始文学创作。1926 年加入文学研究会。1929 年回国，先后在济南齐鲁大学、青岛山东大学任教。抗战期间主持中华全国文艺界抗敌协会工作，为团结广大文艺工作者参加抗日宣传做出了积极的贡献。新中国成立后，任中国文联副主席、中国作家协会副主席、北京市文联主席等职务。1966 年 8 月 24 日，老舍因不堪忍受红卫兵的暴力批斗，在北京太平湖投湖自尽。

老舍是位多产作家，一生创作了 1000 多篇（部）作品。著有长篇小说《老张的哲学》《二马》《小坡的生日》《猫城记》《离婚》《牛天赐传》《骆驼祥子》《四世同堂》等，短篇小说《赶集》《上任》等，话剧《残雾》《张自忠》《归去来兮》《龙须沟》《茶馆》等。老舍的作品大多取材于市民生活，擅长以俏皮幽默的笔墨渲染北京的风俗人情，再现市民的生活及社会时代的变迁。老舍的文学语言具有独特的北京韵味，自然质朴，风趣幽默，俗白精致，雅俗共赏。

人物

王利发——男。最初与我们见面，他才二十多岁。因父亲早死，他很年轻就做了裕泰茶馆的掌柜。精明、有些自私，而心眼不坏。

唐铁嘴——男。三十来岁。相面为生，吸鸦片。

松二爷——男。三十来岁。胆小而爱说话。

常四爷——男。三十来岁。松二爷的好友，都是裕泰的主顾。正直，体格好。

李　三——男。三十多岁。裕泰的跑堂的。勤恳，心眼好。

二德子——男。二十多岁。善扑营当差。

马五爷——男。三十多岁。吃洋教的小恶霸。

刘麻子——男。三十来岁。说媒拉纤，心狠意毒。

康　六——男。四十岁。京郊贫农。

黄胖子——男。四十多岁。流氓头子。

秦仲义——男。王掌柜的房东。在第一幕里二十多岁。阔少，后来成了维新的资本家。

老　人——男。八十二岁。无依无靠。

乡　妇——女。三十多岁。穷得出卖小女儿。

小　妞——女。十岁。乡妇的女儿。

庞太监——男。四十岁。发财之后，想娶老婆。

小牛儿——男。十多岁。庞太监的书童。

宋恩子——男。二十多岁。老式特务。

吴祥子——男。二十多岁。宋恩子的同事。

康顺子——女。在第一幕中十五岁。康六的女儿。被卖给庞太监为妻。

王淑芬——女。四十来岁。王利发掌柜的妻。比丈夫更公平正直些。

巡　警——男。二十多岁。

报　童——男。十六岁。

康大力——男。十二岁。庞太监买来的义子，后与康顺子相依为命。

老　林——男。三十多岁。逃兵。

老　陈——男。三十岁。逃兵。老林的把弟。

崔久峰——男。四十多岁。做过国会议员，后来修道，住在裕泰附设的公寓里。

军　官——男。三十岁。

王大拴——男。四十岁左右，王掌柜的长子。为人正直。

周秀花——女。四十岁。大拴的妻。

王小花——女。十三岁。大拴的女儿。

丁　宝——女。十七岁。女招待。有胆有识。

小刘麻子——男。三十多岁。刘麻子之子，继承父业而发展之。

取电灯费的——男。四十多岁。

小唐铁嘴——男。三十多岁。唐铁嘴之子，继承父业，有做天师的愿望。

明师傅——男。五十多岁。包办酒席的厨师傅。

邹福远——男。四十多岁。说评书的名手。

卫福喜——男。三十多岁。邹的师弟，先说评书，后改唱京戏。

方　六——男。三十多岁。打小鼓的，奸诈。

车当当——男。三十岁左右。买卖现洋为生。

庞四奶奶——女。四十岁。丑恶，要作皇后。庞太监的四侄媳妇。

春　梅——女。十九岁。庞四奶奶的丫环。

老　杨——男。三十多岁。卖杂货的。

小二德子——男。三十岁。二德子之子，打手。

于厚斋——男。四十多岁。小学教员，王小花的老师。

谢志勇——男。三十多岁。与于厚斋同事。

小宋恩子——男。三十来岁。宋恩子之子，承袭父业，作特务。

小吴祥子——男。三十来岁。吴祥子之子，世袭特务。

小心眼——女。十九岁。女招待。

沈处长——男。四十岁。宪兵司令部某处处长。

傻　杨——男。数来宝的。

茶客若干人，都是男的。

茶房一两个，都是男的。

难民数人，有男有女，有老有少。

大兵三、五人，都是男的。

公寓住客数人，都是男的。

押大令的兵七人，都是男的。

宪兵四人。男。

第一幕

人物　王利发、刘麻子、庞太监、唐铁嘴、康六、小牛儿、松二爷、黄胖子、宋恩子、
　　　常四爷、秦仲义、吴祥子、李三、老人、康顺子、二德子、乡妇、茶客甲、乙、
　　　丙、丁、马五爷、小妞、茶房一、二人。

时间　一八九八年（戊戌）初秋，康梁等的维新运动失败了。早半天。

地点　北京，裕泰大茶馆。

〔幕启：这种大茶馆现在已经不见了。在几十年前，每城都起码有一处。这里卖
　　茶也卖简单的点心与饭菜。玩鸟的人们，每天在遛够了画眉、黄鸟等之后，要
　　到这里歇歇腿，喝喝茶，并使鸟儿表演歌唱。商议事情的，说媒拉纤的，也到
　　这里来。那年月，时常有打群架的，但是总会有朋友出头给双方调解；三五十
　　口子打手，经调人东说西说，便都喝碗茶，吃碗烂肉面（大茶馆特殊的食品，
　　价钱便宜，作起来快当），就可以化干戈为玉帛了。总之，这是当日非常重要的
　　地方，有事无事都可以来坐半天。

〔在这里，可以听到最荒唐的新闻，如某处的大蜘蛛怎么成了精，受到雷击。奇
　　怪的意见也在这里可以听到，像把海边上都修上大墙，就足以挡住洋兵上岸。
　　这里还可以听到某京戏演员新近创造了什么腔儿，和煎熬鸦片烟的最好的方法。
　　这里也可以看到某人新得到的奇珍——一个出土的玉扇坠儿，或三彩的鼻烟壶。
　　这真是个重要的地方，简直可以算作文化交流的所在。

〔我们现在就要看见这样的一座茶馆。

〔一进门是柜台与炉灶——为省点事，我们的舞台上可以不要炉灶；后面有些锅
　　勺的响声也就够了。屋子非常高大，摆着长桌与方桌，长凳与小凳，都是茶座
　　儿。隔窗可见后院，高搭着凉棚，棚下也有茶座儿。屋里和凉棚下都有挂鸟笼
　　的地方。各处都贴着"莫谈国事"的纸条。

〔有两位茶客，不知姓名，正眯着眼，摇着头，拍板低唱。有两三位茶客，也不
　　知姓名，正入神地欣赏瓦罐里的蟋蟀。两位穿灰色大衫的——宋恩子与吴祥子，
　　正低声地谈话，看样子他们是北衙门的办案的（侦缉）。

〔今天又有一起打群架的，据说是为了争一只家鸽，惹起非用武力解决不可的纠
　　纷。假若真打起来，非出人命不可，因为被约的打手中包括着善扑营[1]的哥儿们
　　和库兵[2]，身手都十分厉害。好在，不能真打起来，因为在双方还没把打手约齐，
　　已有人出面调停了——现在双方在这里会面。三三两两的打手，都横眉立目，
　　短打扮，随时进来，往后院去。

〔马五爷在不惹人注意的角落，独自坐着喝茶。

〔王利发高高地坐在柜台里。

〔唐铁嘴踏拉着鞋，身穿一件极长极脏的大布衫，耳上夹着几张小纸片，进来。

王利发	唐先生，你外边遛遛吧！
唐铁嘴	（惨笑）王掌柜，捧捧唐铁嘴吧！送给我碗茶喝，我就先给您相相面吧！手相奉送，不取分文！（不容分说，拉过王利发的手来）今年是光绪二十四年，戊戌。您贵庚是……
王利发	（夺回手去）算了吧，我送你一碗茶喝，你就甭卖那套生意口啦！用不着相面，咱们既在江湖内，都是苦命人！（由柜台内走出，让唐铁嘴 坐下）坐下！我告诉你，你要是不戒了大烟，就永远交不了好运！这是我的相法，比你的更灵验！

〔松二爷和常四爷都提着鸟笼进来，王利发向他们打招呼。他们先把鸟笼子挂好，找地方坐下。松二爷文绉绉的，提着小黄鸟笼；常四爷雄赳赳的，提着大而高的画眉笼。茶房李三赶紧过来，沏上盖碗茶。他们自带茶叶。茶沏好，松二爷、常四爷向临近的茶座让了让。

松二爷 常四爷	您喝这个！（然后，往后院看了看）
松二爷	好象又有事儿？
常四爷	反正打不起来！要真打的话，早到城外头去啦；到茶馆来干吗？

〔二德子，一位打手，恰好进来，听见了常四爷的话。

二德子	（凑过去）你这是对谁甩闲话呢？
常四爷	（不肯示弱）你问我哪？花钱喝茶，难道还教谁管着吗？
松二爷	（打量了二德子一番）我说这位爷，您是营里当差的吧？来，坐下喝一碗，我们也都是外场人。
二德子	你管我当差不当差呢！
常四爷	要抖威风，跟洋人干去，洋人厉害！英法联军烧了圆明园，尊家吃着官饷，可没见您去冲锋打仗！
二德子	甭说打洋人不打，我先管教管教你！（要动手）

〔别的茶客依旧进行他们自己的事。王利发急忙跑过来。

王利发	哥儿们，都是街面上的朋友，有话好说。德爷，您后边坐！

〔二德子不听王利发的话，一下子把一个盖碗搂下桌去，摔碎。翻手要抓常四爷的脖领。

常四爷	（闪过）你要怎么着？

二德子	怎么着？我碰不了洋人，还碰不了你吗？
马五爷	（并未立起）二德子，你威风啊！
二德子	（四下扫视，看到马五爷）喝，马五爷，你在这儿哪？我可眼拙，没看见您！（过去请安）
马五爷	有什么事好好地说，干吗动不动地就讲打？
二德子	嗻！您说得对！我到后头坐坐去。李三，这儿的茶钱我候啦！
	（往后面走去）
常四爷	（凑过来，要对马五爷发牢骚）这位爷，您圣明，您给评评理！
马五爷	（立起来）我还有事，再见！（走出去）
常四爷	（对王利发）邪！这倒是个怪人！
王利发	您不知道这是马五爷呀！怪不得你也得罪了他！
常四爷	我也得罪了他？我今天出门没挑好日子！
王利发	（低声地）刚才您说洋人怎样，他就是吃洋饭的。信洋教，说洋话，有事情可以一直地找宛平县的县太爷去，要不怎么连官面上都不惹他呢！
常四爷	（往原处走）哼，我就不佩服吃洋饭的！
王利发	（向宋恩子、吴祥子那边稍一歪头，低声地）说话请留点神！（大声地）李三，再给这儿沏一碗来！（拾起地上的碎瓷片）
松二爷	盖碗多少钱？我赔！外场人不作老娘们事！
王利发	不忙，待会儿再算吧！（走开）
	〔纤手刘麻子领着康六进来。刘麻子先向松二爷、常四爷打招呼。
刘麻子	您二位真早班儿！（掏出鼻烟壶，倒烟）您试试这个！刚装来的，地道的英国造，又细又纯！
常四爷	唉！连鼻烟也得从外洋来！这得往外流多少银子啊！
刘麻子	咱们大清国有的是金山银山，永远花不完！您坐着，我办点小事！
	（领康六找了个座儿）
	〔李三拿过一碗茶来。
刘麻子	说说吧，十两银子行不行？你说干脆的！我忙，没工夫专伺候你！
康六	刘爷！十五岁的大姑娘，就值十两银子吗？
刘麻子	卖到窑子去，也许多拿一两八钱的，可是你又不肯！
康六	那是我的亲女儿！我能够……
刘麻子	有女儿，你可养活不起，这怪谁呢？
康六	那不是因为乡下种地的都没法子混了吗？一家大小要是一天能吃

上一顿粥，我要还想卖女儿，我就不是人！

刘麻子	那是你们乡下的事，我管不着。我受你之托，教你不吃亏，又教你女儿有个吃饱饭的地方，这还不好吗？
康六	到底给谁呢？
刘麻子	我一说，你必定从心眼里乐意！一位在宫里当差的！
康六	宫里当差的谁要个乡下丫头呢？
刘麻子	那不是你女儿的命好吗？
康六	谁呢？
刘麻子	庞总管！你也听说过庞总管吧？伺候着太后，红的不得了，连家里打醋的瓶子都是玛瑙作的！
康六	刘大爷，把女儿给太监作老婆，我怎么对得起人呢？
刘麻子	卖女儿，无论怎么卖，也对不起女儿！你糊涂！你看，姑娘一过门，吃的是珍馐美味，穿的是绫罗绸缎，这不是造化吗？怎样，摇头不算点头算，来个干脆的！
康六	自古以来，哪有……他就给十两银子？
刘麻子	找遍了你们全村儿，找得出十两银子找不出？在乡下，五斤白面就换个孩子，你不是不知道！
康六	我，唉！我得跟姑娘商量一下！
刘麻子	告诉你，过了这个村可没有这个店，耽误了事可别怨我！快去快来！
康六	唉！我一会儿就回来！
刘麻子	我在这儿等着你！
康六	（慢慢地走出去）
刘麻子	（凑到松二爷、常四爷这边来）乡下人真难办事，永远没有个痛痛快快！
松二爷	这号生意又不小吧？
刘麻子	也甜不到哪儿去，弄好了，赚个元宝！
常四爷	乡下是怎么了？会弄得这么卖儿卖女的！
刘麻子	谁知道！要不怎么说，就是一条狗也得托生在北京城里嘛！
常四爷	刘爷，您可真有个狠劲儿，给拉拢这路事！
刘麻子	我要不分心，他们还许找不到买主呢！（忙岔话）松二爷（掏出个小时表来），您看这个！
松二爷	（接表）好体面的小表！

刘麻子	您听听，嘎登嘎登地响！
松二爷	（听）这得多少钱？
刘麻子	您爱吗？就让给您！一句话，五两银子！您玩够了，不爱再要了，我还照数退钱！东西真地道，传家的玩艺！
常四爷	我这儿正咂摸这个味儿：咱们一个人身上有多少洋玩艺儿啊！老刘，就看你身上吧：洋鼻烟，洋表，洋缎大衫，洋布裤褂……
刘麻子	洋东西可真是漂亮呢！我要是穿一身土布，像个乡下脑壳，谁还理我呀！
常四爷	我老觉乎着咱们的大缎子，川绸，更体面！
刘麻子	松二爷，留下这个表吧，这年月，带着这么好的洋表，会教人另眼看待！是不是这么说，您哪？
松二爷	（真爱表，但又嫌贵）我……
刘麻子	您先戴几天，改日再给钱！
	〔黄胖子进来。〕
黄胖子	（严重的砂眼，看不清楚，进门就请安）哥儿们，都瞧我啦！我请安了！都是自家兄弟，别伤了和气呀！
王利发	这不是他们，他们在后院哪！
黄胖子	我看不大清楚啊！掌柜的，预备烂肉面，有我黄胖子，谁也打不起来！（往里走）
二德子	（出来迎接）两边已经见了面，您快来吧！
	〔二德子同黄胖子入内。〕
	〔茶房们一趟又一趟地往后面送茶水。老人进来，拿着些牙签、胡梳、耳挖勺之类的小东西，低着头慢慢地挨着茶座儿走；没人买他的东西。他要往后院去，被李三截住。〕
李三	老大爷，您外边蹓蹓吧！后院里，人家正说和事呢，没人买您的东西！（顺手儿把剩茶递给老人一碗）
松二爷	（低声地）李三！（指后院）他们到底为了什么事，要这么拿刀动杖的？
李三	（低声地）听说是为一只鸽子。张宅的鸽子飞到了李宅去，李宅不肯交还……唉，咱们还是少说话好，（问老人）老大爷您高寿啦？
老人	（喝了茶）多谢！八十二了，没人管！这年月呀，人还不如一只鸽子呢！唉！（慢慢走出去）
	〔秦仲义，穿得很讲究，满面春风，走进来。〕

王利发	哎哟！秦二爷，您怎么这样闲在，会想起下茶馆来了？也没带个底下人？
秦仲义	来看看，看看你这年轻小伙子会作生意不会！
王利发	唉，一边作一边学吧，指着这个吃饭嘛。谁叫我爸爸死的早，我不干不行啊！好在照顾主儿都是我父亲的老朋友，我有不周到的地方，都肯包涵，闭闭眼就过去了。在街面上混饭吃，人缘儿顶要紧。我按着我父亲遗留下的老办法，多说好话，多请安，讨人人的喜欢，就不会出大岔子！您坐下，我给您沏碗小叶茶去！
秦仲义	我不喝！也不坐着！
王利发	坐一坐！有您在我这儿坐坐，我脸上有光！
秦仲义	也好吧！（坐）可是，用不着奉承我！
王利发	李三，沏一碗高的来！二爷，府上都好？您的事情都顺心吧？
秦仲义	不怎么太好！
王利发	您怕什么呢？那么多的买卖，您的小手指头都比我的腰还粗！
唐铁嘴	（凑过来）这位爷好相貌，真是天庭饱满，地阁方圆，虽无宰相之权，而有陶朱之富[3]！
秦仲义	躲开我！去！
王利发	先生，你喝够了茶，该外边活动活动去！（把唐铁嘴轻轻推开）
唐铁嘴	唉！（垂头走出去）
秦仲义	小王，这儿的房租是不是得往上提那么一提呢？当年你爸爸给我的那点租钱，还不够我喝茶用的呢！
王利发	二爷，您说的对，太对了！可是，这点小事用不着您分心，您派管事的来一趟，我跟他商量，该长多少租钱，我一定照办！是！嗻！
秦仲义	你这小子，比你爸爸还滑！哼，等着吧，早晚我把房子收回去！
王利发	您甭吓唬着我玩，我知道您多么照应我，心疼我，决不会叫我挑着大茶壶，到街上买热茶去！
秦仲义	你等着瞧吧！
	〔乡妇拉着个十来岁的小妞进来。小妞的头上插着一根草标。李三本想不许她们往前走，可是心中一难过，没管。她们俩慢慢地往里走。茶客们忽然都停止说笑，看着她们。
小妞	（走到屋子中间，立住）妈，我饿！我饿！
	〔乡妇呆视着小妞，忽然腿一软，坐在地上，掩面低泣。

秦仲义	（对王利发）轰出去！
王利发	是！出去吧，这里坐不住！
乡妇	哪位行行好？要这个孩子，二两银子！
常四爷	李三，要两个烂肉面，带她们到门外吃去！
李三	是啦！（过去对乡妇）起来，门口等着去，我给你们端面来！
乡妇	（立起，抹泪往外走，好像忘了孩子；走了两步，又转回身来，搂住小妞吻她）宝贝！宝贝！
王利发	快着点吧！
	〔乡妇、小妞走出去。李三随后端出两碗面去。
王利发	（过来）常四爷，您是积德行好，赏给她们面吃！可是，我告诉您：这路事儿太多了，太多了！谁也管不了！（对秦仲义）二爷，您看我说的对不对？
常四爷	（对松二爷）二爷，我看哪，大清国要完！
秦仲义	（老气横秋地）完不完，并不在乎有人给穷人们一碗面吃没有。小王，说真的，我真想收回这里的房子！
王利发	您别那么办哪，二爷！
秦仲义	我不但收回房子，而且把乡下的地，城里的买卖也都卖了！
王利发	那为什么呢？
秦仲义	把本钱拢到一块儿，开工厂！
王利发	开工厂？
秦仲义	嗯，顶大顶大的工厂！那才救得了穷人，那才能抵制外货，那才能救国！（对王利发说而眼看着常四爷）唉，我跟你说这些干什么，你不懂！
王利发	您就专为别人，把财产都出手，不顾自己了吗？
秦仲义	你不懂！只有那么办，国家才能富强！好啦，我该走啦。我亲眼看见了，你的生意不错，你甭在耍无赖，不长房钱！
王利发	您等等，我给您叫车去！
秦仲义	用不着，我愿意蹓跶蹓跶！
	〔秦仲义往外走，王利发送。
	〔小牛儿搀着庞太监走进来。小牛儿提着水烟袋。
庞太监	哟！秦二爷！
秦仲义	庞老爷！这两天您心里安顿了吧？
庞太监	那还用说吗？天下太平了：圣旨下来，谭嗣同问斩！告诉您，谁敢改祖宗的章程，谁就掉脑袋！
秦仲义	我早就知道！

〔茶客们忽然全静寂起来，几乎是闭住呼吸地听着。

庞太监	您聪明，二爷，要不然您怎么发财呢！
秦仲义	我那点财产，不值一提！
庞太监	太客气了吧？您看，全北京城谁不知道秦二爷！您比作官的还厉害呢！听说呀，好些财主都讲维新！
秦仲义	不能这么说，我那点威风在您的面前可就施展不出来了！哈哈哈！
庞太监	说得好，咱们就八仙过海，各显其能吧！哈哈哈！
秦仲义	改天过去给您请安，再见！（下）
庞太监	（自言自语）哼，凭这么个小财主也敢跟我斗嘴皮子，年头真是改了！（问王利发）刘麻子在这儿哪？
王利发	总管，您里边歇着吧！

〔刘麻子早已看见庞太监，但不敢靠近，怕打搅了庞太监、秦仲义的谈话。

刘麻子	喝，我的老爷子！您吉祥！我等您好大半天了！（搀庞太监往里面走）〔宋恩子、吴祥子过来请安，庞太监对他们耳语。

〔众茶客静默一阵之后，开始议论纷纷。

茶客甲	谭嗣同是谁？
茶客乙	好象听说过！反正犯了大罪，要不，怎么会问斩呀！
茶客丙	这两三个月了，有些作官的，念书的，乱折腾乱闹，咱们怎能知道他们捣的什么鬼呀！
茶客丁	得！不管怎么说，我的铁杆庄稼又保住了！姓谭的，还有那个康有为，不是说叫旗兵[4]不关钱粮，去自谋生计吗？心眼多毒！
茶客丙	一份钱粮倒叫上头克扣去一大半，咱们也不好过！
茶客丁	那总比没有强啊！好死不如赖活着，叫我去自己谋生，非死不可！
王利发	诸位主顾，咱们还是莫谈国事吧！

〔大家安静下来，都又各谈各的事。

庞太监	（已坐下）怎么说？一个乡下丫头，要二百银子？
刘麻子	（侍立）乡下人，可长得俊呀！带进城来，好好地一打扮、调教，准保是又好看又有规矩！我给您办事，比给我亲爸爸作事都更尽心，一丝一毫不能马虎！

〔唐铁嘴又回来了。

王利发	铁嘴，你怎么又回来了？
唐铁嘴	街上兵荒马乱的，不知道是怎么回事！
庞太监	还能不搜查搜查谭嗣同的余党吗？唐铁嘴，你放心，没人抓你！
唐铁嘴	嘿，总管，您要能赏给我几个烟泡儿，我可就更有出息了！

〔有几个茶客好像预感到什么灾祸，一个个往外溜。

松二爷	咱们也该走啦吧！天不早啦！
常四爷	嗻！走吧！

〔二灰衣人——宋恩子和吴祥子走过来。〕

宋恩子	等等！
常四爷	怎么啦？
宋恩子	刚才你说"大清国要完"？
常四爷	我，我爱大清国，怕它完了！
吴祥子	（对松二爷）你听见了？他是这么说的吗？
松二爷	哥儿们，我们天天在这儿喝茶。王掌柜知道：我们都是地道老好人！
吴祥子	问你听见了没有？
松二爷	那，有话好说，二位请坐！
宋恩子	你不说，连你也锁了走！他说"大清国要完"，就是跟谭嗣同一党！
松二爷	我，我听见了，他是说……
宋恩子	（对常四爷）走！
常四爷	上哪儿？事情要交代明白了啊！
宋恩子	你还想拒捕吗？我这儿可带着"王法"呢！（掏出腰中带着的铁链子）
常四爷	告诉你们，我可是旗人！
吴祥子	旗人当汉奸，罪加一等！锁上他！
常四爷	甭锁，我跑不了！
宋恩子	量你也跑不了！（对松二爷）你也走一趟，到堂上实话实说，没你的事！

〔黄胖子同三五个人由后院过来。

黄胖子	得啦，一天云雾散，算我没白跑腿！
松二爷	黄爷！黄爷！
黄胖子	（揉揉眼）谁呀？
松二爷	我！松二！您过来，给说句好话！
黄胖子	（看清）哟，宋爷，吴爷，二位爷办案哪？请吧！
松二爷	黄爷，帮帮忙，给美言两句！
黄胖子	官厅儿管不了的事，我管！官厅儿能管的事呀，我不便多嘴！（问大家）是不是？
众	嗻！对！

〔宋恩子、吴祥子带着常四爷、松二爷往外走。

松二爷	（对王利发）看着点我们的鸟笼子！
王利发	您放心，我给送到家里去！

〔常四爷、松二爷、宋恩子、吴祥子同下。

黄胖子	（唐铁嘴告以庞太监在此）哟，老爷在这儿哪？听说要安份儿家，我先给您道喜！
庞太监	等吃喜酒吧！
黄胖子	您赏脸！您赏脸！（下）

〔乡妇端着空碗进来，往柜上放。小妞跟进来。

小妞	妈！我还饿！
王利发	唉！出去吧！
乡妇	走吧，乖！
小妞	不卖妞妞啦？妈！不卖了？妈！
乡妇	乖！（哭着，携小妞下）

〔康六带着康顺子进来，立在柜台前。

康六	姑娘！顺子！爸爸不是人，是畜生！可你叫我怎办呢？你不找个吃饭的地方，你饿死！我弄不到手几两银子，就得叫东家活活地打死！你呀，顺子，认命吧，积德吧！
康顺子	我，我……（说不出话来）
刘麻子	（跑过来）你们回来啦？点头啦？好！来见见总管！给总管磕头！
康顺子	我……（要晕倒）
康六	（扶住女儿）顺子！顺子！
刘麻子	怎么啦？
康六	又饿又气，昏过去了！顺子！顺子！
庞太监	我要活的，可不要死的！

〔静场。

茶客甲	（正与茶客乙下象棋）将！你完啦！

——幕落

【注释】

[1] 善扑营：康熙时建立的一支直接听命于皇帝清廷内卫部队，短小精悍，负责安保、训练、表演。

[2] 库兵：守仓库的兵士。

[3] 陶朱之富：泛指拥有巨额财产。陶朱，即范蠡（前536年～前448），字少伯，春秋时期楚国宛地（今河南淅川县）人，著名的政治家、军事家和经济学家。虽出身贫贱，但是博学多才，曾献策扶助越王勾践兴越国，灭吴国，一雪会稽之耻。功成名就之后谢绝封赏，急流勇退。后定居于当时的商业中心陶（今山东定陶县），因善于经商，积资巨万，人称"陶朱公"，被后人尊称为"商圣"。他"富好行

德"，散尽家财。许多生意人皆供奉他的塑像，称之"财神"。

[4] 旗兵：八旗兵丁。

【作品赏析】

《茶馆》是老舍先生的话剧代表作之一。曹禺誉之为"中国话剧史中的经典"。1957 年完成创作。

《茶馆》总共三幕。全剧没有一个中心故事，只是以北京城"裕泰茶馆"为中心场景，选取了三个历史节点，设置了清末戊戌变法失败后、民国初年北洋军阀割据时期、国民党政权覆灭前夕三个时代生活场景，用现实主义手法描述跨越半个世纪的北京的社会风貌，再现了中国各个阶层、各种势力尖锐的对立冲突以及各类人物的命运变迁，揭露了半封建、半殖民地旧中国黑暗腐朽的现实。三幕戏一幕写一个时代，每一幕敲响一个时代的丧钟，揭示了旧中国必然崩溃的历史命运。

本文是《茶馆》的第一幕。剧情发生在戊戌变法失败、维新派人物谭嗣同被杀害的时期。通过裕泰茶馆里形形色色的人物的种种活动，描绘了帝国主义扩张渗透、流氓地痞横行、农民破产卖儿女、太监娶妻、爱国者遭迫害的社会现实，逼真地勾勒出晚清的时代特征。

剧中主要人物在这幕都出场了。剧作成功地塑造了众多的艺术典型。虽然人物身份、年龄、职业、地位各不相同，但都形象鲜活，个性鲜明。王利发、常四爷、秦仲义便是第一幕中刻画得最为鲜明的人物。掌柜王利发贯穿全剧。他精明能干，反应灵敏，能说会道。为守住父亲留下的生意，他谨小慎微，委曲求全，各方照顾，左右逢源，多说好话，多请安。在强者面前，他忍气吞声；在弱者面前，他虽心眼不坏，但却没有多少同情心，是圆滑自私的小业主。常四爷，虽是八旗子弟，但耿直、刚强，富于正义感和爱国心，是个有血气的硬汉子，是正义和反抗力量的代表。他言语犀利，对自己看不惯的事必须说个痛快。他忧国爱国，痛恨洋人，痛恨腐败无能的清王朝，敢于当众宣布"大清国要完"。对穷人，对弱者，他慷慨相助，重情重义；对特务、爪牙、地痞流氓充满蔑视。秦仲义是民族资产阶级的代表，他财大气粗，自命不凡，对穷苦人很少同情，试图走实业救国之路。他对清王朝的统治存在着阶级本能上的对立，在与庞太监的对话中，软中有硬，绵里藏针，体现了新兴阶级的锐气。此外次要人物如松二爷、二德子、马五爷、刘麻子等也是刻画得入木三分。松二爷是旗人，游手好闲，胆小怕事，性格软弱，但心地善良。二德子是善扑营当差的打手，霸道、逞凶、蛮不讲理，欺软怕硬，一副地痞流氓像。马五爷是个"吃洋教的小恶霸"，虽然剧中只讲了三句话，却塑造出一个靠洋教摆威风、傲慢、虚伪的人物形象。刘麻子是靠说媒拉纤，拐卖人口挣钱的地痞无赖，心狠意毒，他用十二银子买来康顺子，又以二百两银子卖给太监庞总管。

剧作语言简洁明快，幽默含蓄，富有个性化，概括力强，三言两语即刻画出人物的性格特征，字里行间流溢着浓郁的北京地方文化色彩，充分显示了老舍先生作为"语言艺术大师"的深厚艺术功力。人们称《茶馆》是一曲含泪带笑的旧时代的哀歌，是一个亦庄亦谐的社会葬礼。

第五章　口才概论

【案例导入】

　　普朗克（1858 年~1947 年，德国著名的物理学家、量子力学的重要创始人，1918 年荣获诺贝尔物理学奖）获得诺贝尔奖后，每天奔波于各个学府及社交场合，演讲他的理论。讲了段时间，给他开车的司机，听得熟烂，就对他说："教授呀，你每次都讲一样的内容，连标点符号都不带改动的，我都听熟了，这样吧，下次到慕尼黑，就让我替你讲吧，你也歇一歇。"普朗克说："好啊。"于是到了慕尼黑，司机走上讲台，就量子物理发表了一通长篇大论，讲得和普朗克一模一样。后来有个物理学教授站起来，提了一个非常难的问题。司机只好说："哇，我真没想到，我会在慕尼黑这么先进的城市遇到这么简单的问题。我想请我的司机来回答。"

【思考】

　　（1）口才对现在和未来的生活有影响吗？
　　（2）如何成为一个善于思考、分析、表达的人？

第一节　口语与口才

一、口语与口语表达

　　口语是人们的口头表达语言。口语与书面语都是人类重要的交际工具，人类历史中，先有口语，后有书面语。口语是用来表达的，口语表达是人类生活的重要活动。口语表达主要有以下三种要素：

　　第一，口语表达必须有语言活动的主体，这包括说话者和受（听）话者。无论是表达还是接受（实际情形往往是表达与接受交替转换），都必须有明确地说或听的目的，没有目的的交谈是没有意义的。

　　第二，口语表达必须有具体的语言交际环境。口语交际具有明确的目的性，进入具体的语言交际环境，就要思考选择什么样的表达内容和表达方式才能使对方愉快地接受，并进而使对方采取相应的反馈行动。

　　第三，口语表达的工具主要是口语，辅之以体态语。也就是口语交际要考虑如何恰当地使用有声语言和体态语。

　　从以上的分析可以看出，口语表达是具有特定目的的人（包括听、说双方），在特定的环境里，选择适当的话语内容和表达方式来进行思想交流和信息传递的一种语言活动。这种语言活动的主要表现形式是交谈、演讲和论辩。

二、口语表达的特点

人是语言活动的主体，而语言活动又产生了积极的作用和效果。口语表达活动主要有以下几个特点。

（一）明确的目的性

口语表达中表达主题说话的目的虽然多种多样，但概括起来集中地表现在以下 4 个方面：

（1）传递信息，即让听者懂得所传递的信息或明白、理解他所不知晓、不了解的事情。

（2）说服他人，即让听者在弄懂表达者的思想观点、立场看法的基础上接受表达者的观点并信服，同时能产生相应的行动。

（3）引发精神共鸣，即让听者随着讲说者的表达而产生情感、心境的变化，同悲同喜，同忧同乐，产生心灵相通、精神共鸣的效应。

（4）发表看法，即表达说话者对事物的态度。比如赞许和拒绝。赞许，即认为对方的表达正确而加以称赞。拒绝，即让听者明白自己的观点、看法、要求，表示出不被接受。拒绝是一种逆向交流，尤其需要注意讲究方式与技巧。

（二）高度的灵活性、适应性

在口语表达活动中，表达者为实现特定的目的，在因人、因事、因物、因景而进行的讲说中，必须会灵活机智地选用特定的表达方式和技巧以切合语言内容，切合特定语境，切合自己的身份和交际对象的特点。只有具有高度灵活性的表达，才能创造出良好的交际效果，否则将会适得其反。

（三）全面的综合性

口语表达是一个人素质和能力的全面综合反映。这里的素质，主要包括思想境界、道德情操、知识学问和天赋秉性。能力则主要包括观察能力、思维能力、决断能力、记忆能力、表达能力、交际能力和应变能力。人的素质和能力综合形成一种潜在的文化储备，这种储备在特定的语境中，通过想象和联想，发挥和创造，为讲说者取得讲说材料和讲说方式，从而实现口语表达的目的起到积极的支持作用。所以口语表达是表达者学识、素养和能力的综合表现。

三、口才及其作用

通常我们所说的口才，就是口语表达的才能。具体地说，口才是在交谈、演讲和论辩等口语交际活动中，表达者根据特定的交际目的和任务，结合特定的言语交际环境，准确、得体、生动地运用连贯、标准的有声语言，并辅之以适当的体态，表情达意以取得圆满交际效果的口头表达能力。它是人们的素养、能力和智慧的一种综合反映。口语表达有明确的目的性，是人际交往的重要活动，因此口语表达能力，即口才就有十分重要的作用。

中央电视台《对话》节目《全球大调查问卷》中有这样一个问题："您认为在未来十年中最有竞争力、最有希望成功的人应具备哪些素质？"令人惊奇的是，有 26 位商界巨子无一例外地选择了交际能力、交流能力和公关能力等与口才密切相关的能力。由此看来，口才在当代社会具有独特的地位。

美国人早在20世纪40年代就把"口才、金钱、原子弹"看作是在世界上生存和发展的三大法宝，60年代以后，又把"口才、金钱、电脑"看成是最有力量的三大法宝。而"口才"一直独冠三大法宝之首，足见其作用和价值。自古以来，口才艺术的发展就与时代相关，与政治、经济和日常生活紧密相连，并在其中发挥着重要作用。

（一）好口才是政治活动的重要媒介

"一语可以兴邦，一言可以辱国"这充分说明了口才艺术的政治价值。口才与政治生活息息相关，它直接服务于政治生活的各个领域，并发挥着重要的作用。春秋战国时期，由于政治思想上的活跃和文化的繁荣，形成了百家争鸣的局面。名士，辩才凭"三寸不烂之舌"游说诸侯，贵为谋臣卿相，在安邦治国平天下中堪当重任。"五四"运动前后，进步知识分子大张旗鼓地集会演讲，唤起民众，推动了中国革命运动蓬勃发展。在当今国际，国内政治风云中，口才仍然是国际，国内政治活动的重要媒介。

【案例】

1987年，菲律宾前总统访华，在谈到南沙问题时说："至少在地理上，那些岛屿离菲律宾更近。"邓小平没有马上接话，而是抽了口烟慢慢说道："在地理上，菲律宾离中国也很近。"此后多年，南沙无战事。

【案例】

李肇星出任驻美大使时，曾在美国俄亥俄州大学演讲，有一位老太太问他："你们为什么要'侵略'西藏？"李肇星一改往日之态，没有直接反击，在得知老太太是得克萨斯州人后，他说："你们得克萨斯州1848年才加入美国，而早在13世纪中叶，西藏已纳入中国版图。您瞧，您的胳膊本来就是您身体的一部分，您能说您的身体侵略了您的胳膊吗？"老太太乐了，心悦诚服。最后，她热烈地拥抱李肇星，连声说："谢谢您，谢谢您让我明白了历史的真相。"

（二）好口才推动企业和个人的发展

在企业管理研究领域中，有两个70%，第一个70%，是指企业的管理者，实际上70%的时间用在沟通上，第二个70%，是指企业中70%的问题是由于沟通障碍引起的，可见，表达能力在企业管理中发挥的重要作用。另外，企业的公关人员在演讲、论辩和谈判中离不开好口才；商务谈判是商务活动中重要的环节，好口才是谈判成功的重要因素；在市场营销中，好口才在很大程度上决定着工作成效；在旅游业发展建设中，导游员的口才起着至关重要的作用。

【案例】

一家总公司经理吩咐其秘书："你帮我查一查我们有多少人在华盛顿工作，星期四的会议上董事长将会问到这一情况，我希望准备得详细一点。"于是，这位秘书打电话告诉华盛顿分公司的秘书："总经理需要一份你们公司所有工作人员的名单和档案，请准备一下，我们在两天内需要。"分公司的秘书又告诉其经理："总经理需要一份我们公司所有工作人员的名单和档案，可能还有其他材料，需要尽快送到。"结果，第二天早上，四大箱航空邮件到了总公司大楼。

（三）好口才促成和谐的人际关系

人是社会的人，人要在社会中营造诗意的栖居环境，就要营造和谐的人际环境，这样才能最大限度地激发人的创造力，为各项工作提供强大的动力和支持。好口才就是营造和谐关系的重要途径。

【案例】

母亲对考试成绩不理想的女儿说的话：

A：如果你不是每天看两三个小时的连续剧，成绩一定不会这么差。从今天起，每天看完电视新闻，就给我进房间念书。

B：闺女！你的成绩考得不理想，心里一定很不舒服，我知道你很想把书念好，只是你可能花在看电视上的时间多了一些。我建议，从下星期起，你每天少看一个小时的电视，看看功课是否有改进。我们也尽量在你看书的时候，保持家中安静。

上面两段话，很明显，女儿更喜欢听第二段话，这样的话语传递了更多的信任和理解，说服力和教育性也更强。

第二节 如何提高口才

"说话"——张开嘴巴并发出某种声音来，对每一个人来说都是非常简单的事，因为掌握并运用语言的能力是人类与生俱来的天赋，但是能够掌握并运用语言是否就意味着有口才，甚至是有好口才呢？答案显然是否定的。人生来不具备口才，没有哪一个婴儿的第一声啼哭是玉润珠圆的词句。

因为口才是恰当的语言与熟练的应用技巧的结合，所以"能说话"只是形成口才的一种基本条件，"会说话""说得好"才是口才的突出特征。口才的内在结构就像一座"金字塔"：又宽又厚的塔基是知识积累，它包括人的知识素养、品德修养、心理素质等；塔身是思维能力，它包括思辨能力、想象力和应变能力；塔顶则是口语表达能力。只有从三个方面全面发展，才能做到拥有一副好口才。

一、注重品德修养

品德是指人的思想品质和道德观念，它包括一个人的世界观、人生观、价值观、审美观、幸福观、使命感和责任感等内容。俗话说，"言为心声"。口语表达的内容既是作者思想的体现，又是其修养的体现。做一个善于表达的人，首先要做一个有道德的人。韩愈在《答李翊书》中写道："将蕲至于古之立言者，则无望其速成，无诱于势利，养其根而俟其实，加其膏而希其光。根之茂者其实遂，膏之沃者其光晔。仁义之人，其言蔼如也。"这段话道出了内在的道德修养和外在的言语之间就像是根基和果实、灯油和灯光之间的关系，前者决定着后者。内心仁义的人，说出的话才会和蔼可亲。现代社会中，注重修养的人在日常的言语交际中通常表现出大度、得体的气质，不咄咄逼人，不使人难堪，不偏激武断，更不会得理不饶人。

提高修养的方式有很多。多读经典，学习传统文化的精髓，学习君子之道，做一个文质彬彬的人。多观察和思考，了解当代社会的新形势新特点，做个有格局有视野的人。俗话说："世事洞明皆学问，人情练达即文章"。

二、善于积累知识

"工欲善其事，必先利其器"。有丰富的知识，才能进行理性客观的思考和判断，才能在表达时做到"言之有物"。如庄子所说："水之积也不厚，则其负大舟也无力，……风之积也不厚，则其负大翼也无力。"知识积累是提高口才的重要途径。知识的积累是一个漫长而又复杂的过程，它需要一个人必须有持之以恒的毅力和细心认真的努力，有了宽厚的"塔基"，才有干冲云霄的"塔身"，才能成其风景。

（一）积累专业知识

俗话说："干啥的吆喝啥"。专业知识是职业人员赖以生存的基础。职业环境中的表达将大量涉及专业知识的思考、分析，因此必须要有丰富的专业知识。

（二）积累人文科学和自然科学知识。

仅有专业知识是不够的。政治、经济、文化、科学之间有着千丝万缕的关系，甚至牵一发动全局，各领域之间相互渗透相互影响。拥有广博的知识才能拥有开阔的视野和格局，才能拥有犀利深刻的辨识力和清晰明确的表达力，才能处于不断的发展和进步中。

社会经验、生活常识、天文地理、乡土人情、风俗习惯、名人名言、成语典故、名篇习作、轶闻趣事、街谈巷议等都属于社会人文知识范畴，合理地运用这些知识，有助于人们言之有物。自然科学是研究大自然中有机或无机的事物和现象的科学。自然科学包括物理学、化学、地质学、生物学等。系统的、要点式地掌握一定的自然科学知识会对口才形成也具有不可忽视的积极作用。

【案例】

第二次世界大战期间，美国经济学家萨克斯为了说服罗斯福总统同意尽快在美国着手研制原子弹，到白宫向罗斯福面呈了爱因斯坦等科学家签名的信件。然而罗斯福总统反应却很冷漠。第二天，萨克斯在与罗斯福共进早餐时，对总统说："我今天只想讲一点历史。英法战争期间，在欧洲大陆上不可一世的拿破仑，在海上却遭到惨败。就在这时，一位年轻的美国发明家富尔顿来到拿破仑面前，建议法国战舰砍掉桅杆，撤去风帆，装上蒸汽机，把木板换成钢板，可以大大提高海军的战斗力。可是我们这位伟大的科西嘉人以为这简直是笑话，船没帆能航行吗？木板换成钢板能不下沉吗？结果拿破仑把富尔顿轰了出去。如果当时拿破仑认真考虑并采纳富尔顿的建议，那么，19 世纪世界的历史就有可能重写了。"说完，萨克斯用深沉的目光注视着总统。罗斯福沉默了几分钟后说："你胜利了。"于是才有了 1945 年 7 月世界第一颗原子弹的爆炸。

三、提高思维能力

有序、缜密的语言需要逻辑思维能力。逻辑思维能力是指正确、合理思考的能力。即对事物进行观察、比较、分析、综合、抽象、概括、判断、推理的能力。

语言是思维的外在表现。一方面，思维决定语言，有什么样的思维就产生什么样的语言，没有思维就没有语言产生，思维是语言的内容，语言是思维的表现形式。我们在聆听别人讲话的时候，通过思维了解对方的语意。我们在谈话的时候，也是在传递思维的结果。另一方面，语言对思维也有反作用，语言对思维也发挥着加工和改造的作用。精彩的语言也会使思维更活跃和缜密。

本章开场部分导入的案例就是一个典型的思维与语言的案例。同为演讲，普朗克的演讲是有思维内涵的演讲，而他的司机的演讲却是没有思维内涵的模仿。因此，无论司机的演讲如何惟妙惟肖，都无法替代物理学家本人的演讲。

逻辑思维能力是口语表达的核心能力。

【案例】

有个青年想到大发明家爱迪生的实验室工作，他满怀信心地向爱迪生说出了自己的心愿："我想发明一种万能溶液，它能溶解一切物品。"

爱迪生问："那么你想用什么器皿盛放这种溶液呢？它不是能溶解一切物品吗？"

青年被问得哑口无言。

【案例】

二十世纪三十年代中期，香港茂隆皮箱行由于货真价实，生意兴隆，引起了英国商人威尔斯的妒忌。

威尔斯蓄意欺诈。一天，威尔斯到茂隆皮箱行订购了三千只皮箱，价值港币二十万元，合同写明一个月取货，如果逾期或不按质量交货，由卖方赔偿百分之五十损失。

茂隆皮箱行如期交货，可威尔斯却说："合同上写的是皮箱，皮箱中使用了木料就不是皮箱。"他要求茂隆皮箱行按照合同规定赔偿损失，并向法院提出诉讼。

茂隆皮箱行经理冯灿，委托罗文锦律师出庭辩护。

开庭时，港英法院偏袒威尔斯，企图判冯灿诈骗罪。威尔斯自以为得计，气焰嚣张，信口雌黄。

这时，罗文锦从律师席上站起来，伸手从口袋里取出一只大号金怀表，高声问法官："法官先生，请问，这是什么表？"

法官说："这是英国伦敦出品的金表。可是，这与本案有什么关系呢？"

"有关系！"罗文锦高举金表，面对法庭上的所有人问道："这是金表，没有人怀疑了吧？但是，请问这块金表除表壳是镀金之外，内部的机件都是金制的吗？"

旁听者同声议论说："当然不是。"

罗文锦继续说："那么，人们为什么又叫它金表呢？照威尔斯先生的说法，皮箱中使用了木料就不是皮箱，那么，金表中使用了非金质机件就不是金表喽？显然荒谬！由此可见，茂隆行的皮箱案，不过是原告无理取闹、存心敲诈而已！"

在众目睽睽之下，法官理屈词穷，只得判威尔斯诬告罪，罚他五千港币结案。

四、提高语言素养

口语表达成功的关键是运用语言的能力，具有较高的语言素养，才有可能表现出较强的运用语言的能力。口语表达所需要的语言素养，主要从以下两种途径获得：

（1）系统学习语法、修辞和逻辑方面的知识、法则，以提高口语表达的正确性、生动性和严谨性。

（2）系统地学习和掌握副语言特征和体态语言等方面的知识，以便更好地展现表达者自己的精神风貌、情绪感受和个性特征。副语言特征主要包括音质、音强、音色、语气、语调、语速、节奏等，体态语言主要包括表情、神态、动作、身姿、手势等。历史上不乏先天口吃，靠后天努力练出一副好口才的案例。

【案例】

古希腊演说家德摩斯梯尼患有严重发音不清和口吃症，他从小生活在一个富裕的家庭里，但他体弱多病，发育不健全，瘦小的身体，青黄色的脸，双肩歪斜不正，又是驼背，更不幸的是患有严重的语言表达障碍。梯尼七岁时，父亲去世了，百万的家产全被黑心的伯父侵占了，梯尼想诉讼，可在威严的法庭上，法官对他审问，他仍旧口吃得不能对答，惹得别人哄堂大笑，气得自己无地自容。从此，他发愤练习口才，在海边他一边奔跑一边疾呼，为了使自己吐字清晰，甚至在口中含着小石头练习发音；为练口形，对着镜子摆做各种表情。苦心而又虔诚的德摩斯梯尼终于成功了，最终成了出色的辩才、大律师和大演说家。

五、勤于实践

（一）勤于倾听

马克·吐温认为获得知己的最有效的途径是："给予说话人恰当的颂扬，并尽量倾听说话人嘴中说得最多的话。"倾听不只是用耳朵在听，还要用眼睛去观察，用心去感受，用大脑去反馈，既体现出对说话者的尊重和鼓励，又能收集到大量的信息，也会大大提高口语表达的针对性和实效。

（二）勤于动口

动口，用口语进行沟通交流。人们只有沟通交流才能掌握职场动态，解决职场问题，展示个人的思想和能力，推动工作的发展。不敢张嘴说，或者说不到关键处，就很难赢得职场中的主动权，赢得发展和进步。因此，要敢张嘴，并在不断的实践中摸索到"说"的规律，做到"会说话"、"说好话"，达到言尽其意的效果。

【课后思考与实践】

1. 阅读下面演讲稿，并根据文后提供的网址观看视频，思考文后问题。

互联网改变了我们什么？

（演讲时间：2016 年 2 月 27 日）
　　——中国工程院院士邬贺铨在《开讲啦》第 170 期的演讲稿

　　去年 CNNIC（中国互联网信息中心）统计，我们中国的网民，平均每周上网 25.6 小时，也就意味着每星期 7 天里头差不多有一天时间在上网，平均每天上网 3.7 个小时，我还是位于平均值之上，还算是每天上网还是比较多的。

　　我觉得网络改变了我们的生活和工作，现在有了网络，真的比过去好得多、快得多。我讲一个例子，"文革"期间我们的单位，被下放到四川眉山，有一次因为有些工作需要出差到上海。当时我们好几个人出差，好不容易买了卧铺票，但是分别在不同的车厢。有一个同事，在车上等厕所等不及了，等车停到宝鸡的时候，他就下到宝鸡上厕所，原来估计火车要在那里停几分钟，结果火车晚点，为了赶时间提前开了。我们那同事一边提着裤子一边跑，还是追不上火车。然而我们并不知道他丢了，因为他所在的车厢的同事认为，他到另一个车厢跟我们聊天了，到吃晚饭的时候也不见他，我们车厢同事说，都是盒饭哪吃不一样？到睡觉的时候还找不到，麻烦了。我们就跟列车员说，我们人丢了。他说在哪丢的，我们说不知道。我们好不容易到了上海，但是没有通信工具，下火车以后打电话回单位，说丢了一个人。我们领导说在哪丢的？不知道。过了两个钟头，我们那个同事回来了，一个脚有袜子，一个脚没袜子，穿了双拖鞋。因为车站看到他赶车丢了，下一辆车是乌鲁木齐到上海，让他上去了，但是他却没有衣服了，衣服都在（我们）车上，所以冻了一个晚上回到上海，如果当时有通信工具，那就很容易联系上。

　　中国是在 1994 年 4 月 20 号接入到国际互联网上，那个时候实际上，是中关村、北大清华和中科院这三家互联的网络里头，利用了一根 64K 的专线，连到美国一个电信运营商 Splint，就是 64K 而已。1995 年 1 月，邮电部电信总局，开始开放了公众的互联网，但是当时只有北京、上海，各一条 64K 的专线，也是连到美国 Splint 的网络，但应该说从那个时候，互联网正式进入中国。我呢，了解互联网在这之前。

　　20 世纪 80 年代初到日内瓦，去参加国际电信联盟的会议。这是一个制定通信网标准的会议，这些标准可能跟国家利益有关，因此单纯靠与会代表在那里决策同意与不同意是不够的，需要请示国内。会场是提供了免费的长途电话，我们基本上中国去的代表都是利用这种免费的公用电话，把会场的情况、会场讨论的情况，跟国内的主管部门汇报。但是我看到美国的代表，他用会场提供的计算机和网络抄些东西，并且把会议的一些文档作为附件传回去了，美国人说这叫 e-mail（电子邮件）。当时第一次听到，后来过几年开会发现，那些老外干脆把笔记本电脑带到会场，直接在那里跟他们本国联系。加拿大代表团有一个邮电部派去的代表，他是个华人，跟我们也很熟，他就问我："你们中国有这样的东西吗？"我说："没有"。他说："为什么你们没有呢？"我当时也回答不出来。

　　幸好呢，1994 年 4 月 20 号，中国接入互联网，那么到现在，无论在单位和在家里，都可以使用无线局域网上网，当然出去还是光纤。中国的光纤光缆企业，生产了全世界一半的光纤光缆，当然中国的宽带网络的发展，使得中国的光纤光缆市场消耗了全世界一半的光纤光缆。十年前买一根光纤，按单位长度算，一根光纤多少钱？2000 块钱。现在按单位长度算，买一根光纤多少钱？一公里的光纤现在是 40 块钱。按单位长度算，光纤现在比面条便宜，你买一公里面条也不止 40 块钱！所以现在光纤到家、光纤到户，发展很快。

当然了未来的互联网，绝对不是现在我们想象这么简单，移动互联网的发展还会更快。互联网整个发展，是一个接力的过程，后面还需要更多的人投入到这上面，更多的年轻人投入到互联网上面。当然我也接触过一些年轻人，他们抱怨生不逢时，他说要是我生长在马云、马化腾、李彦宏的时代多好。现在大树底下不长草，我要办个互联网公司，他们动不动地给我灭掉了，或者给我收购了。确实是这样，互联网成功是不可能靠复制的，你必须要创新，我们中国的互联网发展是比美国晚了 25 年，可是现在全球的互联网大企业里头，美国有，中国有，欧洲没有，日本没有，韩国没有，这就说明中国的环境，还是很吸引互联网发展的。

马云曾经到一个企业应聘，想当销售员，但是这个企业说，你长得这么瘦这么矮，这个样子还能当售货员吗？我想这个可能对他后来要搞电子商务有很大的动力。但一开始马云到北京找北京发改委，北京发改委觉得，什么企业？太小，不理他。到上海，结果财政厅和税务局说，这玩意偷税漏税，上海又没办成。他到了杭州，杭州觉得这是新事物让他试。所以我觉得，这是一种非常宽松（的环境）才有了我们这个发展。

像互联网金融一样，中国的金融本身股市不景气，银行利息低，所以中小企业贷款很难，另外老百姓又有存钱的习惯，所以互联网金融出来了，到它出来以后，你再想扼杀就不容易了。所以中国有一个很好的互联网的发展环境，你感到什么地方不满意，就是你创新的机会，痛点就是起点。当初为什么有互联网？就是美国人担心冷战了，原子弹炸了他的网络，所以他提出这个命题。大家知道 YouTube（视频网站）的创始人，他实际上是参加朋友的一个搞笑的晚会，拍了很多视频，想在网上把视频给其他朋友分享，视频的容量很大传起来很慢，他就想着能不能开发一种方式，让这个视频能够更好地分享。不一定要（把视频）传过去，让人家来点就行，所以 YouTube 就这样产生了。

我觉得所有的互联网的发展，都并不是你事先想的，而是看到了它的问题。搜索引擎之所以发展这么快，是因为网络信息爆炸，你要找它，那必须有搜索引擎。为什么后来微博出现了，因为人们生活节奏太快了，它是可以传 140 个字的，这也适应了碎片化的需要。所以我认为大家现在上网，有没有感到互联网上，还有不如意的地方，这些就是创新的地方。如果说你盲目地，跟着别人成功的（项目）去做，那你肯定是没有什么很好的前景。所以我觉得有大把的问题，等着我们去（解决）。

我们现在用手机，正常人是没问题的，可是我们需要什么？还需要进一步发展。比如说我是老花眼，我手机要靠近看短信，那么现在手机上就自动把字变大，重新编排不会跑出屏幕。还有盲人，他上不了网。盲人阅读的是凹凸不平的书，那我们的计算机屏幕凹凸不平吗？不可能。那现在怎么办？有个指环，这上面有摄像头，你戴着指环，看着书上面，摄像头对着字录下来了，上传到云端一搜索，然后给你翻译出来，讲给你听，那你就可以看见了。苹果开发的手机是什么？触摸翻屏，大家觉得不错吧。现在有公司觉得，我不能跟着苹果走，我不能侵犯它的专利。隔空翻屏，不摸。为什么？这里有摄像头。还有人说干吗动作这么大，眨一下左眼翻左页，眨一下右眼翻右页，点一下下巴双击。

人机结构可以有很大变化。前不久微软收购了诺基亚，微软要做手机吗？它凭什么跟苹果竞争、跟谷歌竞争？微软说我有语音翻译技术，利用云端翻译，它在手机上面假如你讲中文，你的朋友是英国人，你按一下语言键，你讲中文他听英文，他讲英文你听中文，26 种语言，学外语没太多用处。

所以这是什么呢？将来可穿戴终端人工智能，实际上把人的感知延伸了，把人的认知能力提升了。未来的互联网怎么样？现在是没法想象的。在座的你们想想十年前，你们能想到现在互联网的样子吗？你想不到的。所以未来怎么样？不知道。互联网有句名言叫什么呢，我们不预测未来，我们创造未来。

现在都提互联网思维、互联网理念，互联网本身就是一个创新平台，实际上你只要有好的创新思维，互联网什么都可以帮你实现。曾经有公司想开发什么呢，以前有一段时间，我们南方有 H7N9（禽流感），手机可以测试 H7N9（禽流感），拿舌头舔一下，看一看有没有 H7N9（禽流感）。现在有人说，手机上要测雾霾，这些都是有可能的，关键是你能不能做得成本低，所以互联网，它有个很好的开放架构，可以在上面不断地生长，不断地增加很多东西，而且它不拒绝全世界任何人，互联网是老少皆宜的，手机基本上是没门槛的。我们手机上这个操作系统，有一百万行的软件，而当年阿波罗登月飞行器才四千行软件。我们现在比它复杂得多，但是很便宜，现在大家都会用，所以包容性非常好。像雷军说，他说我每周要更新版本。意思是什么？我的手机不是完成品，很多网民说你完善不了我帮你完善，要显示自己的能力，所以雷军说我有一百万个不拿工资的开发者。

美国《纽约时报》，它有 130 年的历史了，它现在要把报纸数字化，近期的报纸没问题，老报纸都发黄了，拿计算机扫描这个字，印不出来，它怎么办。大家现在上网经常遇到网站跳出几个验证码，扭来扭去歪七歪八的字。当然了美国还没有像我们现在 12306（铁路客户服务中心）那么复杂。《纽约时报》就把它的报纸上的词拿照相机拍下来，贴在验证码的后边，当你验证的时候，你以为后边那个也要验，你一并验了。所以《纽约时报》一百三十年，存档的数字化报纸的工作在几个月时间里由网民不知不觉地帮它完成了。

美国有个医生，拍了很多大脑的 CT 扫描图，他要看脑袋长不长瘤子，当然这个病灶是很难看（出来），他一天看几百张上千张图，很麻烦很不好看。他灵机一动把它贴到网上，他说哪个网民帮我看出，这里边有几张跟其他大多数不一样的有奖，这些网民一点医学知识都没有，但为了显示自己能干，不睡觉不吃饭也给他找出有几张跟其他不一样。互联网就是利用了众包群智的这种功能，利用了广大网民的潜力，当然这种思维并不只能用在互联网，可以用在各行各业，关键就是说，我们怎么去应用这种思维，利用互联网来发展。所以我们经常说有困难找警察，实际上我觉得后面应该加一句话，有困难找网络。

回顾中国互联网发展，我有几个想法就是说，互联网之路永远是什么？挑战机会同存，风光风险同在；未知多于已知，永远都有故事；颠覆不是新闻，一切皆有可能；成功不靠复制，唯有创新永恒；英雄不问出处，希望寄托草根；大智云移之峰，网络强国圆梦。

（本文选自：http://www.haixiaol.com/n2168033.html 开讲啦邬贺铨：互联网改变了我们什么？）

思考以下问题：

（1）结合上文分析互联网到底改变了我们什么？

（2）上文演讲者邬贺铨院士是光纤传送网与宽带信息网专家，在节目开始时，主持人撒贝宁曾提到："如果没有他的努力，中国人普遍上网的时间会推迟很多年。"作为一位地地道道的科技专家，他的演讲被马云称为"院士的单口相声"，请结合上面演讲稿的思路和语言特点分析马云为什么给予邬院士这样的评价？

2．请分析下面案例中歌德的辩护词说得好吗？

据说，歌德当律师时的第一份辩护词中有这样几句话：啊！如果不是喋喋不休和自负竟能预先决定明智的法院的判决，而大胆和愚蠢竟能推翻已经得到证明的真理……简直很难相信，对方居然向你提出这样的文件，它们不过是在无限的仇恨和最下流的谩骂的热情下产生的，是用最卑劣的手段和最虚伪的诺言精心编织的荒诞无稽的神话……啊！在最无耻的语言、最不知节制的仇恨和最肮脏和诽谤的角逐中受孕的丑陋而发育不全的低能儿，面对公正无私、光芒四射的神圣法律，不可避免地要失魂落魄，完全彻底地暴露那愚昧无知且贪得无厌的本性。

第六章　普通话语音语调与朗读

【案例导入】

　　某单位在放完春节长假上班的第一天，大家就2015年的春晚作为话题开始聊了起来，大家各抒己见，发表不同的看法，听完大家七嘴八舌的发言后，福建人小胡对 2015 央视春晚开始愤怒控诉起来："今莲的春晚，黑我们胡建人普通发，太过混了，不胡气啊，都在森气中！想起十几年前，我从钱州（泉州）去山东上鞋，老丝让全班童鞋相副介绍，我说钱州天气灰藏苏胡，海鲜很多，拌调尿更好吃，童鞋们老调侃我，真想一脚踢灰他们。想想也没关系，是金子迟早会花光的！"听完他的发言后，有的人一头雾气水，不知其所云，有的人哈哈大笑。

【思考】

　　（1）在人际交往过程中，如何使自己的话语准确、清晰、流畅？
　　（2）在口语表达时，如何提高表达的效果？

第一节　普通话与方言

一、方言

　　方言就是局部地区的人们使用的语言。方言之间存在很大差异，每种方言内部又存在很多分歧，有些方言内部分歧很大，十分复杂，邻县甚至邻村之间的语言互不相通，这些情况严重影响了人们之间的交流和沟通，更不能适应目前社会人际交往频繁、快速发展的形势，因此推广普通话的任务更显其重要与迫切。方言与普通话在语音、词汇、语法方面都有一定差异，特别是在语音方面，因此学习普通话，首先要对自己所处的方言区的方言语音系统有所了解，找出方言与普通话的对应规律和差异，从而更好地说好普通话。现代汉语大致可分为七大方言区，如表 6-1 所示。

表 6-1　现代汉语方言分布一览表

方言区	主要分布地区	代表方言	人口比例（%）
吴方言	江苏省的长江以南、镇江以东部分（不包括镇江），浙江省的大部分	上海话	8.4
湘方言	湖南省的大部分地区	长沙话	5
赣方言	江西省（东北沿江地带和南部除外），湖北省东南一带	南昌话	2.4

续表

客家方言		广东省北部、南部和东部，广西壮族自治区的东南部，福建省的西部以及江西省的南部，湖南、四川两省的少数地区	梅州话	5
北方方言	华北东北方言	京津两市，河北，河南，山东，辽宁，吉林，黑龙江，内蒙古中部和东部部分地区	北京话	70
	西北方言	山西，陕西，甘肃，青海，宁夏，内蒙古的西部地区		
	西南方言	四川，云南，贵州，重庆等省市，湖北的大部分（除咸宁地区），广西的西北部，湖南的西北角		
	江淮方言	安徽，江苏两省的长江以北地区（除徐州、蚌埠），镇江以西、九江以东的长江南岸沿江一带		
闽方言	闽北方言	福建省北部和台湾省的一部分地区	建瓯话	4.2
	闽东方言	福建省东部和台湾省的一部分地区	福州话	
	闽南方言	福建省南部，广东省东部和海南省的一部分，台湾省的大部分地区	厦门话	
粤方言		广东省的大部分地区，广西壮族自治区的东南部地区	广州话	5

（引自《大学生实用口才训练教程》朱彩虹主编清华大学出版社 2010 年 7 月第 1 版第 3 页）

二、普通话

（一）定义

普通话是以北京语音为标准音，以北方话为基础方言，以典范的现代白话文著作为语法规范的汉民族共同语。

"以北京语音为标准音"是指整体而言以北京话音系（包括声母、韵母、声调及其相互配合关系）为标准，除去北京土语的语音。

"以北方话为基础方言"是指以通行于北方方言区的词汇作为词汇标准，但普通话要舍弃北方话中地方色彩很浓的土俗词语，同时要不断吸纳外来词汇和方言词中富有表现力的词语。

"以典范的现代白话文著作为语法规范"是指以现代著名作家的经典的优秀的符合汉语语法规范要求的著作作为普通话语法规范。

（二）推广和学习普通话

目前随着我国经济的不断发展，户籍制度的深化改革，社会人员流动日益频繁，就业自主化的特点更加突出，如果来自全国各地，四面八方的员工在职场上都讲自己的方言，势必会产生沟通障碍，影响工作协调，降低工作效率。"说好普通话，走遍天下都不怕。"大力推广和普及普通话，是我国的基本语言政策。国家大力推广、积极普及普通话，既满足了当前推动经济建设、文化建设和社会发展的需要，也满足于加强公民素质教育的需要。

普通话是现代汉民族共同的语言，国家非常重视推广全国通用的普通话。1985 年 11

月通过的《中华人民共和国宪法》第 19 条规定："国家推广全国通用的普通话。"使推广普通话工作有了法律依据。1998 年，经国务院批准，决定每年 9 月的第三周为全国推广普通话宣传周。2000 年 10 月 31 日第九届全国人民代表大会常务委员会第十八次会议通过了我国第一部语言法——《中华人民共和国国家通用语言文字法》，这是我国历史上第一部专门阐述语言文字规章的法律，共分 3 章 27 条，自 2001 年 1 月 1 日起开始施行，从法律上确定了普通话的重要地位。《语言文字法》中涉及"普通话"及其推广使用的条款主要有：

第三条　国家推广普通话，推行规范汉字；

第九条　国家机关以普通话和规范汉字为公务用语用字；

第十条　学校及其他教育机构以普通话和规范汉字为基本的教育教学用语用字；

第十二条　广播电台、电视台以普通话为基本的播音用语；

第十三条　提供公共服务行业以普通话为服务用语；

第十九条　凡以普通话作为工作语言的岗位，其工作人员应当具备说普通话的能力。

说一口标准流利的普通话是有教养的标志，是口头表达的基本功；说好普通话是每个公民义不容辞的职责。作为新一代的大学生，标准、流利、得体的口语表达，也是人才综合素质中必不可少的内容，因此普通话口语训练具有重要意义。说好普通话首先要规范语音，规范语音的有效途径就是熟练地掌握"汉语拼音"，只要下定决心找准重点、突破难点，多听、多模仿，多练习就能够辨别易混淆的那些典型的方言语音，从而有针对性地对方言区那些典型的方言语音进行纠正，克服方言语音对普通话语音产生的影响，从而使自己能够说出流利、标准的普通话。

第二节　普通话语音语调

一、发音器官

语音是由人的发音器官发出具有一定意义的各种不同的声音。发音器官如图 6-1 所示。

人的发音器官主体由肺、气管、喉头、声带、咽腔、口腔、鼻腔这几大部分构成。肺和气管是供气和通气的，喉头是气流的通道，声带通过震动发出声音，咽腔、口腔、鼻腔是发声的共鸣器。口腔构造最为复杂，分为唇、齿、腭、舌、小舌等，在发音中，活动和作用也最为多样。

人的肺部吸气和呼气形成的气流，通过气管并使声带颤动，而后冲破口腔中的各种阻碍，产生爆发或摩擦的动力，再经过咽腔、口腔或鼻腔等共鸣腔体，从唇部或鼻孔发出不同的声音。

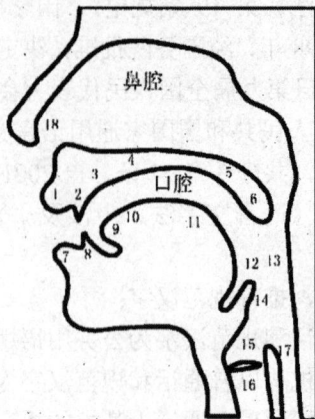

图 6-1　发音器官

1-上唇；2-上齿；3-齿龈；4-硬腭；5-软腭；6-小舌；7-下唇；8-下齿；9-舌尖；

10-舌叶；11-舌面；12-咽头；13-咽喉；14-会厌；15-声带；16-气管；17-食道；18-鼻孔

二、音素和音节

语音是由人的发音器官发出的有一定意义的声音，用什么样的语音形式来表达什么样的意义，是全社会约定俗成的，这一社会属性，是语音区别于其他声音的重要标志。语音的基本结构单位是音节，最小的语音单位是音素。

（一）音素

音素是从音色的角度划分出来的最小的语音单位。一个汉语音节可以由一个或者几个音素构成。例如，"骂"（mà）从音色的角度可以划分出"m"和"a"两个不同的音素，"挣"（zhēng）则由"zh"、"e"、"ng"三个音素构成。根据不同发音情况和发音特点，音素可分为元音和辅音两大类。

元音是发音时声带颤动，声音洪亮，气流在口腔内不受阻碍的音素。如 a、o、i、u。辅音是发音时声带不一定颤动，声音不响亮，气流在口腔内要受到不同部位、不同方式阻碍的音素。如 b、p、m、d、t、j、zh。

辅音一般要与元音相拼，才能构成音节。

（二）音节

音节是语音的基本单位，是听觉上能够自然感受到的最小的语音片段。一般情况下，汉语的音节与汉字呈对应关系，即一个汉字就是一个音节。例如，"tuī guǎng pǔ tōng huà"是五个音节，用汉字记录下来，即"推广普通话"五个汉字。但少数情况例外，如儿化音节"kāi huār"读音是两个音节，用汉字记录下来，即"开花儿"三个汉字。

普通话共有 32 个音素，按照一定语音规律可组合成大约四百多个基本音节。学习普通话最简易、最基本的方法就是要读准这四百多个音节。

三、声母和韵母

普通话语音训练的目的是要读准字音，而读准字音的关键是要掌握好音节的发音方法和要领并准确把握各个发音部位。从发音的角度看，汉语音节由声母、韵母和声调构成，因此，语音训练也就是对声母、韵母、声调的训练，即要掌握声母、韵母、声调的发音方法、要领及其正确的发音部位，特别是有针对性地对方言区语音存在的典型问题，比如声母部分的平、翘舌音，鼻边音、唇齿舌根音等发音不准、不到位或混淆的问题，与普通话标准语音进行比较和区别，找出问题，针对问题进行纠正和训练。

（一）声母

1．声母的定义及分类

声母是音节开头的辅音。普通话有 21 个辅音声母，加上零声母，共 22 个，分别是：b p m f d t n l g k h j q x zh ch sh r z c s。

（1）按发音部位分类。从发音部位的角度，可把声母分成七类：

唇齿音：由上齿与下唇构成阻碍发出的音，如：f；

舌尖前音：由舌尖和上齿背构成阻碍发出的音，如：z c s；

舌尖中音：由舌尖与上齿龈形成阻碍发出的音，如：d t n l；

舌尖后音：由舌尖与硬腭前端构成阻碍发出的音，如：zh ch sh r；

舌面音：由舌面前部与硬腭构成阻碍发出的音，如 j q x；

舌根音：由舌根和软腭构成阻碍发出的音，如：g k h。

（2）按发音方法分类。从发音方法的角度，根据构成阻碍和除去阻碍的方法不同，声母可以分为以下五类：

塞音：发音时，构阻的发音器官先紧闭，堵住气流，然后突然打开，气流冲出，音爆发而出的，叫塞音。如 b p d t g k；

擦音：发音时，构阻的发音部位靠近，中间留有一条窄缝，气流从窄缝里摩擦而过，发出的音，叫擦音。如 f h x s sh r；

塞擦音：发音时，构阻的部位先紧闭，然后打开一条窄缝，让气流摩擦而出，发出的音叫塞擦音。如 j q z c zh ch；

鼻音：发音时，构阻的发音器官紧闭，软腭下垂，封住口腔通道，让气流从鼻腔出来，发出的音叫鼻音。如 m n；

边音：发音时，舌尖与齿龈接触，阻塞口腔中间通道，声带颤动，气流从舌边流出，发出的音叫边音。如 l。

（3）按其他方法分类。声母还可以根据声带颤动与否，分成清音与浊音。普通话声母大部分都是清音，浊音有四个：m n l r。

声母还可根据发音时气流的强弱情况，分为送气音与不送气音。送气音，发音时气流较强，如 p t k q c ch；不送气音，发音时气流较弱，如 b d g j z zh。具体如表 6-2 所示。

表 6-2　声母根据发音时气流的强弱分类

		双唇音	唇齿音	舌尖前音	舌尖中音	舌尖后音	舌面前音	舌根音
塞音	送气	p	f		t			k
（清）	不送气	b			d			g
擦音	清			s		sh	x	h
	浊					r		
塞擦音	送气			c		ch	q	
（清）	不送气			z		zh	j	
鼻音（浊）		m			n			-ng
边音（浊）					l			

2．声母常见发音错误及正音方法

本章导入案例里的福建人小胡说的"普通话"之所以让大家不知其所云或哈哈大笑，主要是因为他的普通话受方言语音影响，发音不够标准。其实他的发音也代表了部分方言区"普通话"发音存在的一些典型问题，即发舌尖后音（翘舌音）时，因为发音部位或发音方法不对而发错音；唇齿音 f 与舌根音 h 混淆；n 与 l 鼻边音混淆等。因此方言区的人说好普通话，首先要对症下药，认识到自己带有方言语音的"普通话"问题出在哪里？针对这些典型问题进行辨音纠音，普通话学习才能取得实效。

（1）翘舌音不到位。部分方言区的人发舌尖后音时，因为发音部位或发音方法不对而发错这几个音。翘舌音的错误发音一般有如下几种情况：

第一种是发音部位出错，舌位偏前或偏后。也有发音开始舌尖翘起，可是在发出音的同时舌尖又放平了，这样就造成发音偏前的现象。

第二种是发音方法出错。zh 与 ch 是塞擦音，发音时要先抵住硬腭前端，发音后即刻放开一条窄缝，气流从窄缝中摩擦而出。而 sh 与 r 是擦音，发音时舌尖不用抵住硬腭前端。zh、ch、sh 发音时声带不颤动是清音，而 r 则声带颤动是浊音。

另外，没有掌握正确的发音方法，所以，有些人在发 r 时容易把它发成 l 音，舌尖抵住了硬腭前端，而且把浊音发成清音了。如把"肉"（rou）发成"漏"（lou）、把"热"（re）发出"乐"（le）。正确的发音是：

z、c、s 发音时舌尖平伸，顶住或接近上齿背。

zh、ch、sh 发音时舌尖翘起，接触或接近硬腭前端。

【练习】

四是四，十是十，十四是十四，四十是四十，谁说十四是四十，谁说四十是十四，就罚谁数出四百四十四个数。

【练习】

狮子山上狮子寺，山寺门口石狮子。山寺是禅寺，狮子是石狮。狮子保护狮子寺，禅寺保护石狮子。

（2）f 与 h 混淆。在部分方言区，很多人把 f 与 h 混淆，主要是发音部位不正确，f

是唇齿音，发音部位是上齿背与下唇，而 h 发音部位是舌根与软腭。正确的发音是：

发唇齿音 f 时，上齿与下唇内缘接近，唇形向两边展开。

发舌根音 h 时，舌头后缩，舌根抬起，和软腭接近，注意要领：唇舌部位不能接触。

【练习】

粉红墙上画凤凰，凤凰画上粉红墙。红凤凰，粉凤凰，红粉凤凰、花凤凰。

【练习】

老方拿着黄幌子，老黄拿着方幌子。老方要拿黄幌子换老黄的方幌子，老黄不要换老方的黄幌子，后来方幌子碰破了黄幌子，黄幌子碰破了方幌子。

（3）n 与 l 鼻边音混淆。在部分方言区，很多人把 n 与 l 鼻边音混淆，主要是发音方法不正确。正确的发音是：

发 n 时，舌尖及舌边均上举，顶住上齿龈，鼻孔出气。

发 l 时，舌尖前端上举，气流从舌头两边透出。

【练习】

你能不能把那棵柳树下的那头老奶牛拉到刘念山牛奶站挤奶房来挤牛奶，然后把牛奶拿到牛恋村送给南边的牛奶奶。

【练习】

男旅客穿着蓝上衣，女旅客穿着呢上衣，男旅客扶着拿篮子的老大娘，女旅客换着拿笼子的小男孩。

（4）格式，即字体有问题。部分方言区中的一些人发 g k h 三个音时，发音部位偏前。正确的发音是：

这三个声母是舌根音，发音部位是舌根与软腭，音从喉部发出。

【练习】

小郭画了朵红花，小葛画了朵黄花，小郭要拿他的红花换小葛的黄花，小葛拿他的黄花换了小郭的红花。

（5）z c s 与 j q x 混淆。部分方言区中的人把 z c s 与 j q x 混淆，另外还有一些喜欢模仿港台音的女生这个问题较明显。准确的发音是：平舌音 z c s 发音时，舌尖要抵住（或对着）下齿背，发音时，上下齿接触后发出音来，因为 z c 是塞擦音，s 是擦音，所以发音时，气流是从窄缝里摩擦而出的。舌面音 j q x 发音时，舌尖放在下齿龈，发音的部位是舌面与硬腭。

（二）韵母

1. 韵母的定义和分类

韵母主要由元音构成。元音是气流在口腔中不受阻碍，发音时由声带振颤造成的音波经过口腔时受到口腔的形状、大小变化影响而发出的。元音的发音不同主要由口腔的形状、大小不同决定的，而口腔的形状、大小不同又取决于三个条件，即口形的开、合；舌位的前、后、高、低；唇形的圆、展。

普通话中的韵母共有 39 个，根据音素组成的不同可分为单韵母、复韵母、鼻韵母。

单韵母是指只有由一个元音音素构成的韵母。普通话中共有 10 个：a、o、e、i、u、ü、ê、er、-i（前）、-i（后）。

复音韵母是指由两个或三个元音构成的韵母。普通话中共有 13 个：ai、ei、ao、ou、ia、ie、ua、uo、üe、iao、iou、uai、uei。

鼻音韵母是指由元音加鼻辅音-n 或-ng 做韵尾构成的韵母。普通话中共有 16 个：an、ian、uan、üan、en、in、uen、ün、ang、iang、uang、eng、ing、ueng、ong、iong。

2、韵母常见发音错误及正音方法

（1）i 和 ü 混淆。有些方言区韵母发音问题也较多。比如闽方言区最突出的问题是 i 和 ü 的发音错误或混读、发音不到位，特别是闽南地区、客家方言会出现 i 和 ü 都念成 i 的情况，如"大鱼"念成"大姨"，因此凡带 i 的复韵母、鼻韵母都会受到影响，使这些复韵母、鼻韵母发音都存在问题。i 和 ü 的正确发音是：

i 发音时，口微开，上下齿相对，舌尖前伸接触下齿背；舌位高；软腭上升，关闭鼻腔通路；气流振动声带；嘴角向两边展开，两唇呈扁平状。

ü 发音时，口微开，舌尖前伸抵住下齿背，舌面前部隆起和硬腭前部相对；舌位高；软腭上升；气流振动声带；嘴唇拢圆，略向前突。

【练习】

老李去买鱼，老吕去牵驴，老李要用老吕的驴去驮驴，老吕说老李要用我的驴去驮鱼，就得给鱼。要不给我鱼，就别想我老吕的驴去驮鱼。

（2）把 in 发成 ün。受单韵母 i 和 ü 混淆的影响，部分方言区将复韵母 ün 发成复韵母 in，且发音时动程不到位，往往丢失尾音 n。in、ün 正确的发音是：

发 in 时，先发 i，然后舌尖上抬，顶住上牙床前发鼻音 n，快速连读，读出 in 的音。

发 ün 时，摆好 ü 的口形，然后发 n 音，就是 ün 的音。

【练习】

音讯 yīn xùn　　循进 xún jìn　　寻衅 xún xìn　　阴云 yīn yún

真金 jīn—真菌 jūn　金银 jīn yín—均匀 jūn yún　平津 jīn—平均 jūn

（3）n 和 ng 不分。许多方言区都存在程度不同和表现不同的前后鼻音韵母不分的问题，而且此问题已成为人们学习普通话韵母的典型问题。

鼻音韵母读音存在的问题大致有以下情况：

把 ang、eng、ing、iang、uang、eng、ing、ueng 这些韵母都被方言读成前鼻音韵母；整个带鼻音韵母系统没有前后之分，或全是前鼻音韵尾，或全是后鼻音韵尾；将部分带鼻音韵母读成鼻化韵。

n 和-ng 韵尾正确的发音是：

n 发音时，舌面前部抵住硬腭前部形成阻碍，阻挡气流从口腔通过，让气流从鼻腔通过，发-n。

-ng 发音时，舌身后退，舌面后部抬起，贴近软腭，软腭下降，打开鼻腔信道，紧接着舌根与软腭接触，封闭鼻腔信道，让气流从鼻腔透出，形成鼻音-ng。

【练习】

高高山上一根藤，青青藤条挂金铃。风吹藤动金铃响，风停藤停铃不鸣。

四、声调

（一）什么是声调

声调，是普通话音节高低升降的变化。不同的声调分别具有高低曲直的变化特点，这种变化决定于音高，音高变化是由声带控制的，声带紧，则声调高，声带松，则声调低。

汉语之所以被称为是有声调的语言，是因为声调有区别意义的作用，例如"chang"可以是"chāng 昌"、"cháng 尝"、"chǎng 厂"、"chàng 唱"；又如"tong zhi"可以是"tōng zhī 通知"、"tong zhì 同志"、"tǒng zhì 统治"，由此可见，声调不同，它们的意思就不同。因此方言区的人们，说好普通话需掌握有关普通话的调类、调值、四声的发音特点等有关声调方面的基本知识，特别是要读准普通话的声调，从而把握自身所属方言与普通话在声调上的对应关系，纠正受方言声调影响的那些不够准确的声调。

（二）调值和调类

1. 调值

调值，指声调和实际读音。通常采用"五度标记法"来标记调值。具体方法：用一条竖线作为标记线，将声调的音高平均分出 5 度；由低到高分别标出 1、2、3、4、5 度，分别表示低音、半低音、中音、半高音、高音；再用带箭头的直线从左到右连接这些音高情况，以此表示出不同的调值的变化情况，这种方法就是"五度标记法"。具体见下图，从图中可体现普通话语音的四个声调，分别是平调、升调、降升调和降调，它们的调值分别是：55、35、214、51。五度标记法如图 6-2 所示。

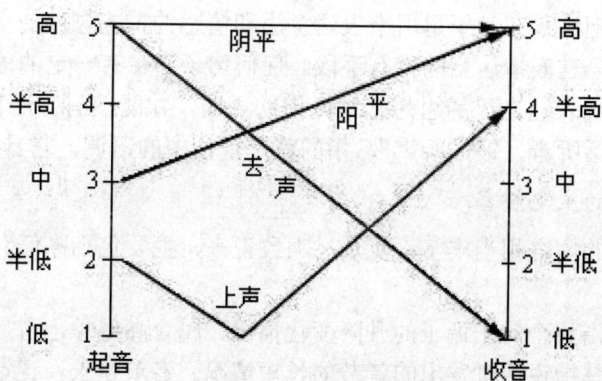

图 6-2　五度标记法

方言的声调和普通话的声调是有区别的，比如，闽方言的声调由于受古音的影响，情况比较复杂，普遍存在复杂的音变现象，闽南方言、闽中方言有连续变调规律，闽东方言、莆仙方言在连续音变时还涉及声母、韵母的变化，与普通话有很大区别。又如福州话，虽有曲折的形式，但和普通话有显著区别，普通话是降升调，它却是升降调。因此说好普通话需要读准普通话声调，特别是要针对一些受方言声调影响的问题，进行纠错、改错。

2. 调类

调类是把全部的字音按不同的调值加以分类后，得出的声调类别，即声调的种类。有几种基本调值，它就有几种调类。给每一个调类确定一种名称就是调名。普通话有四种基本调值，因而有四种调类，即阴平、阳平、上声、去声。

（1）阴平：高平调，发音时声带始终绷到最紧，保持音高，无明显变化。例如：春天花开　公司开张。

（2）阳平：中升调，发音时声带从不松不紧开始，逐渐绷紧直至最紧，声音从中音渐升至高音。例如：人民　团圆　连年　和平。

（3）上声：降升调，发音时声带略紧张，然后立刻松弛下来，稍延长后迅速绷紧，但没有绷到最紧。例如：友好　指导　理想　美好。

（4）去声：全降调，发音时声带从最紧开始滑到完全松弛为止，声音从高到低，音长在四声中最短。例如：建设　阵地　庆祝　胜利。

普通话的调类有四个，而汉语方言的调类多少不一，少则三个，如河北滦县；多则十个，如广西玉林话，闽方言，一般有 6～8 个，而且各地都有入声调，因此要加强对音调的训练，从而读准普通话的声调。

五、语调

（一）什么是语调

一个句子要表达一个完整的意思，在语音上还需要一定的抑扬顿挫的变化来帮助表达这个意思。比如在一个句子里，有的音节重读，有的音节轻读，有的音节快读，有的音节慢读，有的音节读高，有的音节读低，有的音节后面要停顿等。当然这些语音上的变化，需要同整个句子的意思和情感以及说话人的思想感情紧密联系在一起。为适应思想情感表达的需要，通常把这种在句子里用来表达意思和情感的抑扬顿挫的变化就叫语调。

语调是有声语言表情达意的特有手段。任何句子都带有一定的语调，口语中语调运用得恰当，就能准确表达自己的思想感情；借助语调，才能使有声语言具有更强的表现力，常言说得好"听话听音，锣鼓听声"，指的就是说话中的语调，它具有很强的表意功能。

（二）语调的主要内容

普通话语调的内容相当丰富、复杂，大致说来，主要包括高低、快慢、停顿、轻重几方面。

语调的高低指整个句子调子的升降变化情况，属音高现象，它是语调的重要的组成部分。语调的快慢是指说话时发出的音节的长短情况。音节拉长，说话就慢；音节短促，说话就快。语调的停顿是指一句话中音节的间歇情况。语调的轻重是指说话时音节强弱情况，一般来说，音节中的音量加强、加大就是重音，音节的音量减小变弱就是轻声。

停顿、重音、语速、句调是有声语言表达的重要技巧，能有效地提高表达者的思想和感情。同样的意思，如果不同的人来表达，或同一人运用不同的语调技巧表达，所传达出的语言信息是不完全相同的。因此要学会恰当地运用停顿、重音、语速、句调等语调技巧准确地表情达意。

（三）语调同声调的关系

声调，是音节高低升降的变化，属于音高现象。语调，是句子的高低、快慢、停顿、轻重的各种变化，它同音高、音长、音强都密切关联。现代汉语普通话中每个音节都有四个声调，每个声调都有调值，每个音节用哪个声调是固定的，而语调虽然也有一些规律可循，但它不是完全固定的，一般情况下，需要根据说话的场合，对象、目的，说话时的情境等发生相应的变化，比如"今天星期天"用高升调与平调所表达出的意思是不同。并且，声调和语调之间也会出现互相影响的情况，如"他不认识我？""你不认识他？""你不想走？""你不想去？"尽管都是疑问句，由于最后一个音节有的是上声（如我、走），有的是阴平（如他），有的是去声（如去），所以这几个句子的语调的高低也是有区别的。

六、轻声

（一）什么是轻声

在普通话语音中，有些音节在与其他音节放在一起发音时，失去了它原来的声调，而读出一个轻而短，比较模糊的声音，这就是普通话的轻声，它是一种特殊的音变现象。比如：欺负 qī fu、亲戚 qīn qi、商量 shāng liang、生意 shēng yi。另外，轻声在普通话中具有区分词性和词义的作用，如：买卖（mǎi mài），指"买"和"卖"两种行为；买卖（mǎi mai）指"生意"。如："大意""东西""兄弟"，读轻声和不读轻声，表达的意思都不一样，因此要重视发好轻声，否则在口语交流中容易使人产生歧义。

（二）轻声的规律

普通话的轻声与词义和语法成分有密切的关系。语法成分应该读轻声的主要有以下几类。

1. 构词后缀

"子、头、们、悠、巴、么"等后缀读轻声，如：椅子、甜头、我们、晃悠、下巴、什么。

2. 重叠动词的后一音节

如：说说、谈谈、玩玩、笑笑。

3. 量词"个"

如：这个、那个、一个劲儿。

4. 名词后面的方位词或语素

如：屋里、桌子上、地下、这边。

5. 趋向动词

"来、去、起来、下去"等做补语读轻声，如：回来、出去、站起来、说下去。

6. 助词

"的、地、得、了、着、过"等助词读轻声，如：我的、慢慢地、说得对、走了、说着、去过。

7. 语气词

如"吧、吗、呢、啊"等：跳吧、是吗、谁呢、对啊。

【练习】

星星眨着眼睛，高兴地看着我的弟弟和妹妹。弟弟拿着我送给他的小本子，认真地画房子。我看着他那可爱的样子，忍不住笑了起来。

【练习】

早上起来，妈妈给弟弟穿上衣服，打开窗户。窗户上的玻璃把太阳光反射到墙上，整个屋子显得格外明亮。我揉揉眼睛，对爸爸说："今天天气真暖和，咱们去公园逛逛，好吗？"哥哥在外面听见了，跑进来说："妹妹说得对，我们一起去。"爸爸站起来，看看妈妈，摸摸我的头说："行啊，是个好主意！大家收拾一下，准备点儿东西就走吧！"

七、儿化

普通话语音中的"儿化"指的是后缀"儿"与它前一音节的韵母结合成一个音节，并使这个韵母带上卷舌音色，"儿化"也是普通话中一种特殊音变现象，这种卷舌化了的韵母就叫"儿化韵"，如"花儿"。"儿化"音在许多方言音中是不存在的，因此说好普通话，必须说好"儿化韵"。

"儿化"音发音的关键是发好"er"音，"er"音的发音关键在于卷舌，发音时，在发好元音 e 的同时，舌尖向硬腭卷起，但不能接触，发出具有卷舌色彩的音，例如，"而、二"的韵母 er。

【练习】

进了门儿，倒杯水儿，喝了两口运运气儿，顺手拿起了小唱本儿，唱了一曲儿，又一曲儿，练习完了嗓子练嘴皮儿。

张老头儿对着迟老头儿，挖泥儿喊加油儿，引来老鹰停翅儿飞，乐得花儿直点头儿。

第三节　朗　读

一、朗读的含义

朗读是把书面的文字转化为发音规范的有声语言的过程。通俗地说，朗读就是"有声有色地读"。"有声"指使用标准的普通话把书面语转化成为口语。"有色"指运用恰当的语调，声情并茂地再现书面的内容。

从外在形式上看，在朗诵过程中，朗读者把文字作品转化成有声语言时，通过认真分析理解、感受体会文字作品的思想情感后，融入自己的思想情感，运用语言的各种表达技巧，准确、生动、形象地表达出原作品的思想情感，因此朗读也是一种再创作过程。在这个过程中，朗读者的语音、语调、情感运用的方法和技巧等都得到一定的训练，因此朗读是一种最常用的、行之有效的提高口语表达能力的训练方法。

二、朗读对口语表达的作用

朗读对口语表达的作用主要有以下几个：

（1）提高审美情趣、陶冶情操。用于朗读的作品，一般都是被认定了的古今中外的经典作品，这些作品词汇丰富、优美；语法准确、规范；思想情感丰富而有意义，朗读这些文质兼美的作品，不论是在思想上还是艺术上都会受到一定的教育、启发和感染、能够达到提高审美情趣、陶冶情操的目的。

（2）培养敏锐的语感。汉语语法比较复杂，仅通过学习语法方面的理论知识是不易真正掌握它的规律的，还必须通过大量的朗读，在特定的语言环境中不断地感受、认识、体会和理解，才能培养自己的敏锐的语感。

（3）促进语脉流畅。朗读是以规范的书面语为内容的，在朗读过程中，朗读者的口语能够受到作品中准确的词汇、严谨的结构、贴切的修辞的影响，在不知不觉中积累、丰富了自己口语表达所需的材料，从而对口语语脉的形成起到促进作用，能够提高自己口语表达的流畅度。

三、朗读的要求

朗读时要做到以下几点：

（1）要深入地理解作品的思想内容。深入理解作品是朗读的先决条件和基础。对作品的深入理解除了把握作品的背景、主题、结构、感情基调外，还要更进一步理解作品中字句的含义、作品的语言环境、地位、作用，这样才能把作者的感情化作朗诵者自己的感情，从而语义连贯、以情带声、并且充满真情实感地把作品朗读出来。

（2）运用普通话。掌握普通话的标准发音，是朗读者必备的基本条件。语音标准规范，包括咬准字音，发音标准，不读错音，不添字、不漏字、不重复、不颠倒；特别要注意纠正方言字音、字调，尽量使用纯正的普通话，另外还要掌握普通话语流音变现象。

（3）要恰当地运用停顿、重音及语速、句调等语调技巧，以增强朗读效果。朗读好一篇作品，除了充分的感受，理解作品，还要借助外部的表达技巧，即停顿、重音及语速、句调等语调技巧，才能准确地表达文章的内容，生动地再现作者所要表达的思想感情。

四、朗读训练的步骤

朗读训练可以使我们掌握汉语语法特点，培养语感，可以使语音、语气、语调等语调技巧以及对情感的运用都得到全面的训练。

朗读前要在默读中正确理解作品的背景、主题、结构、表现形式以及感情基调。具体可分两步：一是感性认识，初读时先直接感受，对作品有一个初步的主体认识；二是理性解剖，再读时边分析边理解边思考，从而更全面、准确地理解作品，特别是准确把握作品的感情基调。朗读时应采用由易到难、步步深入的"四步训练法"循序渐进地展开：

第一步，基础训练。选取一百字左右的朗读作品，朗读时力求声音响亮、发音标准、吐字清晰、不添字、落字、不错读，不回读，能够比较通顺地朗读作品。

第二步，提高训练。选取二、三百字左右的朗读作品，朗读时力求做到流畅，且能准确地读出陈述、疑问、感叹、祈使等几种句子的语气、语调。

第三步，加强训练。选取五百字左右的朗读作品，在前两步训练的基础上，准确恰当地运用停顿、重音、语速、句调等语调技巧，且把握准作品的感情基调，有感情地朗读。

第四步，综合训练。选取八百字以上的朗读作品，综合前三步训练获取的经验、成果及技巧进行朗读，特别注意情感的准确表达，并将自己的情感融入作品中去，做到真诚自然、以情带声、声情并茂，产生较强的感染力。

五、朗读的语调技巧

朗读作品时朗读者首先要根据作品的思想内容确定好感情基调，然后根据感情基调来确定作品的整体节奏和语速，最后根据文意及上下文语意确定朗读时的语调技巧，语调技巧主要包括停顿、重音、语速、句调。

【课堂讨论】

相传有一户人家要为儿子聘一位家庭教师，教书先生前去应聘，给出的条件是"无鸡鸭也可无鱼肉也可唯青菜豆腐不可少不得半文钱"。主人一看，挺好，就聘他了，可是过了一段时间，教书先生很生气，要离开。

讨论：教书先生为什么很生气，要离开？

（一）停顿

停顿即语言进行中的间歇，即朗读中声音的暂时中断和延续。朗读作品，不可能一口气把整篇作品读完，中间要根据生理上和句子结构上以及更充分表达思想感情的需要做出间歇，这种在语句或词语之间声音上的间歇就是停顿。注意停顿之后，又要继续读下去，这就是连接，二者相统一、不可分割，即做到声断气连。主要包括生理停顿、语法停顿、强调停顿。

1. 生理停顿

生理停顿是根据气息需要，在不影响语意完整的地方所作出的一个较短暂的停歇。一般用于比较长的句子。例如：

我希望在座的/即将迈入大学校门/开始大学阶段学习的/大学生们//从今天开始//为自己做一份人生规划。

2. 语法停顿

语法停顿是为了表示语法单位之间的语法关系所做的停顿，在书面上，通常用标点符号来表示，也叫句读停顿。停顿时间根据标点的不同有所不同，一般，句号、问号、感叹号的停顿时间长；分号、冒号、逗号的停顿时间次之；顿号停顿时间最短。例如：

（1）她一手提着竹篮，/内中一个破碗，/空的；//一手拄着一支比她更长的竹竿，/下端开了裂：///她分明已经纯乎是一个乞丐了。（鲁迅《祝福》）（/的多少表示停顿时间的长短）

（2）正是因为说话跟吃饭、/走路一样的平常，//人们才不会想他究竟是怎么回事儿。（/的多少表示停顿时间的长短）

3．逻辑停顿

逻辑停顿是指在朗读过程中，为了突出强调某种事物或现象、某一观点或概念；表达某种情感，在句中没有标点符号的地方所做的停顿。通常包括以下几种情况：

（1）突出、强调某种事物、语意、情感等。是由说话人的意图和感情决定的，没有固定的规律，也可能与语法停顿一致或在语法停顿的基础上变化长短。例如：

A．这个消息/和今后的工作的开展大有关系。

B．是你/在大家遇到危险时，不顾个人安危、奋不顾身，把大家带到安全地带。

C．谁是我们/最可爱的人呢？

D．语言，也就是说话，好像是/极其稀松平常的事儿。

E．弟弟，这个仇/我一定要报。

F．听到这个激动人心的消息，大家都兴奋得/跳了起来！

G．这三个人/都是我们重点培养对象

（2）为了强调、突出某个语意，在词组间的停顿，一般说来，主谓之间、动宾之间，修饰成分与中心语之间，都要停顿。比句读停顿的时间要短些，例如：

A．海/翻了个身似的。

B．泼天的/大雨，将要/洗干净/太阳上的/白翳。

C．夕阳/把水面/映得/通红，把天空/也染成/万道影霞。

D．沉默呵，沉默呵！不在沉默中/爆发，就在沉默中/灭亡。

E．有的人活着 / 他已经死了；有的人死了 / 他还活着。

F．那人一只大手，向他摊着，一只手却撮着一个鲜红的馒头，那红的/还是一点一点地往下滴。

G．我与父亲不相见已二年余了，我最不能忘记的是他的/背影。

4．音节停顿

音节停顿也叫节拍停连，是为了显示语流节奏而做的停连。在诗歌朗读时较常用。一般古典诗歌中的五言分两拍，七言分三拍，自由体诗格律不严，每句的节拍数可根据思想内容和语句长短而定。例如：

二三式：

城阙/辅三秦，风烟/望五津。与君/离别意，同是/宦游人。

海内/存知己，天涯/若比邻。无为/在歧路，儿女/共沾巾。

——送杜少府之任蜀州（王勃）

二二三式或四三式：

相见/时难/别亦难，东风/无力/百花残。春蚕/到死/丝方尽，蜡炬/成灰/泪始干。

晓镜/但愁/云鬓改，夜吟/应觉/月光寒。蓬山/此去/无多路，　青鸟/殷勤/为探看。

——无题（李商隐）

相见时难/别亦难，东风无力/百花残。春蚕到死/丝方尽，蜡炬成灰/泪始干。

晓镜但愁/云鬓改，夜吟应觉/月光寒。蓬山此去/无多路，　青鸟殷勤/为探看。

——无题（李商隐）

（二）重音

重音是指朗读时为了突出作品的主题、表达作品的思想和情感而对于句中的某些词语加以突出和强调的音，它是体现语句思想情感的重要手段。在朗读中，重音位置不同，语意也会随之发生变化。例如：

我知道你爱看电影。（别以为我不知道）
　　△△

我知道你爱看电影。（爱不爱看电视我不知道）
　　　　　△△

1. 重音的分类

（1）语法重音。一般句中的谓语、中心语的修饰成分，疑问代词和指示代词都是语法重音。例如：

小燕子在海面上斜掠着，浮憩着。（谓语）
　　　　　△△△　△△△

我心里，有着说不出的兴奋和愉快。（定语）
　　　　　　△△△

慢慢儿一步一步地努力向上面升起来。（状语）
　△△△△△△△△

树叶儿却绿得发亮，小草儿也青得逼你的眼。（补语）
　△△△△△△

这是一本书。（指示代词）
　　△

（2）强调重音。为了突出某种特殊、强烈的思想感情而把语句中的某些词语加以强调的音，有如下情况：

①突出话语重点，用于表明语意内容的词句。例如：

我去过北京。
△

回答"谁去过北京"

我去过北京。
　　△△

回答"你去没去过北京"

我去过北京。
　　　△△

回答"北京、上海等地，你去过哪儿？"

②表示对比、并列、照应和递进等关系的词句。例如：

A．比喻：山是<u>墨一般</u>的黑。

B．夸张：这棵圣诞树，比她去年圣诞节……看到的<u>还要大</u>，<u>还要美</u>。翠绿的树枝上点着<u>几千支</u>明晃晃的蜡烛。……只见圣诞树上的烛光越升越高，最后<u>简直成了</u>天空中闪烁的星星。

　C．对比：别的动物都吃生的，只有<u>人类</u>会烧熟了吃。

　D．呼应：谁在读英语?——<u>我</u>在读英语。你在读<u>什么</u>?——我在读<u>小说</u>

③表达某种强烈感情的词语。

　别了，我<u>爱</u>的中国，我<u>全心</u>爱着的中国

2．显示重音的方法

重音一般是通过加大加强音量来显示，但由于人们的思想感情是复杂的、千变万化的，为了准确细微地表情达意，显示重音的方法也是多种多样的。一般有以下几种：

（1）加大重音或音势

这个敏感的精灵，早就听出震怒的雷声已经困乏，它深信乌云遮不住太阳——<u>是的</u>，<u>遮不住的</u>。

（2）重音轻吐

风<u>轻悄悄</u>的，草<u>软绵绵</u>的。

（3）拖长音节

<u>立正</u>——，向前——<u>看</u>——，向后——<u>转</u>。

【练习】

朗读下面这首诗，注意恰当的停顿、重音。

祖国，我亲爱的祖国（节选）

舒婷

我/是你河边上/破旧的老水车

数百年来/纺着疲惫的/歌；

我是你/额上熏黑的/矿灯，

照你/在历史的隧洞里/蜗行/摸索；

我是/干瘪的稻穗，是失修的路基；

是淤滩上的驳船，把纤绳/深深/

勒进/你的/肩膊

——祖国啊

……

我是你/十亿分之一，

是你/九百六十万平方公里的/总和；

你以/伤痕累累的乳房

喂养了/

迷惘的我、深思的我、沸腾的我

那就/从我的血肉之躯上

去取得/

你的富饶、你的荣光、你的自由;

——祖国啊,我亲爱的/祖国。

（三）语速

语速是指音节的长短及音节之间连接的松紧。语速的快慢是语言节奏的主要标志,也是有声语言表情达意的重要手段。快慢的节奏处理恰当,往往能够更加准确地反映出作品所描绘的情境,烘托环境气氛,从而增强口语表达效果,产生艺术的感染力。语速除了与作品的内容、感情的关系密切外,与作品的体裁等也有一定的关系。一般语速快慢与语言的内在节奏是一致的。一般可分为快速、中速、慢速三类。

一般表达热烈,欢快、兴奋、紧张时,速度要快一些;而表达平静、庄重、悲伤、沉重、追忆时速度要慢一些。一般的叙述、说明、议论则用中速。

【练习】

1. 根据括号中的提示,分角色朗读（雷雨）中周朴园和鲁侍萍的对话,请注意体会语速快慢的变化

周:梅家的一个年轻小姐,很贤惠,也很规矩。有一天夜里,忽然地投水死了。后来,后来——你知道吗?（慢速。周朴园故作与鲁侍萍闲谈状,以便探听一些情况。）

鲁:这个梅姑娘倒是有一天晚上跳的河,可是不是一个,她手里抱着一个刚生下三天的男孩,听人说她生前是不规矩的。（慢速,侍萍回忆悲痛的往事,又想极力克制怨愤,以免周朴园认出。）

鲁:我前几天还见着她!（中速）

周:什么?她就在这儿?此地?（快速。表现周朴园的吃惊与紧张）

鲁:老爷,您想见一见她么?（慢速。鲁故意试探）

周:不,不,不用。（快速。表现周朴园的慌乱与心虚。）

周:我看过去的事不必再提了吧。（中速）

鲁:我要提,我要提,我闷了三十年了!（快速,表现鲁侍萍极度的悲愤以至几乎喊叫）

2. 读下面这段演讲词,请注意语调快慢的变化。（波浪线表慢速,直线表快速,其余为中速。）

是啊,雕塑家奉献美,有了大卫、维纳斯;音乐家奉献美,有了《英雄交响曲》、《国际歌》;科学家奉献美,有了卫星、导弹、宇宙飞船;工人奉献美,有美的产品;农民奉献美,有美的食粮;教师奉献美,有造福于人类的满园桃李……而军人,军人也在奉献美,奉献美的生活,美的社会,更奉献个人的利益、生命和家庭。于是,军人的美便在牺牲中崇高无上,便在奉献中灿烂夺目!

军人与在大山为伍、与蓝天做伴、与碧海相随;军人整齐、和谐、刚毅、威严;军人勇于牺牲和奉献。作为军人,我们可以自豪地说:美在军营,美是军人!

（吴忠祥《美是军人》）

（四）句调

句调是指语句的高低升降的变化情况。语调的类型一般有:高升调（↗）、降抑调（↘）、

平直调（→）、曲折调（～）。句调要以内容情感为基础，要交错多变，协调自然。

1. 平直调（→）

语势比较平稳舒缓，没有明显的升降变化，一般用于没有特殊感情的陈述句和说明句，还可表示庄严、悲痛、冷淡等感情。例如：

A. 灯下，他郑重地打开那封信。→（庄重）

B. 这事与我无关。→（冷淡）

C. 我思索着，苦恼着。→（思索）

D. 我们面临着严峻的考验。→（叙述）

2. 高升调（↑）

语势前低后高，句尾上升。一般用来表示疑问、反问、惊异等语气。例如：

A. 是他吗？↗（疑问）

B. 这消息怎能不叫我高兴万分呢？↗（反诘）

C. 原来是你呀！↗（惊讶）

D. 大家赶快来帮忙！↗（鼓动）

3. 降抑调（↓）

前高后低，语势渐降。一般用于陈述句、感叹句、祈使句，句尾语势下降，用于表示肯定、坚决、赞美、祝福等感情。例如：

A. 我们的理想一定能够实现。↘（肯定）

B. 多么懂事的孩子啊！↘　　（感叹）

C. 请来帮我解决这个问题吧。↘（祈使）

4. 曲折调（↗↘↗↘）

语调弯曲，或先升后降，或先降后升。一般在表示讽刺、厌恶、反语、意在言外等语气时用。例如：

A. 他们哪里是要研究，而是要烟酒。（讽刺不满幽默）

B. 你好，你什么都好，得了吧。（讽刺）

【练习】

1. 请读出下面这句话的几种不同的句调，体会句调对于表情达意的重要作用。

今天星期天

2. 根据括号中的提示，读下面各句，注意体会语调升降变化对表达意思的作用。

这是八百元。（交易时，一手交钱，一手交货）

这是八百元！（强调钱很多）

这是八百元？（不相信有这么多，表示怀疑）

这是八百元？（怎么会有这么多，不相信）

这是八百元！（为一下子有这么多钱而感到高兴，表示喜悦）

这是八百元？（不该错过赚大钱的机会，表示后悔）

【课后思考与实践】

一、思考题

1．你所持方言与普通话在语音、词汇、语法上有什么差异？举例说明。
2．找出自己的发声缺陷，并注意纠正它。
3．听辨易混读的六组语音，反复训练，力求克服自己存在的问题。
4．什么是朗读？
5．朗读对口语表达有什么作用？
6．朗读有什么要求？

二、语音练习

1．声调练习

诗意——适意　鲜鱼——闲语　佳节——假借　整洁——政界
知道——指导　展览——湛蓝　冲锋——重逢　贺信——核心
天才——甜菜　司机——四季，艰巨——检举　实施——事实

2．辨正训练

（1）平舌音 z、c、s 与翘舌音 zh、ch、sh、r 的辨正训练

散光——闪光　鱼刺——鱼翅　物资——物质
从来——重来　赞助——站住　丧生——上升
一层——一成　塞子——筛子　暂时——战时
仿造——仿照　搜集——收集　栽花——摘花
私人——诗人　三角——山脚　肃立——树立
资源——支援　三哥——山歌　木材——木柴
祠堂——池塘　近视——近似　阻力——主力

（2）n、l 鼻边音的辨正训练

思念——思恋　脑子——老子　呢子——梨子　留念——留恋
女客——旅客　南天——蓝天　泪腺——内线　篱笆——泥巴
无奈——无赖　宁静——邻近　小牛——小刘　了却——鸟雀

（3）唇齿音 f 和舌根音 h 的辨正练习

凡是——环视　西服——西湖　房后——皇后　理发——理化
风干——烘干　福利——狐狸　发生——花生　开花——开发
公费——工会　仿佛——恍惚　发钱——花钱　舅父——救护

（4）r 和 l 的辨正训练

烈日　燃料　扰乱　猎人　热烈　老人　认领　人类　日历　凌辱　落日
鹿茸　利润　来日　冷若　冰霜　了如指掌　若即若离

（5）n 、ng 鼻韵母的辨正练习

绵羊 mián yáng　　演讲 yǎn jiǎng　　现象 xiàn xiàng　　坚强 jiān qiáng

险象 xiǎn xiàng　　想念 xiǎng niàn　　向前 xiàng qián　　香甜 xiāng tián

（6）i、ü 对比训练：

饥民——居民　意见——遇见　聚会——忌讳　白银——白云　于是——仪式

名义——名誉　美意——美育　姓李——姓吕　比翼——比喻　书局——书籍

4. 轻声练习：

（1）字词训练

巴结　包袱　灯笼　嘀咕　粮食　地方　扁担　别扭　东西　玻璃　薄荷

多少　苍蝇　耳朵　柴火　称呼　分析　出息　风筝　畜生　高粱　胳膊

刺激　疙瘩　聪明　工夫　凑合　姑娘　大方　官司　大夫　规矩　耽搁

（2）找出下文中的轻声词并朗读文章

秋天一定要住北平。天堂是什么样子，我不知道，但是从我的生活经验去判断，北平之秋便是天堂。论天气，不冷不热。论吃的，苹果、梨、柿子、枣儿、葡萄，每样都有若干种。

——摘自《普通话水平测试实施纲要》朗读作品 58 号

5. 儿化练习

（1）字词训练

刀把儿　号码儿　戏法儿　石子儿　垫底儿　打杂儿　板擦儿　名牌儿

鞋带儿　壶盖儿　小孩儿　快板儿　老伴儿　蒜瓣儿　脸蛋儿　收摊儿

包干儿　门槛儿　送信儿　肚脐儿　老本儿　花盆儿　嗓门儿　把门儿

痰盂儿　纳闷儿　高跟儿　别针儿　小曲儿　有劲儿　大婶儿　杏仁儿

刀刃儿　瓜子儿　毛驴儿　没词儿　挑刺儿　玩意儿　记事儿　脚印儿

（2）找出下文中的儿化词并朗读文章

最妙的是下点儿小雪呀。看吧，山上的矮松越发的青黑，树尖儿上顶着一髻儿白花，好像日本看护妇。山尖儿上全白了，给蓝天镶上一道银边。山坡上，有的地方雪厚点儿，有的地方草色还露着：这样，一道儿白，一道儿暗黄，给山们穿上一件带水纹儿的花衣；看着看着，这件花衣好像被风儿吹动，叫你希望看见一点儿更美的山的肌肤。

——摘自《普通话水平测试实施纲要》朗读作品 17 号

6. 进行下列绕口令练习并在班上举行一场绕口令比赛，看谁说得又准又快。

（1）z、c、s 与 zh、ch、sh 绕口令练习

1）四是四，十是十，十四是十四，四十是四十。不要把十四说成四十，不要把四十说成十四。

2）山前有四十四只石狮子，山后有四十四棵野柿子，结了四百四十四个涩柿子。涩柿子涩不倒山前的四十四只石狮子，石狮子也吃不到山后的四百四十四个涩柿子。

3）这是蚕，那是蝉。蚕常在叶里藏，蝉藏在树里唱。

4）狮子山上狮子寺，山寺门前石狮子。山寺是禅寺，狮子是石狮。狮子保护狮子寺，禅寺保护石狮子。

5）史老师，讲时事，常学时事长知识。

6）实施学习看报纸，报纸登的是时事，心里装着天下事。

7）四十四个字和词，组成了一首字词诗的绕口词。桃子李子梨子栗子橘子柿子槟子

榛子，栽满院子村子和寨子。

（2）n 与 l 绕口令练习

1）老龙恼怒闹老农，老农恼怒闹老龙，龙怒龙恼农更怒，龙闹农怒龙怕农。

2）牛郎恋刘娘，刘娘念牛郎，牛郎牛年恋刘娘，刘娘年年念牛郎，郎恋娘来娘念郎。

3）一个任大仁，一个任小仁，闹闹嚷嚷真烦人。任小仁说任大仁老不让人，任大仁说任小仁老不饶人。不知是任小仁老不饶人，还是任大仁老不让人。

4）南京商场买混纺，红混纺，黄混纺，粉黄混纺，粉红混纺，红黄混纺，黄红混纺，样样混纺销路广。

（3）f 与 h 绕口令练习

1）红凤凰，黄凤凰，粉红凤凰，花凤凰。

2）黄花飞，翻粪肥。肥混粪，粪混灰，不知是灰混粪还是肥混灰。

3）黑化肥挥发发灰会花飞；灰化肥挥发发黑会飞花。

4）风吹灰飞，灰飞花上花堆灰，风吹花灰灰飞去，灰在风里飞又飞

三、语调练习

1. 读读下面两句话，体会停顿对于表情达意的重要作用。

我喜欢她也喜欢你怎么样？

亲爱的妈妈爸爸欢迎您！

2. 正确读出下列句子的停顿：

A. 这是虽在北方的风雪的压迫下/却保持着倔强挺立的一种树。

B. 而我又立即深深地感到/它那种不屈于误解、寂寞的生存的伟大。

C. 有一夜，那个在哥伦波上船的英国人/指给我看天上的巨人。

D. 但另外一些人/因为一无所得而/只好扫兴归去。

E. 人类给它以生命，它毫不吝啬地/把自己的艺术青春/奉献了哺育它的人

3. 朗读下面这首诗，注意适当的停顿，要求做到声停情不断，声断气连。

乡愁

余光中

小时侯，乡愁 / 是一枚 / 小小的 / 邮票

我 / 在这头，母亲 / 在那头

长大后，乡愁 / 是一张 / 窄窄的 / 船票

我 / 在这头，新娘 / 在那头

后来呵，乡愁 / 是一方 / 矮矮的 / 坟墓，

我 / 在外头，母亲 / 在里头

而现在，乡愁 / 是一湾 / 浅浅的 / 海峡

我 / 在这头，大陆 / 在那头

4. 根据括号中的提示，朗读下列这首诗歌，请注意体会句调的变化。

囚歌

叶挺

为人进出的门紧锁着，（→平调）（冷眼相看）

为狗爬出的洞敞开着。（→平调）

一个声音高叫着：（↗↘曲调）（嘲讽）

—爬出来吧，给你自由！（↗↘）曲调（讽刺）

我渴望自由，（→）（庄严）

但我深深地知道——（→平调）

人的身躯怎能从狗洞子里爬出！（↑升调）（蔑视、愤慨、反击）

我希望有一天（→平调）地下的烈火，（稍向上扬）（语意未完）

将我连这活棺材一齐烧掉，（↓降调）（毫不犹豫）

我应该在烈火与热血中得到永生！（↓降调）（沉着、坚毅、充满自信）

5. 请标出以下作品的朗读符号，用准确的语调有感情地朗读下列作品。（停连／；重音·；语速快__；慢——；句调↗↘→）

静夜思

李白

床前明月光，疑是地上霜。

举头望明月，低头思故乡。

山中问答

李白

问余何意栖碧山，笑而不答心自闲。

桃花流水窅然去，别有天地非人间。

再别康桥

徐志摩

轻轻的我走了，

正如我轻轻的来；

我轻轻的招手，

作别西天的云彩。

那河畔的金柳，

是夕阳中的新娘；

波光里的艳影，

在我的心头荡漾。

软泥上的青荇，
油油的在水底招摇；
在康河的柔波里，
我甘心做一条水草！

那榆荫下的一潭，
不是清泉，是天上虹，
揉碎在浮藻间，
沉淀着彩虹似的梦。

寻梦？撑一支长篙，
向青草更青处漫溯，
满载一船星辉，
在星辉斑斓里放歌。
但我不能放歌，
悄悄是别离的笙箫；
夏虫也为我沉默，
沉默是今晚的康桥。

悄悄的我走了，
正如我悄悄的来；
我挥一挥衣袖，
不带走一片云彩。

四、朗诵练习

1. 请根据括号里的朗读符号，注意语调技巧，有感情地朗读下面作品。（′—语法重音；″—强调重音；—轻声音节；∧—句中停顿；～—延长，↗—升调；↘—降调；→—平调。）

在船上～，↗为了看日′出～，↗我′特′地∧起个在大′早。↘那时～天∧还没有′亮，↗周围是很寂′静的，→″只有机器房的声音。↘

天空～变成了浅蓝′色～，↗′很浅～′很浅的；↘转眼间∧天边出现了一道红′霞，↗慢慢儿～扩大了它的范′围～，↗加强了它的光′亮。↘∧我知道～太阳要从那天际∧′升起来了，↗便～目不转睛地′望着那里。

果然，′过了一会儿～，↗在那里～就出现了太阳的一小′半，↗红～是红得′很，↗却∧没有光亮。↘这太阳～像负着什么重′担似的，↗慢慢儿，↗一步一步地，努力向上面升起来，↗到了最后～，↗′终于冲破了云′霞，↗完全跳出了海′面。↘那颜色～，真红得可′爱。↘一刹那间～，↗这深′红的东西～，↗忽然发出′夺目的光亮，↗射得人～～眼睛发′痛，↘同时～附近的云也添了光′彩。↘

有时~太阳走入ˊ云里~，↗它的光ˊ线∧却∧仍从云里透ˊ射下来，↗ˊ直射到水ˊ面上。↘这时候~，人∧要分辨出~何处是水，何处是天~，↗很不容ˊ易，↘因为~，ˊ只能够看见光ˊ亮的一片。↘

有时~天边有黑ˊ云~，↗而且~云片很ˊ厚。↘太阳出来了，↗人~却不能够ˊ看见它。↘然而~太阳在黑云里放射出光ˊ芒，↗透过黑云的周围，↗替黑云镶了一道光ˊ亮的金边，↗把一片片黑云~变成了紫云∧或∧红霞。↘"这时候~，↗光亮的~不ˊ仅是太ˊ阳∧ˊ云∧和海ˊ水，↗连我自己~也成了光ˊ亮的了。"↘

这~不是ˊ很伟大的奇ˊ观么？↗

——选自巴金《海上日出》

（引自《普通话学习与水平测试教程》2007 年 5 月第 1 版课件资料胡习之主编

2．请标出以下作品的朗读符号，并根据诗歌、散文、寓言所表达的不同思想、感情、情绪，用准确的语调有感情地朗读下列作品。（停连／；重音·；语速快＿；慢——；句调↗↘→）

致橡树

舒婷

我如果爱你——
绝不像攀援的凌霄花，
借你的高枝炫耀自己；
我如果爱你——
绝不学痴情的鸟儿，
为绿荫重复单调的歌曲；
也不止像泉源，
常年送来清凉的慰藉；
也不止像险峰，
增加你的高度，衬托你的威仪。
甚至日光，
甚至春雨。
不，这些都还不够！
我必须是你近旁的一株木棉，
作为树的形象和你站在一起。
根，紧握在地下；
叶，相触在云里。
每一阵风过，
我们都互相致意，
但没有人，
听懂我们的言语。
你有你的铜枝铁干，

像刀，像剑，也像戟；

我有我红硕的花朵，

像沉重的叹息，

又像英勇的火炬。

我们分担寒潮、风雷、霹雳；

我们共享雾霭、流岚、虹霓。

仿佛永远分离，

却又终身相依。

这才是伟大的爱情，

坚贞就在这里：

爱——

不仅爱你伟岸的身躯，

也爱你坚持的位置，

足下的土地。

本诗朗诵视频网址：http://v.youku.com/v_show/id_XNjQxNDgyMTg0.html

青春不能错过的十件事

周国平

如果一个年轻的女性来问我，青春不能错过什么，要我举出十件必须做的事，我大约会这样列举：

一、至少恋爱一次，最多两次。一次也没有，未免辜负了青春。但真爱不易，超过两次，就有赝品之嫌。

二、交若干好朋友，可以是闺中密友，也可以是异性知音。

三、学会烹调，能烧几样好菜。重要的不是手艺本身，而是从中体会日常生活的情趣。

四、每年小旅行一次，隔几年大旅行一次，增长见识，拓宽胸怀。

五、锻炼身体，最好有一种自己喜欢、能够持之以恒的体育项目。

六、争取接受良好的教育。精通一门专业知识或技能，掌握足以维持生存的看家本领。尽量按照自己的兴趣选择职业。如果做不到，就以敬业精神对待本职工作，同时在业余发展自己的兴趣。

七、养成高品位的读书爱好，读一批好书，找到属于自己的书中知己。

八、喜欢至少一种艺术，音乐、舞蹈、绘画都行，可以自己创作和参与，也可以只是欣赏。

九、养成写日记的习惯。它可以帮助你学会享受孤独，在孤独中与自己谈心。

十、经历一次较大的挫折而不被打败。只要不被打败，你就会变得比过去强大许多倍。不经历这么一回，你不会知道自己其实多么有力量。

开完这个单子，我再来说一说我的指导思想。

我的指导思想很简单，第一条是快乐。青春是人生中生命力最旺盛的时期，快乐是天经地义的。我最讨厌那种说教，什么"少壮不努力，老大徒伤悲"，什么"吃得苦中苦，方为人上人"，仿佛青春的全部价值就在于为将来的成功而苦苦奋斗。在所有的人生模式中，为了未来而牺牲现在是最坏的一种，它把幸福永远向后推延，实际上是取消了幸福。

人只有一个青春，要享受青春，也只能是在青春时期。有一些享受，过了青春期诚然还可以有，但滋味是不一样的。譬如说，人到中老年仍然可以恋爱，但终归减少了新鲜感和激情。同样是旅行，以青春期的好奇、敏感和精力充沛，也能取得中老年不易有的收获。依我看，"少壮不享乐，老大徒懊丧"至少也是成立的。倘若一个人在年轻时只知吃苦，拒绝享受，到年老力衰时即使成了人上人，却丧失了享受的能力那又有什么意思呢。尤其是女性我希望她们有一个快乐的青春，否则这个世界也不会快乐，但是，快乐不应该是单一的，短暂的，完全依赖外部条件的，而应该是丰富的，持久的，能够靠自己创造的，否则结果仍是不快乐。所以，我的第二条指导思想是可持续的快乐。这是套用可持续发展一语，用在这里正合适。

青春终究会消逝，不能只是及时行乐，毫不为今后考虑，比如要有真本事，要有健康的身体，等等。另一方面，更重要的是，要使快乐本身具有生长的能力，能够生成新的更多的快乐。

我所列举的多数事情都属于此类，它们实际上是一些精神性质的快乐。

青春是心智最活泼的时期，也是心智趋于定型的时期。在这个时期，一个人倘若能够通过读书、思考、艺术、写作等等充分领略心灵的快乐，形成一个丰富的内心世界，他就拥有了一个永不枯竭的快乐源泉。这个源泉将惠泽整个人生，他即使在艰难困苦之中，仍拥有人类最高级的快乐。在我看来，这是一个人可能在青春期获得的最重大成就了。

本文音频网址：http://www.ximalaya.com/12512006/sound/11456608（声音链接）

狼和小羊（寓言）

狼来到小溪边，看见小羊在那儿喝水。

狼非常想吃小羊，就故意找碴儿，说："你把我喝的水弄脏了！你安的什么心？"

小羊吃了一惊，温和地说："亲爱的狼先生，我怎么会把您喝的水弄脏呢？您在上游，水是从您那儿流到我这儿来的，不是从我这儿流到您那儿去的。"

狼气冲冲地说："就算这样吧，你总是个坏家伙！我听说，去年你经常在背地里说我的坏话！"

可怜的小羊喊道："啊，亲爱的狼先生，那是不可能的，去年我还没出生呢！"

狼不想再争辩了，龇着牙，逼近小羊，大声喊道："你这个小坏蛋！说我坏话的不是你就是你爸爸！反正都一样！"说着，就往小羊身上扑去。

人们要想做坏事，是不难找到借口的。

第七章 态 势 语

【案例导入】

《三国演义》第九十五回上演了一出著名的"空城计"：诸葛孔明大出祁山，不料先锋官马谡误失街亭，致使前线大军节节受困。情急之下，孔明决意退守汉中。大军尽去，这时孔明身边只剩五千兵马驻守西城县。一日，忽接探马飞报，说魏国大将军司马懿引十五万大军正往西城蜂拥而来。这时，孔明身边别无大将，只有一班文官，驻城的五千兵马也已分出一半运粮去了。众官听罢尽皆失色，唯孔明镇定自若。当即下令将旌旗藏匿起来，城门四开，每门分派二十军校扮作百姓，洒扫街道，其余士兵不得妄出，不得擅自高声喊叫。一切准备就绪，孔明带着二童携琴登上高楼，凭栏而坐，焚香操琴，好一副闲情惬意！等司马懿引兵来到，远望城上孔明端坐城楼，笑容可掬，旁若无人，大感不解。整个城池寂静一片，就跟什么事情也没发生过一样。看此情景，若换了旁人，大可无所顾虑，大手大脚的引兵浩浩荡荡杀入城中，说不定诸葛孔明早已束手就擒。可偏偏是司马懿，生性多疑，不由分说便下令退兵。孔明遥望魏军远去，抚掌而笑。众官骇然，问其原因，孔明这才道出缘由："此人料吾生平谨慎，必不弄险，今见此规模，疑有伏兵，所以退去。"

【思考】

（1）人际交往中，表情达意的手段除了语言、文字，还有哪些？
（2）当你和人在交谈时会不会注意对方的动作表情？为什么？
（3）使用网络聊天时，不少人喜欢用表情包，为什么？
（4）列举出一些生活中常见的肢体语言，说说表示什么意思。

第一节 态势语基本知识

一、态势语的含义

态势语，是以体态、手势、表情、眼神、服饰等非语音因素作为沟通手段，来传递信息、表情达意的一种表达形式。

态势语，又称身体语言、肢体语言、无声语言，是口语交际活动的一种辅助手段，具有与有声语言相同的传情达意、交流信息的功能。

态势语言是人类三大语言形态之一，它与口头语言、书面语言一起成为人们沟通交流的方式。态势语也是人类独有的语言形态，它不使用词语来表达，而是通过一种为社会所普遍接受的身体语言来传递信息，表情达意。

肢体语言有天生的，有后天学习的。天生的常见的有：噘嘴表示不愉快；笑表示开心高兴；打哈欠表示想睡觉或感到无聊；身体打颤表示冷或受到惊吓；以手推开物品表示不想要；伸手向物品表示想要等等。后天养成的常见的有：点头表示要或好；摇头表示不要或不好；挥挥手表示再见；竖起大拇指表示好棒；拍手表示高兴或好棒；用食指轻触嘴唇表示安静等等，不胜枚举。

在人们日常生活和交往中，肢体语言是无处不存，无时不在，几乎所有的人说话时都自觉与不自觉地运用着它，有时还代替有声语言传递信息。在交际中，一方面要善于运用自己的肢体语言，同时也要善于读解对方的肢体语言。态势语使用起来简便快捷、自由灵活。

二、态势语的种类

态势语是人身体上各个部位的动作所传达的交际信息，包括动作所表现出的各种基本姿势和基本礼节动作。人身体的每个部分都有表情达意的功能，各部分互联、互动、互补，协调运动，辅助有声语言传达信息。态势语种类较丰富，从身体的不同部位来分，有站姿语、坐姿语、行姿语、表情语、眼神语、手势语，此外还有服饰语、距离语等等。

三、态势语的特点

态势语的特点主要有以下几个：

（1）辅助性。态势语虽然和有声语言一样是传情达意的交际工具，有时还替代有声语言进行交流，独立表达，但态势语基本上是伴随着有声语言出现的，辅助有声语言进行表达。态势语对说话的内容起到强化、补充、修饰的作用，增强有声语言的表达效果。在表达中起主导作用的仍然是有声语言，口头语言是第一语言。

（2）直观性。与有声语言诉诸于听觉器官不同，态势语诉诸于人的视觉器官，通过灵活多变的表情、动作、体态等构成一定的人体图像来表情达意，是动态、直观、形象的。不过，有时态势语也有假象，不能正确传递出有声语言所表达的意思，这可能是有意地，也可能是无意的。所以要多观察，多甄别，弄清说话人的真实意图。

（3）无意识性。一个人的肢体动作更多的是一种对外界刺激的直接反应，基本都是无意识的反应，而这种无意识的反应又是真实的。正如弗洛伊德所说，没有人可以隐藏秘密，假如他的嘴唇不说话，则他会用指尖说话。英国心理学家阿盖依尔等人的研究表明，当语言信号与非语言信号所代表的意义不一样时，人们相信的是非语言所代表的意义。比如，与自己不喜欢的人站在一起时，保持的距离要比与自己喜欢的人的远些。当某人说他毫不畏惧的时候，他的手却在发抖，那么更有可能他是在害怕。

（4）差异性。由于地域、种族、文化背景的差异，交际情境的不同，态势语的含义也会不同，所以要注意入乡随俗，区别对待。比如，摸小孩的头，在中国是表示对孩子的喜欢、关爱。而在很多佛教盛行的国家，尤其是东南亚的一些国家，如泰国、缅甸，他们认为头部包含着一个人的灵魂，因此是很神圣的，不能轻易触碰。又如，同样是拍桌子，"拍案而起"表示怒不可遏；"拍案叫绝"表示赞赏至极。

四、态势语的作用

在人际交往中，如何从别人那里获得信息？不少心理学家研究认为，人际互动时，从解读身体语言得来的讯息，往往比口语还多，也更深刻。人类学家霍尔就曾说过："一个成功的交际者不但需要理解他人的有声语言，更重要的是要观察他人的无声信号，并且能在不同的场合正确使用这种信号。"美国传播学家罗斯曾提出这样一个公式：信息传播的总效果＝7%的语言＋38%的语调语速＋55%的表情和动作。虽然信息的传递不仅仅是依靠听觉和视觉，但以上表述表明，人际交往过程肢体语言在信息传递中所占的比重较大。在沟通时，人们不只是听你说话的内容，更重要的是会感受你的表情和声音，所以肢体语言在辅助人的交际过程中所起的作用是不容忽视的。肢体语言在举手投足、一笑一颦间既配合有声语言传达信息，又无意间流露出说话人的情绪、态度、好恶、性格等。肢体语言不仅有助于表达或判断说话人的内心状态，形成印象，掌控交际活动，同时还能使听众获得感官上、情绪上的感染，所以人们要关注和重视态势语。

（1）强调作用。在交际中，有声语言传递的信息已经明白了，但为了突出某个意思时，需要使用态势语来强化，使有声语言的表情表意更充分，更直观、生动，更有感染力，给听众的印象也更深刻。达尔文说过："面部与身体富有表现力的动作极有助于发挥语言的水平。"比如，工作到深夜，终于抵挡不住瞌睡虫的进攻，说："我要睡觉了！"与此同时，打个哈欠，伸个懒腰。再如，走到垃圾堆，皱着眉，掩着鼻说："这地方真脏！"这些动作，都印证和强化了有声言语的内容。

（2）补充作用。在表述过程中，有的意思表达还不是很完整，很具体，便用态势语加以补充，完善口语表达中的不足，给听话人深刻的视觉印象，使听众"心领神会"。比如，有人问："孩子长多高了？"回答："有这么高咯！"同时用手在自己的额头那儿比划一下。"这么高"是个模糊概念，手一比直观了，对方心里就有数了。再如，去医院看病，跟医生介绍病情时，经常边说边同时用手势指出"这里不舒服"。"这里"的含义具体了，医生也就明白了。

（3）替代作用。交际中有时碰到难以言表或不宜明说的情况时，只能用无声的态势语取代有声语言，传达出说话者所要表达的某种信息或情感。用态势语替代有声语言，不但不影响听众对内容的理解，反而还收到"此时无声胜有声"的效果。比如，如果不愿意某人在众人面前说自己的事，就会用脚踢了他一下，给对方使眼色来制止他。再如，表演很精彩或者比赛取得好成绩，大家用热烈的掌声或者热情拥抱来表示赞赏、祝贺。有时候，一方即使不说话，也能从他的面部表情、动作看出他的心思。

【案例】

2014年3月25日，在荷兰海牙，韩国总统朴槿惠、美国总统奥巴马与日本首相安倍晋三举行三边会谈。安倍在会谈开始时特地用韩语说："能够与朴槿惠总统会面我感到很高兴。"但是，朴槿惠没有抬头，也没有露出笑容，一直以严肃的表情贯穿整个会谈过程，更没有与安倍视线相对。在韩国，漠视是最大侮辱，朴槿惠对安倍的态度流露出很强的敌意。

（4）表达情绪。态势语还是情绪的载体，往往通过惯用动作表情使说话人的心理情绪暴露出来。比如，一般来说，鼓掌表示兴奋，顿足代表生气，搓手表示焦虑，垂头代表沮丧，摊手表示无奈，捶胸代表痛苦。有人眼眶泛红，泪光闪闪，表示他正伤心难过。脸色发青发白是生气、愤怒或受了惊吓异常紧张的表示。当事人以此等肢体语言表达情绪，旁人也可由之辨识出当事人的心境。

（5）否定作用。在表述时，有时态势语和有声语言表达的信息是相反的。比如，某人交叉双臂，看着地上，沉着脸说："我赞成你的看法。"从态势语可以看出此人言不由衷，虚情假意。

（6）比划形状。交谈时，有时用肢体动作来比划特定的事物，辅助有声语言传递信息，使表达更形象直观。比如，用肢体来比划打电话、照相、踢球、吃东西等。

尽管态势语在社交场合，在交谈过程中起到举足轻重的作用，但毕竟是辅助性语言，是第二位的，不能忽视有声语言的地位。态势语对有声语言和具体的语言环境有依存性。态势语离开了有声语言，离开了一定的语言环境，它的特定含义就不明确，就难以辨析和领会了。所以在沟通交流中应该将两者结合起来，协调配合，相辅相成，才能真正发挥态势语的优势。

第二节　态势语的使用

态势语言内容丰富、形式多样，运用广泛。态势语言可以单独使用，但一般都配合有声语言在具体环境中使用，才能完成交际过程，到达交谈的目的。美国著名人类学家霍尔曾描述过这种人类交际的常见现象：一个人倾听别人说话时，总会望着对方的脸，尤其是眼睛；为了表示注意，听话者会轻轻点头，或者说"嗯""是的"；如果哪句话他深表赞同，点头就点得很深；如果感到怀疑，他就会扬起或皱起眉头，或者嘴角向下拉；要是不想再听下去，就会将身子挪一挪，把脚伸一伸，或者移开视线，不再注视说话人等等。可见态势语不仅仅是说话人才使用的语言，交谈中听话者也是需要的。在交谈中，双方既要注意倾听，也要注意察言观色，通过态势语来领悟对方所要表达的潜在意思。

一、身姿语

身体的姿态，即身体的无声动作，往往可以反映出一个人对人或事的态度，不同的姿势传达出不同的意义。身姿语形形色色，包括坐姿、站姿、行姿、蹲姿、卧姿等。

（一）站姿

1. 社交场合的站姿

男士站姿：双脚平行，大致与肩同宽；全身正直，双肩稍向后展；头部抬起，上身挺直；双臂自然下垂伸直，双手贴于大腿两侧。

女性站姿：挺胸，收颌，目视前方，双手自然下垂，叠放或相握于腹前，双腿并拢，不宜叉开。

在社交场合，长时间保持上面的姿势，容易疲劳，可以在基本姿势基础上稍加变化，使站立既舒服，又不失礼貌。但要注意：站的时候，不能两脚分得太开，也不能交叉两腿而站；不能两手放在口袋里；不能交腿斜靠在树干、墙壁、栏杆上；不能不停地摇摆身子，扭捏作态；不能与他人勾肩搭背地站着。

2．几种站姿的含义

站时，肩平、腰直、身正、站稳，表示自信、稳重、可靠。

站着与人交谈时，喜欢拍自己的腹部，表示说话者的踌躇满志，或者表示经过一番较量后取得胜利的得意心情。

向人请教或请示时，身体微微前倾，表示虚心、谦逊的态度。

上身后仰，或左右摇晃，两腿抖动，表示轻率、傲慢。

（二）坐姿

1．社交场合的坐姿

入座要轻要稳。抬头，下颌微收，两眼平视前方，上身挺直，收腹，双肩平正放松，两臂自然弯曲，即是传统的"坐如钟"。男士两腿与肩齐平，女士两腿并拢。坐椅子一般坐 2/3，背部轻靠椅背。如果是与长辈或上司谈话，为了表示尊重，上身可以略倾向于对方，而不靠椅背。良好的坐姿不仅有利于健康，而且还能塑造沉着、稳重、文雅、端庄的个人形象。女性穿裙装时，坐下前用手理一下裙摆。上身不要驼背，腰要立起来。双腿并拢，双手相叠放于腿上，也可以一手放在椅子或沙发的扶手上，掌心向下。双腿正放或收于一侧，双腿并拢或交叠。

坐姿有严肃性坐姿和随意性坐姿两种。在交际场合，选用哪种坐姿要看具体环境，严肃、认真的场合宜采用严肃坐姿，休闲的场合可采用随意坐姿。但要避免以下的坐姿：弯腰含胸地瘫在椅子上，东倒西歪地坐着；抖腿、有气无力地把头靠在沙发背上；双腿或大大地叉开，或高跷二郎腿并把鞋挑在脚尖上；仰头靠在椅背上或低着头注视地面；身体前俯后仰，或歪向一侧；小腿搁在大腿上；两腿直伸开去；反复抖动或摇晃双脚；把腿高高跷起，架在凳子上，或者盘腿坐；跷二郎腿时把脚尖对着他人。

2．几种坐姿的含义

男士上身挺直，两腿张开，表明自信；女士腰背挺直，并拢膝盖，显示仪态的端庄、优雅，给人正统严肃之感。

坐下时，如果动作过猛，过重，给人粗鲁、太随便的感觉。

在椅子上坐得深，靠着椅背，多给人一种老成稳重的印象，表达出一种心理的优势；而坐得较浅，或欠身坐在椅子一角，则显示出拘谨、紧张、不稳定的心理。

坐的时候，小幅度不停地抖动腿，意味着紧张不安；两腿叠加，表示心情放松，但与人交谈时这种姿势就不礼貌了，特别是在长辈或领导面前；跷起二郎腿，不时晃动，表示心不在焉；身体转来转去，表示心烦意乱；不停变换坐姿，脚踏地板，表示不耐烦、厌倦；身体后仰，脚放在桌子上，表示随意、无礼。

坐着摸嘴巴，表示情绪不安；坐着摸膝盖，表示心中有抑制不住的喜悦；坐着摸头，往往表示性子急、紧张。

（三）行姿

1．社交场合的行姿

行走时要做到自然、轻盈、敏捷、矫健。正确的行姿：头正，双眼平视前方，下颌微收；挺胸收腹，双肩平稳，双臂自然摆，身体的重心随着前行而略向前倾。走路时后脚跟先着地，膝部和脚腕要有弹性。

行走时，切忌摇头晃脑，身体不能左右摆动，脚尖不能过于向内或向外，走"鸭子步"；不要双手插在衣服口袋、裤袋之中，或者双手叉腰或倒背双手；不要东张西望，左顾右盼，对人品头论足；不要多人一起并排行走，也不要勾肩搭背；不要蹦蹦跳跳，不要大喊大叫；不要玩手机等。应遵守交通规则；遇到熟人要主动打招呼；上下楼梯应靠右行走；懂得礼让，上下楼时，遇到尊者，应把楼梯扶手一侧让给他们；在狭窄的通道遇到上司、长者或女士，应站立一旁，并以手示意他们先行。

2．几种行姿的含义

步履从容、举止悠闲，表示心情轻松闲适；脚步匆匆，慌慌张张，表示心绪不宁；高抬腿、轻落地、蹑手蹑脚，表示害怕惊扰对方或怕对方发现；一路小跑、风风火火，表示有急事；踉踉跄跄、歪歪斜斜，表示喝多了，酒醉心迷。

（四）鞠躬

鞠躬是中国、日本、韩国、朝鲜等亚洲国家的传统礼节。鞠躬主要表达"弯身行礼，以示恭敬"的意思，可表示尊重、感激、道歉等。既适用于庄严肃穆或喜庆欢乐的仪式，又适用于普通的社交和商务活动场合。弯腰鞠躬时，态度要诚恳，不得嘻嘻哈哈；要立正，要脱帽；嘴里不能吃东西或抽烟；眼睛往下，目光不得东张西望。鞠躬时，距离受礼者约二三步远，以腰部为轴，整个腰及肩部向前倾 15°～90°。鞠躬的同时，问候"您好""早上好"、"欢迎光临"等，也可致谢或致歉。鞠躬完毕，双目也要注视对方。男性在鞠躬时，双手要放在裤线稍前的地方，女性则将双手在身前轻轻搭在一起。鞠躬时，双手向下垂的程度越大，所表示的敬意就越深。受礼者，长辈、上级、老师、宾客还礼可不鞠躬，用欠身、点头、微笑致意以示还礼，其他人应以鞠躬礼相还。

15°鞠躬礼运用在一般的社交场合，如问候时，做介绍时，握手时等；45°一般是下级对上级，学生对老师，晚辈对前辈的敬意，服务人员对来宾表示的致意，或表演者、演讲者、领奖者对听众、观众表示尊敬和感谢；90°属于最高的礼节。在日本，弯腰 15°左右表示致谢；30°左右表示诚恳和歉意；90°左右表示忏悔、改过和谢罪。如图 7-1 所示。

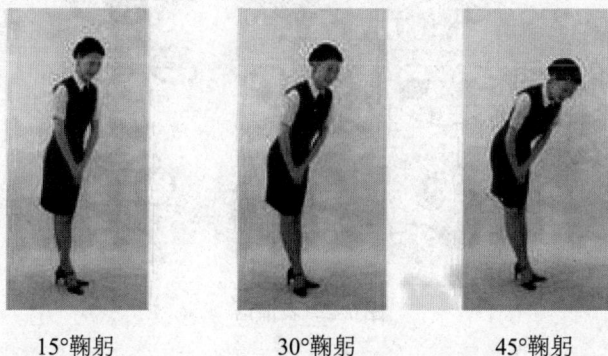

15°鞠躬　　　　　30°鞠躬　　　　　45°鞠躬

图 7-1　鞠躬动作示意图

（五）蹲姿

蹲姿是人在处于静态时的一种特殊体位，捡拾地面物品时需要下蹲。蹲姿要领：下蹲时一脚在前，一脚在后；两腿向下蹲，前脚全着地，小腿基本垂直于地面；后脚脚跟提起，脚尖着地。女性应靠紧双腿，男性则可适度地将其分开。臀部向下，基本上以后腿支撑身体。若用右手捡东西，可以先走到东西的左边，右脚向后退半步后再蹲下来。脊背保持挺直，臀部一定要蹲下来，避免弯腰翘臀的姿势，避免背部对着他人。蹲时注意内衣"不可以露，不可以透"。注意在公共场所，不要蹲着休息；下蹲不要距人过近，不要方位失当，不要毫无遮掩等。

二、头部动作

头部的朝向、摆动，加上面部表情均表示不同的意思。身体挺直、头部端正，表现的是自信、严肃、正派、有精神。头部向上，表示希望或傲慢，头部向下表示谦逊、沉思或内疚。头部向前，表示倾听、期望或同情、关心。头部向后，表示惊奇、恐惧、退让或迟疑。点头，表示答应、同意、理解、赞许。摇头，表示否定、不是、反对、不赞成等。抬头，一般表示顿悟、豁然开朗，或者是傲慢。低头，含义丰富，可以表示思索，表示恭谦，表示羞怯、忏悔、委屈、丧气等。歪头，表示天真。侧头，一是表示静听，一是表示生气或轻视，一副爱理不理、爱听不听的架势。

三、表情语

人的面部表情主要由眉语、眼神、唇型、脸色等构成。人在表达情感、情绪时，调动全部的脸部器官，加上脸的颜色、光泽、形状、肌肉的收缩舒展，就可传达出丰富的表情了。面部表情是情感的最准确、最微妙的晴雨表，最能直观地表达人们喜怒哀乐等复杂的内心世界。人们在网络沟通中常常用表情包来传情达意。如图 7-2 所示。

图 7-2　表情语

（一）嘴型

五官中，嘴的表现力仅次于眼睛。嘴型的开合变化可以传递出一定的信息。如：噘嘴表示生气，抿嘴表示害羞，努嘴表示暗示，撇嘴表示不情愿，咧嘴表示高兴，歪嘴表示不服。惊讶时张口结舌，仇恨时咬牙切齿。嘴唇闭拢，表示和谐宁静、端庄自然。嘴唇半开，表示疑问、奇怪、有点惊讶，如果全开就表示惊骇。嘴角向上，表示善意、礼貌、喜悦。嘴角向下，表示痛苦悲伤、无可奈何。嘴唇紧绷，表示愤怒、对抗或决心已定。

（二）鼻子和耳朵

鼻子和耳朵没有明显的动作，主要随着头部而运动，表示潜在的心理活动。例如：下颚上抬，鼻子挺起，是傲慢、自大、倔强的表现；伸出下颚，把鼻孔对着人，是瞧不起对方的意思；用手摸鼻子表示怀疑、犹豫或不愿意；用手摸耳朵表示要打断对方的说话；从摸耳朵到摸脸是表示感到为难，拿不定主意。

（三）微笑

在众多的面部表情中，有一种是全世界各民族都认可和最受欢迎的表情，就是微笑。面含笑意，不发声，面部肌肉放松，嘴角两端向上略为提起，或牙齿半露，是最自然、亲切的微笑。其含义非常丰富：高兴、愉悦、满足、亲切、赞同、希望等。微笑如冬日里的阳光，带给人以温暖。微笑能强化有声语言的沟通功能，增强交际效果。微笑服务也成为许多行业、城市追求的目标。学会微笑，享受微笑。

【案例】

早上去买油条。摊点的老板是三四十岁北方的汉子。我距离摊点还有3米左右的距离，老板笑容满面地大声说"来啦！"，那感觉像是多年不见的朋友突然重逢，让你心里热乎乎地。我想了半天记起来好像一个月之前来过他的摊点。我现在明白为什么他生意好。

超市入口处，服务员一边和身边的同事聊天，一边机械地、面无表情地重复着"欢迎光临"。稍微好点的，会用尽全力把嘴角稍微上翘一点，挤出点皮笑肉不笑的效果。超市出口，服务员嘴里有气无力地说着"慢走，再见"，一边打着哈欠、流露出厌倦的感觉。

当人们面对面沟通时，要确保语言、声音、表情动作一致，这样传递的信息才是真实的。要做到这点就要先做到待人真诚。

（四）眼神

眼睛是心灵的窗户。据研究表明，人的各种感觉器官所获得的信息总量中80%以上的内容来自于眼睛。眼神的变化，反映了一个人的微妙的内心，传达许多具体、复杂甚至难以言传的思想感情。眼神具有重要的表情、表意、控场的作用。人们可以通过一些方法和手段掩饰自己的面容、声音，但眼神却往往改变不了。在交际活动中应该有意识地解读千姿百态的目光语，学会阅读和使用目光语。

1. 眼神的不同含义

两眼正视表示庄重，斜视表示轻蔑，仰视表示思索，俯视表示怜爱或轻视，逼视表示命令，瞪视表示敌意。

两眼大睁表示吃惊，两眼眨个不停表示疑问，笑时眼睛眯成一条线表示开心高兴。

眼睛滴溜溜转动，眼神捉摸不定，表示思考、盘算，甚至怀疑。眼睛老是往别处看，或盯住某个地方表示不感兴趣。眼睛睁大，表示很感兴趣，兴奋或喜爱；眼睛眯小，表示反感或质疑。

目光炯炯有神，给人精力充沛，生气勃勃的感觉；目光呆滞麻木，给人疲惫厌倦的印象；目光清澈纯洁给人坦荡、善良、天真的感觉；目光阴暗、狡黠，给人虚伪、奸诈的印象；左顾右盼、飘忽不定，给人心慌意乱之感；目光坚毅表示自信自强；目光睿智表示聪明机敏；目光浮动表示轻薄浅陋；目光衰颓表示自暴自弃。

不同的目光接触也反映着不同的心理：被别人注视而将视线迅速移开的人，或是自卑或有心事或不愿意搭理；无法将视线集中在对方身上，很快收回视线的人，多半属于内向性格，不善交际的；听别人说话时，眼睛老是往别处看，表示对说话人或话题不感兴趣；目光集中，表示自信和坚定；目光游离，表示心不在焉。

眼神如果再配合眉毛的变化，含义就更丰富了：眉开眼笑、眉飞色舞表示欢乐；双眉紧锁表示忧愁；横眉怒目表示愤怒；低眉顺眼表示温顺；挤眉弄眼表示挑逗、俏皮；扬眉吐气表示心情舒畅。

【课堂讨论】

曾国藩在湖南招募湘勇，李鸿章为老师挑选了三个人。一天李鸿章带着这三人去见曾国藩，恰巧曾国藩出去散步了，李鸿章让三人在厅外等候，自己就进去了。不久曾国藩散步回来，李鸿章禀明来意，请曾国藩考察三人。曾国藩笑着说："不必了。我看厅门左边的那个人是个忠厚之人，办事小心谨慎，让人放心，可以让他做后勤供应一类的工作。中间那个是个阳奉阴违，两面三刀的人，不值得信任，只能分配些无足轻重的工作，担不得大任。右边那个是个将才，可独当一面，将大有作为，应予以重用。"

李鸿章很吃惊，问："大人您还没用他们，是如何看出来的？"曾国藩说："刚在厅外见过他们了。我经过他们时，左边这个我看他一眼，他也看我一眼，当我看他第二眼时，他却把头低下来，这说明他谨慎有余而胆量气魄不足。我看中间的人一眼，他没敢看我，当我移开目光时，他居然偷偷看我，这说明他心术不良，为人奸诈。我看右边的人一眼，他也看我一眼，我看他第二眼，他同样看我第二眼，我上上下下把他打量一遍，他居然也神色坦然地将我扫视一番，这说明他心胸坦荡，勇气可嘉，因此唯有此人可以大用。站在左边的可用，但不可大用，站在中间的人万万不可用。"

后来李鸿章为验证恩师的结论是否正确，他有意把他们都留下来，并且平等对待。经过多年的考验，果不出曾国藩所料，左边的那个人尽管处处小心谨慎，但毫无功劳建树。中间的那个人贪图富贵，出卖军中情报，按照军法被处死。唯在右边的那人有勇有谋，屡立奇功，后被朝廷委以重任，派往宝岛台湾驻守。此人就是领导军民英勇抗击法国侵略者的爱国名将，台湾首任巡抚刘铭传。

讨论：曾国藩通过什么来识别人？说明什么？

2. 眼神交流的时间

在社交谈话中，目光应注视说话人，这也是社交礼仪。如果东张西望、心不在焉是很不礼貌的行为，也不会赢得对方的尊重。心理学研究表明，与人交谈时，视线接触对方面部的时间应占整个谈话的30%～60%。如果从头到尾盯着对方，就可能被认为对谈话者的兴趣超过了对谈话内容的兴趣；如果不关注说话人，又可能被认为无论是对谈话内容还是对谈话者本人都不感兴趣。所以交谈时，既不能完全不看对方，也不能长时间凝视对方，这样都是对对方的不尊重。正确的做法是：一对一的谈话，为了避免紧盯着对方，可以把视线放在对方的眉宇间，这样不会尴尬。要注意，凝视对方不要目光呆滞地死盯着别人看，这样会使人感到很不舒服。时间较长时，中间可以适当将视线转移到别处。多人在场时，要顾及每个人，要适当用目光扫视一下，以示尊重。可以采用点视、虚视、环视相结合，不必将视线长时间集中在某个人脸上。

对关系不熟或关系一般的人不要长时间凝视，会让人不自在，可以适时转移视线。遇到陌生人也要避开眼睛对视。在一些公共场所，有时人多拥挤，不得不面对面时，可以用若有所思或茫然失神的眼神，就避免了尴尬的目光接触，又不失礼。

3．眼神表达的方式

眼神表达的方式主要有以下几种：

（1）视线方向：向上表示敬畏、敬仰、天真等；向下表示关爱、同情、容忍；平行表示冷静、思考。

（2）视线的长短与软硬：长而硬的视线表示关注或不满；短而硬的视线表示执着或仇恨；长而软的视线表示等待或探寻；短而软的视线表示爱怜或担心。由视转向不视，即闭上眼睛表示悲伤、思念。

4．眼神接触的区域

在人际交往中，除了要注意目光接触的时间长短，对目光接触的区域也有一定的要求。目光凝视区是指人的目光所落的位置。根据人们交往中活动内容或者人际关系疏密程度的不同，目光凝视区域也不同，一般划分为以下三种情况：

（1）公务凝视区域：以两眼为底线，额中为顶角形成的三角区。这种凝视会显得严肃认真，对方也会觉得你有诚意，容易把握住谈话的主动权和控制权。

（2）社交凝视区域：两眼为上线、唇心为下顶角所形成的倒三角区。这种凝视能给人一种平等、轻松感，从而创造出一种良好的社交气氛。

（3）亲密凝视区域：双眼到胸部之间。这是恋人、家庭成员之间使用的一种凝视，往往带着亲昵爱恋的感情色彩。非亲密关系的人不应使用这种凝视，以免引起误解。

四、手势语

戏剧舞台上有句名言——"手是人的第二张脸"。它说明了手在态势语中的重要作用。手也是人体最灵巧而有活力的肢体，可以辅助有声语言表达丰富的信息。所以手势的使用频率比较高，使用范围比较广。

手势由臂、掌、指、拳等不同造型及伸、抓、摇、摆、挥、摊、按、推、劈、举等动作节拍构成。其描摹的状貌、传递的意义、抒发的情感有许多是约定俗成，为大家共同接受的。

很多国家地区都有手势语，但地域不同，文化差异大，手势语的含义也有不同，甚至相反。要了解熟悉各地态势语，特别是一些禁忌或侮辱性的动作，才不至于闹笑话，引起误会矛盾。

（一）手臂语

手臂伸直，手指并拢，或伸或托或劈或挥动。手臂动作范围影响较大，容易引起对方的注意。其情感区域有三个：

（1）上区。手臂在这一区域活动，主要表示坚定的信念、殷切的希望、美好的憧憬等情感。例如：这个目的，我们能够达到，我们一定能够达到！

（2）中区。手臂在这一区域活动，主要表示叙述事物、说明事理。例如：这个问题大家可以考虑一下。

（3）下区。手臂在这一区域活动，主要表示憎恶、鄙夷、不屑、厌烦、不齿等感情。例如：随地吐痰是可耻的行为！

（二）手掌语

在整个手势中，手掌的运用占居首位。其基本方法和作用如下：

（1）手心向上，胳膊微曲，手掌稍向前伸。这种手势，主要表示贡献、请求、承认、赞美、许诺、欢迎、诚实的意思。比如："我想大家是能够做到的。""希望同志们多多提出宝贵的意见。"凡属这类内容的，就可以用这种手势。

（2）手心向下，胳膊微曲，手掌稍向前伸。这种手势，主要表示神秘、压抑、否认、反对、制止、不愿意、不喜欢的意思。例如："这里面一定有问题。""这种损人利己的行为，我们是坚决反对的！""我们不同意采取这种办法。"大凡这类内容，就可用这种手势。

（3）两手由合而分开。这种手势，多表示空虚、失望、分散、消极的意思。比如："一个人如果没有远大理想，那他将一事无成！""我简直是没有办法。""虽然做了许多工作，仍然是不见效的。最后他们还是分开了。"类似这样内容的，基本上都用这种手势。

（4）两手由分而合。这种手势主要表示团结、亲密、联合、会面、接洽、积极的意思。"我们要团结起来，把这个工作做好。""同志们，为了一个共同的目标，我们走到一起来了。"凡是这类内容的，就可以用这种手势。

（三）拳语

总体上说，拳的运用很少。用拳表示愤怒、破坏、警告、决心、团结、有力等意思。用拳时，可以直锤，也可以斜击。这要根据内容需要来定，但非到情感异常激烈时，决不要用，而且也不可多用。

（1）在身体上区握紧拳头，表示誓死捍卫、决心、团结、奋斗。例如：人生需要目标，需要奋斗！ 这个仇我们是一定要报的！

（2）在身体中区握紧拳头，表示愤怒而又强忍或警告、威胁的意思。例如：谁敢侵略我们，就一定要消灭它！好小子，总有一天我让你见到死神！

（四）手指语

1．大拇指

大拇指向上伸。在中国很常用，表示称赞、夸奖、崇敬、钦佩、第一、老大等。在尼日利亚，表示对来自远方的友人的问候。在日本，这一手势表示"男人""您的父亲"。在韩国，表示"首级""父亲""部长"和"队长"。在美国、墨西哥、荷兰、斯里兰卡等国家，这一手势表示祈祷幸运。在美国、印度、法国，则是横向伸出大拇指表示要搭车。在澳大利亚是个粗野的动作。

大拇指向下伸。世界有相当多的国家和地区都使用这一手势，但含义不尽相同。在中国，把大拇指向下，意味着"向下" "下面"。在英国、美国、菲律宾，这手势含有"不能接受""不同意""结束"之义，或表示"对方输了"。墨西哥人、法国人则用这一手势来表示"没用""死了"或"运气差"。在泰国、缅甸、菲律宾、马来西亚、印度尼西亚，拇指向下表示"失败"。在澳大利亚，使用这一手势表示讥笑和嘲讽。在突尼斯，向下伸出大拇指，表示"倒水"和"停止"。

2. 食指

食指向上伸。世界上使用这一手势的民族也很多，但表示的意思不一样。中国人向上伸食指表示数目，可以指"一"，也可指"一十""一百""一千"等这样的整数。还可以表示指点事物的数目和方向，也可以是批评、指责、命令等。在日本、韩国、菲律宾、斯里兰卡、印度尼西亚、沙特阿拉伯、墨西哥等国，食指向上表示只有一个（次）的意思。在美国，让对方稍等时，要使用这个手势。在法国，学生在课堂上向上伸出食指，老师才会让他回答问题。在新加坡，谈话时伸出食指，表示所谈的事最重要。在缅甸，请求别人帮忙或拜托某人某事时，都要使用这一手势。在澳大利亚，在酒吧、饭店向上伸出食指，表示"请来一杯啤酒"。在墨西哥、缅甸、日本、马来西亚，这一手势表示顺序上的第一。在中东，用食指指东西是不礼貌的。

弯曲食指。在中国表示数字"9"；在日本表示小偷；在泰国、菲律宾表示钥匙、上锁；在韩国表示有错误、度量小；在泰国、新加坡、马来西亚表示死亡；在缅甸表示数字"5"；英美人用这一手势来招呼某人到他那里去。

用食指对人摇动。在英美等国表示不满、反对或者警告的意思。

3. 小指

小指向上伸出。在中国表示小、微不足道、拙劣、最差的等级或名次，还可以表示轻蔑；在日本表示女人、女孩子、恋人；在韩国表示妻子、女朋友，或是打赌；在菲律宾表示小个子、年轻或指对方是小人物；在泰国或沙特阿拉伯表示朋友、交朋友；在缅甸和印度表示想去厕所；在美国，表示懦弱的男人或打赌。

4. 表示数目

在用手指表示数目时，可用一只手来表示，也可用两只手互相配合。如用左手的手指伸曲表示数目，而用右手的食指指点。

5. 其他手指语

（1）伸出食指和中指，构成"∨"字形，来源于英国。注意做这个手势，掌心向里、向外，意思有天壤之别。掌心向外，表示"胜利"、"和平"的意思；掌心向内，表示"侮辱""轻蔑"之意。

（2）伸出中指、无名指和小指，大拇指和食指圈成一个圆，构成"OK"。这也是个外来动作，在中国表示数字"0"或"3"；在日本、朝鲜、缅甸表示金钱；在泰国表示没问题；在印度尼西亚表示什么也没有以及不成功；英美国家，表示赞扬、允诺、同意；在巴西则认为是对女性的引诱或对男性的侮辱。

（五）其他手势语

1. 招呼

在中日等国家，招呼人是手臂向上伸，掌心向下并摆动手指。在欧美国家呼唤人过来的手势是掌心向上，食指手指来回勾动；而亚洲一些国家，这种手势对服务员则不可用，因为人们常常以此来叫一条狗或别的动物或幼童。

在非洲餐厅吃饭时，叫服务员通常是轻轻敲打餐桌。而在中东各国，叫人时轻轻拍拍手，对方即会意而来。

2．同意

一般而言，双方谈事情成功时，除了说"同意""赞成"外，还要满面笑容地点头示意。而在巴基斯坦、保加利亚、阿尔巴尼亚、尼泊尔、泰国等国点头表示不是（或不好），摇头表示是（或好）。印度人以摇头或歪头表示同意。非洲人往往情不自禁地展开手臂，向上举起，并用另一只手握拳击掌心，以表示自己十分满意。阿拉伯人则会把双手握成拳，食指向外，缓缓挥动，表示赞成和同意。

3．握手

握手是在相见、离别、恭喜或致谢时相互表示情谊、致意的一种礼节，双方往往是先打招呼，后握手致意。这在许多国家已成为一种习以为常的礼节。

首先要注意握手的顺序，一般主人、长辈、上司、女士主动伸出手，客人、晚辈、下属、男士再相迎握手。然后注意握手的方法。握手时，距离受礼者约一步，上身稍向前倾，两足立正，伸出右手，四指并拢，拇指张开，向与礼者握手。应伸出右手，不能伸出左手与人相握。男士在握手前先脱下手套，摘下帽子，女士在某些情况下可以例外。握手的时候，眼睛一定要注视对方的眼睛，传达出你的诚意和自信，千万不要一边握手一边眼睛在东张西望，或者跟这个人握手还没完就目光移至下一个身上。握手的力度要掌握好，握得太轻了，对方会觉得你在敷衍他；太重了，人家不但没感到你的热情，反而会觉得你的粗俗。握手的时间以 3～5 秒为宜，不可一直握住别人的手不放。与领导握手，男士与女士握手，时间可以更短些。如果要表示自己的真诚和热烈，也可较长时间握手，并上下摇晃几下。多人相见时，注意不要交叉握手。

4．接递东西

递接物品是日常生活工作中的常见的举止动作，但这一小小的动作往往却能给人留下难忘的印象。

递接物品的基本原则是举止要尊重他人。如果在特定场合下或东西太小不必用双手时，一般要求用右手递接物品。

递接物品的方法及注意事项：递笔、刀、剪之类尖利的物品时，需将尖端朝向自己握在手中，而不要指向对方。如果是递交书本之类的，应该将正面朝上，用双手递上。接过时，同样要用双手，并说声"谢谢"。如果是招待客人用茶时，往往一手握茶杯把儿或扶杯壁，一手托杯底，并说声"请用茶"；如果接主人敬上的茶，应站起身伸出双手接过茶杯，并说声"谢谢"。

5．特殊手势语

在一些领域或行业，由于工作需要，产生了一些特殊的手势语，比如聋哑人的手语、旗语、交通警的指挥手势、裁判的手势等。

【案例】

一位中国某著名企业的高管会见土耳其来访的老板。由于这位高管在公司中位高权重，平时就养成了双臂交叉等习惯。在与土耳其老板谈判时，他时不时会无意地双臂交叉并后靠。虽然这次谈判谈成功了，但是自此以后公司再也没有接到来自土耳其老板的订单了。原来，土耳其习俗中，和别人面对面谈话时，把手放在臀部或者双臂交叉都是不礼貌的。

五、服饰语

服饰语是通过服装和饰品来传递信息的一种体态语言。如今服饰不仅仅只是用于驱寒遮羞了，更多地体现了着装者的职业特征、地域特点、社会地位、文化品位及生活态度等。服饰是"人的第二皮肤"，是人的气质风度、文化修养的外化。

穿着得体不仅显示一个人良好的文化修养、高雅的审美情趣，还能给人留下良好的印象，赢得他人的信赖。交际时，以整洁端庄的仪容仪表、大方得体的服饰，出现在交际对象面前，就能给人良好的第一印象，很自然地缩短了双方的心理距离，赢得对方的关注和尊重。如果蓬头垢面、衣着不整，以一副不修边幅的形象出现，或者不分时间、场合的穿着、混搭，势必让人反感，令人不快，影响交际效果。

（一）服装

服装分为四类：制服、职业装、休闲服、礼服。在交际活动中，需要根据不同场合选择服装。

（1）制服。制服是专业化的服装形式，它表明穿着者属于一个特定的组织。制服的款式、颜色、搭配可自由选择性极小。最常见的制服是军装。军服用不同颜色、款式来区别不同军种，军服上的军衔标识告诉人们穿着者的地位、级别。

（2）职业装。职业装，又称工作装，是为工作需要而特制的服装，以素色为主。工种不同，服装也不相同，不同职业有自己特定的服装，比如医生、护士、空姐、服务员、学生等，都有他们的职业装。一些公司也把西服当作职业装。相对于制服，穿职业装有一定的选择空间，可以选择喜欢的款式、颜色、配饰等。

穿着职业服装不仅是对服务对象的尊重，同时也使着装者有一种职业的自豪感、责任感，是敬业、乐业在服饰上的具体表现。规范穿着职业服装的要求是整齐、清洁、挺括、大方。

（3）休闲服。休闲服是工作之外，闲暇时穿的服装，也是在非正式场合（外交、商务等之外的场合）的着装。因为选择权在个人，所以休闲服更具有个性，更随意。休闲装也是跟现代生活方式，跟时尚密切结合在一起的。

（4）礼服。礼服是指在某些重大、隆重场合上所穿着的庄重而且正式的服装，是一种高度个性化的服装。根据场合的不同，可以分作军礼服、晚礼服、婚纱礼服等。礼服给人以正统、典雅之感。

（二）配饰

和服装搭配的饰物有很多：项链、耳环、戒指、手表、包、皮带、鞋袜等。此外还有很多富有特殊含义的物件。饰品有时也是一种象征，一种媒介，向他人传达一种思想，一个信息。不同的饰品有不同的含义，比如，臂戴黑纱，代表对逝者的哀思；胸前带着十字架，代表主人的宗教信仰。戒指的戴法也是一种标志：戒指一般戴在左手上；无名指上戴戒指表明结婚或订婚；中指上戴戒指表明已有意中人或恋爱中；食指上戴戒指表示无偶；小指上戴戒指表示独身。

（三）服饰搭配原则

服饰应与穿戴者的气质、性别、身份、年龄、职业及穿戴环境、时间协调一致。在服装打扮上，应遵从国际公认的"T.P.O"的原则，并根据不同的社交场合，穿戴与自己身份、年龄、职业、身材相称的服饰。"T.P.O."原则指人们的穿戴要与时间（Time）、地点（Place）、场合（Occasion）相适合。总之，衣着打扮要整洁大方、规范得体。

着装的时间原则，包含每天的早、中、晚时间的变化，春、夏、秋、冬四季的不同和时代的变化。着装的地点原则是指环境原则，即不同的环境需要与之相适应的服饰打扮。着装的场合原则是指场合气氛的原则，即着装应当与当时当地的气氛融洽协调。服饰的"T.P.O."原则的三要素是相互贯通、相辅相成的。

（四）仪容服饰注意事项

（1）服装要干净整洁，要勤换洗；不能有污汁，不能皱皱巴巴。

（2）着装要规范，搭配要合理，不能太随意、太暴露。

（3）仪容要清洁大方，不能不洗脸、不刷牙、不刮胡子、不梳头。

（4）在公众场合，不能当众化妆或剪胡子、抠鼻子、剔牙、抠脚丫、剪指甲等。

【课堂讨论】

郑伟是一家大型国有企业的总经理。有一次，他获悉一家著名的德国企业的董事长正在本市访问，并有寻求合作伙伴的意向，他于是想尽办法，请有关部门牵线搭桥。让郑总经理欣喜的是，对方也有兴趣同他的企业进行合作，而且希望尽快会面。到了会面的那一天，郑总经理对自己的形象刻意进行了一番修饰。他根据对时尚的理解，上穿夹克衫，下穿牛仔裤，头戴棒球帽，足蹬旅游鞋。无疑，他是希望自己能给对方留下精明强干、时尚新潮的印象。然而事与愿违，郑总经理自我感觉良好的这一身时髦的"行头"，却偏偏坏了他的大事，合作之事就再作他议了。

讨论：郑总经理的着装出了什么问题？为什么？

六、距离语

人与人之间有着看不见但实际存在的界限，这就是人际交往中的距离，涉及使用周围空间的方式，以及站或坐时与他人保持的距离。根据距离的远近可以大致推断出彼此之间的关系密切程度。一般说来，交际中的空间距离可以分为亲密距离、私人距离、社交距离和公共距离四种。

（一）亲密距离

亲密距离在45cm以内，可以接触到肢体。适用于关系密切的双方，如情侣、父母与子女之间或知心朋友间。两位成年男子一般不采用此距离，但两位女性知己间往往喜欢以这种距离交往。亲密距离属于很敏感的领域，交往时要特别注意，不能轻易采用这种距离。

当无权进入亲密距离的人进入到这个范围时，人会感到不安，比如拥挤的公交车上、电梯里。这时要学会保护自己，用手臂或随身携带的东西阻隔。还有在拥挤的空间里，不与他人的目光接触，忽视对方的存在来应对这种情况。

（二）私人距离

私人距离一般在45~120cm之间，即伸手可以握到对方的手，看清对方的反应，听清对方的声音，但不易接触到对方身体，说话声音不易影响到其他人。这一距离是进行非正式的私人交谈时最经常使用的，对讨论个人问题是很合适的。一般的朋友、熟人或亲戚之间往来多采用。

（三）社交距离

社交距离大约在 120～360cm 之间，各办事窗口、办公场所、社交性聚会、访谈等都适合社交距离。当与来人不是很熟悉时，需要保持一种社交距离。

在一个有许多工作人员的办公室里，办公桌是按社交距离分开摆放的。这有利于使每个人都可以把精力集中在自己的工作上，可以在使用电话时不干扰其他同事。

（四）公共距离

公共距离指大于 360cm 的空间距离，一般适用于会场、剧场等大面积的场合，人较多，说话声音更大，手势更夸张。

【课堂讨论】

公司新招来的员工小刘个性热情开朗，喜欢和人交往。平时和同事交谈时喜欢和人挨得很近，有时甚至凑到同事耳朵边说话，还习惯性地边说边拍对方的肩膀。一段时间后，小刘发现同事们有些不愿意和他说话了，老远看见他就找借口走开。小刘很郁闷，不知道自己出了什么问题。

讨论：小刘在与同事交往过程中，有什么不妥之处？

俗话说，距离产生美。人际交往中，适度的距离能让人觉得舒适、放松，有安全感，同时还增进相互的友谊，促进情感交流。在尊卑之间、上下级之间、主客之间、亲疏之间，都应保持合适的空间距离。不合适的距离会让人紧张、拘束、尴尬，不知所措。

空间与距离已成为亲疏程度的一种标志。在肢体上表示为：彼此熟悉者，就亲近一点；彼此陌生的，就会保持一定的距离。在双方不熟悉的情况下，一方企图向对方接近，对方会不自觉地后退，或者两只手臂护住身体，还有甚至在其周围划出一片属于自己的空间，这都是为了保持其心理上的安全感，不希望别人侵入。比如，在图书馆等公共场所内，经常看到很多人，自己坐一个位子之外，企图再以其携带的物品占据左右两边的空的座位。此时肢体语言所表达的，这是一种防卫外人侵入其个人空间时带来不安的情绪。又如阿拉伯人按照自己的民族习惯认为站得近些表示友好，而英国人按照本国的习惯会往后退，因为他认为保持适当的距离才合适。多数英语国家的人沟通时不喜欢人们离得太近。同时距离的近远也是判断人们活动参与深浅程度、主动积极与否的标志。因此人们在人际交往中根据不同场合、情境、交往对象，把握好合适、得体的空间距离。同时根据他人利用空间的方式，判断他人的心理和态度，来确定自己该如何应对。

七、态势语的使用原则

态势语内涵丰富，在使用时，它是一个有机整体，需要眼神、表情、手势、肢体动作等相互配合、和谐统一，并且和说话人的口语表达一致，这样的态势语才能起到应有的作用。因此，在日常生活交际中，要逐步养成自然、恰当、规范、适度使用态势语的习惯。态势语的使用应遵循以下原则：

（1）自然协调。说话人的动作表情与说话的内容、情绪、气氛协调一致。不能表情麻木，动作僵硬呆板，或是神情紧张，手足无措，也不能刻意表演，动作夸张。

（2）准确得体。说话人的动作和表情要一致，恰到好处，恰当地传情达意，符合语境和说话人的身份。

（3）简练明白。说话人的举手投足要大众化，容易被人看懂、接受。手势动作不宜过多，不宜烦琐复杂，以免让人难以理解，甚至造成曲解。

身体就像一个无法关闭的传送器，无时无刻不在传送着人们的心情和状态。语言通常表达想法或概念，而非语言讯息则较能传递情绪和感受，因此在解读时，必须考虑交际环境、关系深浅、文化背景等影响。有时还可能会遇到模拟两可的情况，因此要多方观察，才不会以偏概全。

人都有些习惯性行为动作，而有些动作行为在公众交际场合是不雅、不敬，甚至是禁忌，会引起交际对象的反感，还可能引发矛盾纠纷，使生活、工作、交友等受到影响。如果你希望给别人一个好印象，就必须淘汰那些负面的身体语言，纠正一些无意识的习惯性肢体动作，养成良好的行为习惯。大方、优雅、得体、有效地使用肢体语言，既增加自身的魅力，也使自己容易获得成功。还有在工作和生活中多去观察身边的人和事，解读他们的身体语言，从而更快、更准确地去判断和了解对方。

【课后思考与实践】

一、思考题

1．态势语言和有声语言有哪些不同？
2．微笑有什么作用？
3、你进教室上课或者乘坐公交车，一般会选择坐在哪里？为什么？
4．在公众场所，你对哪些肢体行为很反感？
5．通过态势语言的学习，你有哪些收获？

二、辨析题

1．春秋末期，齐桓公与管仲密谋伐卫。议罢回宫，来到其所宠爱的卫姬宫室。卫姬见之，立即下跪，请求齐桓公放过卫国。齐桓公大惊，说："我没有对卫国怎么样呀？"卫姬答道："大王平日下朝，见我总是和颜悦色，今日见到我就低下头并且避开我的目光，可见今天朝中所议之事一定与我有关。我一个妇道人家，没什么值得大王和大臣们商议的，所议应该是和我的国家有关吧？"齐桓公听了，沉吟不语，心里决定放弃进攻卫国。

第二天，与管仲见面后，管仲第一句话就问："大王为何将我们的密议泄露出去？"齐桓公又被吓了一大跳，问道："你怎么知道？"管仲说："您进门时，头是抬起来的，走路步子很大，但一见到我侍驾，走路的步子变小了，头也低下了。您一定是因为宠爱卫姬，与她谈了伐卫之事。莫非您现在改变主意了？"

问：齐桓公的心事怎么会被卫姬、管仲知道？

2．一次某公司招聘文秘人员，由于待遇优厚，应聘者很多。中文系毕业的小张同学前往面试，她的背景材料可能是最棒的：大学四年，在各类刊物上发表了 3 万字的作品，内容有小说、诗歌、散文、评论等，还为六家公司策划过周年庆典，一口英语表达也极为流利，书法也堪称佳作。小张五官端正，身材高挑、匀称。面试时，招聘者拿着她的材料等她进来。小张穿着迷你裙，露出藕段似的大腿，上身是露脐装，涂着鲜红的唇膏，轻盈地走到一位考官面前，不请自坐，随后跷起了二郎腿，笑眯眯地等着问话。孰料，三位招聘者互相交换了一下眼色，主考官说："张小姐，请回去等通知吧。"她喜形于色："好！"挎起小包飞跑出门。

问：小张能等到录用通知吗？为什么？

3．小王是新上任的经理助理，平时工作主动积极，且效率高，很受上司的器重。那天早晨小王刚上班，电话铃就响了。为了抓紧时间，她边接电话，边整理有关文件。这时，有位姓李的员工来找小王。他看见小王正忙着，就站在桌前等着。只见小王一个电话接着一个电话。最后，他终于等到可以与她说话了。小王头也不抬地问他有什么事，并且一脸的严肃。然而，当他正要回答时，小王又突然想到什么事，与同室的小张交代了几句。这时的老李已是忍无可忍了，他发怒道：难道你们这些领导就是这样对待下属的吗？说完，他愤然离去。

问：这一案例的问题主要出在谁的身上？为什么？

三、用肢体语言演示下列词语

手舞足蹈　　左顾右盼　　蹑手蹑脚　　垂头丧气　　昂首挺胸　　狼吞虎咽
捧腹大笑　　见钱眼开　　对牛弹琴　　目不转睛　　瞻前顾后　　交头接耳

四、做 2～3 分钟的即兴发言

要求运用到态势语，注意站姿、头部动作、眼睛、表情、手势等。

第八章 演　讲

【案例导入】

大国风范

大家好我是秋实。

咱们都知道韩国这个国家很喜欢申请非物质文化遗产，对吧，前一段时间他们又说，说这个"活字印刷"是他们发明的，说他们在 1239 年发明了活字印刷比我们早。啊，你们在 1239 年发明了活字印刷，你们在 1443 年才发明了韩文好么？你都没有自己的文字，你发明活字印刷，你往上印泡菜呀？

我挺喜欢拿韩国开玩笑的，但是实际上我非常尊重这个国家。你发现没有，韩国想说这个是他的，那个是他的，但是他想要的东西恰恰都是我们文化中的精髓。韩国领土不大，人口不多，但是对于成为一个大国他有一种强烈的渴望。我们本来就是个大国，但是有的时候我们的表现却有点小家子气。我们民间有一种很不好的习惯就是给韩国人起外号，一个特别难听的外号。我觉得这种民族优越感到底从哪来呢？我们为什么歧视人家韩国人呢？是因为我们的食品比人家的更安全吗？还是因为我们的空气比人家的更干净呢？是因为我们的足球踢得比人家更好还是我们平均收入比韩国更高呐？

中韩两国现在是非常重要的贸易伙伴，不仅有进出口的贸易，（而且）已经到了软实力竞争的阶段了。韩国向我们输出了很多的文化产品，对吧？韩剧、韩国电影、韩国的流行音乐。那都敏俊（先生）过来招一招手就带走 500 多万。那我们都向韩国输出了什么呢？

有人说：陈秋实我发现你这个人崇洋媚外呀！你这是长他人志气灭自家威风，我们中国领先韩国人的地方多了去了，我们的信息通信技术、我们的载人航天技术、我们发射了怎么多的卫星，对吧，我们的探测车都登月了，韩国他比得了吗？确实，韩国比不了，但你能不能给我解释一下，为什么韩国首尔的 3G 和 4G 网络全都比北京快？我们发射怎么多卫星都在干嘛？我们把卫星打到天上都玩连连看去了？两颗卫星一见面——噗！没咧！

我们还有一个邻国叫日本。日本右翼势力贼心不死，这大家都知道，有段时间我还看到右翼势力在网上发了个帖子，说：如果中日两国开战，要对中国使用哥斯拉（日本动画中的怪兽）！要用哥斯拉踏平中国！吓唬谁呀？我今天把话撂这：只要你哥斯拉敢来，我们就敢吃！

为什么我觉得很多人对日本的问题很小家子气？你看咱们拍了很多脑残的抗日神剧，那个抗日神剧有多脑残我都懒得去说了，你知道最脑残的是什么吗？所有抗日神剧全部是用日本的摄像机拍摄的。没有了佳能、索尼和松下，全中国所有的电视台都会瘫痪，我们的演员天天对着人家日本的摄像机在那喊："打倒打倒日本帝国……。"世界上还有比这个更气人的吗？

咱们中国有许多学日语的孩子，他们在干嘛？在当字幕组，对吧，把那个日本动画片、电视剧翻译成中文，这其实已经侵犯人家版权了。但你知道日本学中文的孩子在干嘛么？他们在翻译我们的新闻。不只翻译新闻，他们还翻译新闻评论，就是那新闻下边那几百上千条的评论跟帖子，他们就一条一条全部翻译成日文，然后日本研究中国问题的人天天看这个东西，他不只知道中国发生了什么还知道中国人在想什么、在说什么。太吓人啦！

我们是个大国，但是每当说我们是个大国的时候，我们最鼓劲提及的就是两件事：一个是我们的综合国力——我们的经济总量，要么就是我们的四大发明。

提经济问题这件事其实挺没意思的，你发现没有？就是人家说：我觉得你们这个环境污染——我们有钱呐；我觉得你们这个法制建设——我们有钱呐；我觉得你们这个全民医疗——我们有钱呐；那你怎么有钱为什么没把这些事办好呢？我们着急挣钱呐！

要不就说四大发明，每次说到四大发明我都是特别难受。是！我们发明了印刷术；我们发明了造纸术，但是我们还发明文字狱和焚书坑儒呐；我们发明了指南针，但是以指南针为先导的大航海时代跟我们没有一点关系；我们发明的火药，但是我们被人用洋枪打成那个熊样，我们说四大发明有意思嘛？！

我知道很多人讨厌我这种人。觉得我这种人"啧，你干嘛呀你这？你不爱国呀，你说这些东西，你要真有本事你应该像那些奥运冠军一样，去为国争光去，天天在这发牢骚"。是！我没什么本事，我让国家没面子了。面子对这个国家来说太重要了，我们明明是个大国怎么还长了一颗玻璃心呢？什么事儿只要跟面子扯上，唉~那就是个大事儿。雾霾——北京雾霾不用愁，apec会议能解忧嘛！

说到大国，其实有很多事情让我们感觉到非常惭愧。说到为国争光，我们兴建了有史以来最奢华的一次奥运会，但然后呢？我们民间体育不依然过得很惨么？因为我发现体育在中国是很奇怪的存在，越是那些没有人玩的项目越厉害！中国人禁枪的，那咱们的射击项目那叫一个霸道哇；中国是自行车大国，但是咱们自行车项目真的不怎么样；中国跳水世界首屈一指，但你什么时候见过中国老百姓练跳水？你什么时候见过大妈们在广场上练跳水？在举国体质下我们花了很多钱，训练出了一批体育特种兵。你看那刘翔，跑得比马都快；你看那姚明，长得比马都高，但是90％以上的中国人都处在一种亚健康状态。

日本和韩国青少年的身高增长速度和身体素质全都比我们强！我们花了怎么多钱，拿了怎么多金牌到底有什么用？！我深深地感觉全民健身强国强种绝对比那些冠军头衔更有意义。当年毛主席的口号不也是："发展体育运动，增强人民体质"吗？我希望有一天，我们绝大多数中国人都能有钱、有闲、有意识地去锻炼身体，当绝大多数中国人都有一个强健的体魄的时候，即便我们一块金牌也没有，我们也可以堂堂正正地说出李小龙先生那句经典台词："中国，没东亚病夫！"

大国有没有他既定的标准？有，四个字——国富民强！中国今天是世界第二大经济体，我们的国家富不富？富！但是作为中国的国民，你们觉得自己强吗？国富但民不强这不配称之为一个大国；只能炫耀历史功绩而没有创新能力这不配称之为一个大国；故步自封、心胸狭隘这不配称之为一个大国。今天，中国综合实力已经超过了日本和韩国成了亚洲至尊，虽然我们从来都不想称王称霸，但事实上我们已经是亚洲的老大了。但是怎么作好这个老大呢？我觉得《天下无贼》里黎叔的那句话说得非常好："要容得下弟兄才能当大哥"。想拍就一起拍吧。

大国跟你的国土面积没关系；跟你的历史功绩没关系。大国只跟你的力量，跟你的胸怀，跟你的气魄有关。中国有几千年的璀璨，也有几百年的屈辱，但是我们不应该因此就迷失了自己，过度的自卑或者过度的自大。不管发生任何事情我们不能忘了我们是一个大国。

我今天说大国风范，大国的风范到底从哪来呀？大国的风范就从你我中来，中国再大也不过是由亿万个你我组成的，我们什么样儿，中国就什么样儿。中国在哪？中国在你我脚下、在你我心里，中国人走到哪里中国就在哪里。什么是大国风范？我相信只要亿万个你我有风骨、有风度，中国必然有风范！

一个真正的大国应该做到：对内，人民安居乐业，国富民强；对外：不仅能生产出优质的产品，还能输出先进的社会制度和价值观。一个真正的大国，应当有实力、有胸怀、有气魄带领着全人类走向更加辉煌的未来！

我今天不是来给大家打鸡血的，不是来煽情的。我刚才说了大国的标准，但是怎么才能成为一个大国呢？在演讲的最后我想引用纪录片《大国崛起》当中的一段旁白来阐释一下成为大国的条件：一个懂得尊重思想的民族才能产生伟大的思想，一个拥有伟大思想的国家才有可能拥有不断前行的力量！

本文根据视频整理，视频网址：http://www.tudou.com/programs/view/lvGeobHbsW4?tpa
=dW5pb25faWQ9MTAyMjEzXzEwMDAwMl8wMV8wMQ

【思考】

（1）演讲同朗诵有什么区别？
（2）现代社会的工作和生活中需要演讲吗？
（3）结合上面这篇演讲稿谈谈如何写好演讲稿。

第一节　演讲的基本知识

《现代汉语词典》对"演讲"的解释是："就某个问题对听众说明事理，发表见解。"演讲的表现形式就是当众讲话。政治、宗教、经济、科技、军事等各种领域各种场合的当众讲话都是演讲。演讲是一个人思想水平、理论素养、生活阅历、知识储备、审美情趣、表达能力等多种因素的综合反映，是演讲者德才学识的集中体现。

现代社会职场环境下，有许多当众讲话的机会，如会议发言，自我介绍、企业或产品介绍、信息分享、向上级汇报工作、向下级布置工作等等。有位企业家曾经说过："在一个企业当中，光干不说是傻把式，光说不干是花把式，又会说又会干才是巧把式。"演讲是现代职场必备的能力之一。

一、演讲和朗诵的区别

朗诵和演讲都采取了有声语言和态势语言相结合的形式，但二者却有非常明显的区别。

第一，朗诵的内容具有固定性，演讲的内容具有灵活性。朗诵是变文字这个视觉形象为听觉形象，受原有书面材料的制约，因此，具有较强的固定性。演讲者虽然也常备有书面的演讲稿，但演讲者常常结合实际情况，在原有的稿子基础上进行现场发挥。有的时候，现场发生了一些意料之外的情况，就要求演讲者要灵活应变，组织新思路进行演讲。演讲比朗诵具有更大的灵活性。

第二，朗诵的题材大多是文学性的，演讲的题材大多是真实的。朗诵的题材大多是优秀的文学作品，用以陶冶听众的情操，是可以虚构的。演讲的题材具有很强的现实针对性，发挥传播信息的作用，或者发挥鼓动号召的作用，因此，演讲的题材不能虚构，必须是真实可信的。

第三，朗诵的语言要书面化，演讲语言则要口语化。朗诵的对象是富于表现力的艺术语言，大多庄重典雅，有较强的书面化的特点。演讲以"讲"，即"讲话"为主，内容要通俗易懂，生动形象，语言要尽可能口语化，才能引起听众的兴趣和共鸣。

第四，朗诵是表演艺术，而演讲是讲话形式。朗诵是一种艺术形式，可以单人完成也可以多人合作，要借助标准、动听、优雅的普通话语音，抑扬顿挫的语调传递内容，表情达意。演讲是个人向两个或两个以上的人传递信息、表达主张意见，或者进行说服的讲话形式。演讲者语音和语调自然得体即可，不需要像朗诵那样富有艺术表现力，当然，演讲者可以通过朗诵练习来增加声音的魅力，增强演讲的效果。

二、演讲的作用

（一）展示宣传

演讲是展示宣传自我和企业的最好方式。现代社会科技和经济的发展使个人和企业发展的空间越来越大，人和人之间、企业和企业之间的竞争也越来越激烈。扩大影响力就成了个人和企业发展的关键。许多大企业的老总经常寻找机会出现在公众视线中，在各种论坛演讲，或者在各种有声媒体演讲。演讲的内容大多是推介企业和产品或者发表看法。频繁出现的身影既增加了个人的魅力，也增加了企业的影响力。

下面是一家互联网公司 CEO 的演讲稿，分享了比较新颖的公司管理模式，条理清晰，语言生动，在演讲的过程中不断提到公司的名号，使公司的形象深入人心。

【例文】

我们是这样玩公司的

嘿，大家好，我是××××公司的××××。今天受命跟大家交流的课题是"玩公司"。

因为××××是个小公司，没有大公司的招牌和那么诱人的薪酬福利，只能靠带着小朋友们玩儿、让员工开心来吸引人。

我首先向大家介绍一下我们公司的基本情况：

××××是一个基于微信的互联网社群，目前有 345 万订阅用户、66 000 名付费会员，同时也是微信生态中最大的一家电商。

当然，和各位的生意相比，我们只是个小卖部。我们通过接近 2 000 个微信群来建立与会员以及热心用户的直接关系。

为了完成这个工作量，目前××××有 40 名员工。其中技术团队 10 人，其他为内容运营和商品团队。

每个人都是身兼数职。每个人的平均工作时间是每天 15 个小时左右，常年如此。

但是××××的员工活力非常强，所有与××××合作过的公司，都认为××××给他们带来的最大价值，是看到如何用非常少的人，来完成非常大的项目。

我们这个公司的特点有几个：

第一，没有上班的起止时间、没打卡机；

第二，除了创始人之外，没有层级；

第三，除了财务部之外，没有部门；

第四，除了技术部门之外，没有年终奖。

同时，沟通风格非常简单粗暴。

但是，××××的团队稳定性、活力和创造力，都非常优秀，我个人王婆卖瓜，我认为我们的团队是互联网领域最优秀的创新型团队。因为××××几乎保持每天都上线一个新活动的频率。

这个团队的构成是两端：70 后和 90 后。90 后为主。但是与 70 后的相处非常融洽，大家没有代际感。

我们自己分析，可能比较有效的做法是以下几点：

1. 我们从来不管理员工的工作时间，全部自我管理。

为什么？很简单，在移动互联网时代，你可以通过刷卡机刷住他的进门和出门时间，但是只要他手上有个手机，你就根本不知道他在做什么。

所以，我们创始人一致认为，刷卡机是管理者的耻辱，因为依赖刷卡机，就意味着你没有能力管住员工的注意力和情绪，你只能管住他的肉身。

与其这样，不如让他们自己管自己，只需要与他密切协同的小伙伴协调好时间就可以。

特别是对于年轻人，他们一定爱睡懒觉、晚上一定熬夜，与其逼着他早晨九点来，为什么不让他中午来，然后晚上十点走呢？

而且在北京这种城市，这种时间安排会极大地提高小朋友的幸福感。所以，每天早晨是我们创始人开始值班，然后小朋友们大部分中午前到。

我们的办公室也没有固定座位，每个人都可以根据自己的喜好和项目的需要，随时换座位。包括创始人在内，没有任何人有独立办公室和特殊的办公设备。

2. 依靠自我管理，如果他们不自觉怎么办？

很简单，我们有"节操币"制度。每个员工每个月可以获得 10 张节操币，每张相当于人民币 25 元。他们可以用这张节操币在我们周边的咖啡厅和饭馆随便消费，还可以获得打折和 VIP 待遇，公司月底统一与这些饭馆结账。

但是，节操币不能自己使用，必须公开赠送给小伙伴，而且要在公司公示你为什么要把节操币送给他，说明具体原因。节操币成了我们的硬通货，每月公司会公示当月节操王。

每年收到节操币最多的节操王，会获得年底多发三个月月薪的奖励。所以，每个人都能看到一个公开的数字，这个节操币的交易情况，反映了每个人与他人协作的水平。

很少收到节操币的人，一定是协作水平和态度比较低的，而且是由全体员工每天的自然协作做出的评价，是一张张真实的选票。落后的人，会很快自觉改善，或者离开公司，他们会感受到强烈的压力。

......

3. 我们的组织，除了技术团队和财务之外，全部是纵向编队的战斗小组。

举个例子：一个战斗小组，从买手选品、商务谈判、策划创意和文案撰写、商品页面制作、物流监控、全程客服、财务对账，全部自己小组完成，打通从商品选择到服务的全流程。

一个小组，基本配置是三个人。他们既要懂商品，也要懂创意和内容，还要懂服务；然后，公司从利润中，直接与小组进行分红，形成内部创业机制。

比如，我们有个 90 后小姑娘，很酷，对情趣用品很感兴趣，所以就拼命说服我们卖一个很贵的跳蛋。然后真的就是用纯文字开始销售，目前已经成为这个级别的产品在电商领域最大的一个分销商，然后因为这个产品毛利很高，这个小组就成了公司内的财主。

所以，这样的小组，跟创业没什么区别，这样的小组非常有活力，而且他们的学习能力超出你的想象。

......

我介绍完毕，其实很粗暴的。

总结一下，××××公司的特点有四个：

第一，没有上班的起止时间、没有打卡机。

第二，除了创始人之外，没有层级。

第三，除了财务部之外，没有部门。

第四，除了技术部门之外，没有年终奖。

××××公司塑造"最优秀的创新型团队"上有效做法是以下几点：

（1）我们从来不管理员工的工作时间，全部自我管理。

（2）如果他们不自觉怎么办？很简单，我们有"节操币"制度。

（3）我们的组织，除了技术团队和财务之外，全部是纵向编队的战斗小组。

（http://www.wtoutiao.com/a/1400260.html 李天田：我们是这样玩儿公司的）

（二）传播信息

社会发展的速度不断地加快，信息也快速大量地增长。演讲也是传播信息的一种重要方式。演讲者通常会根据自己的演讲目的接收大量信息，并筛选、分析有效信息，重新整理编排信息后再予以传递。演讲不但增进信息的传播速度，而且提高信息的有效性和系统性。

一位媒体人在一场长达 4 小时的跨年演讲中，对即将过去的一年进行了几方面的总结，下面的内容选自其中，包含了大量的有效信息。

【例文】

2015 年发生了很多事情，很多记不住，现在没人做十大新闻了，因为每个人关注都不同，有人关注优衣库，有人关注经济，有人关注苹果什么时候降价。我作为媒体人，不要以为多元化就是事实，会自动呈现在你面前，越是多元化看到世界越扭曲。过去中国媒体的话语权更多控制科技，都是互联网公司的头条，它霸占了很多我们的话语权，它给我们真实的世界吗？不一定。

去年董明珠给股东一百多个亿，没人知道，但是刘强东生孩子全国都知道；王健林去年的资本拼命往海外铺，没人知道，他的公子发微博，天下皆知；汽车产业去年最热闹的人是贾跃亭，要做超级汽车，其实谁在真正关注汽车 500 强企业？是吉利汽车的李书福。我们看到最热闹的新闻未必是这个世界的真相。

……

互联网恐慌

互联网像一个幽灵在中国大地徘徊了非常多年，2015 年达到互联网的恐慌，不少企业家愿意投入所有的身家去转型，我认为到了不太理性的程度。很多人说马云太坏了，把线下生意都毁掉。大家有没有常识？我们的线上商业占所有的商业不到 5%，5% 可以毁掉 95% 吗？我这个文科生都不认同。事实上，很多来自商业地产的朋友告诉我们，之所以过去几年线下商业不是那么顺利，原因很简单，前几年搞四万亿了。我说去年腾讯一年赚 200 多亿，我朋友说还没有我们公司多，他是中国烟草中公司的员工，去年他们赚了 1 700 多个亿。即使我们都在唱衰中移动，它也有 1 000 多万的利润。我们感知的互联网恐慌是一个事实吗？……

来自 http://mt.sohu.com/20160101/n433221816.shtml 罗振宇《时间的朋友》跨年演讲现场版笔记

（三）启迪激发

演讲可以启迪人们对真理的思考，使人认识社会现实和历史状况，辨别客观事物的美与丑、真与假、善与恶，可以帮助人们祛邪扶正，用真理战胜谬误，性格情操得到陶冶，思想感情得到净化，道德行为得到规范。成功的演讲不仅能以理服人，还能以情感人。

【案例】

据《史记·陈涉世家》记载，公元 209 年，陈胜在"谪戍渔阳"途中过大泽乡（今安徽宿县西南），他召集同伴们发表演讲：

公等遇雨，皆已失期，失期当斩。籍弟令毋斩，而戍死者固十六七。且壮士不死即已，死即举大名耳。王侯将相宁有种乎？（意为：诸位遇上了大雨，都已经误了朝廷规定的期限，误期就会杀头。就算朝廷不杀我们，但是戍守边疆的人十个里头肯定有六七个死去。再说，好汉不死便罢，要死就要取得大名声，那些王侯将相难道是天生的贵种吗？）

这篇演讲，讲明事理，晓以利害，大义凛然，具有强烈而巨大的号召力，立即得到了同行 900 名戍卒的积极响应，从而掀起了中国历史上第一次声势浩大的农民起义，成为秦王朝覆灭的导火索。

【案例】

英国首相丘吉尔很善于演讲。他的演讲慷慨激昂，语言优美，富有鼓动性。第二次世界大战爆发后，希特勒疯狂进攻欧洲各国。英伦三岛沦为孤岛，英国陷入民族存亡的危难境地。丘吉尔临危授命，就任英国首相，发表了一次又一次的战时演讲。如他的《出任首相后的第一次演说》，既是首相就职演说，也是战争总动员令。这篇演讲仅用了 1 000 多字，约 3 分钟的时间，却获得了空前未有的效果，极大地鼓舞了英国军民乃至世界人民与德意法西斯血战到底的斗志。尼克松在太平洋服役时听过丘吉尔的战时演讲，他曾说过："丘吉尔使我感动的程度要超过罗斯福总统。"

第二节　如何写演讲稿

演讲稿是为满足演讲的需要而事先准备好的稿子。演讲稿有四个要素：主题、材料、结构、语言。写好演讲稿的关键是要处理好这四个要素。

一、主题

主题，是演讲的全部内容所表现出来的基本思想，是演讲者对某一问题或现象发表的看法、主张和观点。主题是演讲的"灵魂"，对演讲的成败起决定性作用。主题鲜明的演讲，才能给听众留下深刻的印象。有的演讲漂亮花俏，噱头百出，现场气氛热烈，但是演讲结束后，听众只记得其中的三两句俏皮话或鸡汤式警句，不能领会演讲者的目的所在，这就是主题不鲜明导致的失败。主题又像是"统帅"，它不仅决定着演讲材料的取舍、演讲的结构方式，还决定着演讲的语言、表达方法和技巧。在确定主题时，首先弄清楚以下问题：

（1）你的听众主要是哪些人？
（2）你的听众为什么要听你的演讲？
（3）你的听众到底想听什么？

充分了解了听众后，还要结合自己的目的选取话题，要选择既满足听众需求，又为自己熟悉，符合自己的年龄、身份和气质的话题。选好话题的同时就要确立有一定的针对性和深度的主题，这样才能达到演讲的目的。

二、材料

材料是演讲的血肉，是演讲当中所用到的知识、道理、生活现象、事实根据等。演讲主要是听觉效应，最忌讳的就是枯燥的说教，左耳进右耳出，不能给人留下深刻的印象。因此，演讲者要善于使用广泛的材料。引人深思的社会现象、令人难忘的历史故事、触目惊心的数字、生动感人的故事、富有哲理的名言、经典的文学作品，各地的风土人情，个人的所见所闻等等都可以用作演讲的材料。演讲者特别要善于用形象的材料来论证道理，故事有情节，容易吸引听众的关注，产生共鸣。

演讲者在选择材料时一定要围绕主题，不能为主题服务的材料，再精彩都不要放到演讲中，不要造成画蛇添足的效果。选取的材料一定要新颖、真实、典型。

下面我们来看两篇演讲稿。

理想丰满

冯仑

同学们好，我今天跟大家说说，什么是理想，以及我对理想的一些看法。也可能我的答案是我自己的，你们有你们的答案。

什么是理想这件事呢，我实际上后来才发现，当我遇到困难而没有解的时候，理想是一个 GPS，是一个生活当中的导航，是当什么都不清楚的时候，你知道该去哪儿。这件事我在什么时候突然明白的，大概在七年前，我和王石，我们一起去戈壁滩上，从西安开车一直到新疆乌鲁木齐，到新疆的时候，突然车坏了，前面那个地方没信号，如果继续开，就有可能油烧完了，什么都看不见，一个参照系都没有。地下全部都是戈壁滩上的鹅卵石，温度之高，很快就可以把轮胎粘到石头。我们没有办法跟任何人联系，我们越来越恐惧，开始焦躁。这时候司机他自己下了车，他就在那边转，不断地在地下看，看什么呢，看有没有车辙，看了以后他发现有一个车辙。这个时候他就把车开到那个最新的车辙上面，把它横过来，然后他就说："剩下的事情，只能等待，没有任何奢望。"然后我们就这么等，等了大概将近一个小时，有一个特别大的货车过来，因为我们挡住了这个车辙，那个大车就停下来，停下来以后，我们的司机就写了一个电话，让他出去以后打电话给那个人，告诉他们我们在这儿，让他们来救我们。回来以后，我们在车上就讨论说："这事儿靠谱吗？人家会给你打这个电话吗？"他说了一句话，说："在没有方向的地方，生命是唯一的选择的时候，信任是最可宝贵的。"结果我们又等了一个多小时，果然我们的车子过来了，把我们接出去了。

这件事让我一直在想，什么最恐惧呢？不是没有钱的时候，不是没有水的时候，也不是没有车的时候，最恐惧的时候，实际上是没有方向的时候。当你有了方向，其实所有的困难都不是困难。我就想，理想这件事情，就相当于在戈壁滩上，你突然找到了方向。其实生命当中，要想活下来，第一件事是有方向。

我主张我们应该在一个时代、一个环境下，根据我们的现实、我们的价值观来确定我们的追求，提出我们自己的理想。

理想还有一个很有意思的是，人有了方向感以后，人会快乐，生命会变得简单，你就不会在现实中变成"纠结哥"，你会变成"淡定哥"。比如钱这件事，对我们来说很重要，但是我们人一生最苦恼的事，有三件事情算不准，第一算不准今后你要赚多少钱；第二算不准有多少幸福和痛苦；第三算不准什么时候、以什么方式离开这个世界。所以当我们碰到大量金钱问题的时候，我们就很纠结，但是你如果有价值观、有理想，你算账就变得非常简单，人活得很通泰。

什么人最快乐呢？有信仰的人快乐，心里头有方向感的人快乐，理想就是一个方向感，就像在黑暗隧道里的那个光明，如果你们失去了这个光明，你会恐惧，会死亡，而有了这个光明，你会行动，会前行，这就是理想在我们生命当中给我们的意义。

另外，我们必须看到，理想在长期的发展过程中，真正能坚持理想的人毕竟是少数，多数人是在理想过程中被现实磨灭，所以同学们，我们也必须知道，当我们大家在一起讲理想的时候，犹如在爬山之前的山底下的散步，这个时候每个人都信誓旦旦说："我要上山顶"。大家仔细看，走一会儿，就剩下一半人了；还不到三分之一，就剩一半的一半人了；你再走，到了最后，就剩5、6个人了，所有人都不知道跑哪儿去了。然后在半腰上的人都在说风凉话，说："上去干嘛，上去你也得下去"；在底下的人说："有这工夫，不如去看个电影、谈个恋爱、旅个游"。所有人都在给自己找理由，最后就剩下一个人，上了山顶，而这个人告诉大家，我看见了很多风光，看见了很多风景。但仍然有很多人不以为然，说照片上也有，跟你说得不一样，要不就说，我没上去，我不信这事儿。

今天谈理想，面临同样的困境，我跟你们讲很多关于理想的故事，你们将信将疑是正常的，是应该的，因为你们现在还在爬山的起点上。那么到了山上以后，能看到什么，你们回过头来，我们可以做一个赌博，如果你们坚持走到半山以上，20 年以后，你回头来，也做这个节目，你会比我讲得更精彩，更感动，更有力量！谢谢同学们。

根据视频内容整理，视频链接 http://tv.cntv.cn/video/C11356/a9765631be9d48ca9c30055068c94a0d

青春·理想

大家好，今天我为大家带来的演讲叫作"青春·理想"。

我们，撇下无知迎来了属于我们的青春。青春，让我们肆无忌惮，畅然释怀，体味风那样的自由，感受云那般的自在，因为青春赋予我们的是生命的巅峰，我们无须成熟，我们不再无知，我们唯有执着。

人生是对理想的追求，理想是人生的指示灯。失去了这灯的作用，就会失去生活的勇气。因此，只有坚持远大的人生理想，才不会在生活的海洋中迷失方向。托尔斯泰将人生的理想分成一辈子的理想，一个阶段的理想，一年的理想，一个月的理想，甚至一天、一小时、一分钟的理想。当你听到这里，同学们，你是否想到了自己的理想？

人生的花季是生命的春天，它美丽，却短暂。作为一名大学生就应该在这一时期，努力学习，奋发向上，找到一片属于自己的天空。青年是祖国的希望，民族的未来。每个人主宰着自己的明天。

有一位哲人说过："梦里走了许多路，醒来还是在床上。"它形象地告诉我们一个道理：人不能躺在梦幻式的理想中生活。是的，人不仅要有理想，还要大胆幻想，但更要努力去做，在理想中躺着等待新的开始，不仅遥遥无期，甚至连已经拥有的也会失去。同学们，你们是否也正在梦幻的理想中彷徨呢？

前人说得好，"有志之人立长志，无志之人常立志"，那些无志之人的"志"，就是美梦，就是所谓的"理想"，他们把自己的蓝图构画得再美好，再完善，也只是空中楼阁，海市蜃楼罢了。同学们，你是立长志之人，还是常立志之人呢？

最后我想用梁启超的话来结束今天的演讲："少年智则国智，少年富则国富，少年强则国强，少年进步则国进步，少年雄于地球，则国雄于地球。"让我们洒一路汗水，饮一路风尘，嚼一路艰辛，让青春在红旗下继续燃烧；愿每一位青年都怀抱着自己的理想，在人生的航程上不断乘风破浪，奋勇前进！

http://zhidao.baidu.com/question/346070837.html

【简析】这两篇演讲稿的主题都是"理想"，第一篇是企业家冯仑先生于 2012 年 8 月在中央电视台"开讲啦"节目中的演讲，第二篇是一位学生的演讲稿。第一篇演讲稿中作者先用亲身经历的一个故事说明什么是"理想"：理想就是人生的方向；然后讲了理想对人生的重要意义：理想带来快乐的人生；最后用爬坡的故事鼓励大家要坚持不懈地实现自己的理想。思路清晰，内容丰富，有很强的说服力和感染力。演讲中用了具体形象的故事来讲道理，容易给人留下深刻的印象。第二篇演讲稿，堆砌了大量抒情性的语句来讲道理，缺乏具体感人的材料，看上去富有激情，但实际上却空洞无物，很难打动人，达到演讲目的。

三、结构

结构就是演讲的思路，如果说材料是珍珠，结构就是把珠子串成项链的线。材料本身是无力的，但是把材料放在结构里，演讲的内容就有了力量感。一样的主题，一样的材料，用不同的方式进行组织和整理，会有不同的效果。成功的演讲必须要有好的结构。

演讲的结构一般包括开头、主体、结尾三个部分。

（一）演讲稿的开头

精彩的开场白，是演讲者与听众的一座引桥，是演讲者与听众建立初步友谊的纽带，它在整个演讲过程中起着不可低估的作用。演讲稿的开头写得好，就能沟通演讲者与听众的感情，集中听众的注意力，唤起听众的兴趣，从而使听众对演讲内容产生一种强烈的渴望感。开头可以不拘一格，但要选择最适于表现主题的形式。比如柴静的演讲"认识的人，了解的事"，讲了四个人身上的四件事，一开场直接阐述发生在第一个人身上的事儿，没有一个完整正式的开头，但丝毫不影响演讲的整体效果，反而增加了演讲的感染力。下面介绍几种开场白的形式。

1. 提问式

一上台便向听众提出一个或几个问题，请听众与演讲者一道思考，这样可以立即引起听众的注意，促使他们很快把思想集中起来，一边迅速思考，一边留神听。听众带着问题听讲，将大大增加他对演讲内容认识的深度和广度。但提出的问题不能太泛，应围绕中心，饶有趣味，发人深省；如果问得平平淡淡，不痛不痒，反而弄巧成拙，失去这种开场白的优势。如："前些日子有一个在银行工作了十年的资深的 HR（人力资源管理师）在网络上发了一篇帖子叫作《寒门再难出贵子》，意思是说在当下我们这个社会里面，寒门的小孩想要出人头地想要成功比我们父辈的那一代更难了，这个帖子引起了特别广泛的讨论，你们觉得这句话有道理吗？"这里的提问传递了演讲者的质疑，为后面的演讲内容做了很好的铺垫。

2. 新闻式

演讲者首先宣布一条引人注目的新闻以引起全场听众的高度注意。这样的开头，一下子就使听众为之震惊，并对事态关注起来。但这种新闻首先必须真实可靠，切不可故弄玄虚，否则，愚弄听众只会引起反感；其次要新，不能是过时的"旧闻"。

3. 赞扬式

人们一般喜欢被赞扬，演讲者在开场时说几句赞扬性的话，可以尽快缩短与听众的感情距离。但要注意分寸，不要给人哗众取宠、油嘴滑舌的印象。

4. 渲染式

创造适宜的气氛，引发听众产生情感共鸣，引导听众很快进入讲题。

比如一篇题名为"逆流而行"的演讲稿这样开头："每 11 分钟就有一个美国人死于这种病。这个数量是死于谋杀犯罪案人数的两倍。今年有 4.6 万人死于这种病，而 8 年越南战争的死亡人数也不过是这个数字。在近十年里，美国人死于这种病的人数是死于艾滋病13.3 万人数的三倍。这种病将使你我和其他美国人今年在医疗费用上花费掉超过 60 亿美元，并失去劳动能力，更不用说我们所遭受到的生命损失了。我所说的患乳腺癌这种疾病的浪潮可能会直接袭击我们在座的每一个人。"这里通过耸人听闻的事实和数字渲染氛围，深深吸引了听众。

5．直入式

开门见山，言简意赅，单刀直入，直截了当接触演讲的主题。比如冯仑关于理想的演讲，一开场就告诉大家："我今天跟大家说说，什么是理想，以及我对理想的一些看法。"

6．道具式

又叫"实物式"，演讲者开讲之前向听众展示某件实物，给听众以新鲜、形象的感觉，引起他们的注意。实物可以是一幅画、一张照片、一张图表、一件衣服等。比如一场关于教育改革的演讲中，一位演讲者开场时展示了一幅齐白石的名画《雏鸡》，说："请看，这幅一米多长，一尺来宽的画面上，齐白石先生只画了三只毛茸茸、憨乎乎的小鸡，其余处处留白。看了这幅画，你是否会想到小鸡和他们长大后的样子呢？这就是留白的魅力，我们做教师的，能否都打破 45 分钟的满堂灌，也给学生留下无限广阔的回味和再创造的空白呢？"

7．幽默式

用幽默诙谐的语言和新奇贴切的比喻开头，既能紧紧抓住听众的心，引人发笑，又能活跃会场气氛，让人在笑声中思考。

比如陈秋实"大国的风范"，就很生动地讽刺了韩国抢占中国的"活字印刷术"申报"世界非物质文化遗产"的可笑行为。用"你都没有自己的文字，你发明活字印刷，你往上印泡菜呀"这样幽默的语言引起听众的共鸣和激情，引领听众深入到演讲的主题中。

（二）主体

主体是结构的核心部分，可以采用以下几种方式。

1．3W 式

3W 即 What、Why、How，是什么、为什么、怎么做。这是阐发观点和看法类的演讲最适用的结构方式，也是我们写议论文时常用的结构方式。前面《理想丰满》的演讲稿，就采用了这个结构，先提出"理想是什么（理想是方向）"，然后讲"为什么要有理想（理想带来快乐的人生）"，最后说"如何实现理想（坚持不懈）"。这是一个逐渐深入的思维过程，简洁、清晰、深刻。演讲者可以根据论题的需要，调整重心所在，有的话题的重心在"为什么"，有的话题的重心在"怎么做"。

2．条目式

推荐企业或产品的宣传式演讲，比较常用这种方式。大小条目的安排要有内在的逻辑顺序和详略起伏。大条目中的小条目内容可以按照主次不同，安排先后，主要的放在前面，次要的放在后面。比如上面"我们是这样玩公司"的演讲中，就采用了条目式结构。整个演讲有三大方面内容：

（1）概述公司的规模、业务；

（2）介绍公司的特点；

（3）介绍公司的管理模式。

三个部分中，概况说得粗略，没有展开，特点和管理模式做了具体的展开。特点一目了然，就简说；管理模式有创新之处，有吸引人的亮点，则详说。条目式结构要注意的是，条目不宜过多，演讲主要是通过听觉效应传递信息，稍瞬即逝，细碎的内容不如整体的内容留给人的印象深刻。演讲者要把力气花在刀刃上，给听众留下最佳的效果。

3. 时间式

介绍事件的经过或企业的发展历程，常用时间先后的方式来组织材料，进行演讲，这样符合人们的思维习惯。在介绍的过程中，一定要围绕主题安排详略。如果是阐述事件的演讲要在事件的高潮处多花力气，如果是关于企业发展历程的演讲，要抓住企业的转型或飞跃期多做渲染。不要平铺直叙，讲一本流水账。

4. 总分式

总分式包括总分、分总、总分总等。比如，柴静的演讲"认识的人，了解的事"，先分别讲了四个人身上发生的事，最后进行了归纳和总结，升华了主题。我们来看这篇演讲稿。

认识的人，了解的事

十年前在从拉萨飞回北京的飞机上，我的身边坐了一个50多岁的女人，她是30年前去援藏的，这是她第一次因为治病要离开拉萨。下了飞机下很大的雨，我把她送到了北京一个旅店里，过了一个星期我去看她，她说她的病已经确诊了，是胃癌晚期，然后她指了一下床头有一个箱子，她说如果我回不去的话，你帮我保存这个。这是她30年当中走遍西藏各地，和各种人：官员、汉人、喇嘛、三陪女交谈的记录。她没有任何职业身份，也知道这些东西不能发表，她只是说，一百年之后，如果有人看到的话，会知道今天的西藏发生了什么。这个人姓熊，拉萨一中的女教师。

五年前，我采访了一个人，这个人在火车上买了一瓶1.5元的水，然后他问列车员要发票，列车员乐了，说我们火车上自古就没有发票。这个人就把铁道部告上了法庭。他说人们在强大的力量面前总是选择服从，但是今天如果我们放弃了1.5元的发票，明天我们就可能被迫放弃我们的土地权、财产权和生命的安全。权利如果不用来争取的话，权利就只是一张纸。他后来赢了一场官司，我以为他会和铁道部结下"梁子"，结果他上了火车之后，在餐车要了一份饭，列车长亲自把饭菜端到他面前说，"您是现在要发票还是吃完以后我再给您送过来？"我问他，你靠什么赢得尊重？他说我靠为我的权利所做的斗争。这个人叫郝劲松，34岁的律师。

去年我认识一个人，我们在一起吃饭，这个60多的男人说起丰台区一所民工小学被拆迁的事，他说所有的孩子靠在墙上哭。说到这儿的时候，他也动感情了，他从裤兜里面掏出一块皱皱巴巴的蓝布手绢，擦擦眼鼻，这个人18岁的时候当大队的出纳，后来当教授，当官员，他说他做这些事的目的只是为了想给农民做一点事。他在我的采访中说到，征地问题给农民的不是价格，只是补偿，这个分配机制极不合理，这个问题的根源不仅出在土地管理法，还出在1982年的宪法修正案。在审这个节目的时候，我的领导说了一句话，这个人说得再尖锐，我们也能播。我说为什么？他说因为他特别真诚。这个人叫陈锡文，中央财经领导小组办公室主任。

七年前，我问过一个老人，我说你的一生已经有过很多挫折，你靠什么保持你年轻时候的情怀，他跟我讲有一年他去河北视察，没有走当地安排的路线，在路边发现了一个老农民，旁边放着一副棺材，他下车去看，那个老农民说因为太穷了，没钱治病，就把自己的棺材板拿出来卖，这个老人就给了他 500 块钱拿回家。他说我讲这个故事给你听，是要告诉你，中国大地上的事情是无穷无尽的，不要在乎一时的得失，要执着。这个人叫温家宝，中华人民共和国总理。

一个国家是由一个个具体的人构成的，它由这些人创造并且决定，只有一个国家能够拥有那些寻求真理的人，能够独立思考的人，能够记录真实的人，能够不计利害为这片土地付出的人，能够捍卫自己宪法权利的人，能够知道世界并不完美，但仍然不言乏力、不言放弃的人，只有一个国家拥有这样的头脑和灵魂，我们才能说我们为祖国骄傲，只有一个国家能够尊重这样的头脑和灵魂，我们才能说，我们有信心让明天更好。

（三）演讲的结尾

演讲的结尾在整场演讲过程中非常重要，往往能起到画龙点睛的作用。结束演讲的方法是多种多样的，没有一种适合于任何特殊情况的通用方法。演讲者可根据自己演讲的具体时间、地点、主题、听者及个性等因素，选择适合于自己的方法。

1. 总结式

在演讲结束时简洁、扼要地对自己已阐述的思想进行总结，帮助听者加深印象。比如之前我们看到那篇介绍公司管理模式的演讲稿就采用这种方式结尾。"我介绍完毕，其实很粗暴的。总结一下，我们公司的特点有四个……。"

2. 赞颂式

利用赞颂的话结束演讲。赞颂的话可以使会场的活跃气氛达到一个新高潮。但要注意，讲者在说赞颂的话时，不能有过分的夸张和庸俗的捧场，否则就会有哗众取宠的感觉。同时，演讲者说话的表情要自然，态度要严肃，口气要诚恳。

3. 引用式

利用名人的话或轶事结束演讲。权威崇拜是一种普遍存在的社会心理，运用权威和名人的话或者轶事结束演讲，可以使演讲更有说服力。演讲者可以这样说："最后，我想引用×××的话（或者关于×××的一个轶事）来结束我的演讲……"。但要注意，讲者引用名人的话或轶事要有针对性，要能丰富和深化自己演讲的主题，要尽量用听众关注度高的素材，不要用过于陈旧和传统的素材。

也可以引用诗词来结尾，使演讲显得典雅而富有魅力，使听者产生清新和优美的感觉。引用的诗一定要短，最好四句，最多八句，尽可能选用演讲者和听众都熟悉的诗句，否则弄巧成拙，反而影响演讲效果。

4. 幽默式结尾

除了某些较为庄重的演讲场合外，用幽默式结尾可为演讲添加欢声笑语，使演讲更富有趣味，并给听者留下一个愉快的印象。演讲者利用幽默的方式结束演讲时，要做到自然、真实，使幽默的动作或语言符合演讲的内容和自己的个性，绝不要矫揉造作、装腔作势，否则只会引起听者反感。

5. 呼吁式结尾

利用一些感情激昂、动人心弦的话，对听众的理智和情感进行感召，激励斗志，达到演讲的高潮。

比如美国独立战争前夕，国务卿帕特里克·亨利在弗吉尼亚州会议上的演讲结尾是这样的："我们的弟兄已经奔赴战场！我们为什么还要站在这里袖手旁观呢？先生们想要做什么？他们会得到什么？难道生命就这么可贵，和平就这么甜蜜，竟值得以镣铐和奴役作为代价？全能的上帝啊，制止他们这样做吧！我不知道别人会如何行事；至于我，不自由，毋宁死！"亨利的高呼："不自由，毋宁死！"引发起全场听众高喊"拿起武器"的呼声。此后，"不自由，毋宁死！"成了美国人民争取独立自由的战斗口号。

6. 动作式结尾

在演讲中，演讲者的动作是无声的语言，是与听者交流思想的重要媒介，利用动作结束演讲，是一种具有独特风格的方法。例如，有位演讲者在结束自己的演讲时，穿上外套，戴好帽子，拿起手套，而后诙谐地对听者说："我已结束了自己的演讲，你们呢？"他的出人意料的动作立刻博得了全场听者的掌声。

四、语言

无论主题是否有创意，材料是否丰富，结构是否恰当，演讲过程中，冲锋陷阵的是语言，是每一个字，每一个词。演讲是听觉效应，不是视觉效应，因此，演讲的语言以满足听觉需求为主。庄重典雅、含蓄隽永的文字满足的是视觉需求，放到听觉世界中，则不一定有良好的效果。演讲的语言要满足以下要求。

（一）简洁

人的听觉注意力集中的时间非常有限，因此演讲要用最少的字句，准确、完整地传递尽可能丰富的消息，争取最大限度上说服听众。表达的内容要简短明了，集中概括；表达的线条要清晰明朗，主干突出；表达的句式结构要精练简洁，多用短句，节奏感强。要善于去掉毫无意义的口头语和多余的感叹词之类，如"那个"、"是不是"等口头禅。要选择最能准确反映事物本质、表达思想情感的语汇。训练时可以采取限制字数或限制时间复述故事的方式，加强这方面的能力。

（二）通俗

演讲的语言介于书面语和口语之间，因此，必须要通俗易懂。根据听众的文化程度和行业领域，使用大家熟悉的接受度高的词语。避免用接受度低的文言、方言和生僻词汇。比如针对年轻人的演讲，可以大量使用喜闻乐见的网络语，拉近彼此之间的距离。但如果是针对年龄层比较复杂的听众的演讲，则要有选择地使用网络语，过于新鲜，或容易引起感情色彩争议的语言就不宜使用。比如"屌丝逆袭"、"小鲜肉"这样的语汇，在 90 后听来，是褒义词，而对年纪稍大的人来说，感情色彩可能完全不同。

（三）形象生动

形象生动的语言可以把抽象、深奥的理论具体化、浅显化，容易感染和打动听众。可以通过修辞手法来增加语言的生动形象性。

1. 作比较

用大家熟知的事物解释不熟悉的事物，这是作比较的最大好处，给人们提供了非常形象地推介新知识的方式，可以把复杂的问题简单化。作比较可以是同类相比，也可以是正反对比。我们看下面两段演讲内容。

我们感知的互联网恐慌是一个事实吗？这让我想起我小时候的一个事情，我5岁上学，学校里面我的同桌五大三粗，天天欺负我，我从来不怕他，我最不能忍受的是他说下课要揍我。互联网恐慌就是五大三粗的家伙，它给我们三个字：你等着。很多企业朋友都有这样的体会：它让我们等着。

选自罗振宇《时间的演讲》

十年前买一根光纤，按单位长度算，一根光纤多少钱？2 000块钱。现在按单位长度算，买一根光纤多少钱？一公里的光纤现在是 40 块钱。按单位长度算，光纤现在比面条便宜，你买一公里面条也不止40块钱！

选自邬贺铨《互联网改变了什么》

2. 排比

排比可以很好地增强话语的节奏感和语势，大大地增强说话的力度。如下面这段，使用排比的句式把情感推向高潮，增强感染力。

你一辈子都在感受抱怨，那你的一生就是抱怨的一生，你一辈子都在感受感动，那你的一生就是感动的一生，你一辈子都立志于改变这个社会那你的一生就是斗士的一生。

选自刘媛媛《寒门贵子》

3. 设问和反问

设问和反问，也是在演讲中大量用到的修辞方式。反问和设问，都是"明知故问"，在说话时为了表达特殊的感情或引起听者的注意而故意发问。恰当地使用，能很好地吸引听众，增强气势。

大国有没有他既定的标准？有，四个字——国富民强！中国今天是世界第二大经济体，我们的国家富不富？富！但是作为中国的国民，你们觉得自己强吗？

选自陈秋实《大国风范》

你们当初当兵，必定不是为了造反，你们沙场浴血，卧冰尝雪，千里奔波，赴汤蹈火，为的不仅仅是效忠君王，保家卫国，更是让自己活得更好，让自己在沙场上挣来的功劳，能够荫及家人，为了让自己能够建功立业，人前显贵，是也不是？

今日站在这里，都是大秦的佼佼者，你们是大秦的荣光，是大秦的倚仗，是也不是？

我大秦曾经被人称为虎狼之师，令列国闻风丧胆，可就在前不久，五国陈兵函谷关外，可我们却束手无策，任人勒索宰割，这是为什么？我们的虎狼之师呢？我们的王军将士呢？都去哪儿啦？

大秦的将士，曾经是大秦的荣光，可如今却是大秦的耻辱！当敌人兵临城下的时候，你们不曾迎敌为国而战，却在王位相争中自相残杀，这就是你们的作为！曾经商君之法约定，只有军功才可受爵，无军功者不得受爵，有功者显荣，无功者虽富无所荣华。可有些人就是不愿意尊商法，要恢复旧制，所以派人来杀我，你们也不情愿、也不想实行新法，是吗？

为何你们站在了靠祖上余荫吃饭的旧族那边，自愿成为他们的鹰犬，助纣为虐，使得他们随心所欲、胡作非为，使得商君之法不得推行，使得兄弟相残、私斗成风？

根据电视剧《芈月传》台词整理

第三节 如何登台演讲

一、克服胆怯的心理

当众演讲，对大多数人来说，压力是比较大的。特别是第一次登台、台下听众超多、话题很重要时，难免会精神紧张，因此，有效的登台演讲首先要克服胆怯紧张的心理障碍。克服心理障碍的方法主要有以下几个：

（1）充分的准备。林肯曾说："我相信，我若是无话可说时，就是经验再多、年龄再老，也不能免于难为情的。"要进行成功的演讲，就必须有成功的准备，没有准备好就出现在听众面前，心理压力大，难于应对现场的种种突发情况。事先充分的准备后你就可以诚心诚意地告诉自己不必要，没什么可以打倒你，让内心充满自信。对经常要登台演讲的人来说，平时就要注意加强自己的心理训练和调适，养成良好的心理素质。

（2）轻装上阵。上台前，不要把目标定得过高，对于不切实际的期望要有客观的分析。如果把演讲的意义片面夸大，甚至把演讲与个人终生的成就、事业和幸福等紧紧联系在一起，演讲的时间还未到，就已经惶惶不可终日了。带着强烈的求胜动机和沉重的心理负担去准备，结果情绪焦虑程度越积越强烈，到了发挥时就容易事与愿违。因此，演讲者要适度降低求胜动机，减轻心理负担，做到轻装上阵。

（3）保持积极的情绪体验。有些演讲者面对即将到来的演讲，感觉就像如临大敌，心惊胆颤，有着诸多的这样那样的担心，比如，在演讲过程中总是设想自己会犯语法错误，或总担心讲着讲着会突然地停顿下来，讲不下去了，这就是一种反面的假想，它很可能会抹杀我们对演讲的信心。面对这种情况发生，可以使用积极自我暗示的方法。暗示对人的心理影响是极大的，我们都能看到人在不良的心理状态下发挥是不正常的。多学会给自己一种积极放松的暗示，用一些"我一定可以做得很好""我一定可以超常发挥"等肯定自己的短句。在平时休息之余练习和自己交谈，不断地强化一种必胜的信心与信念。时间长了，就会发现这种良好的积极的心态就会成为自己的一种习惯。

（4）避免机械背诵演讲稿。逐字逐句地背诵讲稿，很容易在面对听众时遗忘，即使没忘，讲起来也会显得十分机械化。美国总统林肯曾说过："我不喜欢听刀削式的、枯燥无味的讲演"。背演讲稿对演讲者可能是一种必要的准备方式，但是，背诵依赖的是机械记忆，逐字逐句的记忆不仅耗费演讲者大量时间，而且容易形成演讲者的心理麻痹。实际的演讲过程中，一旦因怯场、听众骚动，设备故障等突发事故而容易出现"短路"现象。因而，在准备演讲时，就要事先练习"讲"内容，而不是背稿子。

（5）转移注意力。比如，可以积极听取主办人和听众的意见，这样我们可以转移注意力，放松身体和思想。也可以做做肌力均衡运动。均衡运动是指有意识地让身体某一部分肌肉有规律地紧张和放松。比如我们可以先握紧拳头，然后松开；也可以固定脚掌，作压腿，然后放松。作肌力均衡运动的目的在于让你某部分肌肉紧张一段时间，然后你便不仅能更好地放松那部分肌肉，而且能更好地放松整个身心。在开始演讲之前，应深呼吸三十秒，这样所增加的氧气供应可以提神，并能给你勇气。演讲中，尽量把眼神和注意力投向观众席，观察观众的反应，制造一些有趣的互动，减弱恐惧感。

（6）心理暗示。对于消除紧张心理，卡耐基先生最基本的经验就是："你要假设听众都欠你的钱，正要求你多宽限几天；你是神气的债主，根本不用怕他们。把身体站直，然后开始信心十足地讲话吧！好似他们每个人都欠你的钱，你在催他们还债，假想他们聚在那儿是要求你宽限还债的时间。"这种心理作用对我们大有帮助。想克服演讲的紧张心理，不妨先要弄清自己为什么害怕当众说话，只要对症下药，只要肯下功夫，多练习多实践，就会逐渐克服这方面的障碍。

二、合理使用态势语

态势语是口语交际活动的一种辅助手段，是通过体态、手势、表情、眼神等非语音因素而传播信息的一种辅助手段。

态势语在演讲中的使用范围极广，使用频率也极高。演讲者一登台亮相，还未开口便已经用态势语给听众留下第一印象。在演讲中恰当灵活地运用态势语言，可以更好地表情达意，态势语可以强调、解释、补充有声语言的意义，加深有声语言的感染力。

（一）身姿

身姿就是指身体的体态。弯腰驼背地出现在听众面前去讲演一篇豪气冲天的演说词，无疑是不会成功的。坐要正，立要直，胸要挺，肩要平，把最美好的姿态拿出来，把最能代表精神的风姿拿出来，这是每一个讲演者必须注意的。只有让人看上去舒适、坦荡、自然、潇洒、风度翩翩，才能使你的身姿协助你的讲演取得好的效果。

1．三种步姿

（1）行走时心情轻松，步子幅度不大不小，速度不快不慢，上身直立，两眼平视，两手自然摆放，或一手拿着东西，这样步姿看起来自然大方、轻松自如，一般在社交场合都适用。

（2）行走时上身挺立，步伐矫健，双膝弯曲度小，步幅速度适中，步伐和手的摆动有强烈节奏感，眼睛正视前方，这种步姿传递的信息是庄重、礼貌，适用于较为正式、重大的场合。

（3）行走时，仰视阔步，步伐较缓，步幅较大显得愉快、有些骄傲感，这样走上台显得自信，稳健，但掌握不当，易给人轻狂之感。走得太慢，让人等得不耐烦便有一些负作用了。

三种步姿都各有得失，如果你平时走路比较偏向哪一种，就得注意避开哪种步姿的负面影响，这是因为上台时由于紧张，由于有对比，易使习惯中的缺点更显眼刺目。当然，每人走路都不一样，非上述三种粗略的描述所能概括的，注意扬长避短，注意自然放松，注意有意纠正平时的一些不良习惯即可。有的人走路爱低着头，有的有些驼背，有的手习惯插在口袋里或到处乱摸，有的显得松松垮垮，这些毛病都得克服。

2．站相

一般来说，演讲比赛都是站着讲，而且前面没有讲台遮住下身，就得注意站相了。演讲者应该挺胸收腹，精神饱满，气向下沉。两肩放松，重心主要支撑于脚掌上。脊椎、后背挺直，胸略向前上方挺起。腿应绷直，稳定重心位置。站姿可以适当变换，不要太单一。但要注意不要把身体倚在讲台上，或左右扭动身体，不要歪斜着身子，一腿前一腿后给人以不严肃的感觉。也不应该双膝交叠站着，抖动着脚尖，给人以无理、粗鄙的印象，让人看了反感和厌恶。"站有站相"，自然得体即可，也不要刻意追求一举手、一投足都完美无缺。

（二）手势

演讲者的手势是演讲者在演讲时手部动作的姿势，手势没有固定模式，是由演讲者的性格和演讲的内容以及演讲者当时的情绪支配，但是手势挥动的高度却有个约定俗成的范围，手的各种姿势则反映不同的内容，代表不同的意思，这也是约定俗成的。

1. 手势的位置

手势分上、中、下位，肩部以上，称上位，常在演讲者感情激烈，或大声疾呼，发出号召，进行声讨，或强调内容，展示前景，指出未来的时候用。如：①让我们团结起来，携手并肩，共同奔向美好的明天！②同志们，睁开你们的双眼看看吧。

从腹部至肩部是中位，常用于心绪平稳、叙述事实，说明事物，这时双手往往自然相握，放在小腹处，或放在齐腰处，不乱动，有时为了减少紧张，也可以手握一样东西。如：提示卡、笔、讲稿之类。

腹部以下是下位，这个部位的手势指示方位多用于表达厌恶、鄙视、不快和不屑一顾的情感。如：①让懦弱离我而去吧！②我将和他不共戴天，一刀两断！

除了手势，演讲者还可以借助于手指、拳头和听众交流并使演讲成功。

2. 手指的语义

大拇指表"夸奖""很棒"；二拇指中指朝外伸表示"胜利"，五指张开有时表示打招呼、有时左右晃动表示拒绝等等。"十指交叉"一般表自信或对对方感兴趣，"搓掌"表期待，快搓表示增加可信度，慢搓表示有疑虑；手掌向前表拒绝、回避；劈掌表果断、决心，在手臂语言中"手臂交叉"表示防御；"交叉握拳"表示敌对等。

3. 拳头

手握拳头放于肩部如：宣誓，表决心，高举拳头，挥动表示警告。放于胸前表示暗下决心，放在双腿两侧则有胸中怒火燃烧而又强忍之意。如：①我们要团结起来，共同奋斗。②好小子，你等着瞧！

注意不要手一会儿放在前，一会儿放在后，显得局促不安，或者用手抓耳挠腮，或摆弄衣角，或把手插于裤兜里，这都是演讲时之大忌。

（三）眼神

一场成功的演讲，在开口前，就应该先与听众进行目光交流，环视全场让自己的情绪稳定下来，同时在演讲过程中要持续与全场听众有目光接触，特别是坐在后面和坐在前排两侧的听众，运用目光接触，可以获得听众的注意力，建立相互的信任；另一方面又可以透过目光接触来回应听众、阅读听众的表情。目光接触的方法主要有以下几种：

（1）前视法：演讲者视线平直向前面弧形流转，从听众席的中心线弧形照顾两边，直至视线落到最后的听众头顶。

（2）环视法：眼睛向全场有目的地扫一下，使所有听你演讲的人都注意到你，不觉得你在和某个人交流，这样能较全面地了解听众的心理反应，而且可根据你的环视随时调整演讲的节奏、内容、语调、把握演讲的主动权。

（3）虚视法：就是似视非视，演讲就需要这样虚与实的目光交替，"实"看某一部分人，"虚"看大家，做到"目中无人，心中有人"。

对演讲者而言，目光能塑造自我形象，给人以鲜明的第一印象；目光炯炯，给人以健康，精力旺盛，热情自信的印象。目光迟钝，给人以虚弱麻木、不灵活的印象；目光明澈，给人以坦诚的印象；目光闪烁，给人以神秘、狡黠、机灵的感觉；目光如炬，给人以威严正义的感觉。

高尔基在回忆列宁的演讲时写道："在他那蒙古型的脸上，一双锐利的眼睛在闪闪发光，表现出一个不屈不挠的战士对谎言的反对以及对生活的忠实，他那双眯缝着的眼睛在燃烧着，使着眼色讽刺地微笑着，闪烁着愤怒。这双眼睛的光泽使得他的演讲更加热烈，更加清新。有时仿佛是，他精神上有一种不可战胜的力量，从他的眼睛里喷射出来，那内容丰富的话语在空中闪光。"像列宁这样炽热的眼光使人不认真听他演讲都不行的。

美国第 40 任总统里根出身演员，拥有高超的表演技巧，每次演讲都能充分运用目光语，他的眼睛有时像聚光灯，把目光聚集到全场的某一点上；有时则像探照灯，目光扫遍全场。因此有人评价他的目光语是一台"征服一切的戏"。

（四）表情

演讲中，大家的眼睛会汇聚到演讲者的一个部位——脸部。脸部是情感的晴雨表，演讲中的微笑与平和，能赢得众多听众的好感。雨果有句名言：微笑就是阳光，它能消除人脸上的冬色。微笑能给听众留下美好、宽厚、平和等好印象，微笑能缩短你和听众的距离。

总而言之，态势语是演讲表达的重要方式之一。它不仅有效地帮助你传情达意，使你站在台上不至于太呆板，还能塑造你的形象，给听众留下深刻的印象。使用态势语一定要自然大方，有过程，有过渡，不要太牵强，不要太局促，也不要太突然，不能与演讲内容脱节。

三、意外情况的应对

意外情况的应对方法主要有以下几个：

（一）处理中途忘词的技巧

在演讲中，有时会遇到突然卡壳的情况，不可放弃演讲，不可对听众说"不好意思，让我从头再讲"，也不可拿出稿子翻找下文。最好的办法，是随方就圆，想起哪里，就由那里接着讲下去。

（二）处理中途讲错的技巧

万一由于紧张讲错了观点，绝对没有必要声明"这句我讲错了"。如果这句话无关紧要，则可以置之不理，面不改色心不跳地讲下去；如果这句话有原则问题，则可以自圆其说地在错话后面加一个设问句：

"刚才这种说法对不对呢？我们要说：不对！"

"刚才这种明明是错误的思想，偏偏有个别人奉为真理！"

（三）听众反应冷淡或者会场不安静

在演讲中，由于时间、环境，或内容、方法等原因，演讲引不起听众的兴趣，甚至会场躁动起来，怎么办？有经验的演讲者事先在准备演讲稿时，应准备一两个与主题、内容有关的幽默故事或笑话，以防万一，在必要时用来调节会场的气氛。其他方法也可用，比如压缩听众不感兴趣的内容，突然短暂地停讲，临时增加设问，等等。

演讲中遇到的突发情况可能会很多，难以预料，演讲者应在实践中多总结经验教训，并努力提高自己的综合素质，做到"处乱不惊"。

【课后思考和实践】

1. 阅读以下《中西演讲简史》，梳理出中外演讲的发展历程。

在西方，演讲自古以来就是一种普遍的社会现象，演讲的历史至少可以追溯到公元前3000年左右。公元前2675年，古埃及的伯塔·霍特为指导伊雷斯法老的儿子，曾写有"箴言集"，着重阐述如何进行有效的谈话。公元前11世纪至10世纪，古希腊的演讲活动十分盛行。盲诗人荷马的著名史诗《伊利亚特》、《奥德赛》，首次提出演讲艺术的概念，并记载了当时许多英雄武士的精彩演讲。公元前5世纪，作为古希腊文化中心的雅典，进入政治、经济的全盛时期，演讲也出现极其繁荣的局面，特别是法庭辩论盛极一时。这一时期的代表人物有柯拉克斯、高吉阿斯、安提丰等。柯拉克斯所作的《演讲艺术》，被称为第一部演讲学专著。与此同时，雅典还产生了以普罗泰戈拉、高尔吉亚、克拉底鲁、伊索克拉底、普罗达哥拉斯等人为代表的"诡辩派"。在"诡辩派"的直接影响下，涌现出了一大批著名的演讲家，其中突出的有苏格拉底、柏拉图、亚里士多德、德摩斯梯尼等。

公元前2世纪，随着古罗马在地中海霸权地位的确立，西方演讲艺术经过约两个世纪的衰落之后，又一次迎来了演讲史上的第二个"黄金时代"。这一时期出现了一些具有重要价值的演讲专著和西塞罗、昆提良等一批杰出的演讲家。

从公元476年西罗马帝国灭亡，到14世纪中叶文艺复兴开始，这1000多年的欧洲历史，习惯上称为"中世纪"。中世纪欧洲的特点是政教合一，基督教神学占据统治地位，是封建制度的主要精神支柱。教会成为封建统治阶级的重要组成部分，科学、教育、文学、艺术等都被纳入神学的范围，成为"神学的婢女"。演讲自然也堕为统治者煽动、蛊惑、愚弄民众的工具。此时，宗教演讲取代了过去的政治演讲和法庭演讲，到处充斥着神学家和传教士们布道的声音。总的来讲，中世纪的演讲术，因受其所宣讲内容的约束，并没有多大的进展和突破。但是，在教会的讲台上，也产生过像约翰·兹拉托依斯特、奥勒留·奥古斯丁、托马斯·阿奎那、约翰·曼达库尼、约翰·伊卡托里等这样一些颇具影响的神学演讲家。

中世纪时代，世界各国存在着各种各样的宗教体系，除基督教外，影响较大的还有伊斯兰教、佛教等。以宣传某一教义为宗旨的宗教演讲，几乎在整个中世纪的历史阶段中，一直居于垄断地位。文艺复兴的到来，不仅结束了中世纪的黑暗时期，也使宗教演讲逐渐失去了其昔日的地位。

文艺复兴是以复兴古代希腊罗马的文化为旗号的资产阶级思想文化运动，它是在封建制度开始解体、资本主义经济出现萌芽的历史条件下形成的一场资产阶级反封建、反教会的斗争。它的思想核心是人文主义。人文主义主张以人为本，反对神的绝对权威，提倡人权、人智、人性，以个性解放来抵制禁欲主义，以理性来抵制蒙昧主义。文艺复兴使文学、艺术、哲学、教育、科学等得到了蓬勃发展，也为演讲的复苏带来了希望的曙光。文艺复兴的先行者们最初大都采用讲学的形式，来宣传人文主义思想。但丁、塞万提斯、莎士比亚、布鲁诺、伽俐诺等巨人，对演讲艺术的发展产生了极其深刻的影响。

自 14 世纪开始的演讲艺术有两种基本类型，除资产阶级原有的演讲艺术外，还有在农民运动中产生的演讲艺术。农民运动中涌现出了一批平民出身的演讲家，如法国的吉约姆·卡尔、英国的约翰·巴尔和瓦特·泰勒尔等。其中影响最大的是捷克的约翰·胡司。

新兴资产阶级在反封建的斗争中，也涌现出了一些杰出的宗教改革家，如德国的马丁·路德和托马斯·闵采尔等。

1648 年英国资产阶级革命，拉开了西方演讲史上一个新时代的序幕。各国新兴资产阶级都充分而成功地运用演讲这一政治斗争与思想斗争的有力武器，显示了巨大的社会作用。法国大革命时期，出现了马拉、罗伯斯庇尔、丹东、巴贝夫等众多杰出的演讲家。他们的演讲具有极大的吸引力和感召力，有力地推动了新兴资产阶级革命的发展。在德国，学术演讲风气大盛，哲学家康德、黑格尔、费尔巴哈等人都发表过大量的学术演讲。在俄国演讲发展史上，大学演讲异常活跃。莫斯科大学的罗蒙诺索夫撰写的《演讲术简明指南》以及其他论及演讲术的文章，为俄国演讲艺术奠定了基础。麦尔兹里阿科夫教授是一位具有杰出演讲才能的诗人和批评家，他被公认为俄国大学演讲术的创始人。此外，赫尔岑、别林斯基、果戈理、契诃夫等著名学者对俄国演讲的发展也起到了促进作用。独立战争的爆发，使美国进入了一个长达一个多世纪的演讲时代。帕特里克·亨利、丹尼尔·韦伯斯特等人，共同开创了美国演讲的"黄金时代"。特别是林肯的演讲，把近代美国的演讲推向了高峰。

20 世纪以后，现代资产阶级演讲艺术，在新的历史条件下有了新的发展，出现了丘吉尔、罗斯福、戴高乐等一批著名的政治家和演讲家。在资本主义发展的同时，无产阶级日益觉醒，并逐步登上历史政治舞台。19 世纪 30、40 年代英国的宪章运动，造就了一批早期无产阶级演讲家。其中影响较大的有亨利·文森特、詹姆斯·艾尔、斯蒂芬斯等。但他们都不能算是成熟的无产阶级演讲家。真正成熟的无产阶级演讲家，首推马克思和恩格斯。

当世界革命的中心由西欧转向俄国以后，俄国无产阶级日趋壮大与活跃。演讲活动越来越受到重视，演讲艺术也得到了进一步的发展和完善。

当代西方，演讲进入了一个前所未有的历史时期。这一时期，演讲活动遍及各个地区、各个行业，演讲成为人们普遍使用的一种交流方式。在理论方面，把演讲与美学、哲学、心理学、社会学等有机地结合起来，大大拓宽了演讲学的研究领域，改变了过去单一研究演讲语言和方法的格局。同时，演讲著作无论在数量上，还是在种类上，都远远超过演讲史上任何一个时期。

在我国，演讲活动历史悠久，源远流长。据《墨子·兼爱下》记载，早在公元前 21 世纪，夏禹大举进攻三苗前，举行誓师大会，就曾发表过振振有词的演讲："济济有众，咸听朕言，非惟小子，敢行称乱，蠢兹有苗，用天之罚，若予既率尔群对诸群，以征有苗。"嗣后，夏启在与有虞氏大战于甘之前，也作过一次战前动员式的军事演讲。这一演讲，条理清晰，赏罚分明，语气坚定，简劲有力，显示了相当高的表达水平。商朝原定都于奄（今山东曲阜一带），盘庚继位后，决定把都城迁到殷（今河南安阳西北）。盘庚迁都的原因，一是由于水患，二是为了缓和当时的阶级矛盾。为了动员民众迁都，盘庚曾先后向贵族和平民发表了三次演讲。盘庚的演讲，内容充实，言辞尖锐，论证有力。盘庚以其出色的演讲，最终说服了臣民，实现了迁都的目的。盘庚动员民众迁都的演讲词是我国古代保存下来的较为完整的演讲词，最早见于《尚书·盘庚篇》。

从公元前 770 年至公元前 221 年，其间 500 多年，史称春秋战国时代。春秋战国时代是我国社会由奴隶制向封建制过渡的时期，也是文化思想极其活跃的时期。社会的发展、生产力水平的提高和社会关系的急剧变化，使意识形态领域出现了诸子蜂起、百家争鸣的局面，产生了儒、墨、道、法、阴阳、名、农、杂、纵横、小说"九流十家"。各家为了宣传自己的思想观点，或著书立说，或相互诘难，有力地推动了演讲活动的繁盛。这一时期的演讲带有浓厚的政治色彩，这一特征一直影响到整个古代、近代乃至现代。《论语》就是儒家创始者孔子（前 551 年～前 479 年）同各国君主、士大夫及其弟子之间的"对话录"。孔子的"对话"具有寓意深刻、善于启发、深入浅出、通俗易懂等特点。他十分重视"谈说之术"，认为"一言可以兴邦，一言可以丧邦"。他把"言语"即辞令训练，作为教学的主要内容之一。在他的影响下，先秦儒家都很重视说学研究。墨子（约前 468 年～前 376 年），战国初期的思想家，墨家学派的创始人。和儒家相比，墨家更注重辩论。墨子曾明确提出"辩慧"是选拔人才的三大条件之一。在论"贤良"之士时，又提出"厚乎德行，辩乎言谈，博乎道术"。他反对为辩而辩，主张通过辩去获得真理。墨子还提出"察类"和"明故"的推理方法，认为推理和论证必须依据种类关系，按照一定的理由来进行。这种方法对后世影响很大。孟子（约前 372 年～前 289 年）是战国时思想家，是继孔子之后儒家学派的主要代表人物。他在孔子"仁"的思想基础上，提出了系统的"仁政"学说。他非常重视语言的运用，提出"不以文害辞，不以辞害志"的观点，阐述了思想内容与语言运用之间的关系。孟子以好辩、善辩著称，其论辩语言犀利，逻辑严密，气势恢宏，富于鼓动性和感染力。在具体论辩方法上，他常常以退为进，以守为攻，欲擒故纵，引君入彀，然后抓住时机，穷追不舍，克敌制胜。荀子（约前 313～前 238），战国末期著名思想家。他吸收了孔子、孟子、墨子等人关于辩说的观点，使辩说之学更加理论化、系统化。他把当时的辩者分为三类："有小人之辩者，有士君子之辩者，有圣人之辩者"，主张"君子必辩"。在《荀子·非相》中，他全面论述了辩说的原则、态度和方法，对我国古代的演讲理论做出了重大贡献。先秦诸子除以上几个人物之外，还有老子、庄子、列子、关尹子、申子、杨子、公孙龙子、吕不韦等。他们几乎个个都能言善辩，而且极富个性特征。韩非子虽然有口吃的毛病，但他在《说难》、《问辩》中，对演讲的心理、语言运用的方法与技巧等都作了较为精辟的论述。战国末期，应运而生的纵横家是九流十家中最为活跃者。他们明于辩说，善于辞令，长于外交，精于权谋，专于捭阖之术，是有文化、有才干的人物。代表人物有陈轸、公孙衍、范雎、蔡泽、鲁连、虞卿等，其中最杰出的人物当属张仪和苏秦。

公元前 221 年，秦始皇统一天下，结束了战国纷争的局面，从此中国进入了封建社会。封建社会的突出特点在于家国一体的等级制和意识形态的一体化，以及由此带来的以封建观念为核心的思想专制。封建王权高度的专制独裁，不仅禁锢了人们的思想，也钳制了人们表达思想的自由。到了汉代，董仲舒从维护一体王权的需要出发，提出"罢黜百家，独尊儒术"。自此以后，百家争鸣的局面不复存在，自由论辩的风气江河日下。但是，作为人类社会实践活动的演讲，并未因此而绝脉，仍然以顽强的生命力或隐或显地续存着，在政治、经济、教育、军事、外交等方面发挥了很大的作用。2 000 多年的漫长封建历史中，杰出的演讲家、雄辩家代不乏人。例如，西汉的贾谊、陆贾、晁错、邹阳、司马相如、东方朔，东汉的张衡，三国的诸葛亮，晋代的陶渊明，南朝的范缜，唐代的玄奘、魏征、韩愈、柳宗元，北宋的欧阳修、苏洵、苏轼、苏辙、王安石，南宋的朱熹，元代的耶律楚材，明代的王守仁、王艮、柳敬亭、黄宗羲、汤显祖、袁宏道、唐伯虎，清代的颜元、郑板桥，等等。这些名家之所以能彪炳史册，除了他们事业上的突出成就之外，还得益于其非凡的口才和辩才。汉代的杨雄、王充，唐代的吕才、李荃，宋代的叶适、陈亮，明代的王夫之等人，还在演讲的语言、逻辑、方法等方面进行过有益的探讨和研究。

1840 年鸦片战争以后，中国逐步沦为半封建半殖民地的社会。为了寻求救国救民的真理，许多仁人志士自觉地利用演讲这一有力武器，或主张维新改良，或倡导民主革命。这一时期，出现了康有为、梁启超、谭嗣同、严复和孙中山、蔡元培、章太炎、秋瑾、陈天华等一大批著名演讲家。

孙中山（1866 年～1925 年），中国民主革命的先行者。他在坎坷而短暂的一生中，发表过几百篇演讲。可以说，演讲是其革命，也是其生命的一部分。他的演讲内容丰富，思想深刻，语言朴素，生动形象，具有巨大的吸引力和感染力。孙中山对演讲技巧训练、演讲心理分析和演讲语言艺术等都有独到的见解。他认为，演讲一要讲究姿态，二要讲究语言，三要笼罩全局。成功的演讲应符合听众的心理要求，从视觉、听觉、内容上引起人们的注意。

秋瑾（1875 年～1907 年），中国近代著名的女革命家。1904 年，在日本留学期间，创办"演说练习会"，出版《白话报》，撰写发刊词《演说的好处》。她认为"演说亦为一种学问"，"要开化人的知识，感动人的心思，非演说不可"，"演说一事与世界上大有关系"，还列举了演说的五大好处，提倡用普通话演讲。她带领会员们积极进行演讲实践，发表过《敬告中国二万万女同胞》、《警告我同胞》等许多演讲。

1919 年"五四"运动爆发以后，中国从旧民主主义革命阶段进入到新民主主义革命阶段，演讲也因此进入了一个崭新的历史时期。这一时期，演讲领域扩大了，演讲形式多样化了，演讲活动也由思想界、学术界普及到广大民众中间，掀起了一股群众性的演讲热潮。同时，还成立了大量的演讲社团。其中较早的有蔡元培组织的北京大学的"雄辩会"，而影响较大的则是 1919 年 3 月以邓中夏为首组织的"北京大学平民教育演讲团"。这个时期，涌现出了李大钊、陈独秀、胡适、鲁迅、马寅初、闻一多、朱自清等一批杰出的演讲家。

李大钊的《庶民的胜利》、陈独秀的《妇女问题与社会主义》、鲁迅的《读书与革命》、马寅初的《北大之精神》、胡适的《中国公学 18 年级毕业赠言》、闻一多的《最后一次的讲演》、朱自清的《论气节》等，都在社会上产生过巨大的反响。除演讲实践外，演讲理论也获得了长足的发展，一些学者翻译或编写了不少的演讲学著作。如影响较大的有刘奇编译郝里斯特的《演讲术》、蓬勃翻译卡耐基的《公众演说》；余楠秋的《演讲学概要》、程湘帆的《演讲学》、徐松石的《演讲学大纲》、尹德华的《演讲术例话》、孟起的《怎样演讲》、彭蠡的《演讲术》等。这些成果，初步奠定了我国演讲学发展的基础。

1921 年中国共产党成立以后，在现代中国形成了一个以中国共产党人为主的政治演讲派别。其主要代表人物有毛泽东、周恩来、刘少奇、陈毅、邓中夏、萧楚女、恽代英、瞿秋白、向警予、澎湃等。他们的演讲具有鲜明的政治色彩和革命色彩，在革命斗争中发挥了巨大的宣传、鼓动、激励、组织群众的作用，在中国现代演讲史上占有很重要的地位。毛泽东不仅发表了《中国人民站起来了》等著名的演讲，而且在演讲理论上也有相当的建树。他在《十大教授法》，特别是在他的演讲名篇《反对党八股》中，就演讲的思想、形式、语言、风格、方法、听众等诸多问题进行了科学的论述。

1949年新中国的成立，标志着一个伟大历史时代的开始。几十年来，我国演讲活动经历了一段艰难曲折的发展过程。建国初期，演讲活动一度兴盛，随即因"左"的思想的干扰而受到压制。尤其是十年"文革"期间，演讲丧失了其自身的品性，成为政治的附庸和阶级斗争的传声筒。演讲活动未能得到健康正常的发展，演讲理论研究也被迫中断。

十年浩劫结束后，特别是党的"十一届三中全会"的召开，给演讲带来了新的生机，中华大地上再度掀起了群众性的演讲热潮。演讲活动涉及的范围之广，规模之大，人数之众，是历史上前所未有的。这一时期，涌现出了李燕杰、曲啸、刘吉、邵守义、景克宁、张海迪、李永田、蔡朝东、冯远征等一大批演讲家。随着演讲活动的蓬勃开展，演讲理论研究也取得了丰硕的成果。

1980年《吉林师范学院学报》发表宗绍、薛篁的《应该让"演讲学"获得新生》一文，在全国引起了强烈反响。不久，旨在提高口头表达能力的《演讲与口才》、《交际与口才》等杂志先后创刊；《实用演讲学》（邵守义）、《演讲艺术》（杨高潮、刘德强）、《演讲学》（谢盛圻）、《简明演讲学》（凌空、盛沛林）、《演讲美学》（李燕杰）、《演讲稿写作》（高瑞卿）、《演讲心理学》（冯远征）等演讲学专著相继问世；苏联阿普列相的《演讲艺术》、美国卡耐基的《语言的突破》、英国劳伦斯的《现代演讲艺术技巧》等外国演讲学著作也陆续翻译出版。目前，各级演讲协会、演讲学研究会如雨后春笋，层出不穷；各类学校大都把演讲与口才能力的培养，作为整个教育体系中一个很重要的组成部分；各种演讲比赛、论辩比赛业已成为人们喜闻乐见的社会活动和文化活动。总之，在新的历史条件下，我国的演讲事业呈现出一派空前繁荣的景象。

近二三十年来，随着我国政治、经济、文化的发展，演讲在各个领域继续发挥着重要的作用。许多知名人士，常常在公众场合进行演讲，扩大组织和个人的社会影响力，公众因此领略到政治、经济、文化的新格局。演讲类节目也应运而生，《开讲啦》、《我是演说家》、《超级演说家》等节目进入了公众的视野，并产生了较大的反响。演讲越来越成为社会中不可或缺的表达形式。

（上述材料汇编自 http://www.docin.com/p-487086313.html）

2．阅读下面演讲稿，分析演讲稿的主题、材、作者的思路，及全文的语言特色。

寒门贵子

刘媛媛

前些日子有一个在银行工作了十年的资深 HR（人力资源管理师）他在网络上发了一篇帖子叫作《寒门再难出贵子》，意思是说在当下我们这个社会里面，寒门的小孩，他想要出人头地想要成功比我们父辈的那一代更难了，这个帖子引起了特别广泛的讨论，你们觉得这句话有道理吗？

先拿我自己说，我们家就是出身寒门的，我们家都不算寒门我们家都没有门，我现在想想我都不知道当初我爸跟我妈那么普通的一对农村夫妇，他们是怎么样把三个孩子我跟我两个哥哥从农村供出来上大学、上研究生，我一直都觉得自己特别幸运，我爸跟我妈都没怎么读过书，我妈连小学一年级都没上过，她居然觉得读书很重要，她吃再多的苦也要让我们三个孩子上大学。

我一直也不会拿自己跟那些比如说家庭富裕的小孩做比较，说我们之间有什么不同，或者有什么不平等，但是我们必须要承认这个世界是有一些不平等的，他们有很多优越的条件我们都没有，他们有很多的捷径我们也没有，但是我们不能抱怨。每一个人的人生都不尽相同的，有些人出生就含着金钥匙，有些人出生连爸妈都没有，人生跟人生是没有可比性的，我们的人生是怎么样完全决定于自己的感受，你一辈子都在感受抱怨，那你的一生就是抱怨的一生，你一辈子都在感受感动，那你的一生就是感动的一生，你一辈子都立志于改变这个社会那你的一生就是斗士的一生。

英国有一部纪录片叫作《人生七年》，片中访问了十二个来自不同阶段的七岁的小孩，每七年再回去重新访问这些小孩，到了影片的最后就发现富人的孩子还是富人，穷人的孩子还是穷人，但是里面有一个叫尼克的贫穷的小孩，他到最后通过自己的奋斗变成了一名大学教授，可见命运的手掌里面是有漏网之鱼的，而且现实生活中寒门子弟逆袭的例子更是数不胜数，所以当我们遭遇到失败的时候，我们不能把所有的原因都归结到出身上去，更不能去抱怨自己的父母为什么不如别人的父母，因为家境不好并没有斩断一个人他成功的所有的可能。

当我在人生中遇到很大困难的时候，我就会在北京的大街上走一走看着人来人往，而那时候我就想"刘媛媛，你在这个城市里面真的是一无所依，你有的只是你自己，你什么都没有，你现在能做的就是单枪匹马在这个社会上杀出一条路来。"

这段演讲到现在已经是最后一次了，其实我刚刚在问的时候发现了我们大部分人都不是出身豪门的，我们都要靠自己，所以你要相信，命运给你一个比别人低的起点是想告诉你，让你用你的一生去奋斗出一个绝地反击的故事，这个故事关于独立、关于梦想、关于勇气、关于坚忍，它不是一个水到渠成的童话，没有一点点人间疾苦，这个故事是有志者事竟成，破釜沉舟，百二秦关终属楚，这个故事是苦心人天不负，卧薪尝胆，三千越甲可吞吴。

据视频整理：http://www.iqiyi.com/v_19rrmk6dso.html "超级演说家"刘媛媛《寒门贵子》

3．在十分钟内讲述一个完整的电影故事。

4．在三分钟内介绍一位家人或朋友。

5．演讲中，借助故事来讲道理是很重要的一个技巧。请完成下面的练习。

请说一个吸引人的故事，说明什么是"奇迹"。

请说一个吸引人的故事，说明什么是"规则"。

请说一个吸引人的故事，说明什么是"机遇"。

6．用以下题目即兴演讲

（1）社团与学生会有什么区别，谈谈自己的看法。

（2）评价学校的食堂。

（3）评价学校附近的交通环境。

（4）对于大学生兼职现象的看法。

（5）对于学生旷课现象的看法。

（6）我最喜欢的美食。

（7）我最喜欢的城市。

（8）我最喜欢的风景。

（9）我心中的男神（女神）。

（10）我最囧的经历。

7．用以下题目写演讲稿并演讲。

（1）毕业之后是选择就业还是继续深造？

（2）学会与人相处。

（3）当朋友之间不信任了，怎么办？

（4）最大的敌人是自己。

（5）学会快乐生活。

（6）我看选秀节目。

（7）我看雾霾。

（8）中国梦，我的梦。

（9）读书有用吗？

（10）我的大学我做主。

8．希拉里等众多名人参加了这次盛典。耶鲁大学第 22 任校长理查德· 莱温登台致辞，演讲很短，不到一分钟。演讲内容如下：

"今天，我们不要只说耶鲁的历史上出了五位美国总统，包括近几十年来接踵入主白宫的老布什、克林顿和小布什，也不要只说耶鲁是造就首席执行官最多的大学摇篮，我们更应该记住，耶鲁的毕业生有三位诺贝尔物理奖、五位诺贝尔化学奖、八位诺贝尔人文奖和八十位普利策新闻奖、奥斯卡电影奖、格莱美等奖项的获得者。耶鲁，我们的耶鲁，自始至终坚持为人类文明的社会进步服务的理念！"

请问：理查德·莱温的演讲有哪些高明之处？

第九章　社交口才

明朝有位主修《永乐大典》的翰林大学士解缙，有一天他和明太祖朱元璋一起钓鱼，不一会儿，解缙就钓鱼数条，朱元璋却一无所获，场面十分尴尬。解缙察言观色，随口吟诗一首："数尺丝纶垂水中，银钩一抛荡无踪。凡鱼不敢朝天子，万岁君王只钓龙。"朱元璋听了，龙颜大悦。

【思考】

（1）在和陌生人打交道时，如何打破僵局？

（2）在公共场合，是否做到知无不言言无不尽？

（3）如何成为一个受人欢迎的交谈者？

第一节　社交口才的基本知识

社交口才指的是人与人之间在社会交往活动中所表现的语言艺术或才能，即能够准确生动地表达自己的思想、意愿，满足社会交往需要的一种表达能力。

一、社交口才的原则

一般来说，社交口才应遵循以下几个原则。

（一）诚实守信

清代章学诚认为："修辞立其诚"，大致可以概括为两个观点：一是持之有故，言之有物，即立论要有根据，文章要有实际内容；二是说写者要表现自己的真实意图，不可虚夸浮文。"修辞立其诚"以及后人对其的诠释都反映了"人言合一"的哲学观。"讲真话"、"说实话"、"传真情"、"如实相告"是对这种含义的一种通俗而简明的说法。它要求社会组织如实地向它的社会公众传递真实而准确可靠的信息。社交语言表达只有以这一思想为指导方针，才能融洽与公众的感情。

诚和信是一个事物的两个方面，诚是信的基础，信是诚的表现形式。下面看企业两个案例：

（1）在中国进出口商品交易会上，一日商拟向广东省医药保健用品进出口公司购买冬虫夏草，该公司有两种规格的货样：一种颜色金黄，每千克 14 800 元；另一种呈泥土色，每千克 13 800 元。日商一眼看上了金黄色的冬虫夏草，拟购买 1 000 千克。这时，该公司的业务员王先生说："说实话，黄金色的这种冬虫夏草虽贵，但不见得比泥土色的冬虫夏草要好"。日商满面疑惑，忙问为什么？王先生如实说："金黄色的这种冬虫夏草之所以外观这么漂亮，是因为经过漂白加工，上面可能残留少量漂白剂，服用时的口感和疗效可能会有影响。而泥土色的都是原汁原味，效果更好。"日商听后，连连点头。此后，该日商凡来购买中药材，经常找王先生购货。

（2）本店五折处理一批呢布，降价的原因：一是存放时间过长，质量有所下降；二是年终清仓，减少资金积压。（武汉某布匹商场广告）

真实可信的内容加上热心诚恳的表达形式，语言交际就能达到理想的效果。社交语言运用之所以强调"诚"，是因为"诚"在促进社交目标的实现上，确实有着奇异的功效。社交关系，可以说是以"诚"作为立身之本的。

（二）意境相合

意境相合就是要求语言运用与所处的特定环境相切合、相适应。只有在语言运用和环境相适应时才能获得好的沟通效果。否则，即使话语的意思再好，也难以达到预想的目标。

1．语言表达必须切合表达主体的身份特征

所谓语言环境，也称语境，就是语言交际所处的现实环境或具体情景。语言环境有广义与狭义之分，前者指社会、地域、文化、传统等（宏观），及交流对象的处境、地位、文化、经历、性格、特点等（微观）。狭义语境，即言语语境，是指"前言后语、上文下文"。在运用社交语言的过程中必须考虑这两种因素。

【案例】

在位近 60 年的维多利亚女王曾把大英帝国的繁荣推向巅峰，但是家庭关系上也难免有些磕磕碰碰。1840 年 12 月，女王和阿尔巴特结婚。一天，两人为一件小事而拌嘴，阿尔巴特一气之下走进私室，紧闭门户，于是女王前去叩门。

"谁？"阿尔巴特在房子里问道。

"英国女王。"

屋内寂静无声，房门紧闭如故。接着，女王又轻轻地在门上叩了几下。

"谁？"

"是你妻子，阿尔巴特。"

女王的丈夫把门打开。

在这个案例中，可以看出社会角色的意蕴。"英国女王"是社会角色，"你的妻子"是交际角色。在夫妻之间，面对丈夫，以社会角色构建话语，结果吃了闭门羹，改以交际角色调整了话语，才达到交际的目的。每一个语言表达主体都有自己的社会身份、职业、思想性格、文化素养、心理和相应的言语等自我因素，这些因素都会有意无意地影响到他的话语建构，如果它是社会组织的代表，例如代表国家、政府、事业、企业等，讲话或写文章还要受到其组织的自身因素的制约。

2．语言表达必须适应特定的语言环境

语言环境主要指语言活动赖以进行的时间、场合、地点等因素，也包括表达、领会的前言后语和上下文。语言环境是语言表达和领会的重要背景因素，社交语言表达应当适应特定的语言环境。

第一，注意社会文化背景。特定的社会环境、历史背景、文化特征，往往会赋予语言特殊的附加意义和功能，从而对语言交际产生影响。

第二，注意交际的时间、地点和场合。这种适应关系主要表现在依据一定的时空条件和场合特点去选择语言表达手段，确定话语成品的总体规模和所传递的信息量。任何社交语言交际都要在一定的时间进行，必须受到时间因素的影响与制约。例如，顾客到商场买东西，有的有从容选择的时间和兴致，有的则可能急着上班、做饭、带孩子、赶火车、看护病人等，时间很紧迫。售货员向他们介绍商品的话语长短、繁简必须适当。当然社交语言的表达也要认知语用地点，并顺应和利用空间因素来更好地表达社交信息。例如，俗话说："到什么山唱什么歌"。在商店门口张贴"欢迎您再来"的标语，是友好的表示，如果在医院、殡仪馆、火葬场门口也这样表达则很不妥当。交际中有时在某种地点要"长话短说"，有时在某种场合要反复说个不停，有时在某种地点又要"有话不说"，有时在某种场合要庄重典雅，有时在某种地点要诙谐风趣，这由特定的地点场合所决定，一定要随时注意调整与场合、地点变化不相一致的预定语言策略。

第三，注意交际对象的特点。社交语言运用必须重视交际对象的特点，根据对象特点选择恰当的语言表达形式是一种更为直接的制约因素。例如，1979 年 1 月，邓小平副总理应美国总统卡特之邀正式访问美国，在卡特总统举行的欢迎国宴上，邓小平说："我们来到美国的时候，正好中国的春节，是中国人民自古以来作为'一元复始、万象更新'而欢庆的节日。此时此刻我们同在座的美国朋友有个共同的感觉：中美关系史上一个新的时代开始了。"

（三）自然得体

所谓自然得体就是言语用的得当、恰当、恰如其分。在语言科学中，得体是指语言运用符合于"语体"的总体要求和风格特点。"语体"既是各种语言表达手段（包括用词、造句、语音、辞格及章法等）的有机统一体，又是语言表达形式与题旨情趣完美适应关系的集中体现。

社交语言应遵循语言规范原则。所谓语言规范，指的是国际、国内公认或法定的语言及其具体语音、文字、词汇、语法标准。我国政府采用汉民族共同语为国家通用语言，并推行以北京音为标准音，北方话为基础方言，以典范的现代白话文著作为语法规范的普通话，社交语言运用应当以普通话为公认规范。遵守普通话语言规范包括两个方面的含义。首先，应当使用纯正普通话，不应当普通话与方言混杂、中外混杂。其次，应当严格遵守现代汉语本身的语音、文字、词汇、语法规范，不读错音，不写错字，不用错词语、句式，不出现语病。普通话在词语、句式上也有比较严格的规范，社交语言表达应当自觉遵守。目前社交语言中用词造句不合规范的例子不少。比如某百货大楼有一条柜台标语把"依法经商"写成了"以法经商"；某公司招工启事中有这样一句："不会说话，不懂业务者，恕不录用。""不会说话"是指"说话欠艺术""不善交际"，还是指"没有语言能力"，这种表达方式就比较含混不清。

（四）公众原则

一切社交实务都围绕着一个总的目标，这就是为社交主体树立良好形象，赢得良好声誉，赢得内外公众的了解、理解和支持。在这个总的目标下，不同社交主体在不同的时期，面对不同的公众时，会有种种各不相同的具体社交实务目的。有时候需要建立与（某些）公众的联系，有的时候需要维系与（某些）公众的联系，有时候则需要强化与（某些）公众的良好社交状态。那么社交口才的表达功能就要适应公众原则。

1. 要适应公众的年龄特点

年龄不同，其知识水平、接受能力、接受特点、心理特点和语言喜好都不一样。大体说来，少年儿童在生理、心理上都未成熟，知识经验缺乏，对事物的认识能力、对语言的理解能力都很低，他们喜爱形象而动听的语言，追求话语的故事性和童趣性，因此，对儿童讲话或推销商品，语言宜通俗易懂、简短明快、稚声稚气、生动有趣。青年已趋成熟，注意力、理解力显著提高，兴趣广泛，求知欲强，思维敏捷、趋新好奇，易于接受创新的形式。因此对青年讲话、推销商品，语言表达要注意感情激发，言辞新奇变化，忌呆板老套。老年人阅历丰富，知识较深广，理解能力和接受能力较强，容易合作，但主观性强，对新事物往往持审慎态度。因此对老年人宣传或推销商品，语言宜平实、庄重，忌离奇，油腔滑调。

2. 要适应公众的性别特点

男女性别不同，气质性格、心理状态、审美情趣、智力活动和言语爱好等也不同。女性气质总的特征是"阴柔"，性格特征偏向于情绪型，她们感情丰富、细腻，擅长形象思维，富于想象力，喜欢柔声轻语、友好礼貌、情意绵绵的话语，喜欢委婉含蓄的表达方式，听话重视体味意绪情感。因而对女性的语言表达，如推销商品，语言必须含温馨、柔顺、和谐、静雅的意味儿。请看下面商品的名称：玉兰油（化妆品）、双燕（枕巾）、郁金香（卫生纸）、紫雪（羊毛衫）、娇茵（服饰）、香海（踏花被）等商品。这些名称能迎合女性的心理体验和审美情趣，容易使她们产生认同感，赢得其青睐。

男性气质总的特征是"阳刚"，性格特征偏向于理智型。他们擅长逻辑思维，喜欢运用严密的逻辑方法，通过细致的分析和综合去认识事物。他们喜欢干净利落、明快、粗放、有力的言辞，听话重视捕捉实际信息，因此，对男性的语言表达，如推销商品，语言必须符合"阳刚"特征，含有一定的哲理性——飞鹰（刀片）、虎豹（衬衫）、华虎（皮鞋）、超劲（服装）、强力神（公事包）、大富豪（白酒）等商标商品名字就容易引起男性心理共鸣，产生心灵冲击力。

3. 要适应公众的心理特点

交际是一个社会心理活动，交际的参与双方——表达主体和接受主体都是具有一定心理机能的人，他们的心理因素影响和制约他们的语言表达和领会活动，因为任何一个表达者和领会者都会自觉或不自觉地根据自己心理世界的需求来创造和理解话语的含义。

美国一家服装公司曾对近万名消费公众的消费心理作过专题调查，结果发现，消费心理各不相同：16%的人喜欢花样新款，9%的人喜欢价格合理，32%的人讲究结实耐穿，42%的人注重穿着舒适。消费公众的心理状态对商业主体的话语理解和领会的效果具有极其重要的制约作用。消费公众常常是根据自己的需求和心理筛选商业语言中的信息，对与之有关的信息才加以注意并发生兴趣。因此商业主体进行宣传或商品推销，其话语必须适应消费公众的心理特点，根据消费者的需求和消费心理运用语言策略，促使消费者建立对产品形象的良好印象，从而产生购买动机和购买行为。

二、社交口才的功能

社交的主要功能是信息传播、协调关系、塑造形象。社交口才是帮助完成社交功能，促成实现社交目标的制胜武器。

（一）信息传播

社交口才是面对面的双向沟通，既有对外的信息传递，也有向内的信息输入和反馈。它能最快地了解公众，并从公众口中获得信息，从而为组织收集信息，提供决策依据。

（二）协调沟通

组织内部的团结合作是组织成功的基础；组织外部的理解和支持是组织发展的条件。社交口才是面到面的双向沟通，能畅通信息传播，改善内外关系，影响公众态度，激发公众行为。

（三）形象管理

社交口才是塑造良好形象的重要手段。任何组合和个人都需要良好的形象进行社会交往、完成协作、促进发展，社交口才是塑造、维护良好形象的重要方式。

第二节　社交口才技巧

一、介绍的技巧

现代人要生存、发展，就需要与他人进行必要的沟通，以寻求理解、帮助和支持。介绍是人际交往中与他人进行沟通、增进了解、建立联系的一种最基本、最常规的方式，是人与人进行相互沟通的出发点。在社交场合，如能正确地利用介绍，不仅可以扩大自己的交际圈，广交朋友，而且有助于自我展示、自我宣传，在交往中消除误会，减少麻烦。在社交活动中，如欲结识某些人或某个人，而又无人引见，如有可能，即可向对方自报家门，自己将自己介绍给对方。如果有介绍人在场，自我介绍则被视为不礼貌的。目前社交场合主要有二种介绍语：一是自我介绍，一是介绍别人。

（一）自我介绍

自我介绍要注意声音响亮清晰，对一些容易听错读错的字音要特别加以说明，以免造成误会。例如：有位同志名单弘（shan hong）他在自我介绍时特别指出："我的名字很容易读错，有次药房的护士叫我单弦（dan xian），我成了一件乐器了。"这样介绍后，相信听众不会念错他的名字了。当然自我介绍应注意以下一些细节问题：

（1）注意时间：要抓住时机，在适当的场合进行自我介绍，对方有空闲，而且情绪较好，又有兴趣时，这样就不会打扰对方。自我介绍时还要简洁，尽可能地节省时间，以半分钟左右为佳。为了节省时间，作自我介绍时，还可利用名片、介绍信加以辅助。

（2）讲究态度：进行自我介绍，态度一定要自然、友善、亲切、随和。应落落大方，彬彬有礼。既不能唯唯诺诺，又不能虚张声势，轻浮夸张。语气要自然，语速要正常，语音要清晰。

（3）真实诚恳：进行自我介绍要实事求是，真实可信，不自吹自擂，夸大其词。

（二）介绍他人的技巧

决定为他人作介绍，要审时度势，熟悉双方的情况。如有可能，在为他人作介绍之前，最好先征求一下双方的意见，以免为原本相识者或关系恶劣者去作介绍。还要注意以下几个细节问题：

（1）介绍要注意先后顺序。在为他人作介绍时，先介绍谁，后介绍谁，是一个比较敏感的礼仪问题。处理这一问题，必须遵循"尊者优先了解情况"的规则，先介绍位卑者，后介绍位尊者。应当把职位低的先介绍给职位高者，把年轻的先介绍给年长者，把男士先介绍给女士。如果双方年龄、身份都相差无几，则应当把自己较熟悉的先介绍给对方。违反这一顺序则有失礼仪。

（2）介绍信息量要适中。请看下面两例：①我来介绍一下，这位是张先生，这位是王经理。②这位是××房屋开发公司副总经理王××，他可是实权派，路子宽，朋友多，谁需帮忙可以找他。第一个例子信息量太少，通过介绍，双方只能了解一个姓，无法从介绍语中找到继续交谈的共同话题。第二个例子信息量太多，介绍的后半段属多余信息，而且庸俗化了，往往使被介绍者感到尴尬。

（3）介绍语要热情、文雅并配以恰当的体态语。

二、寒暄技巧

寒暄能使说话者拉近和谈话对象之间的距离，有利于与对方建立关系、缓和谈话气氛、架设沟通桥梁。

（一）寒暄的几种类型

1. 问候型

典型的问候是："你们好！""大家好！"等等，也可以用英文的问候方式，如"Hi"、"Hello"等。也可以用一些貌似提问实际上只是表示问候的招呼语。如："上哪去呀？""吃过饭了吗？""怎么这么忙啊？"等等。这一类问语并不表示提问，只是见面时交谈开始的媒介语，并不需要回答，主要用于熟识的人与人之间。还可以使用具有古代汉语风格色彩的问候语，如"幸会""久仰"等等。这一类问候语书面语风格比较鲜明，多用于比较庄重的场合。

2. 攀认型问候

抓住双方共同的亲近点，并以此为契机进行发挥性问候，以达到与对方顺利接近的目的。如"同乡""自己喜欢的地方""自己向往的地方""自己认为的人间好去处"等等就是与谈话对象攀认的契机。如："大家是广州人，我母亲出生在广州，说起来，我们算是半个老乡了。"

3. 话题型寒暄

寒暄的话题十分广泛，比如天气冷暖、身体健康、风土人情、新闻大事等，但是寒暄话题的选择要讲究，话题内容要积极，能让谈话气氛活跃，避免消极的话题或引起对方反感的话题。话题的切入要自然。

4．赞美型寒暄

赞美是打开话语交流通道的重要方式。赞美的内容要合适，选择对方感兴趣和容易接受的话题，不要选择容易引起对方排斥的内容。衣着、气质、办公环境、交通工具等等都是可以赞美的话题。赞美要自然真诚，不要过于夸张，给人阿谀奉承的虚假感。

（二）交谈技巧

1．交谈的主题

在交谈之中，以下五类话题都是适宜选择的：

（1）既定的主题。即交谈双方业已约定，或者其中一方先期准备好的主题。例如，求人帮助、征求意见、传递信息、讨论问题、研究工作一类的交谈，往往都属于主题既定的交谈。选择这类主题，最好双方商定。至少也要得到对方的认可。它适用于正式交谈。

（2）高雅的主题。即内容文明、优雅，格调高尚、脱俗的话题。例如，文学、艺术、哲学、历史、地理、建筑等等，都是高雅的主题。它适用于各类交谈，但要求面对知音，忌讳不懂装懂，班门弄斧。

（3）轻松的主题。即谈论起来令人轻松愉快、身心放松、饶有情趣、不觉劳累厌烦的话题。例如，文艺演出、时装、美容美发、体育比赛、电影电视、休闲娱乐、旅游观光、名胜古迹、风土人情、名人轶事、烹饪小吃，天气状况，等等。它适用于非正式交谈，允许各抒己见，任意发挥。

（4）时尚的主题。即把此时、此刻、此地正在流行的事物作为谈论的中心。它适合于各种交谈，但变化较快，在把握上有一定难度。

（5）擅长的主题。指的交谈双方，尤其是交谈对象有研究、有兴趣、有可谈之处的主题。例如，与医生交谈，宜谈健身祛病；与学者交谈，宜谈治学之道；与作家交谈，宜谈文学创作，等等。它适用于各种交谈，但忌讳以己之长对人之短，"话不投机半句多"，因为交谈是意在交流的谈话，故不可只有谈话，而难以交流。

2．忌谈的主题

在各种交谈之中，有四类主题理应忌谈：

（1）个人隐私。即个人不希望他人了解之事。在交谈中，若双方是初交，则有关对方年龄、收入、婚恋、家庭、健康、经历这一类涉及个人隐私的主题，切勿加以谈论。

（2）捉弄对方的主题。在交谈中，切不可对交谈对象尖酸刻薄，油腔滑调，乱开玩笑，口出无忌，要么挖苦对方所短，要么调侃取笑对方，成心要让对方出丑，或是下不了台。俗话说："伤人之言，重于刀枪剑戟。"以此类捉弄人的主题为中心展开交谈，定将损害双方关系。

（3）非议旁人的主题。有人极喜在交谈之中传播闲言碎语，制造是非，无中生有，造谣生事，非议其他不在场的人士。其实，人们都知道"来说是非者，必是是非人"。非议旁人，反倒证明自己失教，是拨弄是非之人。

（4）倾向错误的主题。在谈话之中，倾向错误的主题，例如，违背社会伦理道德、生活堕落、思想反动、政治错误、违法乱纪之类的主题，亦应避免。

（5）令人反感的主题。有时，在交谈中因为不慎，会谈及一些令交谈对象感到伤感、不快的话题，以及令对方不感兴趣的话题，这就是所谓令人反感的主题。碰上这种情况不幸出现，应立即转移话题，必要时要向对方道歉，千万不要没有眼色，将错就错，一意孤行。这类话题常见的有凶杀、惨案、灾祸、疾病、死亡、挫折，等等。

【案例】

学生小 A 勤工俭学，找到了份推销工作。这天，她对一位客户进行电话预约。客户说："我很忙，恐怕没时间接待你。"见到这位客户时，小 A 明白了这是为什么。因为客户手上抱着一个一岁大的婴儿。小 A 马上就绽开了笑容："哇，好可爱的宝宝啊，让我来抱抱，好吗？""你会抱吗？""会呀，我姐姐的孩子也才一岁多，平时我经常抱她的。哎哟，真漂亮，又白又胖。"接下来，小 A 就和客户聊起孩子的话题，吃什么奶粉，睡得怎么样，尿布用的是什么牌子，原本说自己没多少时间接待小 A 的客户也打开了话匣子。两人越聊越有兴致，一直谈到客户怀孕时吃的是什么补品和产后恢复的状况。最后，小 A 很自然地提到："有个孩子是件很高兴的事，不过也很累人吧。我看我姐姐洗小孩衣服就洗得够呛。我们公司有些新推出的洗涤用品，去污效果不错，而且是无磷配方，不伤皮肤，洗宝宝的衣服又安全又快捷。我姐姐用了觉得挺好，你要来些试试吗？"客户稍加考虑，就很愉快地付了款。

分析：小 A 能成功地让客户购买并付款的重要原因就是她能就双方共同关注或受访者感兴趣的事情展开话题。为她的深入交流酝酿和谐美好的氛围。因此，从这个事例中，我们可以明白选择恰到好处的话题能对你的交谈目的起到"抛砖引玉"的作用。

2. 交谈中的倾听与交流

倾听是一种情感交流活动，也是一种能力，更是一种艺术。倾听还需要通过面部表情，肢体的语言，口头语言来回应对方，传递给对方一种你很想听他说话的感觉，因此，在倾听时应该给表达对象充分的尊重、情感的关注和积极的回应等，力求达到最佳的沟通效果。

（1）听事实和情感。倾听不但要听清楚别人在讲什么，而且要给予别人好的感觉。要做到这一点，就要求听者本身必须有良好的听力。当然，与听事实相比，更重要的是听情感。服务代表在听清对方说事实时，还应该考虑客户的感受是什么，需不需要给予回应。

（2）永远都不要打断对方的谈话。无意识地打断是可以接受的，有意识的打断却是绝对不允许的。无意识地打断客户的谈话是可以理解的，但也应该尽量避免；有意识地打断别人的谈话，对于客户来讲是非常不礼貌的。当你有意识地打断一个人说话以后，你会发现，你就好像挑起来了一场战争，你的对手会以同样的方式来回应你，最后你们两个人谈话就可能变成了吵架。因此有意识的打断是绝对不允许的。

（3）清楚地听出对方的谈话重点。并不是所有人都能清楚地表达自己的想法，特别是在不满，受情绪的影响的时候，经常会有类似于"语无伦次"的情况出现。因此，要排除干扰，抓住对方的谈话重点。不要只把注意力放在说话人的咬舌、口吃、地方口音、语法错误或"嗯""啊"等习惯用语上面。

（4）肯定对方的谈话价值。在谈话时，即使是一个小小的价值，如果能得到肯定，讲话者的内心也会很高兴的，同时对肯定他的人必然产生好感。因此，在谈话中，一定要用心地去找对方的价值，并加以积极地肯定和赞美，这是获得对方好感的一大绝招。比如对方说："我们现在确实比较忙"，你可以回答："您坐在这样的领导位子上，肯定很辛苦。"

（5）避免虚假的反应。在对方没有表达完自己的意见和观点之前，不要做出比如"好！我知道了""我明白了""我清楚了"等反应。这样空洞的答复只会阻止你去认真倾听对方的讲话或阻止对方的进一步的解释。在对方看来，这种反应等于在说"行了，别再啰嗦了"。如果你恰好在他要表达关键意思前打断了他，被惹恼了的客户可能会大声反抗："你知道什么？"那就很不愉快了。

如，A对B说："我昨天看中一套房子，决定把它买下来。"B说："哦，是吗？在哪儿呢？恭喜你呀。"A看中了房子，想买下来，这是一个事实，B问房子在哪，这是对事实的关注，"恭喜你"就是对A的情感关注。

A把事实告诉B，是因为他渴望B与他共同分享他的喜悦和欢乐，而作为B，应对这种情感去加以肯定。对于听者而言，就是运用倾听的技巧，通过你的面部表情，肢体语言，给予客户恰当的及时回应。例如客服人员对客户说："现在你就是这方面的专家，你真的是很内行。"这就是对客户的一种情感的关注。而在这种关注之前，服务代表在听到客户谈话时应该分辨出哪些是情感的部分，哪些是事实的部分。

3．交谈中的提问技巧

（1）开门见山式。这是交谈中应用最广泛的一种直接提问方法，即一开始就直入正题，看准目标深入下去，不纠缠于其他的细枝末节。如：某公司的公关人员按照公关部经理的要求到销售部了解一些信息，她对销售部部长说："部长您好，我是公关部小王，我部受公司领导旨意，要求我们对全公司各部门的工作经验作一个总结。我部部长派我来您这里了解一些情况，希望您能帮助我。请问你们部今年在社会上推销公司的产品的情况是怎样的？有哪些特殊的经验呢？"

（2）启发诱导式。当对方对某些问题比较敏感，有所忌讳而不便直接询问时，就需要迂回曲折、委婉含蓄地提问。如：一位顾客坐在一家高级餐馆的桌旁，把餐巾系在脖子上。这种不文雅的举动很让其他顾客反感。经理叫来一位侍者说："你要让这位绅士懂得，在我们餐馆里，那样做是不允许的，但话要说得尽量含蓄。"怎么办呢？既要不得罪顾客，又要提醒他。侍者想了想，走过去很有礼貌地问："先生，您是要刮胡子呢，还是理发？"话音刚落，那位顾客立即意识到自己的失礼，赶快取下了餐巾。

（3）反问作答式。反问实际上是用问句表达自己确定的思想，反问就相当于否定对方的问题。例如，有一次，萧伯纳的脊椎骨出了毛病，需要从脚上取一块骨头来补脊椎的缺损，手术做完后，医生想多捞一点手术费，便说："萧伯纳先生，这可是我们从未做过的新手术啊！"萧伯纳笑道："这好极了，请问你打算给我多少试验费呢？"医生无言以对。

（4）封闭选择式。这是一种目的性很强的提问技巧，它能减少被提问者说出拒绝的话或提问者不愿接受的回答，帮助提问者获得较为理想的回答。如：一家小面店的老板在为客人煮面时，必问一句："放一个还是两个鸡蛋？"而不是问："要不要放鸡蛋？"这样提问就缩小了客人的选择范围，可以多做鸡蛋的生意。

4．交谈中的说服技巧

说服主要就是说理。但"理"绝不是空洞的，而应有科学的依据和确凿的事实，而且说理的方式方法也要特别讲究。有的人在试图说服他人时，往往是先想好几个理由，然后去和对方辩论或是站在领导者的角度上，以教训的口气指点他人；或者是不分时间场合，随意指责批评对方。这些做法，其实都难以说服对方，效果往往也很不理想。要想获得好的说服效果，还需用掌握一定的说服技巧。

（1）以理服人。说服者利用双方的利益原则做基础，通过向对方摆事实、讲道理，使对方放弃自己已经形成的意见。

【案例】

萧何因请求刘邦将上林苑中的大片空地让给老百姓耕种，被捕入狱。刘邦身边的一个侍卫官劝说："陛下是否还记得原来与项羽抗争以及后来铲除叛军的时候吗？那几年，皇上自带兵马出外讨伐，只有丞相一个人驻守关中，关中的百姓非常拥戴丞相。假如丞相稍有利己之心，那么关中之地就不是陛下的了。您认为丞相会在一个可谋大利而不谋的情况下，去贪百姓和商人的一点小利吗？

（2）以情感人。从情绪上打动对方，突破对方的情感心理防线，从而改变对方的立场、态度，接受自己的建议。

【案例】

一个驼背的小伙子爱上了一个美貌的女子。被拒绝后，小伙子不甘心，又找到姑娘，鼓足勇气问："你相信姻缘天注定吗？"姑娘敷衍说："相信！你相信吗？"

小伙子回答："当然相信。我听说，每个男孩出生之前，上帝便会告诉他，将来要娶的是哪一个女孩。我出生的时候，未来的新娘已经配给我了。上帝还告诉我，我的新娘是个驼子。我当时向上帝恳求：'上帝啊，一个驼背的女孩将是个悲剧，求你把驼背赐给我，将美貌留给我的新娘吧。'"从此，小伙子逐渐赢得了姑娘的芳心。

（3）以退为进。先掩盖自己的真实想法，肯定对方，并理解对方的处境和主观想法，使对方不会产生对立情绪，还认为你理解他。之后用相反的话去刺激他，达到劝服对方的目的。

【案例】

一位顾客把已经穿过的衣服拿到商店去退。售货员发现衣服有干洗过的痕迹，但顾客说："绝对没有穿过。"机敏的售货员于是说："我很想知道是否你们家的某位把这件衣服错送到干洗店去过。记得不久前我也发生过一件同样的事情，我把一件刚买的衣服和其他衣服堆在一起，结果我丈夫没注意，把这件新衣服和一大堆脏衣服一股脑塞进了洗衣机。我怀疑你是否也遇到这种事情，因为这件衣服的确看得出已经被洗过的痕迹。不信的话，可以跟其他衣服比一比。"顾客只好装着恍然大悟的样子把衣服拿回家。

5. 交谈中的赞美技巧

赞美即表示被赞美者有卓然不凡的地方，也表明赞美者友好、热情的态度，在人际交往中具有不可思议的作用和效果。但在社会交际中，我们往往面对各种类型的群体，若没有一定的技巧，赞美不但会显得虚伪，而且还可能会词不达意，招致误解。

（1）具体翔实。在社会上，能够取得非常显著成绩的人并不多。因此，在交往中应从具体事件入手，善于发现别人哪怕是最微小的长处，并不失时机地予以赞美。赞美用语愈翔实具体，说明你对对方愈了解，对他的长处和成绩愈看重。用具体的赞美让对方感到你的真挚、亲切和可信。你们之间的距离就会越来越近。如果你只是含糊其辞地赞美对方，比如：你的眼睛好漂亮！如果对方真的如此，她只会认为是理所当然的。但如果并非如此，这便成了一种讽刺，还不如说："你很有气质"效果会更好。

（2）善于发现，因人而异。赞美一定要用心去发现、去挖掘，应善于发现对方身上的闪光点或对方引以为豪的地方。若是发现对方的特色、潜能、优势，是别人谁也没有发现的，甚至他自己也没有发现的内容，你的赞扬会令他恍然大悟，瞬间就增加自信，从而对你产生好感。当然，对方的优点和长处可以从多个方面来寻找，具体来讲男性可以从发型、额头、鼻子、西装、马甲、衬衫、领带夹、气质、工作、事业、妻子、孩子、车子、房子、爱心、孝心等方面寻找交谈话题；女性可从发型、脸型、肤质、眼睛、眉型、身材、鼻子、项链、项链坠子、皮包、衣服、鞋子、气质、先生、孩子、工作等方面寻找交谈话题。

（3）自然而然，不露痕迹。赞美最好是组织自己的语言，以一种平实自然的方式表达出来。因为如果在日常生活和工作中用一些非常华丽的辞藻来说明事情，那么可能会被对方认为太过做作，对你的信任可能会打一些折扣，所以用很自然的话语来表达赞美是一种非常好的表达方式。赞美的话不能"一视同仁，千篇一律"。比如，在明知道客户的领带是其夫人"钦定"的情况下，再夸上一句"某某董事长，您这条领带真棒！"简短的一句话，便可收到一举两得的效果，既夸奖了对方的穿着得体，又称赞了对方夫人挑选东西的眼光和品位。

【课堂讨论】

陈教授邀请小林去他家吃饭。席间，为了表示谢意，小林倒了一杯酒，恭恭敬敬地说："陈教授，这杯酒敬您和您的夫人，祝你们两口子身体健康、事事如意。"教授听了，忍不住笑了："……"

陈教授为什么忍不住笑了。你觉得小林的称呼得体吗？

第三节　社交口才艺术

一、生动幽默

幽默的含义是有趣或可笑且又意味深长。幽默是思想、学识、品质、智慧和机敏在语言中综合运用的成果。幽默语言是运用意味深长的诙谐语言抒发情感、传递信息，以引起听众的快慰和兴趣，从而感化听众、启迪听众的一种艺术化语言。

（一）幽默语言的作用

幽默语言是事业成功的润滑剂，是一件法宝。具体说来，它有如下作用：

第一，可以增进友谊，维系即存关系，也可以使激化的矛盾变得缓和，往往既活跃了气氛，又把与听者之间的距离缩短。

【案例】

20 世纪 50 年代的思想改造运动中，曾发生过这样一件事。由于某些基层干部作风粗暴，使一位老教授投河自杀（由于及时发现，教授被人救了起来）。陈毅知道后，把有关干部叫去狠狠地对他们进行了批评，要他们主动去赔礼道歉。后来，在一次有这位老教授参加的高级知识分子大会上，陈毅说："我说你呀，真是读书一世，糊涂一时，共产党搞思想改造，难道是为了把你们整死吗？我们不过想帮大家卸下包袱，和工农群众一道前进，你为啥偏要和龙王爷打交道，不肯和我陈毅交朋友呢？你要投河也该打个电话给我，咱们再商量商量嘛！当然啦，这件事主要怪基层干部不懂政策，也怪我陈毅教育不够……"陈毅这一席话，活跃了气氛，增强了语言的亲切感，使其中所含的批评与自我批评显得自然得体，易于被人接受。

第二，幽默是创造融洽气氛，反击无理提问和开展善意批评的有效手段，使人难以发怒，在笑声中接受教育。

【案例】

一次，伟大的生物学家达尔文被邀赴宴。宴会上，他恰好和一位年轻美貌的女士并排坐在一起。"达尔文先生"，坐在旁边的美人带着戏谑的口吻向科学家提出疑问，"听说你断言，人类是由猴子变来的，我也属于您的论断之列吗？""那当然！"达尔文白了她一眼，彬彬有礼地答道。"我像猴子吗？"美人带点嘲弄地说。"不过，您不是由普通的猴子变来的，而是由长得非常漂亮的猴子变来的。"在这里，达尔文机智、巧妙地揭露了这位美貌夫人的无知和自命不凡，善意地进行了批评。

第三，还有自我解嘲的功用。嘲笑别人是不礼貌的，但如果适当地自嘲一下，却能收到意想不到的幽默效果。你可用它来活跃谈话气氛，消除紧张；在尴尬中自找台阶，保住面子；在公共场合获得人情味；也可以在特别情形下含沙射影，刺一刺无理取闹的小人。

（二）幽默语言的表达方法

其一，双关法，就是同一个音节，可以表示不同的词，同一个词也可以表示不同的意义，利用这种词的同音或多义的条件，使一句话同时带有字面意思和字外意思，就是双关。例：鲁迅的侄儿周晔，幼年时，发觉伯父鲁迅的鼻子与父亲的大不一样，便问："爸爸的鼻子又高又直，你的鼻子为什么又扁又平？"鲁迅幽默地回答："我小时候鼻子也是又高又直，只因为后来碰了几次壁，把鼻子碰扁了。"侄儿再问："你是走路不小心摔倒的吗？"鲁迅回答："四周围是黑洞洞的，还不容易碰壁么？"这里鲁迅两次运用语义双关，说扁鼻子是碰壁造成的，暗含人生的艰辛；讲四周围黑洞洞的，暗指当时社会的黑暗。这种形象的解释，既易于为儿童所理解，又表现了鲁迅的风趣。

其二，岔断法，岔断这种幽默语言的表达形式，，就是人的言行模式与思维模式的逆反性。一般情况下，我们根据 A1 后面有 A2，A2 后面有 A3，于是便可推断出 A3 后面有 A4，但这时却突然发生变化，A3 后面没有出现 A4，而是出现了与之不同但又有关联的 B，使人们的心理期待突然扑了空—语言的逻辑不按常规发展而突然中断，出现了一个出人意料的结局，不由地大笑起来，于是大家在笑声中恍然大悟。

【案例】

有位辩论者在辩论中穿插了一个逗乐故事：在一辆载满旅客的公共汽车后面，一位个子矮小的人在奔跑着。但是汽车仍在下坡路上高速前进。

"停下吧！"一位乘客把头伸出窗子，冲小个子喊道，"您追不上它的！"

"我必须追上，"小个子气喘吁吁，"我是司机！"

司机在奔跑着的汽车后面追赶自己刚刚还驾驶着的车，这种奇巧结合的场面配以车上的乘客与车下司机的一组对话，造成强烈的喜剧效果。可见，诙谐逗趣式幽默的优势不在于思想性有多强，而在于它的情节出人意料和强烈的喜剧效果。

（http://fashion.sohu.com/20111013/n423118859.shtml）

其三，借题发挥法，就是借用别人的话题进行发挥，以表达自己的意思。这是一条劝人的好方法。

【案例】

第二次世界大战期间，英国首相丘吉尔来到华盛顿，游说美国参战攻打德国法西斯。一天早晨，丘吉尔洗完澡光着身子在浴室里踱步。有人敲门，丘吉尔以为是侍者，就随口说道："进来吧。"门开了，美国总统罗斯福站在门口，他看到丘吉尔一丝不挂地站在那里，就想转身离开，丘吉尔灵机一动，将错就错地伸出双臂大声喊道："进来吧，总统先生，大不列颠的首相是没有什么东西需要对美国总统隐瞒的。"说完两人哈哈大笑。

其四，曲解法，在对话中故意地歪曲对方话语的本义，或故意装聋听不清而回答就是曲解。它常常利用语词的多义、同形、谐音、同音等条件来构成。

【案例】

普希金年轻时，参加彼得堡一个公爵的家庭舞会。当他邀请一位小姐跳舞时，没想到这位小姐极其傲慢地说："我不能和小孩子一起跳舞！"普希金很有礼貌地鞠了一躬，笑着说："对不起，亲爱的小姐，我不知道你怀着孩子。"说着便走开了，弄得那位小姐无言以对，十分尴尬。

其五，寓庄于谐，用诙谐幽默的语言来说明事理，使人在轻松和愉悦中感其深刻的蕴含，这就是人们常说的寓庄于谐。寓庄于谐的方法很多，可以用修辞学上的对比、双关、比喻、借代等，也可以用颠倒逻辑的方法叙述某件事情，或者故意用似是而非的非理性的形式表达出一种深思熟虑的理性内容。

【案例】

有位大学生请一位经济学家给衰退、萧条、恐慌下定义。"这不难。"专家回答，"'衰退'时人们需要把腰带束紧。'萧条'时就很难买到扎裤子的皮带。当人们没有裤子时，'恐慌'就开始了。"经济学家的幽默既简洁冷峻，又深刻隽永，闪现着智慧的灵光，耐人寻味。

二、委婉含蓄

委婉也叫作"婉转""婉曲"，是指在交谈中不直陈本意，而应用迂回曲折的语言来暗示的方法。含蓄，就是不做正面说明而用曲折隐约的话把意思表达出来。

（一）委婉含蓄的作用

委婉含蓄是语言交际中的一种"缓冲"方法，它能使本来难以应付的问题成为轻而易举，变得轻松愉快，因此，有人称委婉含蓄是社交语言中的"软化"艺术。这种语言艺术的作用具体有以下几点：其一，便于理解接受；其二，便于协调关系；其三，避免直接冲突；其四，避免语言粗俗。

（二）委婉含蓄语言的表达方法

其一，选用同义词语替代法。汉语的同义词是非常丰富的。它反映词义上的细微差别，在精细地表达思想增强语言修辞效果等方面有重要作用。社交工作者应该充分运用这个特点，把意思表达得委婉含蓄，从而增强社交效果。

其二，借用讳语法。讳语就是对某件事，某个问题或某种现象，不愿或不敢说出来。在社交活动中，这种事也会碰到，但又不能回避甚至无法回避。所以，只能以委婉含蓄的语言来表达。

其三，意在言外法。是指说的是"这个"，而真意是指的"那个"。这个方法常用反语、双关、比喻、象征等修辞手段，使"义生文外"在出人意料中给人以回味的余地。

【案例】

尼克松访华时，曾问周恩来总理："为什么中国人总喜欢弯着腰走路，而美国人总挺着腰走路？"尼克松用的借喻，周总理领会了尼克松的真实意图，于是说："那是中国人民正在努力要攀登上高峰，可惜我们美国朋友在山下！"周总理用的也是借喻，回答得很巧妙，不仅针对性强，而且富含不尽之意，令人回味不已。

其四，迂回绕道法。这种方法是在谈话中，有时为了不使对方难堪，将需要告诉他的事不直接说出来，而是有意地绕个弯子，婉转地说出，从而收到好的效果。

【案例】

莉莲·卡特是美国前总统吉米·卡特的母亲。一天一个记者来到她家中对她说："您的儿子到全国各地去演讲，并告诉人们如果他曾经对他们撒过谎，就不要选他。您能不能诚实地告诉我，您的儿子是从来也没撒过谎吗？因为世界上再没有人比您更了解您的儿子。"莉莲·卡特说："可能有时也撒些无恶意的谎吧。""那么无恶意的谎言和其他的谎言又有什么区别？"记者接着问，"您能不能给我下个定义呢？""我不知道能不能下这个定义，"卡特的母亲说，"但我可以给你举个例子。你不记得几分钟前你进来时，我对你说你看起来多精神，我多高兴见到你吗？"女记者听了脸一红，连忙起身告辞了。老夫人谈笑风生，借此言彼，使女记者一步步陷入了一个难堪的境地。

其五，为人置梯法，这种方法就是当对方已经做出一定的许诺，或表明一种态度、一种坚定的立场，你要改变对方的主见，首先要顾全他的面子。这就需要为对方铺台阶，置梯子。某大龄青年因择偶屡屡受挫而灰心丧气，而你有意为他牵线搭桥。"假如你还没有找到对象，我想为你介绍。"如此直言相告必定犯其忌讳，令人扫兴。"假如您对个人问题还没有考虑成熟，我愿意提供一位较合适的人选，您意下如何？"这样以婉辞相代，给对方有"主动权在我手中"之感，自尊心得到充分尊重，有关介绍对象的交谈就能顺利进行。

其六，答非所问避实就虚法，社交场合交际对方提出问题要你作答，如果问题不宜回答或难以回答，而你又不想让提问者失望，让自己难堪时，就可以避开实质性问题，只就某个有关的虚枝旁叶问题加以回答，或"顾左右而言他"。

【案例】

　　一位西方记者曾问道："请问中国人民银行有多少资金？"周总理幽默地说："中国人民银行的货币资金嘛?有18元8角8分。"当他看到众人不解的样子，又解释说："中国人民银行发行的面额为10元、5元、2元、1元、5角、2角、1角、5分、2分、1分的10种主辅人民币，合计为18元8角8分……"。这位记者提出这样的问题，有两种可能性，一个是嘲笑中国穷，实力差，国库空虚；一个是想刺探中国的经济情报。周总理在高级外交场合，机智过人的幽默回答，让人折服。

【课后思考和实践】

　　1．甲、乙两位老同学周日闲谈，说起甲的哥哥年近三十仍孑然一身，甲随口说："他曾谈过几个，都因女方嫌他个子太矮而告吹。"说到这里，甲猛然发觉自己失言，因为乙的个子更矮，而且也因此而苦恼。两人一下非常尴尬，如果你是甲，你怎么缓和这种尴尬气氛？

　　2．请看下面一段对话

　　甲："我们的意图是使下一次会议能在纽约召开，不知贵国政府以为如何？"

　　乙："贵国饭菜的味道不好，特别是我上次去时住的那个旅馆更糟糕。"

　　甲："那么您觉得我今天用来招待您的法国小吃味道如何？"

　　乙："还算可以，不过我更喜欢吃英国饭菜。"

　　他们俩在谈吃饭问题吗？你认为他们分别表达了什么意思？这种处理方式有什么好处？

　　3．某班主任初次到一学生家家访时，正好学生父亲的同事也在场。那位同事为了讨好领导，主动向老师介绍说："这是我们厂的厂长，管着好几千人呢？"老师微微一笑，客气地说："这一点我已经从学生登记表中知道了，不过我这次来找的是××家长。"你觉得那位同事的话题适合吗？假若你是那位同事，你怎么说？

　　4．一个顾客在酒店喝啤酒，他喝完第二杯之后，转向问酒店老板："你们这儿一周能卖掉多少桶啤酒？"老板得意洋洋回答说："35桶。"顾客说："我倒想出一个能使你每周卖掉70桶的办法。"老板很惊讶，急忙问道："什么办法？"顾客说："这很简单，你只要将每个杯子里的啤酒装满就行。"

　　（1）顾客话中的意思是什么？

　　（2）老板急于讨教卖酒的办法，暴露出他什么心态？

　　5．小李在出差途中，与同座的一位老大爷聊天。言谈中他问道："哎，你几岁了？"老人听了没好气地说："三岁！"小李听了十分尴尬。

　　你能说说小李为什么会陷入尴尬境地的吗？

第十章　应用文写作

【案例导入】

苏伊士运河通航后，地处红海南端的埃塞俄比亚的战略地位就显得很重要。1889 年，麦纳利克统一了埃塞俄比亚。意大利看见麦纳利克急需外援，便主动向麦纳利克表示友好，互相签订了《乌查里条约》。条约的第十七条规定："埃塞俄比亚万王之王陛下在其与其他列强或政府所发生的一切交涉中，可以借助于意大利国王陛下的政府。"然而，这个条约里的第十七条在意大利文本里，"可以"两字却被有意写成了"必须"。

埃塞俄比亚人没有注意两个文本里有这一词的差别，便痛痛快快地签字了。第二年，意大利向各国宣布："埃塞俄比亚是意大利的殖民地。"埃塞俄比亚人惊愕不已，才知道自己上当了。这一词之差，关系着一个国是独立国，还是殖民地的大问题。麦纳利克知道自己被愚弄了，当即宣布废除《乌查里条约》。意大利以"废约"为借口，出兵埃塞俄比亚，于是就爆发了长达 7 年的战争。直到 1896 年埃塞俄比亚取得战争的胜利，意大利才被迫重新签订条约，承认埃塞俄比亚的独立。

【思考】

（1）在你的学习生活工作中，办哪些事要用到应用文？
（2）你认为口语表达与应用文写作的语言特点一样吗？

第一节　应用文的基本知识

应用文是指国家机关、企事业单位、社会团体以及人民群众办理公私事务、传播信息、表述意愿所使用的实用性文章。

一、应用文的种类

作为一种"应用"文体，应用文有自己独特的思维、表达方式和写作样式，也有较多的种类，按照应用文的使用功能来划分，其种类有通用类和专用类两种。

（一）通用类

通用类是指人们在办公或办事中普遍使用的文书。它又可分为行政公文类、通用事务类和个人事务类三类。

（1）行政公文类，指的是《党政机关公文处理工作条例》中规定的文种，包括决议、决定、命令（令）、公报、公告、通告、意见、通知、通报、报告、请示、批复、议案、函、纪要。

（2）通用事务类，包括调查报告、工作总结、述职报告、简报、计划、规章制度、会议材料等。

（3）个人事务类，如日记、读书笔记、各类信函等。

（二）专用类

专用类是指某种特定行业使用的专业性较强的文书。比如：科技类的学术论文、实验报告等；财经类的市场预测报告、经济合同、审计报告等；司法类的诉状、辩护词、公证书、判决书等；传播类的消息、通讯、广告等。

二、应用文的特性

应用文在长期的历史发展中，已形成区别于文学作品等其他文类的"个性"，成为文章大家族里的重要成员。学习应用写作，要把握应用文的"个性"。

（一）价值的实用性

文章的产生，本来就是为了实用。最早的文章——甲骨刻辞，就是应用文。虽然它上达于天、与神灵对话，但要问的是吉凶、胜负，是为了决定是否采取某一实际行动。后来文章由巫术性转为人事性，成了皇帝对臣子、臣子上皇帝的文书乃至文人之间的情感传达的载体，应用文更是为了"应"付生活、"用"于实务。如果一篇应用文不能满足实用的需要，不能直接作用于人的行为实践，即使写得条理清晰、富于文采也算不上是好的应用文，甚至可以说不是应用文。

"实用"是应用文区别于其他文类的本质属性，其他特性是由它派生出来的。其效用是要在人类各种活动中，通过取得直接的实用价值而体现出来。失去了实用性，应用文也就失去了自身存在的价值。如告诉对方要处理什么事情，说明处理事务的方针、政策、办法、措施，或与对方磋商问题、向对方提出请求，或双方协商、达成协议、签订合同……总之是要办事。因此，写应用文如忘了实用性，大讲空话、套话，不务实，不办事，就是不懂得应用文写作的最起码的道理。

与实用性相联系的是内容的单一性和强烈的时效性。为达到实用目的，一篇应用文应着重解决一个问题，不要把不同的问题混杂在一篇中，弄得什么事也办不成。同样，还要特别讲究时效。这一方面是为了提高办事效率，以免耽误时间，给工作造成损失；另一方面，有些应用文在一定时间内有效，时过境迁，也就没有什么实用价值了。

（二）建构的模式性

和其他文体比较，应用文的建构具有相对固定的模式。所谓模式，指有大致相同或相似的布局和写法，有大体统一的文面要求等。文学作品讲究独创性，力图摆脱模式的束缚，标新立异，以适应不同读者的审美需要，而应用文为实现其处理公务的目的，便要求按照一定的模式写作。这样作者写起来简便、快捷，接受者看起来一目了然，便于迅速做出判断和反应。可见，这种模式性，是实用性在形式上的体现。2012 年 4 月颁布的《党政机关应用文处理条例》中对 15 种应用文及其格式作了明确规定。个人无权任意更改或不按这些规定办事，否则，便是违反"规定"。事务文书，虽然并不像法定公文那么严格，但仍有较为稳定的格式和写法，写作时不能自行其是。

（三）表述的简约性

为提高文章实用的效能，应用文尚简约、忌浮华。它篇幅短小，要求用最精炼的文字准确地说明事由，解说事理，陈述办法，以达到处理好公务的目的。在表达方式上，应用文多用说明，也要用叙述、议论，但叙述多用直笔，不用曲笔，议论不旁征博引，只就事论理。至于抒情、描写，则要尽量少用，甚至不用。在语言运用上，应用文贵在精要，要根据处理事务和文种的要求，用精要的语言平实明快地表达，有什么说什么，有多少说多少，不能"少一字"，也不能"长一言"，因为多了、少了都会妨碍意义的表达。

实用性、模式性、简约性，是应用文的主要特性，其他如选材的真实性、思维方式的逻辑性、读者对象的特定性等，虽也是应用文的特点，但都算不上应用文区别于其他文体的本质属性，这里就不一一论述了。

三、应用文的功用

作为一类特定的文体，应用文有着自己独特的功用。涉及社会生活的各个领域，就其最基本的社会功用而言，可概括为如下五个方面。

（一）法规、准绳功用

在应用文中，有相当一部分是用于公布法律和行政法规的。应用文中的条例、规定、通则等，一经有关权力机关通过并发布施行，就具有法规、准绳作用，任何人都要自觉遵守，不得违反，否则将受到不同程度的处罚。另外，像公告、通告等应用文，或要求下属机关以及有关人员"遵照执行"，或要求人民群众"共同遵守"，也在相应范围内具有法定的权威性和不可逾越的约束力，发挥着法规作用。

（二）指挥、管理功用

自古以来，应用文就是对社会进行管理的工具。在党政机关、企事业单位、群众团体的公务活动中，上级机关对下级机关发布的应用文，如决定、指示、批复等，都起着指挥作用，下级机关必须"遵照执行"或"参照执行"。这样，中央的方针、政策，才能逐层下达，深入到人民群众中去并化为全国人民的自觉行动，各具体单位的各项工作，才能统一步调，有秩序地开展。同时，下级机关所做的请示、报告、总结等，及时反映基层的情况，也为中央制定方针、政策，及时指导工作提供依据。这些应用文，是管理工作中不可缺少的有机组成部分，文书的起草、定稿、发布，是与管理行为同步发生的。离开应用文，各方面的管理工作就无法进行，乃至陷于混乱状态。

（三）联系、协调功用

现代社会里，人的活动范围更加广泛，群体与群体、群体与个人、个人与个人都存在着千丝万缕的联系，需要加强联系，互通信息，处理好人际关系。社会化大生产越发展，专业化水平越高，分工就越细，需要部门之间、组织之间的合作，需要做好联系、协调的工作。应用文就是联系、协调的工具之一。

（四）凭证、依据功用

应用文的凭证、依据功用，在不同文种中有程度不同的表现。就机关应用文而言，每份应用文都反映着制发机关的意图，收文机关以此为依据去处理工作、解决问题。如果拿没有必要的应用文作为凭证和依据，各个机关之间的公务联系必然被削弱，各个机关难以开展正常有秩序的工作。就契据文书而言，其凭证作用更为明显，如协议、合同等作为双方彼此确定的权利和义务的依据，凭证双方都要信守，任何一方违约，都会因此被追究责任。其他如会议记录、介绍信、证明信，都可以作为凭证。应用文是办事的，有时效性，某件事办完了，其作用也随之消失。但是某些应用文，作为真实的历史记录，在完成其现实作用后，将被立卷归档，作为文献资料留供后人查考，则也起着凭证作用。

应用文四个方面的功用是互相联系的，要作为一个整体去理解。随着信息时代、知识经济时代的到来，现代应用文与社会发展、人们生活之间的关系越来越密切，使用频率也越来越高，并逐渐走向电子化、国际化，而且还会有更多的功用表现出来。因此，在应用文写作实践中，不仅要努力发挥它现有的四个功用，还应该不断总结新经验，充分发挥出它应有的和新出现的功用。

第二节　应用文的四要素

一篇规范完整的应用文一般由主旨、材料、结构、语言四要素构成。这四个要素相互作用，形成有机整体。

一、主旨

主旨在应用文中是指作者通过文章的内容所反映出来的基本思想，是作者写作意图的体现。主旨是应用写作的出发点，应用文的主旨在撰稿前就已经形成，即"意在笔先"。应用文的主旨具有以下特点。

（一）客观性

写作作为精神活动，不可能不打上作者主观的烙印，作者可能对生活表现出某种选择。应用文作者的写作意图是因客观的现实需要而形成，是生活的某种需要促使作者表明某种态度，如机关应用文则体现出机关、集体的意志。应用文主旨的提炼是依材取意，从纯客观的材料中提取，力求尊重事实，不将主观情感强加于客观事实。主旨必须与材料达到本质意义上的契合，体现出客观性的特征，客观需要什么，作者就表达什么。比如，写一则通知，事由往往就是主旨。

（二）单一性

文学文本可以一文多意，不同的欣赏者可以从中领略到不同的主题意义，但应用写作要求主旨单一纯粹，即一文一意，每篇应用文只能表达一个意思。倘若在一篇应用文中，一题多意，主旨分散，就会使人难以把握。要使主旨单一，作者在动笔前就必须明确写作目的和意图，在行文中就题论事，删除多余的信息和材料。

（三）明晰性

应用文的主旨不仅要在撰稿前就确定，而且要在文本中用简明的语言概括出来，并在文章的显要位置直接而明白地表达出来，如在标题中概括主旨、用"主旨句"在段的首句揭示等。主旨要清晰明白，以吸引读者的注意力，节省读者的阅读时间，使读者一看就明白，不致产生歧义。这是由应用文功用性的特点所决定的。

二、材料

在应用文中，材料是体现文章主旨的感性形态的具体材料和理性形态的抽象材料的总称。材料是构成应用文的基本要素之一。应该说，任何一种写作都离不开材料，但不同功能的写作对材料的要求是不相同的。应用文对材料的要求如下。

（一）材料要绝对真实

任何文章的材料都来源于生活，但因文章的功能不同，对材料的处理和加工也就不同。应用文以事实性、概括性的材料为主，包括具体事实、基本情况和具有指导意义的理论、法规、指示等。应用文所使用的材料必须是完全真实的，是既成的事实和论断。这种真实既要达到整体的真实，又要达到细节的真实。有真实的材料才能得出可靠的结论。因此，应用文作者应重视调查研究，重视第一手材料的积累，并对所获材料进行去伪存真的加工选择。

（二）材料要与主旨有对应性

应用文所表达的主旨是单一明确的，这要求材料与文章的主旨相对应，形成一种密切的亲和力。对材料的选择和运用应以文章所要表达的主旨为依据，为主旨服务，受它调遣。

（三）材料要充分、具体

应用文写作材料要充分、具体，能完全满足文章主旨的需要。为了体现文章主旨，实现写作意图，选出来的材料应全面充分，尽量不要疏漏。文学写作可以从审美的角度选择材料，并不着意于原有对象的精确度，可以得其精而忘其粗，应用文写作就不能这样选择材料。应用文写作的材料应注重精确性、系统性和完整性，来不得半点马虎。

三、结构

结构，是指文章各个组成部分的搭配和排列。应用文文本结构由外在的格式和内在的要素模式组成。外在的格式和内在的要素模式又因不同类文体而有所差别。比如，法定行政的外在格式由眉首、行文、版记组成；而内在模式则是由发文的依据、发文的事由、发文的要求构成的。每一种应用文都有特定的外在格式和内在要素模式。应用文在结构上有如下要求。

（一）根据文种选择结构

应用文选择结构的重要依据是符合文种需求，也就是说作者在构思文章时，不能随心所欲，而要根据某种文体的规范选择结构、安排材料。比如合同的写作，不同的合同，签订合同的主体、合同的标的、标的的数量和质量、履行的期限、地点等要素可能会不同，但是写作时并不是根据内容选择结构，而是根据合同这一文种的格式规范来选择结构。应用文各体文种在长期的写作实践中，基本形成了外在格式和内在要素序列的规范，文种标志明确。因此，作者只要熟知所写文种的结构模式，就能按式撰文。这既是正确规范表达的需要，也是快速作文的要求。

（二）结构要素排列要顺序化

应用文文本结构在排列上要遵循人们的顺畅的思维逻辑展开，一般不宜用倒叙的结构，也无需用插叙结构，而应按照思维的过程进行叙述，或者按照事项来安排结构，外在结构上要一目了然，内在模式上各要素应排列有序。顺序化的结构让读者在一个轻松省力的阅读状态下接受信息，不存在阅读障碍和阻隔，从而迅速领会作者的意图。

（三）注重结构的外在衔接

文章分成若干个段落，段落之间靠内容的内在逻辑勾连和外在形式的衔接形成有机整体。应用文文本经常用序码标示内容的序列，还用小标题和过渡词来衔接，使得应用文在结构上形成连接的有机性，在层次上一目了然，便于读者阅读和领会。如经常用首先、其次、再次、最后，第一、第二、第三、第四，一、二、三、四等来标示层次和段落。

四、语言

（一）应用文的语言特征

1. 直接性

应用文不是供人欣赏玩味的艺术品，而是处理事务、解决实际问题的工具，因此，它的语言必须以应用性为准则，表达必须直接明了。作者在写作应用文时，要选择表达意思最恰当的词和句来说明问题，要准确地把构成事物的某些基本要素叙述清楚，直接地判明是非，达到较高程度的传真；在用语上也要尽量简洁，使表达的意思简洁明了地呈现在读者面前。

2. 行业性

应用文中的专用文书行业性较强，在语言上有明显的行业特征。如经济文书中，"利润"、"决算"、"流动资金"、"分配"、"投资"、"提成"、"累计"、"周转"等行业用语使用频率较高；而在诉讼文书中则经常出现"原告"、"被告"、"事由"、"裁决"、"本案"、"认定"等行业语。行业语的运用在一定程度上消融了作者本人的语体个性，形成了文本化的语体特征。应用文本的这一特征也决定了应用文作者要在语言准确上下功夫，而不一定致力于语言的创新，有时还要有意选择某些经常重复使用的行业术语，以更好、更准确地表达特定的行业内容。

3. 模式性

语言的模式性与结构的模式性是相关联的，应用文的语体特征是在长期适应文体特征的基础上形成的，多次重复使用，久而久之就形成了语言的模式性。这种模式性主要体现在相同的句式和相同的词汇可以在不同内容、不同作者的文章中反复出现，重复使用。下面是两则内容不同的"通告"的开头。一则是《公安部关于严厉打击违反爆炸物品枪支弹药管理条例违法犯罪活动的通告》的开头："为加强爆炸物品和枪支、弹药管理，维护社会治安秩序，保障公共安全，保护人民群众生命财产安全，公安部决定，坚决收缴非法爆炸物品、枪支弹药，严厉打击违反爆炸物品、枪支弹药管理条例的违法犯罪活动。根据国家有关法律、法规的规定，特通告如下……"。另一则是《国务院关于保障民用航空安全的通告》的开头："为保障民用航空的安全，防止劫持、破坏民航飞机和破坏民用航空设施事件的发生，确保公共财产和旅客生命财产的安全，特通告如下……"。这两则通告的内容不同，撰稿人也不同，但在用语和句法上呈现出某些相似性，而这种相似性又逐渐形成了文本用语的模式化。应用文用语的模式性，使应用文的写作和阅读简捷得多，也便于计算机处理文本。

（二）应用文专门用语

1．称谓词，即表示称谓关系的词

第一人称："本"、"我"，后面加上所代表的单位简称。如：部、委、办、厅、局、厂或所等。

第二人称："贵"、"你"，后面加上所代表的单位简称。一般用于平行文或涉外公文。

第三人称："该"，在应用文中使用广泛，可用于指代人、单位或事物。如："该厂"、"该部"、"该同志"、"该产品"等。"该"字在文件中正确使用，可以使应用文简明、语气庄重。

2．领叙词

领叙词是用以引出应用文撰写的根据、理由或应用文的具体内容的词。应用文的领叙词多用于文章开端，引出法律、法规以及政策，指示的根据或事实根据，也有的用于文章中间，起前后过渡、衔接的作用。

领叙词常用的有：根据、按照、为了、接……、前接或近接……、遵照、敬悉、惊悉、……收悉、……查、为……特……、……现……如下。

3．追叙词

追叙词是用以引出被追叙事实的词。如：业经、前经、均经、即经、复经、迭经。在使用时，要注意上述词语在表述次数和时态方面的差异，以便有选择地使用。

4．承转词

承转词又称过渡用语，即承接上文转入下文时使用的关联、过渡词语，有：为此、据此、故此、鉴此、综上所述、总而言之、总之。

5．祈请词

祈请词又称期请词、请示词，用于向受文者表示请求与希望。使用祈请词的目的在于造成机关之间相互敬重、和谐与协作的气氛，从而建立正常的工作联系。

祈请词主要有：希、即希、敬希、请、望、敬请、烦请、恳请、希望、要求。

6．商洽词

商洽词又称询问词；用于征询对方意见和反映，具有探询语气。商洽词主要有：是否可行、妥否、当否、是否妥当、是否可以、是否同意、意见如何。

7．受事词

受事词即向对方表示感激、感谢时使用的词语。属于客套语，一般用于平行文或涉外的公文。常用的受事词如：蒙、承蒙。

8．命令词

命令词即表示命令或告诫语气的词语。以引起受文者的高度注意。

表示命令语气的语词有：着、着令、特命、责成、令其、着即。

表示告诫语气的词语有：切切、毋违、切实执行、不得有误、严格办理。

9. 目的词

目的词即直接交代行文目的的词语，以便受文者正确理解并加速办理。

用于上行文、平行文的目的词，还须加上祈请词，如：请批复、函复、批示、告知、批转、转发。

用于下行文，如：查照办理、遵照办理、参照执行。

用于知照性的文件，如：周知、知照、备案、审阅。

10. 表态词

表态词又称回复用语，即针对对方的请示、问函，表示明确意见时使用的词语。如：应、应当、同意、不同意、准予备案、特此批准、请即试行、按照执行、可行、不可行、迅即办理。

11. 结尾词

结尾词即置于正文最后，表示正文结束的词语。

用以结束上文的词语。如：此布、特此报告、通知、批复、函复、函告、特予公布、此致、谨此、此令、此复、特此。

再次明确行文的具体目的与要求。如：……为要、……为盼、……是荷、……为荷。

表示敬意、谢意、希望。如：敬礼、致以谢意、谨致谢忱。

【阅读思考】

阅读下面两篇文章，分析二者的区别。

关于制止乱砍滥伐森林的紧急指示

当前，许多地方再次出现乱砍滥伐森林的歪风，并且，这段歪风还在继续蔓延扩大。产生这种情况的原因，主要是有关的党、政领导机关，对违法毁林事件的严重性认识不足，打击不力，有的甚至不抓不管，听之任之。……而对当前的违法毁林事件，决不可借口工作存在缺点就可以有法不行，执法不严。国家制定的有关森林的法律、法令，体现着全国各族人民的根本利益，受到广大群众的拥护，甘愿犯法毁林的只是极少数，姑且放纵这些极少数犯法者，是对人民的犯罪。只有对少数犯法者坚决给以打击，才能有效地刹住这股歪风，鼓励更多的人保护森林，发展林业，否则，百年树木，毁于一旦，将造成无法弥补的损失。为此，特紧急指示如下：

一、中共中央、国务院责成凡有森林地方的县委和县人民政府，负责监督护林法令的执行。望立即采取果断措施，限期制止乱砍滥伐森林事件。无论任何单位或者个人，利用任何手段侵占和破坏国有的和集体的山林，都必须彻底追查，依法惩办。对这些犯法者制止不力，就是失职，上级党委和政府必须追究县委书记和县长的领导责任。

二、对于破坏森林的任何单位或者个人，要分别情况，该退赔的必须退赔，该罚款的必须罚款，该判刑的要依法判刑。不管什么人，也不论是哪一级干部，犯法犯罪，不得姑息、包庇，或者借故掩护顶着不办。……

三、抓紧搞好稳定山林、林权、划定自留山，确定林业生产责任制工作。凡是没有搞完林业"三定"的地方，除国家划定规定的木材生产任务以外，其他采伐暂时一律冻结。……

四、保护森林、发展林业是我国社会主义建设中的一个重大问题。对森林的保护和管理必须加强，在任何时候都不能丝毫放松。今后对乱砍滥伐歪风，应当随起随刹，决不能手软。各级党委和人民政府应坚决刹住当前乱砍滥伐森林的歪风。……

请各省、市、自治区党委、人民政府于今年年底前向中央、国务院写出报告。

伐木者，醒来！

1979 年春天，笔者曾有海南岛之行，一路上风光秀丽绿树成荫自不必说，在踏访五指山时却为扑面而来的滚滚浓烟所挡，询问后才知道这是山民在烧山，从每年春节到 5 月是这里群众烧山的季节，刀耕火种，历来如此。

往浓烟深处走去，烟雾时浓时淡忽远忽近，在树木间飘忽，火光里一颗颗大树小树先是被浓烟吞没，继之是一树绿色变成焦炭状，然后小一些的树成为枯木倒下了，大树们则虽死犹立，必须再砍几刀才会倒下。

去年 5 月，有朋友从海南岛归来说及那边刀耕火种的情况，他所亲见的一如当年我所见到的，更令人不安的是盗伐森林的现象也日趋严重。刀耕火种是当地人民——尤其是黎、苗族少数民族的几千年的习惯，借以获得粮食而谋生的；盗伐者却不一样了，就是为了发大财，而全然不顾一些珍贵树木的观赏价值，窃为己有。我们谈到有待开发的海南岛，尽管闭塞、落后，自然资源却是十分丰饶的，这一片片绿色便是难得的宝库啊！新中国成立以来，海南岛上除了天然的森林以外，又种植了大量的以木麻黄、相思树为主的防护林带，抗风防沙，作为岛上自然森林植被的第一道防线。海南岛的海水蓝、树木青、花朵美，无不与此血肉相关。

不可想象的是：海南岛上的绿色日渐稀少，它将意味着什么？

……

一亩地的森林可比无林地多蓄积 20 立方米的水，破坏森林也就是破坏水源。春雷水电站 50 年代发电量为 2 500 千瓦，现在仅为 1 000 千瓦，不是机器陈旧而是水源不足，50 年代全县有自然水灌溉的农田 1 万余亩，到了 80 年代仅剩 1 千亩！

在森林被砍伐之后，我们所面临的沙漠、暴风、干旱、饥渴的危机有的已经尝到了苦果，有的已经迫在眉睫！

保护海南的热带森林已属刻不容缓，盗伐之声放火烧荒应该休矣！

【简析】上述两篇文章中，一篇是党政公文，采用公文语体，主旨鲜明，材料概括，结构严谨；引据、本论、要求层次清楚；语言严密、简约、庄重，体现了公文的法定权威性，它使受文者明确办什么事，事情的起因、为什么要这样办的原因和怎样去办的措施。

另一个是报告文学《伐木者，醒来！》的节选。运用文艺语体，形象性、情意性十分鲜明。文章报道了海南岛某些地方严重的毁林情况，作者通过对亲身经历的叙写、报道资料的引述以及访问的记叙，生动、形象地向人们诉说乱砍滥伐森林、破坏生态平衡所引起和还将导致的恶果，呼吁保护森林"已属刻不容缓"。

两篇例文针对的是同一事件，倡导的也都是"保护森林"，但其行文风格，写作样式则完全不一样了，一篇是应用文，一篇是文学作品。

【课后思考与实践】

1. 清政府曾与德国政府签订了一个条约，条约中写明德国政府借款给清政府修筑胶济铁路，作为补偿，"沿铁路线左右三十里内煤铁等矿德国有权开采"，请问，这句话是否会引起纠纷？如果会引起纠纷，请把它修改为一句不会有纠纷的话。

2. 史传曾国藩组织湘军与太平军交战，开始时老吃败仗，可是他又不能不给皇帝汇报作战情况。要是说"臣屡战屡败"，那倒是实情，可是他又不愿意显示自己如此无能。就在他愁眉不展的时候，他的一个幕僚给他出了个主意，使他大喜过望。试想想，这位幕僚会给他出了个什么主意？

3. 某县欲建一座水电站，县水电局请示分管水电工作的县领导。这位县领导在建水电站的请示上批道："火鸡学孔雀，退。"人们不得要领，只好再请示，该领导说："这个设计贪大求洋，就像火鸡学孔雀一样，学得不像，越学越丑，要重新设计报来。"请想想，这位领导写的批文好不好？

4. 《颜氏家训·勉学》中有一段文字："邺下谚云：博士买驴，书券三纸，未有驴字。"博士的文章有什么问题？

5. 有封辞职信曾在网络上盛传，这封信是这么写的："世界那么大，我想去看看。"你觉得这封辞职信值得大家模仿吗？

6. 结合以下事例，谈谈应用文语言的特征。

1930年4月初，蒋介石和冯玉祥、阎锡山在河南摆开战场，进行大规模的中原之战。战前，冯、阎为了更好地联合起来打垮蒋介石，商定在河南北部的沁阳会师，然后集中兵力聚歼盘踞在河南境内的蒋介石军。谁知冯的一位作战参谋在拟定命令时，错将"沁阳"写成"泌阳"，碰巧在河南南部有一个泌阳，一南一北相距数百公里。接到命令的冯玉祥军队日夜兼程开赴泌阳，贻误了聚歼蒋介石军队的有利时机，使蒋介石得以从容调动部队，掌握了战争的主动权，最后，进行了半年之久的中原大战，以蒋胜利、冯阎联军失败而告终。

第十一章　公文写作

　　X 城县召开加快公路建设动员会，对今年的公路建设进行安排部署。会后，下发了传达会议精神的文件，其中写道："会议提出：一是各乡（镇）职能部门要在做好常规工作的同时，把公路建设放在重中之重，切实抓紧抓好；二是各乡（镇）要动员一切力量，迅速掀起公路建设热潮；三是各级领导要切实转变工作作风，把精力全部用到干事创业上，坚决按要求把工作干快干好；四是要加强对公路建设的组织、服务、监督与指导，多方筹措建设资金，并及时与各有关部门加强联系和沟通，确保公路建设项目如期进行。"

　　文件下发后，下属单位却没有任何实际行动，投入到相关工作中。主要原因在于这样的公文无法起到落实工作的目的。这段公文的问题主要是：内容空洞、重复、层次不清。在四条措施中，第一条是"各乡（镇）职能部门要在做好常规工作的同时，把公路建设放在重中之重，切实抓紧抓好"，与第二条的"各乡（镇）要动员一切力量，迅速掀起公路建设热潮"和第三条的"各级领导要切实转变工作作风，把精力全部用到干事创业上，坚决按要求把工作干快干好"几乎是同一个意思的不同表达，并无实质上的区别。第四条的"加强对公路建设的组织、服务、监督与指导，多方筹措建设资金"几乎是包罗万象的。如果说前三条是事项少而空，第四条就是事项多而空。

【思考】

　　（1）在你的学习、生活、工作中，办哪些事要用到公文？

　　（2）公文的语言有什么特点？

第一节　党政公文的基本知识

　　根据国务院 2012 年 4 月 16 日发布的《党政机关公文处理工作条例》的规定，党政公文的主要种类有 15 种：决议、决定、命令（令）、公报、公告、通告、意见、通知、通报、报告、请示、批复、议案、函、纪要。《办法》对每一文种的使用范围都做出了明确规定，如命令（令）"适用于公布行政法规和规章、宣布施行重大强制性行政措施、批准授予和晋升衔级、嘉奖有关单位和人员"。在本书中，我们选择使用频率较高的 7 种公文进行学习，者 7 种公文是：通知、通报、报告、请示、批复、函、会议纪要。

一、党政公文的特点

　　党政公文主要有以下几个特点。

（一）作者的法定性

一般文章，谁写谁就是作者。报刊上的一般署名文章，谁写的就署谁的名，谁就是作者，作者和写作者、撰写人是同一个人，是同一个概念。党政公文与此不同，其撰写人与作者不是同一个概念。党政公文的撰稿人只是机关里具体承担写作任务的工作人员，其撰写完成的只是公文的草稿，表明他完成了为机关单位撰写公文草稿的任务。这个草稿只有经过机关领导人审核、批准、签发后，才成为定稿。定稿才是印制公文正式文本的标准本。机关领导人代表机关审核、签发文稿，但也不是公文的作者。公文的作者是机关领导人所代表的机关。有些党政公文如命令（令）等也以机关领导人个人的名义发布，虽然可以把这类公文的作者看成署名的机关领导人，但这绝不是他个人的行为，而是他所代表的机关的行为。所以，这类公文的真正作者依然是制发该公文的机关。正因为党政公文的撰稿人不是公文的作者，只是机关或机关领导人的代笔人，所以他们撰写党政公文要服从机关公务活动的需要和机关领导人的发文意图，不能随自己的兴致发文。

党政公文的作者是法定机关，即依法成立并能以自己的名义行使职权和承担义务的国家机关、社会团体和企事业单位。党政公文作者的法定性得到国家的法律保护。我国《刑法》第二百八十条规定：伪造、变造、买卖或者盗窃、抢夺、毁灭国家机关的公文，"处三年以下有期徒刑、拘役、管制或者剥夺政治权利；情节严重的，处三年以上十年以下有期徒刑"。

党政公文因公务活动和管理需要而制发，而管理有层次、有职权分工，所以法定作者必须在自己法定的职权范围内制发公文，超越自己职权范围制发的公文一律无效。法定作者制发公文受自己职权和级别制约，并不是什么样的公文都可以制发。

（二）体式的规范性

具有法定的规范体式是党政公文区别于其他文字材料的显著标志。为使有关公文格式更加科学、更加规范，2012 年 6 月 29 日，国家质量监督检验检疫总局和国家标准化管理委员会发布了新的中华人民共和国国家标准 GB／T9704-2012《党政机关公文格式》。新公文格式标准的出台，是公文处理工作朝着科学化、规范化、制度化前进的标志，也是公文改革方面的一项重大举措。这种由国家统一规定的规范体式，是党政公文所独有的。规范的党政公文体式对于发挥党政公文的作用具有重要的意义。党政公文具有行使国家管理职能的权威作用，如果国家机关的党政公文不具备统一的规范体式，一个地区、一个部门、一个单位都各有自行规定的体式，则党政公文体式必将五花八门。这对党政公文的撰写、运转、处理都极为不利，将直接影响党政公文的严肃性和应有作用的发挥。

（三）功能的权威性

国家行政机关的公文代行国家职能，是国家的管理工具，代表国家的权力和意志，传达制发机关的决策和意图，对主要受文单位在法定的时间和空间范围内产生强制性作用，如强制予以贯彻、执行、传达，强制予以阅读、办理、复文等。这就是党政公文的法定效力。如不予以贯彻、执行，违背公文所规定的法规、政策、办法、措施等，就意味着不服从国家的管理，就会受到国家的制裁，轻则受纪律处分，重则被绳之以法。

党政公文中的下行文，其权威性更为明显。如命令（令）、决定、通告、通知、批复等，或是方针、政策的具体化，或是方针、政策精神的体现，反映着国家机关维系公务活动开展的意图以及对相关问题的分析、判断、解决办法和措施等，要求下级机关和个人严格执行。有的公文还提出执行上级规定的保障措施和奖惩办法，以确保对上级规定的贯彻、执行，其功能的权威性显而易见。

党政公文功能上的权威性由制发机关的职权决定。制发机关职权的大小决定着公文权威性上的差异。制发机关的职权范围大，其公文的权威性就强，作用的范围也广。例如，国务院的公文，因国务院是国家最高行政机关，它的公文就具有最高的权威性，各级地方政府、企事业单位、人民团体都要按国务院公文所发布的有关政策、规定处理公务。国务院的公文在全国范围内发挥行政管理作用；一个县政府的公文在本县范围内发挥行政管理作用。两者的管理范围不同，其权威性也不同。因为县政府的公文首先要服从国务院公文的规定，还要服从本省政府公文的规定和自己所属地级市（行署）公文的规定才能生效，才能有本县范围内的管理功能上的权威性。就党政公文功能上的权威性而言，下级机关公文的权威性要小于上级机关公文的权威性。

党政公文功能上的权威性除由制发机关的职权决定外，还受时间、范围、公文内容和形式的制约。

党政公文功能上的权威性受公文生效时间、执行时间的制约。例如我国第一部证券法，其公布日期是 1998 年 12 月 29 日，中华人民共和国主席令（第 12 号）规定该法的施行时间是 1999 年 7 月 1 日起，在这之前半年多一点的时间里，该法没有生效，当然也谈不上执行功能上的权威性。有的公文因时过境迁，已被宣布废止，或被新的公文所取代，这类公文当然也就没有执行功能上的权威性了。有的公文已经被执行完毕，其执行时间已过，当然不再被执行，其执行的权威性也就消失。例如，一些时效性强的通告、通知，过时就不再生效；为解决某个具体问题而形成的请示、批复，在问题得到解决后，该请示和批复也就失去现实执行效用，执行功能上的权威性就不复存在了。

党政公文功能上的权威性是由制发机关的法定职权决定的，而制发机关的职权是有范围的，包括空间职权范围和工作业务的职能范围，公文功能的权威性也不得不受这两种范围的制约。例如，北京市人民政府的公文在河北省就没有权威性，这是空间范围的制约；北京市商业委员会的文件在北京市建设委员会就没有权威性，这是工作职能范围的制约。但是，在工作业务职能相同的同一系统或不同系统的同一业务职能范围内，主管的工作职能部门的文件在这一业务职能范围内具有权威性。例如，教育部的文件在教育系统内有权威性；教育部和铁道部虽同属国务院领导，但不属于一个系统，教育部的文件对铁道部教育司及其辖属的各大中小学等教育部门，有业务指导的权威性。

党政公文功能上的权威性受公文内容的制约。党政公文要有现实执行效用，首先在内容上必须是正确的，即必须符合党和政府的现行政策、法令、法规，必须符合上级机关的现行决策意图和有关规定，必须符合进行公务活动的客观规律和实际情况。内容上有差错的公文根本不能被贯彻、执行，或一旦被执行将会造成大错，这样的公文不可能有权威性。

党政公文功能上的权威性还受公文形式的制约。公文要生效，必须有三个明显的标志：一是必须有法定作者，公文上法定作者的名称见于公文版头、公文标题或公文落款；二是必须有机关公章或经领导人签署，机关公章上的机关名称必须与法定作者名称一致；三是必须有成文日期，因为一般公文的成文日期就是公文的生效日期，没有生效日期的公文不能生效，是废公文。

二、党政公文的写作要求

本章所讲的"党政公文写作"，均指"草拟公文"，因为撰稿人写的仅仅是公文草稿。草拟公文的要求如下：

第一，符合党和政府的方针、政策、法律、法规和规章及有关规定。若提出新的政策规定，要切实可行，并加以说明。

第二，公文内容要情况确实，观点明确，表述准确，结构严谨，字词规范，条理清楚，语句通顺，文字精练，书写工整，标点准确，篇幅要力求简短。

第三，公文中的人名、地名、数字、引文要准确。若引用公文，应当先引公文标题，后引发文字号。日期应当写具体的年、月、日。

第四，用词、用字准确、规范。文内如使用简称，一般应当在第一次出现时先用全称，并括注简称。文中若有计量，必须使用国家法定计量单位。

第五，格式要符合国家规定。行文规则和公文办理等均应符合 2012 年 4 月 16 日发布的《党政机关公文处理工作条例》及有关规定、细则。

第二节　党政公文的格式

中华人民共和国国家质量监督检验检疫总局、中国国家标准化管理委员会于 2012 年 6 月 29 日联合发布的《党政机关公文格式》对党政机关公文通用的纸张要求、排版和印制装订要求、公文格式各要素的编排规则做出了规定。下面分版头、主体、版记、特定格式四部分作出说明。

一、版头

党政公文首页红色分隔线上的部分为版头。它由发文机关标志、发文字号、份号、密级和保密期限、紧急程度、签发人等组成。

（一）发文机关标志

由发文机关全称或者规范化简称加"文件"二字组成，也可以使用发文机关全称或者规范化简称。联合行文时，发文机关标志可以并用联合发文机关名称，将主办机关名称排列在前，也可以单独用主办机关名称，如有"文件"二字，应当置于发文机关名称右侧，以联署发文机关名称为准上下居中排布。发文机关标志居中排布。

（二）发文字号

由发文机关代字、年份、发文顺序号组成。联合行文时，使用主办机关的发文字号。编排在发文机关标志下空二行位置，居中排布。年份、发文顺序号用阿拉伯数字标注；年份应标全称，用六角括号"〔〕"括入；发文顺序号不加"第"字，不编虚位（即 1 不编为 01），在阿拉伯数字后加"号"字。上行文的发文字号居左空一字编排，与最后一个签发人姓名处在同一行。

（三）份号

涉密公文应当标注份号，即公文印制份数的顺序号。一般用阿拉伯数字顶格编排在版心左上角第一行。

（四）密级和保密期限

涉密公文的密级分为"绝密""机密""秘密"。密级顶格和保密期限编排在版心左上角第二行。

（五）紧急程度

紧急程度是公文送达和办理的时限要求。根据需要，应当分别标注"特急""加急"，电报应当分别标注"特提""特急""加急""平急"。顶格编排在版心左上角。公文如需同时标注份号、密级和保密期限、紧急程度，按照份号、密级和保密期限、紧急程度的顺序自上而下分行排列。

（六）签发人

上行文应当标注签发人姓名。由"签发人"三字加全角冒号和签发人姓名组成，居右空一字，编排在发文机关标志下空二行位置。如有多个签发人，签发人姓名按照发文机关的排列顺序从左到右、自上而下依次均匀编排，一般每行排两个姓名，回行时与上一行第一个签发人姓名对齐。

（七）版头中的分隔线

发文字号之下 4 mm 处有一条红色分隔线，这条线下面就是公文的主体部分。

二、主体

公文首页红色分隔线（不含）以下、公文末页首条分隔线（不含）以上的部分称为主体。主体包括：标题、主送机关、正文、附件说明、发文机关署名、成文日期和印章等。

（一）标题

公文标题就是公文名称，一般由发文机关名称、事项和公文种类三要素构成。其中事项是对公文主要内容准确而简要的概括，而不是某种精神的抽象。如《国家能源局关于基本建设煤矿安全检查的通知》（国能煤炭〔2014〕12 号），其中"基本建设煤矿安全检查"就是事项。公文种类应该用党政公文法定的规范化名称，不得生造、变更公文文种。标题中除法规、规章名称加书名号外，一般不用标点符号。

标题一般编排于红色分隔线下空二行居中位置。

（二）主送机关

公文的主要受理机关，应当使用机关全称、规范化简称或者同类型机关统称。编排于标题下空一行位置，居左顶格，回行时仍顶格，最后一个机关名称后标冒号。如主送机关名称过多导致公文首页不能显示正文时，应当将主送机关名称移至版记部分。

（三）正文

公文的主体，用来表述公文的内容。正文的开头为"凭"，即凭什么行文，也就是制发该文的依据或理由。大致情况有：根据国家的方针、政策和法令、法规行文，根据以往先例行文，根据某种理论、道理行文，根据上级或对方来文行文、根据某些好人好事或不良倾向、突发事件、事故行文，根据事物的发展变化行文。具体到某篇公文应如何开头，要根据发文意图、行文对象和文种来确定。

主体部分为"事"，即什么事情或什么事项。根据开头行文的目的和理由，经一定的过渡性词语，如"特作如下通知""特作如下规定""报告如下""请示如下""答复如下"，转入公文主体。公文主体主要是列举材料、申述观点、叙事说理，尤其要把"事"说清楚。内容较为复杂的公文，事项很多，要注意事项之间的逻辑顺序和层次安排。

结尾部分可以概括为"断"，即论断、判断，也就是正文的结论部分，多数为提出要求、措施、办法等。有些公文有规范的结束语，如"特此通知"、"特此报告"、"以上请示妥否，请批示"、"此复"等。

公文首页必须显示正文。编排于主送机关名称下一行，每个自然段左空二字，回行顶格。文中结构层次序数依次可以用"一、""（一）""1.""（1）"标注。

（四）附件说明

如有附件，在正文下空一行编排"附件"二字，后标冒号和附件名称。

（五）发文机关署名、成文日期和印章

1. 加盖印章的公文

成文日期一般右空四字编排，印章用红色，不得出现空白印章。

单一机关行文时，一般在成文日期之上、以成文日期为准居中编排发文机关署名，印章端正、居中下压发文机关署名和成文日期，使发文机关署名和成文日期居印章中心偏下位置，印章顶端应当上距正文（或附件说明）一行之内。

联合行文时，一般将各发文机关署名按照发文机关顺序整齐排列在相应位置，并将印章一一对应、端正、居中下压发文机关署名，最后一个印章端正、居中下压发文机关署名和成文日期，印章之间排列整齐、互不相交或相切，每排印章两端不得超出版心，首排印章顶端应当上距正文（或附件说明）一行之内。

2. 不加盖印章的公文

单一机关行文时，在正文（或附件说明）下空一行右空二字编排发文机关署名，在发文机关署名下一行编排成文日期，首字比发文机关署名首字右移二字，如成文日期长于发文机关署名，应当使成文日期右空二字编排，并相应增加发文机关署名右空字数。

联合行文时，应当先编排主办机关署名，其余发文机关署名依次向下编排。

3. 加盖签发人签名章的公文

单一机关制发的公文加盖签发人签名章时，在正文（或附件说明）下空二行右空四字加盖签发人签名章，签名章左空二字标注签发人职务，以签名章为准上下居中排布。在签发人签名章下空一行右空四字编排成文日期。

联合行文时，应当先编排主办机关签发人职务、签名章，其余机关签发人职务、签名章依次向下编排，与主办机关签发人职务、签名章上下对齐；每行只编排一个机关的签发人职务、签名章；签发人职务应当标注全称。签名章一般用红色。

4. 成文日期中的数字

成文日期是会议通过或者发文机关负责人签发的日期。联合行文时，署最后签发机关负责人签发的日期。用阿拉伯数字将年、月、日标全，年份应标全称，月、日不编虚位（即1不编为01）。

（六）附注

附注主要说明公文印发传达范围等需要说明的事项。如有附注，居左空两字编排在成文日期下一行。

（七）附件

附件应当另面编排，并在版记之前，与公文正文一起装订。

三、版记

公文末页首条分隔线以下、末条分隔线以上的部分称为版记。版记包括：抄送机关、印发机关和印发日期等。

（一）版记中的分隔线

版记中的分隔线与版心等宽，首条分隔线和末条分隔线用粗线，中间的分隔线用细线。首条分隔线位于版记中第一个要素之上，末条分隔线与公文最后一面的版心下边缘重合。

（二）抄送机关

抄送机关是除主送机关外需要执行或者知晓公文内容的其他机关，应当使用机关全称、规范化简称或者同类型机关统称。在印发机关和印发日期之上一行、左右各空一字编排。"抄送"二字后加冒号和抄送机关名称，回行时与冒号后的首字对齐，最后一个抄送机关名称后标句号。如需把主送机关移至版记，就将"抄送"二字改为"主送"。既有主送机关又有抄送机关时，应当将主送机关置于抄送机关之上一行，之间不加分隔线。

（三）印发机关和印发日期

印发机关和印发日期一般编排在末条分隔线之上，印发机关左空一字，印发日期右空一字，用阿拉伯数字将年、月、日标全，年份应标全称，月、日不编虚位（即1不编为01），后加"印发"二字。

版记中如有其他要素，应当将其与印发机关和印发日期用一条细线分隔线隔开。

第三节　党政公文写作

一、通知

通知是最常用的公文文种之一，使用频率有越来越高的趋势。中共中央办公厅国务院办公厅2012年4月16日发布的《党政机关公文处理工作条例》指出：通知"适用于发布、传达要求下级机关执行和有关单位周知或执行的事项，批准、转发公文。"

通知属于下行文，是要求下级机关办理、周知、执行或服从安排的文种，适用范围广，不受发文机关级别的限制，上至国务院，下至乡、镇人民政府，都可以制发，其他机关、人民团体、企事业单位也都可以制发。通知的内容广泛，国家大事乃至社会生活的各方面都能涉及。通知的行文比较简便，一份通知只布置一项工作、拟制一件事情，对正文的拟写要求也不像有些指挥性公文那样严格。

（一）通知的特性

通知具有时效性。所通知的都是需要立即办理、执行或应知的事项。布置的工作若时间性较强，则一定要在开展此项工作之前的一定时间内通知到下级机关，以便有所准备。

通知具有执行性。很多通知用以布置和安排工作，要求下级执行。用通知部署工作比较简便，说清楚要做的是什么工作、怎样去做、什么时候完成即可。

通知具有知照性。用于沟通情况、交流信息的通知，只要求收文单位了解情况而不要求执行和具体办理。

有的通知对下级能起指导作用。一些牵动全局的重要工作或重要事项，在向下布置时，阐明工作活动的指导原则比较详细，往往用"通知"行文，这类通知具有指导性。

（二）通知的种类与写作方法

通知的内容广、适用范围广，所以种类很多，而且分类方法也各不相同。比较常用的通知有以下四类。

1. 规定性通知及写作方法

规定性通知主要用于向下布置和安排工作，使用的范围很广。这类通知有些是某项工作的政策规定，如《关于规范船舶进口有关税收政策问题的通知》（财关税〔2014〕5 号）、《关于跨境电子商务零售出口税收政策的通知》（财税〔2013〕96 号）；有些则是某些具体做法的具体规定，如《国家能源局关于基本建设煤矿安全检查的通知》（国能煤炭〔2014〕12 号）、关于政府购买服务有关预算管理问题的通知（财预〔2014〕13 号）。前一类通知强调政策性、原则性、指导性，后一类通知强调可行性、具体性。

规定性通知要使受文单位了解通知的内容即事项，以及做什么、怎么做，有什么具体要求等，所以这类通知的正文一般分三部分。

开头部分，说明下发通知的背景、依据或目的，应简明扼要，让受文单位清楚该项工作的意义。

事项部分，如果内容较多，一般要分条列项来写，将通知的具体内容一项一项列出，把布置的工作阐述清楚，并讲清要求、措施、办法等。

结尾部分，多提出贯彻执行要求，用"请遵照执行""请贯彻执行"等习惯用语，也可不写惯用语。

写这类通知，一定要开门见山，突出重点，把主要内容写在前面，切忌转弯抹角。要详略得当，根据需要，主要内容可详写，讲清道理，讲明措施，次要内容则应尽量简略，扼要交代即可。在语言表达方面，多使用叙述手法。在对下级单位提出要求时，也可做适当的说理、分析，但不宜过多。

2. 会议通知

这类通知是由会议的主办单位向应该参加会议的下属或有关单位发出的，告知参加会议的有关事项。这是最常用的通知之一。

会议通知的正文要交代清楚召开会议的时间、地点，会议名称、参加人员、会议内容和目的以及与会人员应做的准备和其他有关事项。其中，会议的时间包括报到时间、正式开会时间和结束时间；地点不要只写单位名称，要写具体的路名、街道名和门牌号以及路线；参加人员可根据不同情况直接写"你单位×××参加"，也可写明参加人的身份、职位，由参加单位自定；其他事项包括会议的联系人、联系电话，住房标准，返程交通问题，食宿及会务经费问题，是否有回执等。这些都要考虑周全、书写准确。这类通知通常采用条文式写法。

3．印发类通知

这类通知主要用于印发规章。规章属于事务管理类文书，它不列入党政公文系列，所以不能直接下发或发布，需要借用通知下发或发布。这类通知的目的和存在价值就是印发规章制度，通知本身反而常常被人们忽略。这一类通知，实际上存在两种情况。一种是"发布"，即发布比较成熟的、可以在发文单位管辖范围内普遍实施的规章制度。如《国务院关于发布〈第七批国家级风景名胜区名单〉的通知》（国函〔2009〕152 号）。另一种是"印发"，如制发规章制度的草案或征求意见稿、本单位某领导人的讲话等，则只能用"印发"而不能用"发布"。如《财政部关于印发行政事业单位国有资产管理信息系统管理规程的通知》（财办〔2013〕51 号）就用了"印发"。

印发类通知是复合体公文，其一是通知本身，其二是被印发、发布的规章制度，二者合一，就成为一份完整的印发类通知。

印发类通知的文章结构明显地分为两部分：第一部分是通知本身，即印发语；第二部分是印发的规章。拟写印发类通知，只写印发语。印发的规章可以以附件的形式也可以作为正件之一印发。

印发语中要写明印发规章的目的、原因，印发的规章是什么，并提出相关的要求。如：《国资委关于印发<关于加强中央企业品牌建设的指导意见>的通知》（国资发综合〔2013〕266 号）的正文是："为全面贯彻党的十八大、十八届三中全会精神，深入落实科学发展观，提高中央企业品牌建设水平，推动中央企业转型升级，实现做强做优中央企业、培育具有国际竞争力的世界一流企业的目标，我们研究制定了《关于加强中央企业品牌建设的指导意见》，现印发给你们，请认真贯彻落实。"

4．转发类通知

这类通知数量相当多，因为党政公文是逐级行文的。如一件国务院的公文下发到乡、镇人民政府，必须经过省政府、地级市政府、县或县级市政府的转发。这样逐层转发上级领导机关或上级业务指导机关的公文，再加上可以转发的不相隶属机关的公文，批转下级机关的公文，使这类通知的使用频率极高，实用价值很大。

转发类通知与印发类通知相似，也是复合体公文，由通知本身和被转发的文件两部分组成。被转发的文件是通知正件之一，不能被列为附件。若被转发的文件有附件，则该附件依然是被转发文件的附件。

转发类通知与印发类通知有两点不同。一是印发类通知的发文机关与被印发的规章的制发机关是一致的，是同一机关的不同文种，其职权范围是一致的；而转发类通知的发文机关与被转发的文件的发文机关是不一致的，本机关只转发上级机关和不相隶属机关的文件，批转下级机关的公文，没有必要也不允许转发本机关的文件。由于转发类通知的发文机关不一致，其职权范围也不一致，如县政府转发地级市政府的文件，县政府公文的职权范围是本县地域，而被其转发的地级市政府文件的职权范围却不仅包括本县，在地级市政府管辖的其他县也都有效。上级机关批转下级机关的公文，其产生影响的范围和执行的力度，也就比原文件要大了。这种"通知"，亦被称为"批转性通知"。二是印发类通知对被印发的规章不需要进行技术处理，因为它原本就是本单位制定的，只需在印发语后面的成文日期、公章之后，加印被印发的规章即可；转发类通知中被转发的文件是外单位的公文，它有完整、规范的格式，它的制发者具有独立的法人资格，是法定作者，现因工作需要予以转发，则此转发类通知的制发者也具有独立的法人资格，也是法定作者，该通知也有完整的规范格式。本是一件公文，却各有各的格式，各有各的作者，很容易造成公文处理、承办上的混乱。为避免这种情况，应对被转发的文件进行三处技术处理：先去掉被转发文件的文头部分，把它的文号移至该文标题的下侧；再去掉该文的印章，若该文没有下款，则在其成文日期之上加写发文机关名称；最后去掉该文的文尾部分。这样处理，被转发的文件就没有了独立性，而真正成为转发类通知的一个组成部分了。

转发类通知只拟写转发语。转发语的写法同印发语的写法相似，转发语要写明转发的文件是什么，还要对如何贯彻、执行该文件作具体指示或结合本地区、本部门实际对有关问题作一些补充。如《广东省人民政府办公厅转发国务院办公厅关于继续做好房地产市场调控工作的通知》（粤府办〔2013〕11 号）的转发语是：现将《国务院办公厅关于继续做好房地产市场调控工作的通知》（国办发〔2013〕17 号）转发给你们，经省人民政府同意，提出以下意见，请一并认真贯彻执行。一、切实落实政府稳定房价的责任……二、坚决抑制投资投机购房需求……三、增加中小套型普通商品住房供应……四、加快保障性安居工程建设五、加强房地产市场监管……。

5.任免通知

任免通知的写法比较简单，格式相对固定，写明任免依据和任免事项、人员即可。如果一份任免通知中，既有任职的同时又涉及免职，按照惯例，应先写任职，后写免职。为醒目起见，通常每个任免事项均单独作为一个段落行文。

【例文】

福建省人民政府办公厅关于成立
福建省人民政府信访事项复查复核委员会的通知
闽政办〔2014〕41 号

各市、县（区）人民政府，平潭综合实验区管委会，省人民政府各部门：

为了贯彻落实《信访条例》，进一步完善信访事项处理、复查、复核工作机制，维护信访人合法权益，推动信访事项审核认定办结，依法终结信访事项，经省政府领导同意，决定成立福建省人民政府信访事项复查复核委员会，现通知如下：

一、省政府信访事项复查复核委员会主任由省政府分管信访工作的副省长兼任；常务副主任由省信访局局长兼任，副主任由省监察厅一名副厅长、省人大内务司法委员会一名副主任、省信访局分管副局长和省政府法制办一名副主任兼任，委员由信访量较大的省民政厅、省人力资源和社会保障厅、省国土资源厅、省环境保护厅、省住房和城乡建设厅、省农业厅、省林业厅等省政府工作部门负责人担任。

二、省政府信访事项复查复核委员会的主要工作职责：审核认定省级以下行政机关完成复核的信访事项等。

委员会审核认定办结信访事项，一般由常务副主任牵头办理并审签，重大的报主任审核，并报相关事项分管副省长审签。

省政府信访事项复查复核工作的其他职能、程序和要求仍按已有规定执行。

三、省政府信访事项复查复核委员会日常工作由省人民政府信访事项复查复核办公室（省信访局复查复核处）承担。

福建省人民政府办公厅

2014 年 3 月 26 日

（引自：福建省人民政府网 http://www.fujian.gov.cn/zwgk/zxwj/szfwj/201404/t20140402_707033.htm）

二、通报

通报是下行文，适用于表彰先进，批评错误，传达重要精神和告知重要情况。

（一）通报的作用和特性

通报具有典型性、时效性、教育性的特点。

通报的典型性表现在：不论是表彰先进、批评错误，还是传达重要精神或情况，都要求通报的是典型人物、典型事件和典型情况，以典型来指导工作，表彰先进，惩戒错误，交流经验，传达情况。

通报的时效性表现在：通报人物、事件、情况都必须及时、快速，这样才能发挥通报应有的作用。通报有通知、报道的作用，要像新闻报道那样，力争一个"快"字。应当得到奖励和表扬的，及时通报，就能宣扬正气，鼓舞斗志，对工作起到推动作用；应当受到批评和惩处的，及时通报，就会立即起到打击歪风邪气和震慑坏人坏事的作用；应当让下级机关知道的情况和问题，及时通报，能立即起到指导工作和防范事故再度发生的作用。

通报的教育性表现在：不论是表彰、批评，还是通报情况，都有指导下级学习先进、防止错误、提高认识的作用。因此，在写作时应注意分析议论，讲清道理。

通报和通知都有传达的作用，但通报着重在"报"，多用于报道和传播信息；通知着重在"知"，且要知之而后行，要求贯彻、执行。通报和通知都是下行文，但下级机关对它们的办理情况却不一样。下级机关收到通报后可以根据实际情况分别对待。如甲单位收到上级表扬乙单位的通报后，可以组织学习；乙单位同时也收到上级表扬本单位的通报，在组织学习的同时，要认识到这是上级对本单位的鼓励，要使工作更上一层楼，不辜负上级对本单位的期望。而通知则不同，下级单位收到通知，要贯彻执行其中的内容。上级发下通知，规定不许到风景名胜区去开会，任何一个下级单位都要遵照执行，不能有例外。此外，通报事项和通知事项的来源也不同。通报事项所涉及的人和事多在下级，情况也来自下级机关，上级机关知道以后，认为有普遍意义，便整理情况制成通报，发往所属的各机关、各部门；通知事项则是制发机关根据需要制定，有些事项甚至尚未发生，而是预告性的通知，如会议通知。

（二）通报的种类

通报分为表彰通报、批评通报和情况通报三种。

（1）表彰通报。这种通报用于表彰先进集体、先进个人、先进事迹，目的是宣扬先进，树立榜样，鼓励下级学习先进，做好工作。

（2）批评通报。这种通报用于批评坏人坏事和事故，目的是惩戒坏人和防止事故再度发生。

（3）情况通报。这种通报用于传达重要精神、重要情况，目的是让下级了解上级的重要精神、工作意图或者是全局情况，明确自己的工作方向。

（三）通报的写作要求

这里主要介绍通报正文的写作要求。通报正文是通报的主体，在写作上要做到事实清楚、分析入理、措施得当。

1．事实清楚

情况通报，顾名思义，应以有关的事实和确凿的数据为依据，介绍情况。表彰通报和批评通报尽管性质不同，但都要涉及人和事。有的是针对某个人或群体，有的是针对某个地区或某项工作，这些都离不开事实。把事实交代清楚，是写好通报的关键。

把事实交代清楚，要注意叙述事实的六要素：什么人或哪些人、什么时间、什么地方、做了什么事、为什么做、做了以后产生什么结果。不论是表扬还是批评的通报，这些都要讲清楚。对人物，还要写清楚姓名、性别、年龄、工作单位和职务等；对事情，除了写清楚前因后果外，还要概述过程，以便读者对整个事情有全面的了解。

把事实交代清楚，还要注意叙述的顺序和详略。表彰或批评人的通报，均可按时间顺序来写。情况通报的情况交代多数按重轻顺序排列，先写重要情况、突出情况，后写次要情况、一般情况。如果是事故通报，则可采取倒叙形式，先写事故造成的重大损失，再写事故的发生、经过及处理情况。事实的详略按通报的主题确定，表扬某人勇斗歹徒，"勇斗"应该详写；批评某人酒后开车，则要详写他违章的事实及被交通管理部门查处的情况。

对通报中的事实一般都是概述，略谈大致情况即可，但应注意概括情况和典型情况相结合、历史情况和现实情况相结合，使收文机关既了解"面"上的情况，又了解"点"上的情况，既了解过去又知道现在，增加对事实、情况认识的深度。

2．分析入理

通报与通知在写作上有一个很大的不同点。通报因为注重教育性，所以有一定的议论；而通知注重执行性，所以很少议论或者不议论。通报对表扬或批评的人和事，要有定性的结论。对情况通报中的情况要有原因的分析和定性的结论，对事故通报中的事故也要有原因的分析、责任的追究及定性的结论，并要总结教训。这些议论都要实事求是，就事论理，入情入理，不能妄加议论，无限上纲。

3．措施得当

多数通报中有处理措施，如表彰通报中有表扬决定，批评通报中有处理决定，事故通报中有防范措施，情况通报中有今后工作做法等。这些措施有的带有指导性，有的是惩恶扬善，都需要处置得当。表彰通报中的表扬决定要注意精神奖励和物质奖励相结合，要注重精神文明建设。批评通报中的处理决定要宽严适中，权力机构既要有权这样处理，又要有规章制度可依。在处理决定中要特别注意党、政分开，即行政发文只能对当事人进行行政处分或行政处罚，党委发文只能对当事人进行党纪处分，但可建议行政部门给予行政处分。事故通报中的防范措施一定要能针对事故发生的原因。情况通报中的今后做法一定要符合客观实际，具有可行性。

【例文】

国家新闻出版广电总局关于
给予新疆兵团卫视和四川卫视
暂停商业广告播出处理的通报
新广电发〔2014〕4号

各省、自治区、直辖市广播影视局，新疆生产建设兵团广播电视局，中央三台，电影频道节目中心，中国教育电视台：

总局《关于进一步加强卫视频道播出电视购物短片广告管理工作的通知》（广发〔2013〕70号）2014年1月1日正式实施后，全国各级卫视频道执行情况总体良好，电视购物短片广告播出秩序明显好转。但在总局三令五申和多次责令整改的情况下，新疆生产建设兵团广播电视台综合频道（新疆兵团卫视）和四川广播电视台综合频道（四川卫视）仍存在超时播出电视购物短片广告的违规问题。现通报如下：

经查，1月1日，新疆兵团卫视和四川卫视存在播出的电视购物短片广告超过3分钟等问题。经总局多次责令整改，两家卫视频道仍置若罔闻，截至1月6日凌晨仍然违规播出电视购物短片广告。其中，新疆兵团卫视播出的"鬼谷子下山大罐"和"香薰睡眠宝"，四川卫视播出的"中华玉兔登月紫砂壶"，时长均超过20分钟，在全系统和社会上造成了极坏影响，必须严肃处理。

为严肃纪律，根据《广播电视广告播出管理办法》、《广播电视播出机构违规处理办法（试行）》及《关于进一步加强卫视频道播出电视购物短片广告管理工作的通知》等有关规定，总局决定：

（一）责令新疆兵团卫视自1月9日零时起至1月24日零时，暂停所有商业广告播出15日，并进行全面清理整顿。

（二）责令四川卫视自1月9日零时起至1月16日零时，暂停所有商业广告播出7日，并进行全面清理整顿。

（三）责成新疆生产建设兵团广播电视局和四川省广播电影电视局，分别对新疆兵团卫视和四川卫视的整改情况进行核查验收，验收结束后，向总局提出书面报告，经总局同意后方可恢复商业广告播放。

望各级广播影视行政部门和播出机构引以为戒，切实做好电视购物短片广告播出的日常监管和审查把关，杜绝此类问题再次发生。

国家新闻出版广电总局
2014年1月7日

（引自：中央人民共和国政府网 http://www.gov.cn/zwgk/2014-01/09/content_2562640.htm）

三、报告

报告是上行文，适用于向上级机关汇报工作，反映情况，回复上级机关的询问。报告是一种汇报性公文。向上级机关汇报工作，是一种工作制度。

（一）报告的作用

报告只向本机关的直接上级发出。"直接上级"既指直接隶属的领导机关，又指主管的职能指导机关。如福建省公安厅既要向福建省人民政府汇报工作，又要就某项公安业务工作向公安部汇报工作。报告属于陈述公文，要以具体的事实、情况和确实的数据为汇报的主要内容，表达方式主要是叙述，要直陈其事。其中虽也有阐明观点、论述道理之处，但不宜长篇大论，而只是在叙述事实时摆明观点、讲清道理，点到为止。

（二）报告的种类

报告的分类方法很多。从内容分，可以分为综合报告和专题报告；从性质和用途分，汇报工作的称工作报告，反映情况的称情况报告，提出意见或建议的称建议报告，答复上级机关询问的称答复报告等。

（1）综合报告。反映本地区、本单位全面情况的报告称为综合报告。这种报告内容全面，篇幅较长，是本机关工作全面总结并向上呈报的重要形式。

（2）专题报告。这种报告的内容比较单一，是单就某一方面情况、某项工作或某个活动向上级所作的报告。专题报告突出"专"字，是一事一报的专门性报告。

上面两种报告从性质上讲，也属于工作报告，都是就本机关工作职能范围内的事项向上级所作的汇报。把上述两种报告分开来讲，是从内容的综合或单一上讲的。以下则侧重从性质、用途上讲。

（3）工作报告。工作报告用于汇报工作。其正文大体分三部分：首先是报告的原因或理由，讲清楚所报告的是什么工作，进展到什么阶段，达到什么程度，要报告哪些问题；其次要写报告的事项，要比较具体地分条分项地陈述所取得的成绩及分析取得这些成绩的原因，包括做法和体会，这是报告的主体部分、关键部分；最后要说明工作中存在的问题和今后的打算。

（4）情况报告。情况报告用于反映情况。它与工作报告的不同之处是：工作报告重在汇报做了哪些工作，怎么做的，取得哪些成绩，还有什么问题，今后怎么做；情况报告重在反映情况，包括上级的决策和部署的执行情况，本机关工作中出现的新问题、新情况，某方面出现问题的处理情况等，这些都需要及时向上级汇报，以便上级及时了解情况，及时处理。

（5）答复报告。答复报告属于被动行文，上级有所询问，下级机关才有答复报告。一般询问，下级可以口头答复。比较重要的事项，上级为了更全面、更准确地了解，往往要求下级予以书面报告，于是形成了答复报告。

答复报告由答复的缘由和答复的事项两部分构成。要紧紧抓住"问"和"答"行文，有所问才有所答，不问则不答，更不要答非所问。

（三）报告的写作要求

报告是陈述性、汇报性公文，主要用于讲述事实、汇报情况。其写作要求是根据这一性质提出的，主要有以下几点：

（1）叙述事实，简明扼要。报告中的事实和情况是为了让上级机关了解实情而写的，所以一般都采用概述的方法，不用细节描述，也不对具体事实进行描写，用语非常简练。

但概述不等于笼统，事实要写清楚，情况要摆明确，要给上级机关留下清晰的印象。不要用模棱两可、含糊不清的语言。越是概述，语言越要精确。

概述时，一要注意叙述的条理性，二要注意"点"、"面"材料的结合。条理性是指讲事实、摆情况，要注意内在联系，要有一个逻辑顺序，不能给人以杂乱无章、颠三倒四之感。"点"是较为典型的具体的事实，"面"是概括性很强的事实。两种事实都需要，没有"点"会使报告缺乏说服力；没有"面"，会使事实缺少代表性。两种事实要很好地结合运用。

（2）重点突出，中心明确。报告中的事实和情况要受报告主题的支配，为主题服务，并能强化主题。

【例文】

××省公安厅关于××市百货大楼重大火灾事故的报告

公安部：

××××年2月20日上午9点40分，我省××市百货大楼发生重大火灾事故，市消防队出动15辆消防车，经过4个小时的扑救，大火才被扑灭。这次火灾除消防队员和群众奋力抢救出的部分商品外，百货大楼三层楼房一幢及余下的商品全部被烧毁。时值开门营业不久，顾客不多，加之疏散及时，幸未造成人员伤亡，但此次火灾已造成直接经济损失792万余元。

经查明，此次火灾是因电焊工×××违章作业，在一楼电焊铁窗架时电火花溅到易燃货品上引起的。另外，市商业局对上级领导机关和公安消防部门的安全防火指示执行不力，百货大楼安全制度不落实，许多安全隐患长期未得到解决，电焊加固铁窗，本应停止营业，为了利润，竟边营业边作业，忽视了安全工作，这也是造成火灾的原因之一。

火灾发生后，省人民政府召开了紧急防火电话会议，严肃指出了××市发生火灾的严重性，批评了××市不重视安全工作的错误倾向。我厅×××副厅长带领有关人员赶到现场调查处理。市商业局在市委、市政府领导下，组织力量对财产进行清理；百货大楼职工在总结教训的基础上，在街道路口增设摊点，以缓和市场供应。公安机关对事故责任者××× 已拘留审查，市委、市政府在分清责任的基础上，对有关人员也视情节轻重，进行严肃处理：给予专管安全工作的百货大楼党委副书记、副总经理×××撤销党内外职务、开除党籍、开除公职的处分，并交司法部门依法处理；撤销百货大楼党委书记和市商业局党组成员、市百货大楼总经理××的职务；撤销百货大楼副总经理×××、营业部经理×××职务。

此次火灾事故损失严重，影响很坏，教训深刻。问题虽然发生在××市，但也暴露了我省安全工作上还存在不少问题，有的地区安全制度不落实，检查不认真，隐患整改不力，缺乏针对性的防火措施。我们平时深入了解不够，检查督促不严，因此，也有一定责任。为了吸取教训，防止类似事故发生，已根据我省实际情况，多次通过电报、电传、电话，提醒各地注意，并定于 4 月 20 日召开全省安全工作会议，制订下一步安全工作方案，切实把我省安全工作抓紧、抓好。

特此报告

×× 省公安厅（印）
×××× 年 4 月 15 日

重大火灾事故的报告，其主题不是宣扬火灾的可怕和损失的惨重，而在于寻找原因，吸取经验教训。这篇报告第一段直陈其事，用非常简洁的语言，把火灾发生的时间、地点、扑救情况及造成的损失交代清楚。第二段是阐明火灾原因。第三段是处理情况，包括对有关责任人的处理。第四段是吸取教训，做好整改工作。这篇报告不推诿责任，态度诚恳，重点突出，没有虚言浮词，中心明确。

向上级报告事实、情况、工作成绩、存在问题等都要实事求是，不夸大，不缩小，不以偏概全，也不笼统，不用空话搪塞。对上级负责和对群众负责要高度统一在报告中，既不隐瞒工作中存在的问题，也不虚夸工作中的成绩；既不谎报骗报，又不知情不报。下级的报告是上级了解情况、指导工作的依据，下级情况报告不实，会导致上级决策出现偏差，影响大局。在任何情况下，都要坚持实事求是的原则。

报告应力求反映各行各业所面临的新机遇、新挑战、新情况、新动态，出现的新典型、新经验、新趋势。在经济快速发展的新形势下，新事物是层出不穷的。迅速报告这些新事物，正是报告实事求是的本质所在。

四、请示

请示适用于向上级机关请求指示、批准。呈请是对上级有所请求，期复是期待上级答复。所以请示是双向性公文，下级有请求，上级必有答复。它与同为上行文的单向性报告不一样。

（一）报告和请示的不同之处

报告和请示的不同之处，主要有以下三点：

一是行文目的不同。报告的主要目的是下情上达，向上级汇报工作，反映情况，提出意见和建议，是一种呈报性公文，不需要上级机关批复；请示的目的是请求上级批准、指示或答复，是呈请性公文，需要上级机关批复。

二是行文时间不同。报告是汇报工作和反映情况，当然在工作结束或告一段落以及情况发生之后才能制发；请示是请求批准、指示或答复，应该在工作或活动开展之前行文，不允许先斩后奏。

三是收文处理不同。上级机关收到报告，只需要了解情况以作决策参考，不需要答复；收到请示，则要认真研究，尽快给予答复。

报告和请示是两种不同的公文，功能不同，不能错用，也不能连用成"请示报告"。

请示本身也不能乱用。在本机关职责范围内的应由本机关处理，且自己有能力、有条件处理的事项也不需要请示，尤其要防止为推脱责任，事无巨细，件件请示，有上级答复才作处理的做法。当然，有一些必须有上级批准、授权、指示后才可以办理的事项，则必须请示，绝不能目无上级，擅自处理。例如，对新情况、新问题，不知如何处理，要向上级请示处理办法的，要请示；涉及本机关全局性的重大问题，在本机关职责范围内不能也不便处理的，要请示；对增设机构、增加编制、上项目、列计划、申请经费、购置设备等事项，要请示；对由上级管理的干部的任免和聘用，要请示；对上级机关的指示、规定等，因不理解而无法执行或执行起来不适合本单位实情，需要请求上级给予指示或予以改变或允许变通执行的，也要请示。

（二）请示的种类

请示大都按行文目的分类。根据行文目的，可把请示分为请求指示性请示和请求批准性请示两种。现分述如下：

（1）请求指示性请示。这类请示是向上级要政策，要办法。对上级机关文件中规定的某些政策界限把握不准，而本机关无权解释或不能擅自决定时，请求上级机关给予指示，这是要政策；遇到了新情况、新问题，在本机关过去的职责权限内从来没有处理、解决过，请求上级机关给予指示，这是要办法。这类请示要把请示的原因、事项写清楚。如果是对政策、法规等理解上存在问题，就要把政策、法规出自上级的什么来文，标题、文号是什么，原文是怎么写的，一一引述清楚，再交代存在的问题是什么；如果是工作中遇到了新情况、新问题，就要把新情况、新问题是什么，是怎么出现和产生的交代清楚。请求事项就是请示要求，请求上级机关给予什么指示，要写得非常明确。

【例文】

**××省财政厅关于《会计人员职权条例》中
"总会计师"是行政职务不是技术职称的请示**
×府财〔×××××〕××号

财政部：

国务院××××年国发[×××××]××号通知颁发的《会计人员职权条例》规定，会计人员技术职称分为总会计师、会计师、助理会计师、会计员四种。其中"总会计师"既是行政职务，又作为技术职称。在执行中，工厂总会计师按《条例》规定，负责全工厂的财务会计事宜；可是每个工厂尤其是大工厂，被授予总会计师职称的有四五人，究竟由哪一位负责全厂财务会计事宜、执行总会计师的职责与权限呢?我们认为宜将行政职务与技术职称分开，总会计师为行政职务，不再作为技术职称。比照国务院颁发的《工程技术干部技术职称暂行规定》，将《条例》第五章规定的会计人员职称中的"总会计师"改为"高级会计师"。

以上请示是否妥当，请批复。

××省财政厅（印）
××××年×月×日

（2）请求批准性请示。这类请示多数是下级机关要增设机构、增加编制、上项目、列计划、申请经费、购置设备而向上级机关请求批准时用的。简言之，就是向上级机关要人、要钱、要物。另外，下级机关在自己管辖的职权范围内要采取重大举措，这举措将会造成较大的社会影响，自己不便擅自行动而需要征求上级机关批准后才能实施，这也需要写请求批准性请示，如《北京市人民政府关于采取果断措施控制北京大气污染的紧急请示》。

这类请示的重点在于请示的原因。原因即说服上级机关批准的理由。交代不清，请求批准的理由不充分，说服力不强，请示很难得到批准。在写清楚原因的基础上，再明确提出请示要求。请示要求就是请求批准什么：要人、要钱，要写清楚准确的数目；要物，要写清楚物的品名、品牌、规格、型号、数量等。

下面是一份请求批准增设机构的请示。

【例文】

××市××局关于成立老干部办公室的请示

市政府：

随着干部制度的改革和时间的推移，我局离退休干部日益增多，截至目前已近千万人。由于没有专门的管理服务机构和工作人员，致使这些老同志的政治学习和生活福利得不到应有的组织和照顾，一些实际困难得不到妥善解决。为了使离退休老同志老有所为、老有所养、老有所依，充分反挥余热，根据上级有关部门的规定和离退休老同志的迫切要求，我们拟成立老干部办公室。现将成立老干部办公室的几个问题，请示如下：

一、老干部办公室的主要职责是做好离退休干部的管理服务工作。具体任务是：

1. 组织离退休干部学习党的方针、政策，使他们了解党和政府的大事，了解新形势，跟上新形势；

2. 定期召开离退休干部座谈会，交流思想；

3. 开展丰富多彩的文体活动，增进离退休干部的身心健康。

二、老干部办公室的编制及干部调配等问题，具体意见如下：

1. 老干部办公室直属我局领导，拟设处级建制；

2. 该办公室拟设行政编制 5 名，其中主任（正处级）1 名，副主任（副处级）1 名，编制由局内调配解决，办公经费由局行政费中调剂解决。

以上请示妥否，请批复。

××市××局（印）

××××年 5 月 20 日

（三）请示的写作要求

请示的写作要求主要是针对请示正文提出的。

（1）结构清楚，段落分明。请示的正文一般为三段式结构。第一段是请示的原因，阐述请示的理由；第二段是请示的事项，即请示的要求；第三段为结尾语，结尾语在写作实践中形成了一套独特的规范化用语，如"以上意见是否妥当，请指示"、"特此请示，请予批准"、"以上要求，请予审批"、"以上请示当否，请核（审）示"、"以上请示，请予批复"等。

（2）理由充足，要求具体。请示正文的第一段即为请示的理由。理由要充足，有说服力。例如，要写一份修缮办公楼请求上级拨款的请示，如果只写"办公楼陈旧，设备老化"显然理由不足，关键是写清楚办公楼怎么陈旧，哪些设备老化，老化到什么程度，如果不修，将产生哪些不利影响。把这些关键的事项交代明白，理由才充分，上级才有可能批准拨款。

理由充足，还有一个理由的主攻方向问题，即理由要集中，不要分散上级领导的注意力。例如，要写一份购买大客车做班车用的请示，就要集中力量写为什么要买大客车做班车，以前职工是怎么上下班的，现在为什么要用班车。这些情况写清楚了，这份请示就有了说服力。请示中不必写班车的司机从哪里来，司机的工资、客车的保养维修费从哪里出这些事项，更不要写职工原来坐公交车上下班常遇上交通堵塞，有的职工只好骑自行车上下班等情况。因为写这些不仅会分散上级领导的注意力，而且可能会留下上级领导不批准买车、不关心职工生活的话柄。

请示正文的第二段是请示要求。要求要具体，不能笼统。请求指示，要具体写出是请求什么样的指示；请求办法，要具体写出是请求什么样的办法。不能只把问题推给上级，不提供具体的指示要求和解决问题应采取的具体办法。如果这样，实际上是给上级出难题，这是不允许的。请求上级拨款的请示，也不能只笼统写一个钱数，如上一个工程项目请求上级拨款500万元人民币，应该简要地列出工程概算，让上级领导知道为什么要拨款500万元。要求具体，才便于上级批复。

（3）一事一文，主送明确。一事一文，是请示内容上的要求。请示内容要单一，必须就一件事或一个问题提出请示，不要几件事混在一份请示中。上级机关的主管职能部门有业务分工，问题解决的难易程度也不一样，一文数事不便于上级批复。

主送明确，是对请示行文方向的要求。请示的主送机关只能是一个，是本机关直接隶属的上级领导机关或直接的上级业务指导机关，且不应该主送上级机关的领导人个人。不能多头请示，也不能越级请示。

五、批复

批复适用于答复下级机关请示事项。批复是与请示相对应的公文，下级有请示，上级才有针对该请示的批复。也就是说，若没有下级的请示，上级机关便不能发批复。批复属于被动行文。

批复除有针对性外，对下级机关还具有指示性。上级的批复是下级办事的依据，对下级有明显的约束力。批复除给下级指示和批准外，还往往要概括地讲明若干政策规定和注意事项，使批复更具可行性。因为请示的事项单一，是一事一请示，因此针对这些请示的批复也必然是内容单一，请示什么就批复什么。

（一）批复的种类

批复与请示相对应，可以分为指示性批复和批准性批复两种，现分述如下。

（1）指示性批复。指示性批复是对请求指示性请示的答复。这种批复不仅同意下级机关的请示，而且就请示事项的落实、执行或就该事项的重要性、意义及落实措施讲几点指示性意见，对下级机关的该项工作有指示作用。

【例文】

国务院关于赣闽粤原中央苏区振兴发展规划的批复
国函〔2014〕32号

江西、福建、广东省人民政府，发展改革委：

发展改革委《关于报送赣闽粤原中央苏区振兴发展规划（送审稿）的请示》（发改地区〔2014〕35号）收悉。现批复如下：

一、原则同意《赣闽粤原中央苏区振兴发展规划》（以下简称《规划》），请认真组织实施。

二、《规划》实施要以邓小平理论、"三个代表"重要思想、科学发展观为指导，深入贯彻党中央、国务院各项决策部署，全面落实《国务院关于支持赣南等原中央苏区振兴发展的若干意见》（国发〔2012〕21号）精神，进一步解放思想、深化改革、扩大开放，着力承接沿海地区产业转移，推动产业结构优化升级；着力加快基础设施建设，增强发展的支撑能力；着力加快新型城镇化进程，促进城乡一体化发展；着力推进生态文明建设，提高生态保障能力；着力保障和改善民生，切实提高公共服务能力，努力走出一条欠发达地区实现跨越式发展的新路子，使原中央苏区广大人民早日过上富裕幸福的生活，确保与全国同步实现全面建成小康社会的奋斗目标。

三、江西、福建、广东省人民政府要切实加强对《规划》实施的组织领导，完善工作机制，落实工作责任，制定实施意见和具体工作方案，推进重点领域改革和体制机制创新，确保《规划》确定的目标任务如期实现。重要政策和重大建设项目要按规定程序报批。

四、国务院有关部门要按照职能分工，落实工作任务，加强协调指导和信息沟通，在政策实施、项目建设、资金投入、体制创新等方面给予积极支持，帮助解决《规划》实施中遇到的困难和问题，为赣闽粤原中央苏区振兴发展营造良好政策环境。

五、发展改革委要加强对《规划》实施情况的跟踪分析和督促检查，适时组织开展《规划》实施情况评估，重大问题及时向国务院报告。

加快赣闽粤原中央苏区振兴发展，对于探索革命老区扶贫攻坚新路子、推动实现跨越式发展、全国同步实现全面建成小康社会的奋斗目标，具有十分重要的意义。各有关方面要进一步统一思想认识，大力弘扬苏区精神，坚定信心、密切协作，加大支持力度、奋力攻坚克难，狠抓《规划》落实，不断开创赣闽粤原中央苏区振兴发展的新局面。

国务院
2014年3月11日

（引自：凤凰网 http://finance.ifeng.com/a/20140318/11917518_0.shtml）

该例文的第一段引述来文，表明批复的写作缘由，体现了批复针对性的特点。第二段开始的五条则体现了批复的另一特点：指示性。其中第一条是对请示事项的明确肯定的答复，第二条至第五条是落实措施的具体指示。这就是指示性批复的典型写法。

（2）批准性批复。批准性批复是对请求批准性请示的答复。批准性批复对下级机关有指示作用，上级机关怎么批准，下级机关就应怎么执行。

【例文】

宁德市人民政府关于延续执行防空地下室易地建设费管理有关政策的批复
宁政文〔2014〕98号

市人防办、财政局：

你们《关于申请延续执行进一步加强防空地下室易地建设费管理有关意见的请示》（宁人防综〔2014〕10号）收悉。经研究，同意2012年至2015年各县（市、区）人防办每年收取的防空地下室易地建设费按总额的10%上交市本级的比例不变，通过年终上下级财政结算上解市本级，由市人防办统筹安排。

宁德市人民政府
2014年3月24日

（引自：福建省人民政府网 http://www.fujian.gov.cn/zwgk/zxwj/sqswj/nd/201404/t20140402_707074.htm）

这种批准性批复正文的规范写法有三项内容：一是对来文的引述，引述来文的标题和文号，有的还要引述来文的时间。二是批复的内容，这是对请示事项进行答复的内容，不能认为请示中已有的内容，这里可以不写。因为这是两件公文。有时请示的内容与批准的内容并不一致，如下级申请拨款200万元，上级可能只批准拨款150万元，因此批复必须写清具体的事项。三是提出相关的建议和意见。

（二）批复的写作要求

（1）有"的"而发，被动行文。批复是对下级请示事项的答复，下级有请示，上级才能有针对该请示的批复。这种要求表现在行文中，就是首先要引述下级机关来文的标题及其文号。

（2）有"请"必复，内容具体。下级有请示，上级必须给予批复。这是上级机关的职责所在，也是上级机关对下级机关实施领导的必要手段。上级机关不能自动放弃这种领导权。

上级的批复是下级工作和处理问题的依据，下级要坚决照办。上级的批复越具体、越明确，下级机关便越好落实、执行。当然，批复正文的写法并不是只有一种模式，具体的写法要根据请示事项来定。

（3）原则指示，方向明确。请示事项的具体执行和办理，是下级机关在得到上级指示或批准后要去做的事情。上级机关不可能事无巨细，处处点到，更不能以此去束缚下级机关工作的主动性。所以批复中关于总的工作方针的指示意见，只能是原则性的、方向性的，而不能样样都规定得非常详细。

六、函

函适用于不相隶属机关之间商洽工作、询问和答复问题，请求批准和答复审批事项。

函在党政公文中是唯一的平行文。不相隶属机关之间，不论级别高低，都不存在职权上的指挥与服从关系，都是平等的，它们之间的行文只能用"函"。

在行文实践中，有人以为凡是要请求批准的，就应该用"请示"，这是一种误解。"请示"是向上级机关请求指示、批准;"函"是向有关主管部门请求批准。上级机关与有关主管部门不是同一概念,只有行政上隶属的领导机关和业务上归口的指导机关,才能称为本机关的上级机关。如市公安局行政上隶属市政府,业务上归口公安厅。公安局的请示应一一向它们呈送。但市公安局同市人事局、市财政局之间不存在隶属关系,因而,市公安局向市人事局要人,用函;向财政局要钱,用函。公文文种本身并不能显示对行文对象的尊重与否,关键是要选择恰当的文种。

函在平级机关之间也能使用。目前它的适用范围在扩展,功能在扩充,用途会越来越广。

关于函的格式规范,2000 年 1 月 1 日《国务院办公厅关于实施〈国家行政机关公文处理办法〉涉及的几个具体问题的处理意见》作了这样的解释:"函的形式,是指公文格式中区别于文件格式的信函格式。以函的形式行文应注意选择与行文方向一致、与公文内容相符的文种。"据此,只要是函,其文头必须用"信函格式",即文头只显示发文机关名称,不带"文件"字样。

（一）函的种类

函,按内容和用途可分为商洽函、询问函、答复函、请求批准函等。现分述如下。

（1）商洽函。机关、单位之间商洽、开展工作联系事项用商洽函。这种函的正文分为缘由、事项、结尾三部分。缘由是讲发函的原因、根据、理由或情况,如第一次联系,还要简单介绍一下本机关、本单位。事项是商洽函的主体,是商洽的内容所在,要讲清楚需要商洽的具体事项,希望对方如何协助或办理。这部分要观点明确、意见具体,便于对方理解和答复。结尾是提出予以复函或办理的具体要求,如"上述要求,请予函复"、"祈请函复为盼"、"如蒙慨允,不胜感激"等。如主体部分已有这些要求,不写结尾也可以。

【例文】

关于组织开展打击稀土开采、生产、流通环节违法违规行为专项行动的函
工信部联原函〔2013〕344 号

有关省、自治区、直辖市人民政府:

为落实近期国务院领导同志批示精神,根据《国务院关于促进稀土行业持续健康发展的若干意见》（国发〔2011〕12 号）"地方政府对本地区稀土行业管理负总责"的要求,经稀有金属部际协调机制成员单位研究,自 2013 年 8 月 15 日至 11 月 15 日开展打击稀土开采、生产、流通环节违法违规行为专项行动（专项行动方案见附件）。本次专项行动的责任主体是稀土生产地地方人民政府。请各相关省（区、市）人民政府统一组织相关部门,按照专项行动方案开展工作,并将有关情况函告工业和信息化部。

附件:《打击稀土开采、生产、流通环节违法违规行为专项行动方案》

工业和信息化部

公安部

国土资源部环境保护部

海关总署

国家税务总局

国家工商行政管理总局

国家安全生产监督管理总局

2013 年 8 月 5 日

（引自：中华人民共和国政府网 http://www.gov.cn/zwgk/2013-08/08/content_2463173.htm）

（2）询问函。询问函所问的问题是本机关职责范围内应当予以解决但又无据可查或难以解决的问题。被询问的机关可以是与此问题有关的平级机关或不相隶属的机关。询问函的正文分为缘由、问题、结尾三部分。缘由是问题产生的情况、原因或者起因、过程，交代缘由才能使对方了解问题产生的原因或背景，以便答复。问题部分要把问题究竟是什么，请求对方解答或解决什么，都写清楚。结尾部分一般提出明确要求，如"请予协助为盼"、"请即函告"等。

（3）答复函。答复函也称复函，它具有明确的针对性，即针对询问函而作的答复。答复一定要依据本机关的职责范围、本机关的客观条件和能力去解答。复函不能越职越权去处理或解答问题。一些政府主管职能部门对有关单位发来请求批准的函的答复，也用复函。要注意，这里不能用"批复"，因为批复只"适用于答复下级机关的请示事项"。非下级机关的有关单位用"函"向政府主管职能部门请求批准，政府主管职能部门只能用"复函"去回答有关单位的请求。这类复函对有关单位有指示和约束作用，其效力相当于批复。

复函的正文一般分为引述、答复、结尾三部分。引述即引述来函，是答复的起因，规范句式为"你单位×月×日《×××××××》（××〔2007〕××号）来函收悉"。答复是复函的实质性内容，要据实据理据情予以中肯回答，如给解决办法，办法要切实可行。结尾多用"此复"、"专此函告"等。

【例文】

福建省人民政府办公厅关于同意
福州市高级技工学校、福州市第二高级技工学校为技师学院的函
闽政办函〔2014〕44 号

省人力资源和社会保障厅：

你厅《关于请求批准福州市高级技工学校、福州市第二高级技工学校为技师学院的请示》（闽人社报〔2014〕3 号）悉。根据《福建省人民政府办公厅关于印发福建省举办技师学院实施意见的通知》（闽政办〔2007〕100 号）精神，鉴于福州市高级技工学校、福州市第二高级技工学校在师资和硬件方面符合技师学院设立标准，且已按规定完成了申报程序和省技师学院评议委员会审议，经省政府研究，同意福州市高级技工学校、福州市第二高级技工学校为技师学院。请你厅指导技师学院根据社会发展和经济建设的需要，加强基础设施建设，优化培训资源，提高师资队伍水平，提升办学质量，加快培养步伐，为实现福建"百姓富、生态美"的目标培养更多高技能人才。

福建省人民政府办公厅

2014 年 3 月 31 日

（引自：福建省人民政府网 http://www.fujian.gov.cn/zwgk/zxwj/szfwj/201404/t20140404_707450.htm）

（4）请求批准函。这是向有关职能部门请求批准的函。"有关职能部门"是指平行的或不相隶属的政府主管职能部门。因有关职能部门不是发函单位的上级机关，所以请求不能用"请示"，只能用"函"，但这种函代行请示职能，主管部门收到这种函，应视同请示，不能因为是"函"而置之不理。对这种函的答复，用复函。

（二）函的写作要求

（1）格式规范。函是国家党政机关的法定公文，它具备法定公文的规范格式。函在文号的机关代字后加一个"函"字。在写作函的时候，应注意不要把函当成是一般公务书信。

（2）语气谦和。除主管部门批准请示的复函以外，函对收文单位没有行政约束力。函的双方都处在一种平等、协商、互助的境况下，其中商洽函和询问函更是请求对方协助办事或解决难题的。相互的地位和行文目的决定了函的用语必须谦和，态度必须诚恳，如"祈请函复为盼"、"企盼回复"，这类带感情色彩的结束语，也只有函可以用。

七、会议纪要

会议纪要适用于记载会议主要情况和议定事项。它是会议的产物，是对会议成果的如实记录和集中整理。

（一）会议纪要和会议记录的异同

会议纪要是在会议记录的基础上整理加工而成的。会议纪要和会议记录，两者虽然都是会议的产物，都能记载会议情况和会议议定事项，但两者在性质、内容、形式和发布方式上有很大不同。

（1）在性质上，会议纪要是法定党政公文；会议记录是机关、单位内部用于记录会议发言的事务文书，属于记载性的文字资料。

（2）在内容上，会议纪要是经过整理加工的会议上达成一致的认识，是会议内容的要点；会议记录是会议发言的原始记录，基本上要做到有言必录。

（3）在形式上，会议纪要是党政公文，它的规范格式与其他党政公文略有不同。《党政机关公文格式》规定：纪要标志由"×××××纪要"；会议纪要要标注出席人员、请假、缺席人员名单；纪要格式可以根据实际制定。会议记录没有统一格式，由各单位自定。

（二）会议纪要格式

纪要标志由"×××××纪要"组成，居中排布。纪要格式可以根据实际制定。会议纪要要标注出席人员名单，在正文或附件说明下空一行左空二字编排"出席"二字，后标冒号，冒号后标注出席人单位、姓名，回行时与冒号后的首字对齐。标注请假和列席人员名单，除依次另起一行并将"出席"二字改为"请假"或"列席"外，编排方法同出席人员名单。

会议纪要有沟通情况、统一认识、布置工作和记载凭证的作用。

（三）会议纪要的种类

会议纪要因会议性质不同，种类较多。现仅介绍常用的决策性会议纪要、协调性会议纪要和研讨性会议纪要三种。

（1）决策性会议纪要。决策性会议多数是机关、单位的高层领导决定本机关、本单位大政方针的会议。为传达会议的决策事项而制发的会议纪要，称为决策性会议纪要。有时，也以高层领导的职务来称呼决策性会议，如市长办公会议、局长办公会议、主席办公会议、常委会议等。

这种会议定期召开，用以指挥或指导下属各单位、各部门的工作。

【例文】

××市政府第30次常务会议纪要

12月14日，市长×××主持召开了市政府第30次常务会议。参加会议的有：常务副市长王××，副市长张××、邢××、袁××、林××、刘××，市政府办公室及其他有关部门的负责同志。市委副书记李××、市人大常委会党组副书记程××、市政协副主席关××应邀列席了会议。现将会议研究决定的事项纪要如下：

一、关于当前工作

城市经济方面：（略）

农村经济方面：（略）

二、会议同意成立"××市机关事业单位职工社会养老保险管理处"……由王××同志牵头，组织有关部门协调落实。

三、会议就成立××市地方税务局稽查分局的问题进行了讨论。一致认为……有关具体事宜由市地方税务局按程序向市编制委员会报批。

（以下各点均略。）

这种会议纪要正文明显地分为两部分，一是会议概况，包括时间、主持人、第几次什么会议、出席人和列席人的职务及姓名；二是会议的讨论事项和议定事项，应分条写出。

（2）协调性会议纪要。这是某项工作的牵头单位召集有关各方共同讨论、协商，取得一致意见，各负其责地做好该项工作的会议纪要。这种会议纪要突出它的凭据性，有关各方代表都要在会议纪要上签名。

【例文】

关于××煤气调压站工程协调会纪要

3月10日，市建委召开××区市政配套工程协调会，研究了××煤气调压站的施工问题，投资由附近各有关单位集资，为集资单位供应煤气。由于地处繁华地区，地下管线复杂，施工条件困难，要求各单位配合、支持，尽快完成该项工程。会议确定如下事项：

一、由××市政工程处总承包，工期150天，争取7月底完成。

二、原则同意施工方案，先开调压站及西侧管线，恢复以后再开东北侧管线。施工单位要文明施工，落实便民、安全措施，保证工程质量。

三、施工过程中需要迁改的管线必须先建后拆，不能因施工而影响各种市政设施的正常运行，尽可能少拆改管线。

四、××开发公司负责的热力工程应抓紧准备，4月底出图，尽快施工，确保今年供暖。

五、施工中具体事宜请××建委和××联办协调解决。

出席：×××××××××

××市城乡建设委员会（印）

××××年×月×日

这种会议纪要由会议概况和会议议定事项两部分构成。会议概况简而明，主要讲明会议的目的和任务，以引起下文。议定事项是会议纪要的主体，应写成条款，让参加各方明确各自的责任，以确保工作按期完成。

（3）研讨性会议纪要。这是研讨会、座谈会等会议的纪要，这类纪要有时在报刊上发表。工作性质的研讨会、座谈会，研究工作中的情况和问题，商讨应当采取的措施；学术性质的研讨会、座谈会，针对某些学术和理论问题进行研究、讨论，通报和交流情况，交换意见，提出看法。

这种会议纪要的正文由会议概况和研讨结论两部分组成。会议概况包括会议的时间、地点、名称、参加人、议题等。研讨结论多数用"与会代表一致认为"、"会议指出"、"代表们认为"、"代表们在发言中提出"、"会议希望"等词语放在段首，以引出该段讨论的结果。学术性会议的纪要，为表达会议学术讨论的自由，还用"学者×××认为"、"×××指出"等引出个人发言的概要。

（四）会议纪要的写作要求

1. 准确把握会议要点

会议纪要的精髓在于"要"，准确把握会议的要点是纪要写作的关键。要把会议要点准确、完整、全面地表述出来，就要求会议纪要的拟稿人在会前做好充分的准备工作，了解会议的宗旨和指导思想，认真学习会议将涉及的政策、法规，还应翻阅会议涉及的专门业务知识和学术资料，以便较好地把握会议的精神。在开会时要认真做好会议记录，详细记录主要领导人和会议主持人的发言，这是写好会议纪要的基础性材料。拟稿人要自始至终地参加会议，以便真切深入地了解和掌握会议的全部情况。

掌握会议要点，关键在于能抓住与会人员达成的共识和议定的事项，能围绕会议宗旨和讨论情况加以整理、概括，不能把个别人的意见当成共识。

2. 综合提炼会议结论

在整理、概括会议代表的发言时，要特别注意从中综合提炼出会议结论。要善于区别哪些发言是讨论过程中的意见，哪些发言是表态性的结论性意见；要善于抓住主管领导人或某些权威人士发言的精神实质；要能紧紧抓住会议主持人的意见，尤其是他的总结性发言；要能把握多数与会人员的意见，特别是当对重大问题产生分歧而最终未能统一时，应充分注意多数人的意见，也不忽略少数人的见解。做到上述"四要"，才能总结出会议结论。

3. 格式规范，结构清楚

会议纪要的格式已见前述。它实际上存在着两种规范格式：不定时召开的工作性会议的纪要，使用有会议召开机关名称的格式，协调性会议纪要也使用这种格式，不过为突出它的权威性，应加上牵头单位的公章和成文日期；定时召开的领导人参加的决策性会议，使用专门的带职务名称的纪要格式。

会议纪要除文头和文尾外，其结构有标题、会议概况、议定事项、结尾四部分。一般性工作会议的纪要用公文式标题，研讨会、座谈会的纪要标题比较灵活，如《抓住机遇扩大开放——沿长江五市对外开放研讨会纪要》。

会议概况中的出席、列席、缺席人员名单，如过多过长，应该放到纪要的结尾处，以便阅读者能尽快接触会议纪要的主要内容。议定事项是会议纪要的主体部分，多数分为会议精神和议定事项两方面，即共识和措施两方面。共识是对会议的重要性、对会议所取得的成果等进行的概括与评价，研究性会议纪要尤其要突出这一方面。措施是决策会议、工作会议必不可少的部分，多数按条分列。

结尾，多数会议纪要不写，研讨性会议纪要有结尾，提出会议希望、要求等。

【例文】

国务院扶贫开发领导小组全体会议纪要
（二〇一一年三月八日）

3月2日下午，国务院副总理、国务院扶贫开发领导小组组长回良玉主持召开国务院扶贫开发领导小组（以下简称领导小组）全体会议，全面总结过去10年的扶贫开发工作，深入分析当前扶贫开发形势，安排部署未来10年特别是"十二五"时期的扶贫开发工作。领导小组成员以及中央政研室、中央农办、国研室的有关负责同志出席了会议。领导小组副组长、办公室主任范小建作了汇报。

据汇报，《中国农村扶贫开发纲要（2001~2010年）》（以下简称《纲要》）实施以来，在党中央、国务院的正确领导下，在有关部门和社会各界的大力支持下，经过贫困地区广大干部群众的共同努力，如期实现了《纲要》确定的目标和任务。农村贫困人口大幅度减少，贫困发生率明显下降，贫困地区农民人均纯收入年均增幅高于全国平均水平，生产生活条件和基础设施善显示改善，经济社会面貌发生深刻变化，贫困人口生活质量和综合素质不断提高，进一步探索和拓宽了适合我国国情的扶贫开发道路。同时，在国务院领导同志的指导下，扶贫办会同有关部门组织编制了《中国农村扶贫开发纲要（2011~2020年）》（以下简称《新纲要》），提出了到2020年基本消除绝对贫困现象的奋斗目标。针对一些区域性、整体性贫困问题突出且扶贫攻坚任务繁重艰巨的地区，制定了《集中连片特殊困难地区分区方案》，包括西藏、四省藏区、新疆南疆三地州，确定了14个连片特困地区，拟采取特殊政策措施予以扶持。扶贫办还汇报了2010年扶贫开发工作完成情况和2011年工作安排。

会议认为，过去10年，扶贫开发取得的巨大成就，为促进我国经济发展、社会稳定、民族团结、边疆巩固和构建和谐社会发挥了重要作用。我国的扶贫开发，彰显了以人为本的执政理念，体现了我党的宗旨，展示了我国的制度优势，不仅是我国经济社会发展的突出亮点，也为全球减贫事业做出了重大贡献。

会议强调，未来10年扶贫开发任务十分艰巨，必须保持清醒头脑。当前我国发展不平衡、不协调的一个突出问题，就是贫困地区与其他发区发展差距很大，制约贫困地区发展的依然很多；民生改善中的一个突出矛盾，就是贫困人口数量仍然很大，集中连片特殊困难地区贫困状况严重。要进一步增强责任感和紧迫感，继续毫不放松地抓好扶贫开发工作，切实把扶贫开发作为改善民生和加强社会管理的重大手段，把增加贫困群众收入作为调整收入分配结构、努力扭转收入差距扩大趋势的重大举措，把加大对革命老区、民族地区、边疆地区、贫困地区发展扶持力度作为促进区域协调发展的重大原则。要制定和实施未来 10 年扶贫开发纲要，提高扶贫标准，完善扶贫政策，创新体制机制，强化扶贫措施，加快贫困地区和贫困人口发展步伐。

会议要求，今年是新 10 年扶贫工作起步之年，各有关部门和地方要继续发扬脚踏实地、真抓实干的精神，切实改进工作作风，以更大的决心、更强的力度、更实的举措，抓紧规划编制、强化扶贫政策、增加资金投入、加强资金管理，广泛动员社会各方面力量支持扶贫事业，继续完善"中央统筹、省负总责、县抓落实"的管理体制和"片为重点、工程到村、扶贫到户"的工作机制，努力实现良好开局，为如期实现全面建成小康社会宏伟目标做出贡献。

会议经过讨论，原则同意扶贫办提出的 2011 年扶贫开发工作安排，并议定以下意见：

一、原则同意《新纲要》讨论稿。请扶贫办会同有关部门，根据会议讨论情况，进一步修改完善《新纲要》，尽早提请国务院常务会议审议。

二、原则同意《集中连片特殊困难地区分区方案》。请扶贫办会同有关部门进一步细化方案，在《新纲要》颁布后付诸实施。

三、原则同意提高扶贫标准。新的扶贫标准要直观形象、综合考虑各方面因素。请扶贫办按照"两不愁、三保障"（即不愁吃、不愁穿，保障基本教育、医疗和住房）的要求提出《新纲要》实施期间的扶贫标准，可考虑把 2010 年农民人均纯收入 2100 元作为新的扶贫标准，并做好向国务院汇报的相关准备。

四、抓紧做好中央扶贫开发工作会议筹备工作。请扶贫办尽快起草请示，以领导小组名义提请召开中央扶贫开发工作会议。会议筹备的有关工作，由中央农办牵头组织，扶贫办和发展改革委、财政部、中央政研室、国研室等相关部门参加。同时，要做好扶贫开发先进单位和个人表彰、新世纪农村扶贫开发成就展等有关筹备工作。

五、认真抓好扶贫攻坚试点工作。要抓紧编制连片特困地区扶贫开发规划，选择一些问题比较突出、各方关注度高、条件又比较成熟的片区，先行开展试点。对贫困面大、贫困程度深、致贫原因复杂的连片特困地区，要采取特殊政策、特殊手段予以扶持，探索综合治理途径。

六、切实做好各方面工作有效衔接。要继续做好扶贫开发与农村低保两项制度衔接的试点工作，抓好定点扶贫和扶贫资金分配、扶持范围调整等各项政策措施，以及扶贫统计监测的有效衔接，尽早拿出具体方案，尽早 y 部署实施，确保扶贫决策的科学性和准确性。

（转引自永顺县级党政门户网 http://www.ysx.gov.cn/zwgk/html/yszf/article/201205/1299.html）

【课后思考与实践】

1. 文书修改题

（1）修改标题：××省人民政府关于表彰纳税大户的通知。

（2）修改标题：××市安监局关于拨付安全生产专项经费的报告。

（3）修改标题：国务院办公厅限期停止生产销售使用车用含铅汽油的通知。

（4）修改划线部分的词语。

会议认为，过去 10 年，扶贫开发取得的巨大结果，为促进我国经济发展、社会稳定、民族巩固、边疆团结和组成和谐社会发挥了重要作用。

2．请根据以下内容，以"河南省烟草专卖局"的名义起草一份同意该请示的批复。要求：

（1）文种正确；

（2）格式正确；

（3）内容明确、具体；

（4）文字通顺，标点符号使用正确。

郑州卷烟厂关于生产销售"高档黄金叶"及其定价的请示

河南省烟草专卖局：

根据省局要求我厂尽快开发"高档黄金叶"的指示，我厂经过积极研制，该产品现已开发完成，并已具备批量生产能力。特向省局请示"高档黄金叶"上市销售及其定价事宜：

1．产品名称及规格

产品名称：高档黄金叶

规格：84 mm 翻盖硬条

2．销售价格

出厂价（含税）：56 元/条 14 000 元/箱

调拨价（含税）：138 元/条 34 500 元/箱

批发价（含税）：200 元/条 50 000 元/箱

上述请示当否，请批复。

郑州卷烟厂

××××年××月××日

第十二章 事务文书写作

【案例导入】

上海地铁建设创造"九个世界第一"引发的反思

为配合 2010 年上海举办世界博览会,联通上海 4 条轨道线路的世纪大道 4 线换乘车站在博览会之前完工,该工程施工过程克服了诸多世界从未碰到过的难题,即工程难在既要保证现有地铁 2 线的正常运营,又要在 2 号线的周围挖另外 3 条新的轨道交通线的换乘车站,这样的施工应该是创造了非常多的世界第一,人称上海轨道工程创造了九个世界第一。但在近几年的世界轨道技术研讨会上都没敢拿出来说,采访了一个专家,直接就说,这些"世界第一"完全是浪费,事实上,这个 4 线换乘车站的开工离 2 号线建成通车仅仅只间隔两年多时间,如果当初规划稍微早两年,就可以省下以亿元计算的资金。

反思"世界第一"背后的得失,如何以最经济的统筹,通过全面的调查,经过系统的计划、规划来实施,就会避免了巨大的经济损失与人力、物力的浪费,但是,只有总结了得失,才会避免今后再发生类似的情况,这是反思的目的。

【思考】

(1)你如何理解"凡事预则立,不预则废"?
(2)总结的成败在于有无实用价值吗?

第一节 计 划

计划是前进方向上的"路标",是一切行动的先导,也是实施目标的手段。古人云"深计远虑,所以无穷"。有了计划,工作就有了明确的目标,就能统一思想,协调行动,掌握进程。科学的、切实可行的计划,对我们的工作、学习、生产、科研等都有着重要的指导、推动与保障作用。

一、计划的概念与类型

计划是党政机关、社会团体、企事业单位和个人,为了实现某项目标和完成某项任务而事先做的安排和打算,是对未来一定时期内的工作、生产、科研和学习等拟定目标、任务、步骤、措施和完成期限的一种事务文书。在现代社会里,一个行动,一项任务,常常要牵连到众多的因素和极其复杂的关系,要想围绕整体目标协调一致地行动,必须有一个统一严格的计划作为纲领,否则,实现目标的活动便会成为杂乱无章的活动。

计划是计划类文书的统称。常见的"规划""部署""安排""设想""打算""方案""纲要""思路""要点""意见"等,都是人们对今后工作或活动做出的部署与安排，因而，也都属于计划这个范畴。

【例文】

××西服店××××年"双增节"工作计划

国务院倡导开展"双增双节"活动。为开展好这项活动，我们决定将今年的工作重点调整为"双增双节"活动同深化企业改革一起抓，改善企业经营管理体制，发挥名牌特色产品优势，深入挖掘潜力，以提高经济效益。现根据我商店的实际，确定××××年的工作计划如下：

一、目标

序号	类别	指标	同比
1	销售计划	1 600 万元	比去年的 1 552.8 万元增长 3%
2	周转天数	118 天	比去年的 122.9 天加快 4.9 天
3	平均流动资金	524.4 万元	比去年的 530.5 万元下降 1.15%
4	费用额	68.5 万元	比去年的 70.69 万元下降 3.1%
5	借款利息	19.3 万元	比去年的 20.8 万元减少 1.5 万元
6	削价损失	16.7 万元	比去年的 33.4 万元下降 50%
7	毛利率	19.79%	比去年的 18.79 上升 1%
8	定制加工	5 460 件	比去年的 5 300 件增长 3%
9	上交税金	262.2 万元	比去年的 255.7 万元增长 2.6%
10	利润	218.9 万元	比去年的 208.5 万元增长 5%

二、措施和做法

（一）扩大商品销售，提高经济效益

1. 抓好产品质量，扩大市场占有率。对产品定期抽样检查，力争正品率达到××%。其中××%的产品质量符合市优和部颁标准。

2. 全面分析和预测市场上各型时装的生命周期，合理选择进货渠道，组织适销对路的原料，增加花色品种，妥善安排工作，做到款式新颖、高雅，并作好必要的储备，以满足市场需要。

3. 开拓新产品，设计新品种，对库存商品不断更新换代，使产、销、调、存出现良好的运行状态。

4. 采取门市销售、预约销售和集会展销等形式，扩大销量。

5. 提高服务质量，引发顾客的购买兴趣，唤起消费者的潜在要求。结合创新风柜组活动，争取商店评上"文明西服商店"的称号。

（二）抓好横向联系

1. 在全国各地设立特约经销单位。以京、津、沪为据点，向四面扩展；上半年增设××、××、××等×个经销点，下半年再增设××、××、××等×个经销点，逐渐形成一个×××商品的销售网。

2. 利用短期贷款，多生产质量优价格合理的产品，满足各地不同层次的需要。

3．加强横向联系，了解各地市场的风土人情，分析销售趋势；帮助横向联系单位改进柜台设计和商品陈列，扩大供应能力。

（三）压缩银行贷款，减少利息支出

1．加速资金周转，对库存商品不断进行清理、分类，及时处理冷、呆、残损商品，防止资金积压。

2．缩短生产流转的期限，加工产品及时回收，及时上柜，及时回笼资金，以压缩银行贷款，减少利息支出。

（四）降低成本，节约费用

1．紧密排料，减少损失，降低消耗。

2．合理调整库存，减少库存量。

3．紧缩旅差费，节约水电及文具办公费用。

（五）加强经营管理建设

1．健全财务报表体制，准确反映单位的经济情况，定期分析各项经济指标完成情况，找出问题，及时处理。

2．加强管理环节，使进、产、销、存的管理系统化、科学化。

3．对原材料仓库场地、成品仓库场地、商品陈列室等进行合理的布局，对管理人员加以调整充实。

4．健全各项考核制度，做到"奖不虚施，罚不妄加"。

××××年的任务是艰巨的，但我们有一支热爱商店的职工队伍，有信心完成我们的奋斗目标。

××西服商店经理室

2013 年 1 月 3 日

【简析】该计划的正文导言，概述了制订计划的依据和工作思路。主体部分首先用表格表述奋斗目标。将每项指标与上年度实绩作比较，显示了"双增双节"的要求，明确、具体、简洁。然后用条文式写实现目标的五项措施和具体做法，可操作性强。结尾表明实施计划的信心。

该计划的一大特色是表格与条文能很好地结合。不足之处有两个：一是计划中没有写明落实措施和做法的具体步骤，二是各项任务没有具体落实到由什么人做。这不仅是写作思路的问题，还与作者乃至该店领导的素质及工作水平有关。

二、计划的特点

计划的特点主要有以下几个。

（一）预想性

凡是计划都是在预测的基础上，对未来工作任务所作的构想。计划中提出的奋斗目标、完成任务的步骤虽然是依据现实的可行性而制定，但计划的着眼点是对本地区、本部门、本人下一阶段的工作步骤进行规划和安排，是预设前进方向上的"路标"，因而，预想的成分较多。可以这么说，没有预想就没有计划。因此，只有高瞻远瞩，对未来将要发生的或将要做的事情有充分的估计，才能使计划制定得切实可行。

（二）可行性

计划是作为执行文件制定的。一个合理的计划，是管理目标能够顺利实现的保障。计划又是行动的指南，具有一定的激励作用。计划所拟订的目标应具有一定的高度和挑战性，能够激发计划实践者的热情，挖掘其巨大的潜能，使其顺利完成计划，创出佳绩。但制定计划时必须十分重视预想的可行性，即目标可以实现，措施与办法切实可行。一个可实现的目标要兼顾到两个方面：一方面要有一定的高度，另一方面经过执行者的努力要能够达到。这样，达到目标后，计划实现者才能品尝到成功的乐趣，并充满信心地去迎接下一轮挑战。如果在实行中，发现计划有不可行之处，要及时修改。

（三）具体性

计划是组织行动、落实步骤、完成任务的具体依据，一旦成文就要遵照执行。计划对实践具有指导作用，未来的工作将在它的规范下被具体落实，甚至检查工作也可以以计划为依据。因此，在制定计划时，要写明完成计划的具体办法、措施、完成的时间，这样才有利于计划的实现。

（四）业务性

计划是业务性很强的文种，行业性质不同，计划中的术语也不同，因此，制定者要熟悉业务，按自身工作所涉及的各项业务指标来制定计划。

三、计划的种类

计划的种类很多，从不同的角度、根据不同的标准可以对其进行不同的分类。

（1）根据内容涉及的范围，计划分为综合计划和专题计划。综合计划涉及的范围较广泛，是一种比较全面的计划；专题计划内容涉及的范围较窄，通常是针对某一项具体的工作而制定的。

（2）根据时间长短，计划可分为长期计划和短期计划。长期计划，时限较长，是一种战略性的宏观安排，通常称作规划；短期计划，时限较短，大多是一年，或者是一季、一月、一周、一日的工作安排，一般来说，内容比较具体细致。

（3）根据内容划分，计划还可以分作生产计划、建设计划、工作计划、科研计划、教学计划、学习计划等。

（4）按形式划分，计划有条文式计划、表格式计划、条文表格兼备式计划等。

四、计划的格式和内容要素

计划一般由标题、正文、落款等部分组成。

（一）标题

标题是计划的名称，计划的标题常用写法是：

（1）制定计划的单位名称＋计划适用期限＋计划内容范围＋文种名称，如《江西省贸易促进会2010年对外贸易联络工作计划》；

（2）计划期限＋计划内容＋文种，如《国家十二五时期文化改革发展规划》；

（3）制定计划的单位名称＋关于＋事由＋文种，如《江苏省贸易促进会关于对外贸易联络工作计划》。

计划的标题写作要规范。计划单位名称要用规范的称呼，计划时限要具体写明，计划内容摘要写明计划所针对的问题。如所制定的计划属未最后确定的计划，可在上述标题的右侧或正下方用括号标注（草案）字样。

（二）正文

计划正文一般由前言、主体和结语构成。

1. 前言

一般简明扼要写以下四方面的内容：

（1）说明制定计划的依据；

（2）概述本单位的基本情况，分析完成计划的主、客观条件；

（3）提出总的任务和要求，或完成计划指标的意义；

（4）指出制定计划的目的。

以上四方面的内容可根据实际做出适当选择。前言回答"为什么做"。前言以"为此，特制订计划如下"为过渡语，引出主体部分。

2. 主体

一般必须写清以下三方面的内容：

（1）目标任务——"做什么"。即某一时段内要完成的工作任务。

（2）措施——"怎么做"。写清楚采取何种办法，利用什么条件，由何单位何人具体负责，如何协调配合完成任务。

（3）步骤程序——"何时完成"。即写明实现计划分几个步骤或几个阶段 。

写作计划主体时，目标、措施、步骤程序，可分开写，也可措施和步骤程序放在一起写。主体的结构根据计划的内容和表述需要，可以选择写条文式、图表式，或条文图表结合式。在正文不便表述的内容，另作"附件"。

3. 结语

结语可以说明计划的执行要求，也可以提出希望或号召。也有的计划不专门写结语。

五、计划的写作要求

计划的写作需要遵循以下几点：

（1）正确处理好当前与长远、局部与整体的关系。制定计划必须立足当前的现实状况，研究当前的人力、物力、财力，把握有利因素和不利因素，在充分分析论证的基础上制定，但又不能局限于当前，应具有前瞻意识，放眼长远，清醒地认识未来社会的发展趋势，把脚踏实地与高起点把握结合起来，把本单位的实际与社会的整体利益结合起来，做到心中有数，即既要以本单位的实际为基本依据，有自身的特色，又要与国家的总体规划相一致。

（2）要集思广益，使计划制定得更具现实基础。制定计划的最终目的是完成计划，而完成计划最终要依靠广大群众。因此，在制定计划，尤其是制定单位、部门计划时，要深入地调查研究，广泛听取各方面的意见，弄清为什么要制定计划、根据什么制定计划等问题，然后集思广益，在分析论证后，草拟出几个方案，再征求意见，对计划草案进行修改后定稿。在制定计划时，应始终坚持自下而上和自上而下相结合的工作方法，使计划制定得更加完善可靠。

（3）要注意灵活性和连续性。制定计划时，谁都想挖掘最大的潜力，发挥最大的干劲。但事物的发展有它的科学规律，我们不能提倡"假"计划、"空"计划，而应提倡"实"计划。因而在撰写计划时，应留有适当的余地，话不能说得太满，要充分考虑到完成的可行性。制定计划时，还应保持计划的连续性。当前的计划是过去计划的延续，又是将来计划的基础。因此，制定计划时必须瞻前顾后。

【例文】

个人新学期工作计划

——衡理中学办公室干事 张小亮

又一学期转眼而过，带着已经进入暑期的兴奋心情，带着对下学期开学迎新生的喜悦心情，根据学校的要求我制定了下学期的工作计划书。

一、上传下达，协调各部门，完成好各项工作。根据上级文件精神，协调学校各部门工作，处理好日常事务、教职工思想工作，了解意见，与领导沟通。对于学校重大会议、活动的组织和协调，办公室都必须做到超前的工作原则，尤其要注意活动的细致性、周到性和实效性，根据学校规定和工作需要，协助校长组织安排行政会、教师会和其他会议，做好统筹协调工作。

二、配合各部门，完成好学校的中心工作。本学期学校将开展科艺节、校园艺术节"班班有歌声""班班有美展"、安全讲座、演练等，办公室的主要任务是为每一项活动做好他们的组织、协调、后勤服务等工作。

三、负责全校教职工考勤工作。为学校的绩效考评工作提供公平、公正的依据。根据老师当月工作情况和各部门考核结果，将各办公室教师的考勤、请假、外出、迟到、早午晚辅导等情况——统计汇总，及时公示。严格按照学校考勤制度执行。

四、认真进行文件的管理、分发工作。及时收接学校邮件信息，将文件通知、信息向校长汇报，并将信息传递到相关人员处。督促相关人员完成文件要求，并及时上缴材料。

五、做好全校师生获奖情况的登记、汇总工作。及时通知各项比赛任务，督促完成。将学校的活动进行推广，向媒体推荐学校的优秀活动，并进行报道。

（一）本学期台江区将迎来三赛三比，办公室所有人员积极协调各部门做好办公室工作总结，并汇总，顺利通过检验。

（二）本学期我校举行各项活动，办公室要认真负责分配任务，积极协调各部门做好准备，取得良好的成绩。

六、认真做好教师的继续教育审核工作和人事档案工作，督促教师认真参加进修学校组织的继续教育、岗位培训活动，不断丰富教学积淀，拓宽视野。营造浓郁的学习氛围，让老师们在不断的学习中进步，帮助老师进行学历学习的申报。

2013 年 8 月 20 日

第二节　策　划　书

一、策划书的涵义

　　策划书，也称策划文案，即对某个未来的活动或者某项专门性的工作进行策划，并展现给读者的文本。策划书是专题性的计划，在经济繁荣、社会发展的今天，各种专题活动、工作项目如雨后春笋，层出不穷，策划书的使用频率非常高。策划书可以有八大组成部分：

　　（1）何事——企业策划的目的与内容。
　　（2）何人——策划团队与相关人员。
　　（3）何时——策划操作起止时间。
　　（4）何处——策划实施环境场所。
　　（5）何因——策划的缘由与背景。
　　（6）何法——策划的方法与措施。
　　（7）预算——人财物与进度的预算。
　　（8）预测——策划实施效果的预测。

二、策划书的格式

　　策划书的形式要规范、鲜明、具体，具有形象性和可操作性，篇幅要与策划内容的繁简相一致，形式要图文并茂，语言要简约、流畅、生动、绘声绘色，结构要严谨、完善、层层递进、环环相扣、彼此照应。一般情况下，一个完整的策划书的内容与格式大体上由前言——正文——结尾——附录四个部分组成。

　　（一）前言

　　前言又可称为导言，是策划书的开头部分。其内容包括:策划专题（介绍专题的由来、背景及其意义）、指导思想（明确策划的理论依据、行为动力、基本要求和最终目标）和重点、难点与关键。重点是指策划操作中需解决的主要问题；难点是指策划过程中可能出现的困难与障碍；关键是指对策划最为紧要并起决定作用的因素。总的要求是:突出重点，明确难点，抓准关键。

　　（二）正文

　　正文是策划案的主体，其内容主要有以下几个:
　　（1）起止时间。说明本活动从何年何月何日起开始实施，到何年何月何日止结束。时间安排要经过科学推算，既能留有余地，又能讲究工作效率。
　　（2）地点环境。阐明本方案操作地域、范围及内外环境。并予以分析说明。
　　（3）内容对象。指明本专题开发项目、具体任务、主要创意及操作要点，并提出有关要求。
　　（4）方法手段。明确本专题运行的方式方法，选择操作的科学手段，落实实施的具体措施。方法手段的选择要依据策划的内容、对象而定，要因事制宜，力求科学有效。
　　（5）程序步骤。安排本专题策划的进程，划分运作阶段，并指明各阶段的起止时间、具体任务和主要目标，以保证活动得以井然有序地贯彻执行。

（6）统计分析。分析策划实施过程中所需人力、物力、财力的基本状况，统计其标准用量，尽可能做到勤俭节约，精打细算，充分利用，少投高效。

（7）人员责任安排。将本专题策划实施过程中各阶段的组织者、指挥者、参与者、责任人等具体安排，明确责权利，落实到人头。程序步骤、统计分析和人员安排可以列表展示。

（三）结尾

结尾是对策划书的总结、预测和建议。其内容主要有：

（1）对策划案全文做出简要总结。

（2）对策划案实施过程中可能出现的问题和最终效果进行预测，并提出应对的措施。

（3）对策划案的有关事宜及其操作提出意见和建议。

【例文】

××啤酒公司"××啤酒节酬知己"活动策划书

一、活动主题

　　××啤酒节酬知己。

二、活动目的

　　提高××啤酒品牌的知名度。

三、活动时间

　　××××年××月××日（周六）至××××年××月××日（周日）

四、活动地点

　　×××市区×××街、××广场、×××、×××等地。

五、参加人员

　　（1）公司策划部、营销部全体人员，共 30 人。

　　（2）招募到的 100 名大学生。

六、活动必备物品

　　4 000 瓶啤酒、宣传单、售酒机。

七、活动安排

　　（1）活动开展前与市内主要媒体联系，并介绍活动专题及其基本设想，争取活动结束后由市电视台和《××晚报》、《××时报》发出消息。

　　（2）××××年××月××日（周六）凌晨 6 点在市区××街放置 3 000 瓶××牌啤酒供行人捡取，并散发有关"××啤酒酬知己"活动的宣传单，制造新闻，引起关注。

　　（3）××××年××月××日（周六）上午 9 点至××月××日（周日）下午 3 点在×××、×××等地举行售酒机免费售酒及品尝服务，

　　（4）100 名大学生组成的宣传车队从××日（周六）上午 10 点出发，经××路、××路、××路到××广场，做 2 小时宣传性表演。

八、费用核算

　　1. 啤酒 3 000 瓶，约 4 500 元

2. 免费品尝点共两处, 耗酒约 2 000 元;

3. 大学生车队, 按每人 25 元计, 约 2 500 元;

4. 媒体联络, 2 000 元;

5. 印刷品、宣传品及员工劳务, 1 500 元;

共计 12 500 元。

××啤酒公司策划部

××××年××月××日

【例文】

KK 感冒药广告策划书

一、广告商品

KK 感冒药。

二、广告目的

促进大众指名购买 KK 感冒药。

三、广告时间

明年 1 月～12 月。

四、广告诉求地域

以都市、城镇为主。

五、广告诉求对象

以企业界、教育界、脑力劳动者为主（偏重于男性）, 产生领导品牌的功效。

六、策略构想

一般而言, 商品欲扩增其销售额, 有三个主要方法: 新市场的开发、旧市场占有率的提升（即品牌的市场）、使用及购买频度的增加。

就 KK 感冒药而言, 因其属镇痛类药品, 为病痛欲求之商品。消费者若无头痛等痛楚是不会来购买的, 必须有此需要（解除痛苦的欲求）才会采取购买行动。与一些导致冲动购买的商品不同, 故其"新市场的开发"甚为不易, 只有利用旧有市场的影响, 以增加新市场, 而市场本身量与质的所扩增的市场也不可能被 KK 感冒药所独占。在"使用及购买频度的增加"方面亦因感冒药系药品, 不可任意多服用, 即使强调"一次购买, 家庭备用"也仅能提升销售量于一时, 而无法对整个业绩的增加有所裨益。故真正能发挥努力的只有"旧市场占有率的提升"一途, 亦即如何争夺其他品牌的市场, 使消费者转换品牌, 指名购用 KK 品牌, 此为今后广告推广方面致力的目标。

七、广告策略

（1）针对各阶层消费者, 运用不同媒体做直接有效的广告诉求。

（2）制作宣传单悬挂于西药房, 使消费者在购买点易于立即指名。

（3）将宣传单张贴于出租车、公共汽车及公用电话机上, 以随时随地提醒消费者注意, 弥补大众传播媒体之不足, 并具有公益作用。

（4）制作小型月历卡片, 于元旦前广泛散发赠送各界人士, 比如置于西药房、医院或各办公大楼之柜台（服务台）供人随意索取, 也可夹于杂志内页, 赠送读者。

（5）除正式大篇幅的广告外, 在报纸杂志上另可采用游击式的策略, 运用经济日报的插排和一些生活报纸的分类广告版，不定期刊登小广告，一则省钱，二则可弥补大广告出现频次不够多的缺失。只要设计得简明、醒目，也会有很好的效果。

八、费用预算

（略）

策划人×××

××××年××月××日

附件一、悬挂用宣传单图样。

附件二、张贴用宣传单图样。

附件三、小型月历卡片图样。

第三节　总　结

俗话说："人无远虑，必有近忧。"诸葛亮深谋远虑，所以才能运筹帷幄之中，决胜千里之外。计划是行动的先导，我们做任何事都要有目的、有准备。计划的越科学，成功的可能性就越大。《左传》里的《曹刿论战》，记叙了历史上著名的长勺之战。战争结束后，鲁庄公问曹刿取胜的原因，曹刿说："打仗全靠勇气。第一次擂鼓，士兵勇气大振，第二次擂鼓，勇气衰退，第三次擂鼓，勇气全完了。敌人的勇气全完了而我军的勇气正旺盛，因此打败了齐军。大国的情况难以捉摸，怕他们有埋伏。我看到他们的车迹混乱，望见他们的旗帜倒下，因此才追击他们。"这就是总结。总结不一定都形成书面文字，而书面总结影响会更深远。在学习和工作中及时总结经验，查找差距和不足，就能不断进步、不断提高。

一、总结的概念和种类

总结是对前一段的实践活动进行回顾检查、分析评价，从中找出经验教训和规律性认识的一种书面材料。

如果说计划主要是提出"要做什么"和"如何去做"的问题，那么总结则应该说明"做了什么"和"做得怎么样"的问题。总结有利于理性地认识事物；客观评价工作中的功过得失；总结经验、找出教训，交流信息，认识规律；避免今后工作中的盲目性，提高工作效率。

总结的种类与计划的种类是相应的。按照不同的标准，可以分为多种类型：

按内容分：有工作总结、生产总结、学习总结、思想总结。

按主体分：有部门总结、单位总结、个人总结。

按时间分：有年度总结、季度总结、月份总结、阶段总结等。

按性质分：有专题总结和综合总结。

从不同的角度分类后，总结的名称多种多样，但从写作目的、内容和要求来看，总结不外乎就是两大类：综合总结、专题总结。

综合总结是一个单位、一个部门对某个时期情况所进行的全面总结。包括工作情况概括、成绩和经验、缺点与教训等。所要指出的是，综合总结并不等于面面俱到，包罗万象，而是要根据主题的需要有所侧重。

专题总结是选取工作中的某个方面、某些成绩、某种经验、某种问题进行深入的阐述的总结。往往偏重于总结工作中的某些突出成绩或典型经验，以点带面，加以推广。它比综合总结使用更广，针对性更强。要求集中一点，突出特色，注重深度，针对性强。

二、总结的特点

从总结的内容、目的和作用来看，总结具有以下几个特点：

（1）阶段性：从总结的含义上，我们便可发现，总结是对前一阶段的工作而进行的，是工作在进行一定阶段后所做的回顾，要受工作进程的制约，具有阶段性的特点。

（2）业务性：总结是对本地区、本部门、本单位或本人一定时期思想、工作、学习的回顾、检查、评价。由于不同部门或单位所担负的具体工作不同，总结的内容就不可避免地涉及各种业务，例如，教学部门的总结，就不可避免地讲到教学、管理、招生、分配等内容；企业财务部门的总结，往往涉及目标成本、目标利润、产量、原材料、销售等内容。通常说来，除了一些全面性总结要由单位的综合办事部门执笔之外，分项工作的总结一般是由职能部门负责起草的，专门部门起草的总结必然具有专业特点。

（3）理论性：总结的目的是为了找出经验和教训，以指导今后的工作，因此，在撰写总结时，不能单纯地叙事和说明，不能只局限于罗列政绩，成为流水账，而要在说明做了哪些工作、取得哪些成绩的基础上，对已经做过的工作进行深入的分析，得出经验与教训，使其上升到理论的高度。

（4）实践性：理论来自实践，同时又反作用于实践。同样，总结是从实践中产生的，是以实践为基础的，是对工作、学习等实践活动的概括，因此，离开实践就难以产生总结。反过来说，我们进行总结的最终目的还是为实践服务的，它所归纳出的经验教训，是为了更好地指导今后的实践活动。因此，实践性贯穿于总结的始终，是其主要特点之一。

【例文】

××自治区储备局劳动人事处
二〇一三年工作总结

二〇一三年是全面贯彻落实党的"十五大"精神的一年。我们在上级的正确领导下，深入贯彻党的"十五大"精神，坚持两个文明一起抓，加强领导班子的建设，加大干部人事制度改革的力度，抓好人才整体性资源开发利用以及岗位培训，提高干部队伍素质，为我区储备部门的经济建设，为实现改革发展的新突破，提供可靠的财力支持和组织保障。

一、认真开展机关思想作风和整顿工作。根据区党委《关于整顿直属机关作风，树立社会主义市场经济观念，确保我区改革与发展新突破决策实施的方案》，我局成立了由局党委书记张××为组长的机关作风整顿领导小组，制定了整改方案并切实抓好组织落实……

二、领导班子和干部队伍的建设进一步加强。坚持以思想政治建设为重点，全面推进各级领导班子的建设，提高领导水平和执政水平，大力培养选拔年轻干部。去年8月，将一批德才兼备、35岁左右的年轻干部提拔到县处级领导岗位上来，坚持从严治党，加强对领导干部的监督和管理……

三、加快干部人事制度改革的步伐，推进干部能上能下的机制……通过这些人事制度的改革，健全和完善了干部能进能出、能上能下的竞争机制；建立了一个精干、高效、充满活力的干部队伍；创造了一个公开、平等、竞争、择优的用人环境。

四、认真抓好基层管理制度综合配套改革试点工作……

五、组织开展物资储备知识竞赛活动……

六、加大岗位培训和继续教育的力度……

七、加强对基层单位工资总额的宏观控制和政策指导……

过去的一年，我们取得了一定的成绩，但与上级的要求仍有差距，主要表现在：思维方式和思想观念仍然滞后，跟不上形势发展的需要；不善于运用市场经济的思路和办法来解决问题，工作方法上仍存在忙于具体事务多，深层次研究问题少，参谋助手的作用发挥不够等问题。

在新的一年里，我们将高举邓小平理论的旗帜，深入贯彻党的"十五大"精神，以改革为动力，以改革促发展，开拓创新，不断攀登新台阶。

二〇一三年十二月三十日

【简析】这是一份综合性的全年工作总结。这篇总结开头概括介绍了工作的整体成绩，然后分解为七个核心问题，并重点突出前三个方面（机关作风整顿、领导班子和干部队伍的建设、干部人事制度的改革）的阐述和总结，结尾提出了今后的努力方向。全文是横式结构，逻辑关系清晰。

三、总结的格式与内容要素

（一）标题

标题常见形式有三种。

（1）公文式标题——多用于综合性总结。由单位名称、时限、内容、文种构成。如：《×××公司关于××××年度的工作总结》

（2）文章式标题——多用于专题总结。即概括文章的内容或基本观点的标题。标题中不出现文种"总结"两字。如：《股份制使企业走上成功之路》。

（3）双标题，正题是观点，副题是单位＋内容＋文种，如《健全管理机制，强化内部监督——××公司年度财务检查工作总结》。

（二）正文

正文由开头、主体和结尾三部分组成。

1．开头

开头也叫前言，通常简述：工作或任务是在什么形势下，遵循什么思想或方针完成的，有哪些主要成绩，存在哪些主要问题。

2．主体

主体一般有以下3个方面的内容：

（1）基本做法、成绩和经验，回答"做了什么""做得怎样"，在什么思想指导下，做了哪些工作，采取了哪些措施，取得了哪些成绩，主客观原因是什么，有哪些体会。成绩、做法是基础材料，经验体会是重点。

（2）问题与教训。写工作中存在的问题与不足，不同的总结，可以有不同的侧重。

反映问题的总结，此部重点分析其主客观原因，及由此得出的教训。

典型经验总结，这部分可不写。也可以把这部分内容合并到"努力方向"中去写。常规工作总结，则概括写存在的主要问题。

（3）今后的工作和努力的方向。这部分内容主要是对下步工作的设想，提出新的目标。回答"今后怎么办"，需写得简单明了。行文应简洁有力，具有鼓动性和号召力。

3．结尾

落款，如果单位或个人的署名已经署于标题下，此处可省略。如果是用于报送上级的总结，在单位名称处应加盖公章。

三、总结的写作要求

（1）要充分占有材料，突出写作重点。总结要用真实具体的材料反映出工作实绩，因而作者必须占有充分的有说服力的材料。写总结前要认真回顾整个工作过程，从中提炼出规律性的认识；撰稿时，要突出重点，侧重从做法上、效果上、认识上总结，要抓住能反映和说明问题的大事情，不能面面俱到，少说或不说自我评价的空话。

（2）要突出个性，写出特色。总结与写作主体自身的实践相关，每个人每个单位的实践过程是不一样的，因而应找出具有独特个性的东西，而不能把总结写成千人一面的文章，用一些套话敷衍成篇。这就要求，作者在写作时应对材料进行梳理和分析，找到材料的特殊性，写出个性和特色来。

【例文】

大学学习生活总结

进入高等学府深造，成为一名跨世纪大学生，这是我儿时以来的愿望和梦想。在跨入华侨大学校门的那一刻，我儿时的理想终于实现了。大学里浓厚的文化气息和广阔的自由天地让我有了更好的发展机会和空间。我一入学就立志要成为一名思想上进，政治合格，素质过硬，在德智体诸方面全面发展的合格大学生。四年来，我不断朝着这个目标努力学习，踏实工作，努力提高自身素质，争当一名德、智、体全面发展的合格大学生。

回顾这四年来的大学生活，深感本人在各个方面都得到锻炼和发展，特别是在党、团组织领导的帮助下，本人的学习成绩、政治理论水平等都有了进一步的提高。

一、思想政治方面

只有树立了正确的人生观、价值观，树立了为人民服务，为社会主义事业奋斗终生的远大志向，才能为大学四年以及今后的学习工作指明方向、提供动力。因此，我在刚入学不久的2012年10月便向敬爱的党组织郑重递交了入党申请书，并从那时起，我就以党员的标准规范自己的学习和工作。在日常的学习工作中就不断认真学习党的各项方针政策，研读各种马列专著，领会和总结毛泽东思想和中国特色社会主义在实践中运用的原理，并通过参加华侨大学党校和系定期的党章学习小组的学习，使自己的政治理论水平有了显著提高，使自己从思想上逐步成熟起来。在2014年5月被评为"2013～2014年度校优秀共青团员"，并获得2014年度系"优秀学生干部"荣誉称号。经党组织严格审查，我被批准于2014年12月28日光荣地加入中国共产党。入党后，我严格遵守党的章程，时刻记住自己是一名共产党员，更加严格要求自己。按期交纳党费，定期向组织汇报思想。在同学当中，充分发挥党员的先锋模范作用，从课堂学习到课外生活再到社会工作，都努力做到严于律己、乐心助人、尽职尽责。经过不懈的努力，本人于2010年5月再次被评为"2014～2015年度校优秀共青团员"，2016年5月被评为"2015～2016年度校优秀共青团干部"。

二、学习方面

学生以学为本，大学时代的学习积累是一个极其重要的基础，它甚至会影响人们一生的学习与工作。因此，学习依然是大学生的首要任务，我清楚地意识到，作为一名合格的大学生，必须具备丰富的科学文化知识和过硬的专业技能。因此，"刻苦""认真""努力"成为我学习上的座右铭。通过与同学进行经常性的学习经验交流，并虚心向老师和同学请教，不断改进了学习方法，使自己的成绩不断进步，顺利地通过了国家计算机二级和国家英语四级考试。由于学习成绩优秀，我曾三次获得校优秀学业奖学金。

在加强自身理论学习的同时，我还注重自己动手能力的培养，坚持理论联系实际，积极参加课外科技竞赛，在2015年××省第二届大学生点子设计竞赛中获得优秀奖。此外，本人还积极参加假期社会实践活动，并且荣获"××大学2013年度暑期社会实践积极分子"称号。

三、社会工作方面

四年来，我积极参加各项社会工作。作为一名学生干部，在我看来，如果不能实实在在为同学做些实事，则既是对同学也是对自己的不负责。因此，在工作中，我时刻不忘作为学生干部应为大家服务的思想，尽自己所能做好本职工作。

作为院系主要学生干部，在我先后担任班级团支部书记、系团总支组织部长、系学生党支部宣传委员、信息学院九七年段团总支书记期间，除了处理好日常事务外，我还能尽自己所能，为同学办些实事。工作大胆而且有自己的思路。我组织郊游活动增进同学间的了解；组织迎新晚会欢迎新入学的同学；举办业余团校增强团员对团的认识；开展民主生活会促进同学间的思想交流。在我系承办的"象牙塔"杯乒乓球赛、"联通杯"排球赛、国庆六十周年游园等活动中出色完成任务。在我的倡导下，我们系与××中学结成共建单位，全系同学捐款资助附中两位生活上有困难的同学。本着服务社会的精神，我还定期组织系里学生干部到××老人院维修电器以及打扫等义务劳动，受到系领导和老人院长的好评。日常生活中，我也能关心同学、团结同学，主动帮助有困难的同学，利用课余时间为同学补课。我时刻注意自己的榜样作用，处处带头，发挥党员的先锋模范作用。在处理班级事务方面，我始终认为"应和班委打成一片，和广大同学打成一片"，在团结大家的同时，以自己的行动去影响周围的同学。在我和班委的组织带动下，不论是灾区募捐还是义务献血，不论是参加青年志愿者还是其他集体活动，我们班同学都是个个争先，踊跃参加。班委还时常帮助班里个别学习、生活上困难的同学，不使他们游离于班级这个大家庭之外。在全体班委的努力下和同学们的配合下，我班2014年5月被评为校"先进班级"和"先进团支部"。我本人也被评为2013～2014年度系优秀学生干部。

在我校开展的创建"文明校园"活动中，作为一名党员，一名学生干部，同时也作为华侨大学的普通一员，我充分认识到了创建"文明校园"活动的意义重大。自己首先能从思想上给予充分重视，在活动中以实际行动，认真履行党员义务和学生干部的职责，起到模范带头作用。我所在的宿舍也被评为××大学十佳宿舍，得到老师与同学的肯定，被评为"2015～2016年度校优秀共青团干部"。

在校四年，虽然取得了一定成绩，但是在社会实践过程中我明显感觉到自己在社会经验方面的缺乏，在处事方面考虑得就不够周全，书本上的知识也不能很自如地运用到实践中去。虽然经过锻炼，已得到了一定程度的提高，但在将来的工作中一定要继续努力，尽快缩短适应期。

作为大学生，我们应当摆正自己的位置，立志成才，肩负起建设中国的重担，勇攀知识高峰，把报效祖国的远大志向作为发奋学习的强大动力，增强自己的时代感，光荣感，使命感，才能无愧于社会，无愧于人民，无愧于迎接我们的这个伟大时代。

×××

××××年××月××日

第四节　调查报告

调查报告，是报告调查研究结果的文书，是作者有目的地对社会生活的某一事件、某一人物、某一现象、某一问题或某一经验做深入细致的调查研究，然后用科学的方法进行分析而写成的书面报告。

调查报告可以作为领导决策的依据，可以用来推广新生事物、先进典型，也可以揭露社会问题和事实真相。调查报告是在实际工作中使用频率非常高的事务文书。调查报告的写作能力被看成是从事各项工作的基本能力。

一、调查报告的种类

调查报告依据不同的标准，有不同的分类方法。按功能分，可分为指导型调查报告、定性型调查报告、咨议型调查报告；按反映内容分，又可分为经验调查报告、情况调查报告、查明问题的调查报告等。按内容来分类，很难涵盖，而按功能来分类，相对来说，交叉性较小。

（一）指导型调查报告

指导型调查报告是以社会生活中值得和应该推广的先进经验、优秀典型为调查对象，通过对这些对象进行调查研究，并提出若干值得人们借鉴和思考的问题的调查报告。指导型调查报告的主要任务是为推广先进经验和优秀典型提供依据。在实际工作中，我们能看到有许多工作突出的同志，在发现典型后，可以立刻组织人力进行深入细致的调查，通过对"点"的推广，指导"面"上的工作。

指导型调查报告是总结经验，工作总结也是总结经验。这两种文体有什么区别呢？一是运用材料的范围不同。工作总结仅仅局限于总结本单位、本部门前一阶段已形成的经验；

而指导型调查报告反映的对象则相当广泛，可以反映本单位的情况，也可以反映其他单位的情况，可以对过去的材料进行反映，也可以用本单位的材料和其他单位的材料相比较，从而揭示本单位经验的普遍性，用以指导实践。二是写作目的不同。工作总结主要是汇报工作；而指导型调查报告着眼于指导全局工作，常利用大众媒介向社会迅速传播撰写者的观点。三是人称不同。工作总结是由本人或本单位撰文，通常运用第一人称，因此，主观性较强，常用"我们认为"、"我们觉得"、"我们感到"等用语行文；而指导型调查报告是站在全局的高度来写作，通常用第三人称，常以客观、冷静的态度审视调查的对象，在文章中常出现"该单位如何如何"或者"他们的经验是……"等用语。

（二）定性型调查报告

定性型调查报告是一种查明问题的调查报告，是通过对某件或某几件相关的事件或者某个引起争议的人物进行调查，并站在政策的高度作出某种定性且能引起有关人员重视的调查报告。定性型调查报告以核对事实、明断是非、得出正确的结论为写作目的。

（三）咨议型调查报告

咨议型调查报告，针对某个事关全局的问题和国情、民情进行调查，通过分析、对比、评述，向领导者和上级机关的决策者提供意见、建议和方案。现代化的决策，非常重视决策前的调查。调查是决策的前提、谋事的基础。

二、调查报告与调研工作的关系

调查报告与调研工作的关系主要如下。

（一）调研工作是调查报告写作的前提

没有对工作的调研，就形成不了写工作调查报告的意图，也掌握不到鲜活的第一手材料。调查报告写作过程中的最为关键的环节是调查研究。一般来说，调查任务的确定有两种情况：一种是上级领导根据自己所掌握的初步情况，布置下级进行调研；另一种情况是作者本人根据工作的需要提出。无论是哪种情况，调研工作实际上都规定了调查报告的写作方向。写作什么类型的调查报告，与调查的对象、调查工作进展深入情况密切相关。大量占有第一手材料是成功撰写调查报告的关键。

（二）调查报告是调研工作的理想结果

有了调研工作不等于就能写好调查报告。调查报告不是调研工作的简单实录，调查报告关注的是典型事实，是带有规律性的材料，因而，有一个如何立意和选择材料的问题，不同的人去进行目的相同的调研工作，也可能会写出深度不同和角度不同的调查报告。这里不仅有个思想认识问题，还与作者的表达能力密切相关。作者在调研工作中，发现了问题，产生了写作欲望，如果是位写作高手，就能熟练运用调查报告的写作方法，很快地写出高质量的调查报告；如果表达能力较差，或者懒于动笔的人，就有可能仅仅停留在调研工作阶段而毫无结果。

三、调查报告的写法

撰写调查报告，必须在认真调查、充分占有材料并对材料进行分析研究后，根据调查目的、调查的材料特点选择适当的结构来写作。调查报告在外在结构上一般由标题、前言、主体、结语四部分组成。每一部分根据不同的需要有不同的写法。

（一）标题的撰写

调查报告的标题从形式上来看，有单标题和双标题。

单标题，又分为文件式标题、文章式标题。

文件式标题与党政公文的标题写法基本相同。主要有两种形式：一种是"调查机关＋事由＋文种"，如《江苏省环境保护局关于环境监测质量的调查报告》；一种是"事由＋文种"，如《关于普通高等院校艺术教育现状的调查报告》。文件式标题一般用于内部交流的调查报告，特别是作为党政公文的附件下发的调查报告一般都用文件式标题。

文章式标题又有问题式标题、内容式标题两种。问题式标题针对调查的关键点，在标题中提出问题，以引起读者注意，如《儿童究竟需要什么读物?》。内容式标题在标题中标明调查的中心内容，如《"航空母舰"逐浪经济海洋》。

双标题，由正题和副题组成。正题点明调查报告的主旨或揭示调查者对这个问题的看法。副题由调查对象和文种组成。如《情系水世界——对我市水位站、水文站的调查》就是双标题式。

（二）前言的撰写

前言部分一般根据主体部分所选择的组织材料的结构顺序来写作。常用的有以下几种：

1．提要式

提要式是指将被调查对象的主要情况、调查后的结论用概要的文字叙述清楚的写法。这种写法能提纲挈领，统摄全文。指导型调查报告的前言部分常用提要法将调查对象的主要情况和调查者的主要观点进行概述。如《××村卫生室建设情况调查报告》的开头就是提要式写法：

村卫生室作为医改的重点，是农村三级预防保健网的基础，在农村公共卫生和基本医疗服务中发挥着极其重要的作用。根据全县医药卫生体制改革会议精神，我乡医改工作紧紧围绕医改重点任务，切实加强组织领导，抓住关键环节，狠抓工作落实，较好的启动并完成了各项工作任务。

2．交代式

交代式是指简单介绍调查的目的、时间、范围、背景等情况，使读者了解调查过程和写作意图。如《关于义勒力特镇紧缺急需人才的调查报告》的前言就是交代式的写法：

按照市委组织部和人社局要求，为切实掌握我镇紧缺急需人才的基本情况，大力推进人才兴镇战略的深入实施，我镇成立了由包海波镇长为组长的人才情况专题调研组，通过走访、调查总结我镇近年来的人才工作相关经验，分析存在问题和成因，并紧密结合我镇实际，提出我镇在 2012 年以及今后一个时期的人才需求状况。调研报告如下：……

3．设问式

设问式是指在调查报告的开头，抓住问题的关键，提出问题，引发读者思考，让读者循着作者的思路明了问题的实质的写法。如《××社区治安监管调查报告》的前言，用的就是这种写法：

住宅小区安全问题成为市民关注的焦点。那么，住宅小区安全状况究竟怎么样？到底存在哪些安全隐患？应采取哪些对策？市政协围绕这一民生问题安排了专题调研。

调查报告的前言还可以有其他写法，但总的要求是要简明扼要，避免与主体部分重复。如果没有必要，也可以不写前言，直接进入主体部分，把前言内容包容在主体部分之中。

（三）主体的撰写

调查报告的主体部分是调查报告的内容展开部分。这一部分要以大量的事实、数据反映被调查对象的真实情况，并通过作者的视野，对所调查的现象作出要言不烦的分析和评价，给读者以启迪。主体部分与前言部分是相衔接的，根据调查的意图和材料情况来看，主体部分有以下几种常用的写法。

1. 以观点串联材料

调查报告用事实说话，但是，调查报告不是简单的调查记录，作者的观点和认识要从材料中提炼出来。因此，有的写作者往往在调查后，对材料进行整理和分析，并从材料中梳理出观点，用观点串联材料，用小标题标出观点，将调查报告自然分割成几个部分，每一部分再用具体的材料说明。这种写法，理论性较强，材料和观点能有机结合，容易写出深度。咨议型调查报告、指导型调查报告常采用这种结构写法。如《关键是强化管理——河南宋河酒厂调查》就是以观点为顺序结构全篇。这篇调查报告有四层观点：第一，提高认识，动真碰硬，是强化管理的前提；第二，争创优质是强化管理的目标；第三，分级核算是实现强化管理的手段；第四，联利无级分配是强化管理的保证。这四层观点层次清晰，一目了然。用观点串联材料，应注意各层观点相互之间不能交叉。

2. 以材料的性质归类分层

有些材料提炼观点比较困难，作者要清晰地表达内容，可以按调查的材料性质进行归类，再用序数符号或小标题分成几点叙述，也可以不用序数符号，直接分层叙述。如有一篇题为《毕业前大学生在想什么?》的调查报告就采用了这一顺序。作者从大学生面临的毕业心态、求职过程中起主导作用的因素、大学生对工作本身的看法等几个方面进行阐述。这种写法一般用于主题比较单纯、材料相对集中的调查报告。

3. 以调查的过程为顺序

这是一种以调查者调查的自然线索为顺序的组织材料的方式。有的调查，特别是围绕一个中心事件进行的调查，要将材料梳理成一个个小观点或按材料性质进行归类，可能会比较困难。而按照调查的顺序进行写作，则能让读者循着调查者的视线，观察生活，对事件作出正确的判断。这种写法现场感强，容易组织材料，写起来相对容易，但如果对材料不加剪裁，就容易写成"流水账"。因此，应十分重视对材料的剪裁，详略要得当。这种写法一般用于定性型调查报告。

4. 以逐层深入的思维过程为顺序

以总结现象，分析原因，提供对策的思维过程为顺序，写调查报告。这种写法符合逐层深入的思维规律，能够通过表面现象，挖掘主导现象产生、发展的深层次原因，再提出针对性的建议和对策，富有很强的针对性。适合于咨议型调查报告。

（四）结尾的撰写

调查报告的结尾是调查报告的有机组成部分，是调查报告主旨的自然升华和内容的总结。其具体写法要根据主体部分的内容和结构方式而定，常用的有以下几种写法。

1．总结全文，强化主旨

有些以观点串联材料的调查报告，在分观点叙述后，需要在结尾处根据全文作出结论，借以强化主旨。如《关键是强化管理——河南宋河酒厂调查》一文的结尾是：

宋河酒厂迅速崛起的事实表明，公有制企业特别是大中型企业蕴藏着巨大活力，只要转换经营机制，加强管理，它的优越性就能充分发挥出来。

2．揭示问题，启发思考

调查报告是对生活中问题的关注和思考，但写出了调查报告并不表示问题得到了解决，作者往往要在文章结尾处，有针对性地提出一些问题，以启发读者思考。

3．提出建议，引起注意

咨议型调查报告常常在结尾处针对调查的内容提出一些建议，以引起有关方面的注意，敦促有关部门解决问题。

五、调查报告的写作要求

调查报告的写作应遵循以下几点：要求

（1）用事实说话。调查报告最基本的要求是用事实说话，即对事实予以客观描述并加以剖析。事实是最有说服力的，因此，作者应该选择典型性的事实、代表性的事实、新颖的事实，以一当十，以充分说明问题。

（2）处理好叙述与议论的关系。调查报告是工作和研究相结合的文体，既注重对事情、情况的过程进行叙述，又注重对事实进行分析和评价。作者在对调查情况的叙述中，常常要表明态度，因此，叙述中又穿插议论。叙述与议论相结合，是调查报告表达上的一个鲜明的特点。叙是议的基础，议又是叙的升华。

（3）使用第三人称和被动语态。调查报告一般使用第三人称和被动语态，用"调查表明"、"调查结果显示"、"事实使我们不能不认为"等用语。一般不能用"我们认为"这样的口气，因为这样的口气使人感到作者不是根据事实说话，而是他的主观认识和意图；也不能用"也许"、"可能"等模糊性语言，使读者对调查的结论产生怀疑，从而降低了结论的可信度。

【例文】

福州贵安温泉旅游度假村营业现状调查报告

福州贵安温泉旅游度假村是融会议培训、休闲度假、健身娱乐为一体的花园式温泉养生圣地。本人在该度假村实习了将近半年时间，有幸度假村营业现状做了调查。

一、贵安温泉旅游度假村概况

度假村占地400亩，坐落于素有中国五大温泉之乡，中国十大温泉休闲基地美誉的连江县贵安村，距福州市区28公里贵新隧道西绕城高速开通后仅12公里，交通便捷，独享优越的地理环境。贵安度假村包括精品温泉酒店、天趣温泉乐园、香屿温泉花田、西溪森林公园。建有各式客房 165 间、各种规格的会议厅 7 间。生机盎然的果园花田有 100 多亩，还配套中餐厅、西餐厅、美容、足浴、湖畔烧烤、高尔夫练习场、露天游泳池、网球场、羽毛球场，台球室，棋牌室等康体健身设施，被授予中国十大温泉休闲基地。

温泉部有水岸七星温泉别墅 7 栋，各具特色的温泉泡池 80 多个，贵安的温泉富含钾、钙、镁、氟、二氧化硅、氡等十多种有益人体健康的矿质元素，最高水温达 82℃，最低水温 63℃，现在日合理开采温泉量可达 6 700 吨，居全国前五名。

二、贵安温泉旅游度假村营业现状

2009 年 6 月 7 日贵安温泉旅游度假村正式营业，2009 年共接待 145 309 人。2010 年全年共接待 186 215 人，总营业额为 27 927 585.26 元，人均消费为 149.97 元。2010 年只比 2009 多接待 40 906 人，这之间的差距是微不足道的。然而从 2010 年与 2011 年春节黄金周的接待情况分析表中我们可以明显地看出：2011 年春节比 2010 年春节接待多了 10 506 人，增加了 105%。涨幅占 09 与 10 年全年接待差的 1/5，杂项收入增加 283 593 元，同比 2010 年增长 77%，营业总收入增加 1 712 227.2 元，同比上升 116%，接待人次和营业总收入都是成倍增长的。

从上面的数据中可以明显地看出贵安温泉旅游度假村的营业现状是非常可观的：接待人数不断攀升，总营业额以及知名度也在不断提高。

三、营业额上升的主要原因

1. 政府的大力支持。度假村是福建省"十一五"旅游规划重点建设项目之一，是由福建贵龙房地产开发有限公司和福建西溪森林温泉旅游度假有限公司共同投资开发，是贵安温泉旅游区全面启动以来的首个温泉旅游综合开发项目。在福州的现有水平下作为福州温泉行业的龙头走在前列。福建省旅游有限公司提供福州贵安温泉旅游度假村温泉门票。正是由于政府的这些支持，使得越来越多的消费人群走进度假村。

2. 贵新隧道的开通。设施设备的改进虽然一定程度带动了这一产业的发展，可是最根本的原因却是贵新隧道的开通。贵新隧道还没开通前必须从福飞路往东（森林公园正门方向）直走，上盘山路后第一个路口往右（往宦溪镇方向），一直沿着大路走才可到贵安村，总路程花费时间大约要 45 分钟；而贵新隧道开通之后直接上高速，总花费时间只要 20～30 分钟，缩短了将近一半的时间，这就为客人进入度假村节省了一定的时间。因此度假村的日接待量也由之前的四五百人扩大到目前的将近一千人。2011 年春节和五一节时，别墅和客房入住全满，没有提前预订的客人根本不可能有地方住。人山人海的消费者，就像在银行一样取号等待登机手牌，更有甚者，排队半天还是没能如期进场泡温泉。这种现象在隧道开通之前是没有的。隧道的开通拉近了市区与度假村的空间距离，使其成为距离市区最近的大型度假村，这样便利的交通加上原有的设施设备和幽静的环境怎能不成为度假首选呢？

3、消费水平的提高。消费水平的提高直接影响着人们心目中的消费项目的选择。越来越多人把消费的眼光放在健康养生上。随着市区城市居民收入的增加，居民的消费观念有了明显的改善，在满足了基本生活消费外，更加重视个性的满足、精神的愉悦、舒适的环境。家用汽车等交通工具的普及，也使消费者提供了的消费追求提供了很大的便利。试想，如果人们的消费水平局限于温饱问题或者是物质的追求上，又怎么可能有心思和心情去追求享受、健康养生的消费方式。

4、温泉历史文化的影响。福州是中国温泉最为富集的城市之一，伴随着悠久的历史形成了深厚的"温泉文化"。贵安村的温泉资源早在宋嘉裕 2 年（公元 1057 年）就已开发利用敖江水系贯穿全境，补充水源从自古这里就设温泉驿站，供进京赶考的学子歇息补给；宋时，大思想家朱熹曾隐居于此，结庐讲学；贵安村名也因他而得名，寓贵人安康之意，村内至今仍保存有"朱文公祠"遗址，据考证建于清光绪年间。1983 年，原中共中央胡总书记亲临此地，视察当地经济社会发展情况，更使它闻名遐迩。生活水平的提高让越来越多的人注重文化底蕴的沉淀。温泉对于福州人不只是泡澡那么简单，在他们心目中，温泉是大自然的恩赐，包含丰富的文化语言，而温泉澡堂是最好的载体。

5、贵安温泉度假村本身的建设和发展措施：贵安温泉旅游度假村遵循"御风、沐泉、心自宽"的思绪，秉持"健康养生、泉在贵安"的理念，充分利用贵安温泉旅游度假村山清水秀，温泉资源丰富的优势，打造天趣温泉，适应大众的消费需求。以在福地贵安祈福、享福的福文化为基础，引进国际先进的水疗、康疗、水浴、游乐设施，深度挖掘温泉养生健体、美容、娱乐功效。相比于起步阶段的艰辛和客人前期的质疑，经过 2009、2010 年的发展和宣传度假村已经达到稳步增长和成熟期，因此 2011 年的客流量是成倍增长的。

6、度假村营销手段的发展：同城网预订扩大了消费群。网络预订与公司预订部相结合扩大了度假村的消费群。网络日新月异的今天，不适当的运用网络营销策略是不可能跟上时代潮流的。在这一点上，度假村运用了同城网预订快速、方便，结合价格上优惠的特点走进了消费者的心中。网络的传播速度是非常惊人的，随着时间的流逝，无形中消费群也在扩大。

四、影响企业发展的问题及其解决办法

以上各种优势的结合决定了今日度假村的营业现状的迅速发展，但是在可喜的营业现状中，企业并没获得如期的可观的纯利润。我们在实习中通过深入细致的观察，也发现了目前制约企业发展的瓶颈，如果能够克服并改正这些不良因素的影响，企业的发展将会更上一层楼。

1、投入成本过高。在看到数据可观的成绩时，管理者是非常善于计算的。为什么如此可观的接待人次和营业总收入下还是没有可观的收入呢？这问题从固定资产的损耗、易耗品的分析中发现了答案。是的，接待人数、营业收入成倍增长的同时，成本也是直线上升的。

那如何有效地控制成本呢？可以从以下两点着手：（1）树立员工的节约意识和集体观念。不能因为东西不是自己直接花钱买的而变得无所谓，小到一次性纸杯，大到度假村的设施设备，都应该珍惜并认真爱护做好保养工作。（2）认真执行绩效考核制度。取消月奖金制度采取十四薪后公司在薪酬考核上采取的是绩效考核的制度，即在保证完成公司规定的目标时应控制成本。只要成本控制合理，又超过营业目标，薪水各部门之间是有差异的。员工能否珍惜的细节直接决定了部门的成本控制能否如期实现。能否严格执行绩效考核更是有效督促员工节能降耗的有效渠道。

2、没有专门的研究，导致温泉旅游资源的经济利用和生产还处在比较低级的阶段。福州温泉开发已经有 1 000 多年的历史，但长期以来，由于温泉文化在福州旅游一直没有列入专门的研究。其开发和管理的很多弊病和矛盾也日益突出，极大地制约了温泉旅游的发展和完善。现在，福州以"温泉旅游"为招牌做生意的大有人在，但是品味不高。

针对这种现状，度假村可以从以下几点着手：（1）采用先进的旅游指导。客人不同于度假村的服务员，基本上对度假村的项目还是不熟悉的。虽然有老客户，但是员工忙碌的时候常常没办法及时或是适时的帮客人介绍，这不利于新客户群的开辟。自助的路线指导可以解决这个问题。（2）请专家针对贵安度假村的现状和优势进行研究开发出特有的项目，开辟商业上的创意和亮点。（3）根据市场需求适时的更新度假村的设施设备。尤其是客房和别墅里的设施设备，要符合四星级标准。这样既可以提高度假村在客人心中的知名度又可以更好地满足客人的享受需求，创造更多的利润。

3、产品过旧。大部分的客人反映原有的设施设备已经过时了。确切地说是客人玩腻了，这很难激起消费的消费心理和好奇心。在这一点上，温泉部已经在逐步改善，二期大型水疗项目将在五月中旬正式投入使用。相信二期大型水疗项目的使用会再次创造接待的高峰期的。

4、水温不稳定、水质跟不上。这是接待高峰期最明显的问题。春节接待高峰，人数剧增，随着而来的是水质的问题。每个池子的接待量是有限的，人员有限，无法及时更换水，导致客人频繁投诉。福州的天气善变得很，时晴时阴的，这给调水员很大的压力。园区调水员就一个，而池子却有五十几个，根本不可能在天气变化的第一时间里把水温调过来。调水员碰水的时间越长，手所能承受的水温会变高，导致调水出现问题。鱼疗的水温太低了客人会投诉，高了又会出现水煮活鱼的情况。

因此，园区需要有自动的测水温系统，在池壁装上温度计，让调水员根据天气的变化，高效地完成调水。在接待高峰期应增加人数快速更换水质不行的池子，减少客人投诉现象。

5、周边产业的发展跟不上。度假村的规模是有限的，可以接待可以容纳的人数也是有限的。周边的餐饮、住宿跟不上也会一定程度的影响度假村的发展。周边餐饮、酒店的发展又跟度假村存在竞争的关系，因此度假村可以适当地选择合作伙伴，更好地完成接待，尤其是在高峰期。

五、结语

通过以上的调查和分析，我们发现：在温泉文化的大背景下，经过政府的支持和企业自身的努力，贵安温泉度假村取得了可喜的营业效果，但是，如果能够积极面对存在的问题，寻找、探索解决办法，度假村的发展一定会有更骄人的成绩。

【课后思考与实践】

1. 阅读下面案例，完成后边的问题：

2016年5月，某地一个商场开业庆典，推出了一个策划项目：凡是手持100元人民币号码尾数为"88"的可当200元消费。结果顾客手持"中奖"人民币蜂拥而至，柜台被挤坏，还有人员受伤，主办商家只好提前宣布活动中止。这次活动招致顾客不满，还受到中国人民银行的警告，工商部门也上门来干预。

（1）以上案例策划失败，错在哪些地方?为什么会造成如此局面?

（2）假如让你来策划这家商场的开业庆典，说说你的策划思路，并写出一份行之有效的策划书。

2．以"大学＿＿＿＿＿计划"为题写一篇计划，横线上可以填入阅读、旅游、学习、兼职、生活等等内容。

3．以"大学第学年学习总结"为题写一篇总结。

4．从以下话题中选择一项进行调查，写一篇调查报告。

（1）学校食堂食品安全及学生满意度情况。

（2）学校周边的饭店食品安全和质量情况。

（3）学校周边的交通情况。

（4）我校大学生的阅读情况。

（5）我校大学生的兼职工作情况。

（6）我校大学生的消费现状

参考文献

[1] 朱一清. 古文观止鉴赏集评.[M].北京：安徽文艺出版社，1997.

[2] 朱东润. 中国历代文学作品选 [M].上海：上海古籍出版社，2002 年.

[3] 杨伯峻.《论语》译注[M].北京：中华书局，1980.

[4] 萧涤非等. 唐诗鉴赏辞典[M].上海：上海辞书出版社，1999.

[5] 周汝昌等. 唐宋词鉴赏辞典[M].上海：上海辞书出版社，2011.

[6] 章培恒，骆玉明主. 中国文学史[M].上海：复旦大学出版社，2006.

[7] 袁行霈. 中国文学史[M].北京：高等教育出版社，2009.

[8] 孙静、周先慎. 简明中国文学史[M].北京：北京大学出版社，2001.

[9] 罗贯中. 三国演义[M].北京：北京联合出版公司，2016.

[10] 蒲松龄. 聊斋志异[M].西安：三秦出版社，2016.

[11] 老舍. 茶馆[M].北京：人民文学出版社，2003.

[12] 王小波. 沉默的大多数[M].北京：中国青年出版社，1997.

[13] 金宏达，于青. 张爱玲文集[M].合肥：安徽文艺出版社，1991 年.

[14] 王步高，丁帆. 大学语文[M].南京：南京大学出版社，2003.

[15] 徐中玉. 大学语文[M].上海：华东师范大学，1988.

[16] 徐绍建. 大学语文[M].武汉大学出版社，2015.

[17] 伊漪. 大学语文教程[M].天津：南开大学出版社，2014.

[18] 朱彩虹. 大学生实用口才训练教程[M].北京：清华大学出版社， 2010.

19] 金正昆. 涉外礼仪[M].北京：中国人民大学出版社，2007.

[20] 蒋红梅. 演讲与口才实训教程[M].北京：清华大学出版社，2009.

[21] 唐树芝. 口才与演讲[M].北京：高等教育出版社，2004.

[22] 张子泉. 普通话教程[M].北京：清华大学出版社，2008.

[23] 王劲松. 普通话与口才训练[M].北京：中国财政经济出版社，2005.

[24] 黄雄杰. 口才训练教程[M].广州：广东高等教育出版社，2006.

[25] 鞠永才，王淑娟. 应用写作与口才训练[M].北京：现代教育出版社，2010.

[26] 李敏. 财经应用文[M].上海：立信会计出版社，2007.

[27] 路德庆. 普通写作学教程[M].北京：高等教育出版社，2011.

[28] 包锦阳. 财经应用文[M].北京：人民邮电出版社，2007 .

[29] 杨文丰. 现代应用文书写作[M].北京：中国人民大学出版社，2013.

[30] 邓云晖，于万里. 财经应用文[M].北京：对外经济贸易大学出版社，2005.

[31] 胡习之《普通话学习与水平测试教程》清华大学出版社 2007 年 5 月